Le Masque de fer

DU MÊME AUTEUR

CHEZ LE MÊME ÉDITEUR

L'Homme au masque de fer, le plus mystérieux des prisonniers de l'Histoire, 1970.
Lauzun ou l'insolente séduction, 1987.
Louise de La Vallière, 1990.
Louis XIV, préface de Pierre Goubert, 1995 ; coll. Tempus, 2002. Couronné par l'Académie des sciences morales et politiques ; prix Hugues-Capet 1995 ; prix de la biographie (Histoire) de l'Académie française 1996.
Fouquet, 1998 ; coll. Tempus, 2005.
Le Masque de fer, entre histoire et légende, 2003, coll. Tempus, 2004.
Louis XVI, 2005, prix Combourg, prix du Nouveau Cercle de l'Union, grand prix Charles-Aubert (Académie des sciences morales et politiques).
La Transparence de l'aube. Mémoires de Claire Clémence, princesse de Condé, 2007, prix Brantôme.
Louis XIII, 2008, prix de la Biographie de la ville d'Hossegor, grand prix du livre d'Histoire, 2009.
L'Assassinat d'Henri IV, Perrin, 2009.
L'Affaire des Poisons. Crimes et sorcellerie au temps du Roi-Soleil, Perrin, 2010.

CHEZ D'AUTRES ÉDITEURS

La Droite en France de 1789 à nos jours, PUF, 1973.
La Vie quotidienne à la Bastille du Moyen Age à la Révolution, Hachette, 1975.
Le Gaullisme, PUF, 1977.
Les Socialismes utopiques, PUF, 1977.
La Démocratie giscardienne, PUF, 1981.
Le Véritable d'Artagnan, Tallandier, 1981. Couronné par l'Académie française.
La Vie quotidienne des communautés utopistes au XIXe siècle, Hachette, 1982.
L'Extrême Droite en France, PUF, 1983.
Le Régent, Fayard, 1986.
Madame de Montespan, Fayard, 1988.
Louis XIV, Tallandier, t. I : *L'Ordre et la gloire*, t. II, *La Grandeur et les épreuves*, 2001, éd. 2006 en un volume.
Versailles, la passion de Louis XIV, Timée éditions, 2005.
Louis XIV expliqué aux enfants, Seuil, 2007.
Testaments et manifestes de Louis XVI, présentation, introduction de Jacques de Saint-Victor, Editions des Equateurs, 2009.

Jean-Christian Petitfils

Le Masque de fer

Entre histoire et légende

Nouvelle édition revue et augmentée

PERRIN
www.editions-perrin.fr

Pour en savoir plus
sur les Editions Perrin
(catalogue, auteurs, titres,
extraits, salons , actualité ...),
vous pouvez consulter notre site internet :
www.editions-perrin.fr

ISBN : 978-2-262-02184-9

A Oriane

PRINCIPALES ABRÉVIATIONS UTILISÉES

A.E.	Archives du ministère des Affaires étrangères, à Paris.
A.N.	Archives nationales.
Arsenal	Bibliothèque de l'Arsenal, à Paris.
BnF.	Bibliothèque nationale de France.
Fr.	Manuscrits français (département des manuscrits de la Bibliothèque nationale de France).
Mss.	Manuscrits.
N.A.F.	Nouvelles acquisitions françaises (département des manuscrits de la Bibliothèque nationale de France).
P.O.	Pièces originales (département des manuscrits de la Bibliothèque nationale de France).
Sainte-Geneviève	Bibliothèque Sainte-Geneviève, Paris.
S.H.D.	Service historique de la Défense (anciennes Archives de la Guerre), au château de Vincennes, section moderne.

LA MONNAIE AU XVIIe SIÈCLE

Au XVIIe siècle, l'unité de compte du royaume était la livre tournois (ou franc). Le sol (ou sou) équivalait au vingtième de la livre, le denier au douzième du sol. La valeur en livres tournois des pièces était fixée par les édits et a beaucoup varié à la fin du règne de Louis XIV. Pour simplifier, on admettra qu'un écu d'argent valait 3 livres, une pistole 10 livres et un louis d'or 25 livres. Compte tenu de la structure des prix et des services, des distorsions économiques et sociales considérables existant entre le temps de Louis XIV et notre époque, il serait vain et erroné de vouloir traduire la valeur de la livre en euros d'aujourd'hui.

INTRODUCTION

L'Histoire est pleine de mystères, mais rares sont ceux qui ont soulevé autant d'intérêt et de passion que celui de l'homme au masque de fer. Depuis trois siècles, cette troublante énigme n'a cessé de piquer la curiosité des historiens, chercheurs, romanciers, poètes, auteurs dramatiques ou cinéastes : vaste puzzle dont chacun, avec plus ou moins de bonheur, a tenté de disposer les pièces afin de faire apparaître le vrai visage de cet inconnu, gardé pendant de longues années avec d'infinies précautions. Enfermé par ordre de Louis XIV au donjon de Pignerol, petite place française sur le versant italien des Alpes, le détenu suivit son geôlier, Bénigne de Saint-Mars, à chacune de ses promotions : au fort de l'île Sainte-Marguerite, au large de Cannes, puis à la Bastille où il mourut en novembre 1703, voici donc presque trois cents ans. Sur le registre des sépultures de l'église Saint-Paul, la paroisse de la forteresse du faubourg Saint-Antoine, on inscrivit un nom étrange, inconnu, à consonance italienne : « Marchioly » (d'aucuns liront « Marchialy »), « âgé de quarante-cinq ans ou environ ». Mais comment se fier à de pareilles indications alors que l'on répétait partout que c'était un « homme dont le nom ne se disait pas » ?

En 1869, l'historien Marius Topin, à la suite d'une consciencieuse enquête, dénombrait cinquante-deux ouvrages traitant de la question. Encore ne tenait-il compte que des publications sérieuses. S'il lui avait fallu ajouter les opuscules, articles, romans, pièces de théâtre, il eût aisément multiplié ce chiffre par six ou sept. Soixante-cinq ans plus tard, en 1934, un amateur d'histoire, Henri Maurice, se vantait d'avoir recensé tout ce qui était paru sur le sujet : 744 livres, brochures et autres productions, françaises et étrangères. Aujourd'hui, le nombre des rubriques dépasserait largement la barre des 1 000 ! Quant aux hypothèses formulées, naïves ou ingénieuses, amusantes ou dramatiques, claires ou ténébreuses, on en compte plus d'une cinquantaine. A cela il convient maintenant d'ajouter les sites *web*, beaucoup apparus dans le sillage du film de Randall Wallace de 1998 : ils sont déjà un bon nombre.

La passion ne fut jamais absente des débats. Dès le début, les polémiques ont fait rage : entre Voltaire et La Beaumelle, entre Saintfoix et le père Griffet. D'autres ont suivi. Au XIXe siècle, où l'on note les controverses entre Jules Loiseleur et Théodore Iung, Théodore Iung et Marius Topin, Marius Topin et Jules Loiseleur, Anatole Loquin rompant des lances et ferraillant contre tout le monde, c'est tout juste si l'on ne descendit pas sur le pré pour régler l'affaire ! Moins d'un siècle plus tard, en 1970, Georges Mongrédien et Pierre-Jacques Arrèse s'empoignaient encore dans les *Nouvelles littéraires* ! Si la passion stimule, elle crée aussi la confusion. Peut-être est-ce la raison du scepticisme de certains, désespérant de lever le voile. « L'histoire du Masque de fer, déclarait Michelet dans son *Histoire de France*, restera probablement à jamais obscure », et Henri Martin, voulant clore le débat, ajoutait : « L'Histoire n'a pas le droit de se prononcer sur ce qui ne sortira jamais du domaine des conjectures. »

Peut-on en dire autant aujourd'hui ? Réunissant des historiens français, italiens et britanniques, trois colloques internationaux se sont tenus sur la sempiternelle énigme, le premier en septembre 1974 à Pignerol (Pinerolo, en Italie), le deuxième à Cannes en septembre 1987 (sous le patronage d'Alain Decaux, de l'Académie française), le dernier à Pignerol encore, en septembre 1991. Les archives françaises et étrangères ont été explorées, lues et relues, passées au peigne fin. Des chercheurs consciencieux, scrupuleux, ont apporté une moisson de documents, complétant les premiers travaux scientifiques du XIXe siècle, ceux désormais classiques de Roux-Fazillac, Delort, Topin et Iung, faisant avancer grandement l'enquête. Je pense au regretté Stanislas Brugnon dont j'ai pu utiliser le fruit des recherches, grâce à l'obligeance de son épouse. Ses trouvailles ont été importantes. Je pense à Bernard Caire qui, entre autres, avec patience et sagacité a examiné à la loupe les minutes du Service historique de la Défense et découvert, sous les ratures ministérielles, bien des mots ou des détails révélateurs. Je pense également à l'écrivain britannique John Noone qui s'est attaché à analyser la personnalité de Saint-Mars et dont les intuitions, riches d'enseignements, renouvellent l'approche de l'énigme. Sans adopter intégralement leurs conclusions, on peut estimer qu'ils ont ouvert la voie à une bonne compréhension du mystère et des raisons pour lesquelles le prisonnier fut masqué. Avec ces trois excellents chercheurs j'ai discuté longuement de cette fascinante affaire. J'ajoute à cela la correspondance nourrie que j'ai échangée avec le professeur Paul Sonnino, de l'université de Californie, à Santa Barbara, passionné lui aussi. Oserai-je ajouter que j'ai moi-même, à plusieurs reprises, apporté au puzzle quelques pièces inédites ne manquant pas d'intérêt...

Grâce à ces avancées multiples, une grande partie du terrain a pu être défrichée. Il ne paraît donc pas inutile de placer sous les yeux du lecteur l'ensemble du dossier, le plus complet jamais présenté à ce jour, de dresser l'état des connaissances acquises, des certitudes établies, avant de tenter de lever le dernier coin du voile. Le sujet a été souvent malmené par des anecdotiers ou des fouineurs mal outillés, vite enclins à l'affabulation et aux approximations historiques, à la fois mystifiés et mystificateurs. Que d'échafaudages branlants, que d'« inconcevables secrets du Masque de fer » soi-disant découverts, que de fausses vérités surgissant de l'ombre comme par enchantement ! Il y eut même — mais oui ! — de prétendus descendants du Masque de fer, comme il y eut de faux Louis XVII ! Dans la quincaillerie de leur bazar historique, tout y passe, du trésor wisigoth de Rennes-le-Château aux peintures symboliques du monastère de Cimiez et autres facéties ésotériques, de Nostradamus au mythe du « Grand Monarque », dont on attend toujours le retour dans les nuits sans aube !

Raison de plus pour entreprendre un travail aussi rigoureux que possible. On se trouve en effet en présence d'une histoire policière, et c'est comme telle qu'elle doit être instruite, sans passion partisane ni esprit de système, en examinant le plus objectivement possible les « pièces à conviction », les soupesant, les passant au crible de la critique historique. Dans cette perspective, il sera fait place le plus souvent aux documents originaux tirés des archives, notamment à la correspondance échangée entre le geôlier du prisonnier, M. de Saint-Mars, et les deux secrétaires d'Etat ayant eu successivement la tutelle des prisons, Louvois et son fils Barbezieux, correspondance dont la majeure partie est conservée au Service historique de la Défense (château de Vincennes) et aux Archives nationales. C'est elle qui doit servir de guide, car elle n'a pas été écrite, bien évidemment, pour tromper la postérité. Mais elle n'est pas toujours claire, les ministres craignant qu'un courrier à cheval n'égarât en route sa précieuse sacoche. On y parle par périphrases : « le prisonnier que vous gardez depuis vingt ans », « votre ancien prisonnier », « l'homme que vous savez », « l'homme de la tour », « ce qu'il a fait », « ce à quoi il a été employé »... L'implacable Louvois, policier en diable, précautionneux à l'excès, était orfèvre en la matière, ce qui ajoute du piment au mystère. L'étude de ses repentirs et de ses ratures est ô combien révélatrice de sa personnalité de bureaucrate autoritaire et soupçonneux. Par la multiplicité des pistes, la diversité des conjectures, l'enquête nous entraîne nécessairement sur des chemins de traverse, mais ce n'est pas toujours peine perdue, car ceux-ci conduisent à une meilleure compréhension du siècle, de ses mentalités, fort éloignées des nôtres, de ses pratiques politiques et administratives, souvent brutales et expéditives, de la misère de ses petites gens, victimes de l'arbitraire, de ses bas-fonds sordides et de ses cachots obscurs.

Cependant cette quête historique n'épuise pas le sujet. Le halo légendaire qui se forme autour du personnage prend surtout son essor au XVIIIe siècle. Il mérite d'être étudié pour lui-même, non seulement comme un cycle folklorique (au sens noble du terme, celui de la recherche des traditions populaires), dont on peut repérer et analyser la genèse dans le cadre de l'histoire des mentalités, mais également comme un mythe politique, révélateur d'une époque, s'intégrant dans les idées du temps, celui des Lumières, mythe éminemment nocif pour l'Ancien Régime, puisqu'il s'attaque au cœur même de son système : le mystère du pouvoir, le secret du roi, cet inviolable saint des saints, autour duquel est construite toute la monarchie d'Ancien Régime !

Très vite, en effet, apparaît un double cycle légendaire : le premier, né des rumeurs circulant du vivant du prisonnier masqué, puis amplifié au XVIIIe siècle, voyait en lui un « prince infortuné », victime de la raison d'Etat, mais traité avec des égards, ou, pourquoi pas, une femme, une princesse, triste et lointaine Ophélie emprisonnant sa longue chevelure dans un heaume d'acier. Le second cycle, popularisé par Voltaire, mais qui lui est antérieur, est né d'une rumeur maléfique qui circule longtemps de bouche à oreille et devient dans le dernier tiers du XVIIIe siècle, sans doute au corps défendant de son vulgarisateur, une machine de guerre contre la monarchie absolue. Redoutable secret, s'il en est : l'homme masqué serait un frère aîné ou jumeau du roi, inconnu de tous, enfermé jusqu'à sa mort par raison d'Etat ! Un enfant de sang royal gémissant derrière les barreaux ! Le comble de l'horreur ! La légende ne plaît que trop aux ennemis de l'absolutisme. Elle leur permet de stigmatiser le despotisme des rois, l'arbitraire des ministres, le bon plaisir des commis, l'iniquité des lettres de cachet, qui suffisent à enfermer un innocent sans autre forme de procès, le scandale de la vie en prison — nombreux sont les écrivains, pamphlétaires, philosophes à avoir tâté de la Bastille. Mais la légende va plus loin, puisqu'elle met en cause implicitement la légitimité de Louis XIV et des derniers Bourbons. Ce frère secret n'avait-il pas autant droit au trône que son odieux tortionnaire ?

Le romantique XIXe siècle s'empara du mythe — avec quelle ardeur, on le sait ! —, lui assura une prodigieuse popularité et broda sur le thème du masque, sur celui des affinités secrètes nées des liens gémellaires ou sur la souffrance carcérale. « Mes larmes ont rouillé mon masque de torture... » (Alfred de Vigny, *La Prison*). Dans ce registre, rien, naturellement, ne remplace Dumas, la hardiesse, la puissance, la truculence, la ruse de ses mousquetaires, flamberge au vent, qui caracolent aux portières du carrosse grillagé en route vers Sainte-Marguerite. Non, Philippe ne sera pas roi de France, ni Aramis pape ! Et le brave Porthos s'en ira mourir dans les grottes de Locmaria. Au XXe siècle, siècle de fer par excellence, la légende ne s'essouffle pas. Voici Marcel Pagnol, le créateur de la savoureuse trilogie marseillaise, qui se jette dans la mêlée, poussé par quelque obscur compte à régler avec le Roi-Soleil, par James de la Cloche interposé. Voici le septième art qui est entré dans la danse dès 1902 et ne s'est pas arrêté depuis ! La puissance des images prend somptueusement le relais du roman. L'avantage du frère jumeau, c'est qu'il permet de faire l'économie d'un acteur ! Leonardo DiCaprio prête son visage poupin au bon comme au méchant roi (comme autrefois Jean-François Poron dans *Le Masque de fer* de Henri Decoin). Un rictus, un jeu de lèvres suffisent. Mais on frémit à le voir coiffer son casque fatal, hideux instrument qui comprime et meurtrit le visage. Allons ! Tous pour un, un pour tous ! Le public en redemande. Mazarin, Anne d'Autriche, les jumeaux, perpétuel recommencement ! Entre histoire et légende, se dresse et se dressera sans doute éternellement la mystérieuse et évanescente silhouette de l'homme au masque de fer...

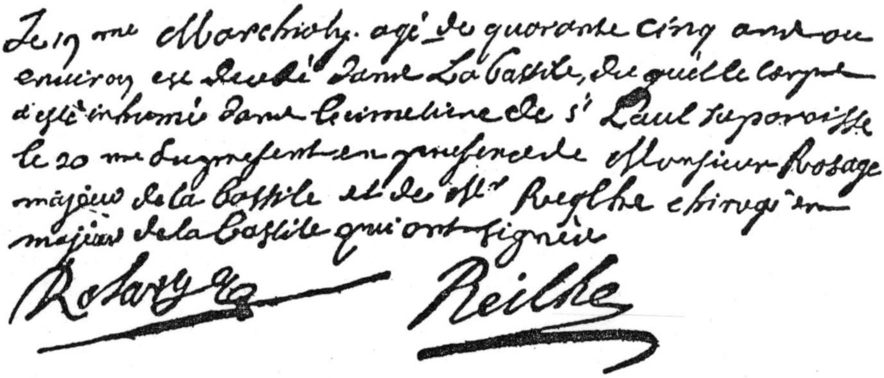

Le 19me Marchioly agé de quarante cinq ans ou environ est decedé dans la Bastille, duquel le corps a eté inhumé dans le cimetiere de St Paul sa paroisse le 20me du present en presence de Monsieur Rosarge majeur de la Bastille et de Mr Reglhe chirurgien majeur de la Bastille qui ont signé

Rosarges

Reilhe

Acte de décès de l'homme
au masque figurant dans les registres
de l'église Saint-Paul (brûlés en 1871).

1

LES DOCUMENTS

Au large de la riante baie de Cannes, paresseusement allongées sur une mer d'un bleu toujours éclatant, s'étendent les îles de Lérins. Durant la saison estivale, un service régulier de vedettes y mène des touristes ou des vacanciers épris de solitude. Fuyant pour quelques heures la turbulence de la côte, ceux-ci vont y chercher le silence et le repos, le souffle léger de la brise marine, l'odeur balsamique des pins d'Alep et l'ombre fraîche des grands eucalyptus. C'est sur l'île Saint-Honorat — l'antique *Lerina* — que le moine Honorat, à la fin du ve siècle, fixa sa retraite et fonda l'un des plus importants et des plus prestigieux monastères de la chrétienté.

Sur la plus grande île, appelée Sainte-Marguerite — *Lero* —, on aperçoit de la côte cannoise, accrochée à son éperon rocheux, une forteresse construite par les Français, renforcée par les Espagnols, puis reprise par ceux-là lors du mémorable assaut mené en 1637 par Henri de Lorraine, comte d'Harcourt. Dans cette enceinte où logeaient habituellement trois ou quatre compagnies, on trouvait jadis tout le confort nécessaire aux soldats et aux officiers : des casernes, des bâtiments pour l'artillerie et le génie. Un plan datant de Vauban fait mention d'une boucherie, d'une boulangerie, de cabarets, d'une chapelle placée sous l'invocation de sainte Marguerite et d'un hôpital. Un vrai village, mais dont les habitants n'avaient pour tous usages que l'eau de pluie[1] ! La plupart des bâtiments, construits au XVIIIe siècle, ont survécu grâce aux restaurations entreprises par la Ville de Cannes.

Le touriste qui se hasarde en ces parages, s'il veut poursuivre son investigation, pénètre dans le corps principal du Fort Royal et passe brusquement de l'éblouissante clarté de la plate-forme à l'ombre sinistre d'une prison. Et quelle prison ! La plus sûre d'Europe : six chambres sombres et voûtées s'alignant le long d'un corridor humide et salpêtré, des murs de près de deux mètres d'épaisseur, trois grilles solides que ronge l'air marin, deux lourdes portes cloutées aux gonds inversés, cerclées de fer, décourageant tout espoir d'évasion. Jamais un rayon de soleil ne pénètre en ce lieu. Comment, avec de si épaisses murailles, entendre le chant des cigales, les bruissements de la nature, sentir l'odorante verdure et le souffle du vent délicat ? Ce devait être aussi un bien pénible supplice que de contempler, à travers les barreaux de la fenêtre donnant au nord, tant de douceurs ineffables et inaccessibles, le somptueux amphithéâtre des montagnes du Var, l'exceptionnelle beauté de la mer sans ride, la fuite lumineuse des mouettes virevoltant dans l'air, parfois l'esquif d'un pêcheur aux lourds filets chargés de sardines et d'anchois qui n'osait s'approcher du fort redoutable...

Sous le règne de Louis XIV, dans l'une de ces cellules donnant sur la baie — la première en quittant la salle des gardes, selon une tradition bien établie —, a vécu pendant des années un mystérieux reclus. De taille élancée, avec des cheveux blancs, il avait, disait-on, une voix douce et agréable. Son visage était couvert d'un masque « dont la mentonnière, assurait Voltaire dans un passage demeuré célèbre de son *Siècle de Louis XIV* (1751), avait des ressorts d'acier qui lui laissaient la liberté de manger avec le masque sur le visage »... Nul ne devait l'approcher hormis son geôlier, l'écouter ou prononcer son nom. Pourtant, on ne le persécutait pas. Il était même, osera-t-on dire, royalement traité. Pour compenser sa privation de liberté, on lui faisait bonne chère. Les repas étaient servis dans de la vaisselle d'argent par de respectueux serviteurs, genou à terre. Le gouverneur de l'île, M. de Saint-Mars, avait pour lui les plus grands égards, restant découvert en sa présence et ne s'asseyant que lorsqu'il y était expressément invité. A en croire certains, la femme de l'intendant de Provence, Pierre-Cardin Le Bret, était chargée de lui choisir les linges les plus beaux, les dentelles les plus fines. Il ne se plaignait jamais. Ses seules distractions étaient de lire et de jouer de la guitare. Tel fut l'homme au masque de fer, du moins selon la légende. Qui était-il ? Et pourquoi ce masque ? Quel visage connu voulait-on dissimuler après tant d'années d'enfermement ?

Voltaire, le premier à avoir attiré l'attention sur cet énigmatique personnage, raconte qu'un jour l'infortuné, sans doute au cours d'une crise de désespoir — car, malgré tous ces bons traitements, comment n'en aurait-il pas eu ? —, écrivit quelques mots à la pointe d'un couteau sur un plat d'argent qu'il jeta à travers les barreaux de sa fenêtre. Un pêcheur de la région, dont la barque était amarrée non loin du fort, vit l'objet tomber sur les rochers. D'un coup de rames il s'en approcha et s'étant rendu compte de sa grande valeur le rapporta au gouverneur, dans l'espoir d'une récompense. « Celui-ci, étonné, demanda au pêcheur :

— Avez-vous lu ce qui est écrit sur cette assiette, et quelqu'un l'a-t-il vue entre vos mains ?

— Je ne sais pas lire, répondit le pêcheur : je viens de la trouver, personne ne l'a vue.

— Allez, lui dit-il, vous êtes bien heureux de ne savoir pas lire. »

A son tour, en 1780, l'abbé Jean-Pierre Papon, bibliothécaire du Collège de l'Oratoire à Marseille, se fit l'écho, dans son *Voyage littéraire en Provence*, des anecdotes diverses qui couraient dans la région au sujet de l'inconnu masqué. « Il n'y avait que peu de personnes attachées à son service qui eussent la liberté de lui parler. Un jour que M. de Saint-Marc (*sic*) s'entretenait avec lui, en se tenant hors de la chambre dans une espèce de corridor, pour voir de loin ceux qui viendraient, le fils d'un de ses amis arrive et s'avance vers l'endroit où il entend du bruit. Le gouverneur, qui l'aperçoit, ferme aussitôt la porte de la chambre, court précipitamment au-devant du jeune homme et, d'un air troublé, lui demande s'il a entendu quelque chose. Dès qu'il se fut assuré du contraire, il le fit repartir le jour même et il écrivit à son ami que “peu s'en était fallu que cette aventure n'eût coûté cher à son fils ; qu'il le lui renvoyait de peur de quelque autre imprudence”.

« [...] Je trouvai dans la citadelle un officier de la compagnie franche, âgé de soixante-dix-neuf ans. Il me dit que son père, qui servait dans la même compagnie, lui avait plusieurs fois raconté qu'un *frater** aperçut un jour, sous la fenêtre du prisonnier, quelque chose de blanc qui flottait sur l'eau. Il l'alla prendre et l'apporta à M. de Saint-Marc. C'était une chemise très fine, pliée avec assez de négligence, et sur laquelle le prisonnier avait écrit d'un bout à l'autre. M. de Saint-Marc, après l'avoir dépliée et avoir lu quelques lignes, demanda au *frater*,

* Un *frater*, c'est-à-dire, au XVIIe siècle, un barbier.

d'un air embarrassé, s'il n'avait pas eu la curiosité de lire le contenu. Celui-ci l'assura du contraire. Mais deux jours après il fut trouvé mort dans son lit. C'est un fait que l'officier a entendu raconter tant de fois à son père et à l'aumônier du fort de ce temps-là qu'il le regarde comme incontestable*[2]. »

En septembre 1698, le prisonnier fut transféré en grand secret à la Bastille dont M. de Saint-Mars était le nouveau gouverneur. Là, son souvenir resta longtemps gravé dans la mémoire des soldats et des officiers qui voyaient chaque semaine l'inconnu masqué, solidement gardé, traverser la cour de la prison pour se rendre à la chapelle.

De savants auteurs dissertèrent sur l'objet central du mystère, à savoir la nature du masque porté par le prisonnier. Voltaire, je l'ai dit, le décrit comme un masque à mentonnière avec des ressorts d'acier. Le vieux Joseph de La Grange-Chancel, autrefois poète de la duchesse du Maine, enfermé aux îles de Lérins en 1719 pour avoir écrit ses hargneuses *Philippiques* contre le Régent, racontait que « dans les maladies où il avait besoin de médecin ou de chirurgien il était obligé, sous peine de vie, de ne paraître en leur présence qu'avec son masque de fer et que, lorsqu'il était seul, il pouvait s'arracher le poil de la barbe avec des pincettes d'acier très luisant et poli. J'en vis une de celles qui lui servaient à cet usage entre les mains du sieur de Formanoir, neveu de Saint-Mars et lieutenant d'une compagnie franche préposée pour la garde des prisonniers ». Pour Jean-Louis Carra, ancien bibliothécaire du roi, qui écrivait sous la Révolution, c'était un « masque de velours noir, bien attaché sur le visage et qu'un ressort tenait par-derrière la tête ».

C'est à cette version que se rallia Victor Hugo en 1838. Dans un mélodrame, *Les Jumeaux*, que le poète eut le bon goût de laisser inachevé, on lit dans la présentation de l'acte II : « Au lever du rideau, une sorte de figure étrange est debout près de la table : rien au premier abord ne laisse deviner l'âge ni le sexe de cette figure qui est couverte d'une longue robe de velours violet, et dont la tête est entièrement emboîtée dans un masque de velours noir, lequel cache les cheveux comme le visage et descend jusque sur les épaules. Un petit cadenas de fer ferme ce masque par-derrière... »

* Au début du XXe siècle, on montrait encore dans la chambre du prisonnier le siège du Masque de fer, en forme d'X, dont le fond était formé de sangles accrochées à des montants de bois peints en rouge, que terminaient des têtes de lions dorées.

Mais, en novembre 1855, à Langres, dans une vente publique, une revendeuse trouva dans un lot de ferraille, qui venait de lui être adjugé, un masque en fer. Sans se rendre compte de l'importance de sa trouvaille, elle le céda pour une somme modique à un « amateur distingué » dont le nom ne nous est pas parvenu. Celui-ci, après avoir gratté la couche de rouille qui tapissait l'intérieur, découvrit, collée au fond, une petite bande de parchemin sur laquelle il put lire une inscription latine à demi effacée, laissant entendre que ce masque avait été porté par le jumeau du roi[3]. Selon le rédacteur du *Messager de la Haute-Marne*, un antiquaire réputé, de passage à Langres, offrit de racheter cette précieuse relique pour une somme considérable, ce que refusa notre heureux propriétaire, « vrai Langrois et patriote avant tout[4] ».

Le prisonnier masqué mourut le 19 novembre 1703 et fut enterré sous le nom de « Marchioly » (ou « Marchialy ») dans le cimetière Saint-Paul. Certains prétendirent que l'on avait enduit son corps d'un produit corrosif destiné à consumer au plus vite les traits de son visage. D'autres assuraient qu'on lui avait coupé la tête et qu'on avait enterré celle-ci en un lieu tenu secret. Selon une autre rumeur, le lendemain de l'inhumation, le fossoyeur, à la demande d'un curieux, aurait déterré le cadavre et eu la surprise de trouver une grosse pierre à la place. Même mort, l'homme faisait peur !

En 1902, comme on démolissait une haute et vieille demeure datant de Henri IV, l'ancien hôtel du président de Plancy, sise au nº 17 de la rue Beautreillis, à l'emplacement du cimetière Saint-Paul, on en profita pour rechercher la tombe du Masque de fer. Tout autour, en effet, s'étendait un calme et mélancolique jardin, hérissé de buissons, où les arbres et les lilas avaient fleuri sur les tombes. Un tertre subsistait et c'est là, selon une légende invérifiable mais transmise de génération en génération, qu'aurait été enterré le prisonnier. Non loin d'une tonnelle où pleurait la vigne vierge, dans l'angle gauche, une petite colonne surmontée d'un chapiteau s'élevait. Sur une plaque de plâtre un facétieux avait gravé à la pointe d'un couteau : « Ici repose Marchiali, l'homme au masque de fer », histoire d'intriguer les visiteurs... « En creusant sur l'emplacement de la tombe, rapporte Paul Peltier, les ouvriers mirent au jour les premières marches d'un escalier souterrain sur lesquelles se trouvaient trois petites colonnes brisées semblables à celle qui, de temps immémorial, s'est dressée à cet endroit[5]. » Le rapport des fouilles, présenté par Charles Sellier à la Commission municipale du Vieux Paris, assure qu'on ne rencontra, dans ce qu'on croyait un départ de souterrain en direction de la Bastille, qu'un « amoncellement de vieux matériaux disparates », ce qui permit à certains de dire qu'on avait fait disparaître la bière du prisonnier.

Mais il est temps de revenir à l'Histoire, à sa rigueur, à ses documents, à ses faits. Etienne Du Junca, lieutenant de roi à la Bastille*, premier personnage de la forteresse après le gouverneur, était un homme minutieux. Le soir, à la lumière d'un flambeau, il ouvrait un registre personnel dans lequel il notait l'incarcération des prisonniers depuis, disait-il, « le mercredi onzième du mois d'octobre que je suis entré en possession de la charge de lieutenant de roi en l'année 1690 ». Voici ce qu'il écrivait à la date du 18 septembre 1698 :

« Du jeudi 18e de septembre, à 3 heures après midi, M. de Saint-Mars, gouverneur du château de la Bastille, est arrivé pour sa première entrée venant de son gouvernement des îles Sainte-Marguerite et Honorat, ayant avec lui dans sa litière un ancien prisonnier qu'il avait à Pignerol, lequel il fait tenir toujours masqué, dont le nom ne se dit pas et, l'ayant fait mettre en descendant de sa litière dans la première chambre de la tour de la Bazinière en attendant la nuit, pour le mettre et mener moi-même à 9 heures du soir avec M. de Rosarges, un des sergents que M. le Gouverneur a amenés, dans la troisième chambre, seul, de la Bertaudière, que j'avais fait meubler de toutes choses quelques jours avant son arrivée, en ayant reçu l'ordre de M. de Saint-Mars, lequel prisonnier sera servi et soigné par M. de Rosarges et que M. le Gouverneur nourrira[6]. »

Ce texte est le premier document mentionnant l'existence du prisonnier masqué de la Bastille. On ne saurait douter de son authenticité ni de l'honnêteté de son auteur. Du Junca était le type du fonctionnaire intègre, strict sur la discipline mais ne manquant pas d'humanité ni de sensibilité. Ce Bordelais, ancien garde du corps, s'était fait remarquer dès son arrivée dans la célèbre prison par son acharnement à obtenir la libération des détenus dont le ministère avait oublié l'existence. Comme on lui faisait observer qu'il risquait de se priver d'une source considé-

* Il ne faut pas confondre « lieutenant de roi », fonction administrative existant dans les forteresses et places de guerre, et le terme plus général de « lieutenant du roi », qui désigne l'adjoint d'un gouverneur de ville ou de province.

rable de revenus en agissant de la sorte, il répondait : « Je n'ai que de l'argent à perdre, et ces malheureux ne jouissent pas d'un bien qu'ils estiment plus que la vie. » Un de ses pensionnaires, le protestant Constantin de Renneville, le décrit comme un « homme de bonne mine, affable, doux, honnête ». Un autre, Gatien Courtilz de Sandras, romancier à succès, auteur entre autres des faux *Mémoires de M. d'Artagnan*, dans lesquels Alexandre Dumas viendra marauder pour composer ses *Trois Mousquetaires*, en fait l'éloge : c'est, dit l'un de ses personnages, « un honnête homme de bien » qui s'efforçait, autant qu'il le pouvait, « d'obliger ses prisonniers, pourvu qu'il n'y aille point du service du roi[7] ». Assurément, il n'avait pas que des qualités. Mme Guyon, la célèbre mystique, injustement persécutée pour quiétisme, fut un moment sa prisonnière et le critique. C'est que Du Junca, client des Noailles, les protégés de Mme de Maintenon, faisait du zèle en matière d'orthodoxie religieuse. Persuadé qu'il succéderait à Besmaux, le vieux gouverneur mort en 1697, il n'aimait guère Saint-Mars, cet autre vieillard qui lui avait ravi le poste et dont il guettait désormais la disparition. « Il sent le sapin », chuchotait-il à Mme Guyon[8] ! Mais Du Junca, décédé en 1706, le sentit avant lui...

Il n'en demeure pas moins que son journal constitue un précieux document. Ce n'est pas un registre d'écrou officiel, mais une sorte d'aide-mémoire personnel, de livre de raison, donnant au jour le jour les détails de ceux qui entrent à la Bastille. Conservé d'abord dans les anciennes archives de la prison, il fut classé après la Révolution parmi les manuscrits de la bibliothèque de l'Arsenal où il se trouve aujourd'hui. L'extrait concernant l'homme au masque a été publié pour la première fois à Liège en 1769 par un révérend père jésuite, très sérieux et savant historien, Henri Griffet, professeur au collège Louis-le-Grand, prédicateur à la Cour, ancien aumônier de la prison de 1745 à 1764, dans son *Traité des différentes sortes de preuves qui servent à établir la vérité de l'Histoire*[9]. « De tout ce qui a été dit ou écrit sur cet homme au masque, note le père Griffet, rien ne peut être comparé, pour la certitude, à l'autorité de ce journal. C'est une pièce authentique, c'est un homme en place, un témoin oculaire qui rapporte ce qu'il a vu, dans un journal tout entier écrit de sa main, où il marquait chaque jour ce qui se passait sous ses yeux. »

Examinons de près cette mention d'écrou. On remarquera tout d'abord que l'auteur, malgré les hautes fonctions qu'il occupe dans l'état-major de la forteresse, ignore totalement l'identité du prisonnier. En voyant arriver cet étrange fantôme couvert d'un masque, il s'était vraisemblablement risqué à poser la question, et le gouverneur lui avait répondu que ce nom « ne se disait pas », à moins que cette information lui ait été communiquée par écrit, puisque, avant son arrivée, des instructions avaient été données pour faire meubler sa chambre. Apparemment, le nom de cet individu était un secret d'Etat. Du Junca put seulement apprendre qu'il avait été gardé précédemment par M. de Saint-Mars à Pignerol, cette petite place française d'Italie du Nord où l'ancien surintendant Fouquet était mort, puis à l'île Sainte-Marguerite. M. de Saint-Mars ayant été gouverneur du donjon de Pignerol de 1665 à 1681, cela faisait donc très longtemps qu'il était sous sa responsabilité. Avait-il suivi son geôlier lorsque celui-ci était devenu commandant du fort d'Exilles entre 1681 et 1687, avant de s'installer aux îles ? Etait-il allé directement de Pignerol à Sainte-Marguerite où il avait retrouvé son geôlier précédent ? Cela ne nous est pas indiqué, et nous verrons l'importance que cette précision revêt pour la solution de l'énigme. La suite du texte confirme en tout cas que l'homme en question échappait au régime ordinaire de la forteresse. Il ne devait être servi et soigné que par M. de Rosarges, officier de confiance de M. de Saint-Mars, venu également de Sainte-Marguerite, et qui faisait donc pour la première fois son entrée au château... « Et que M. le Gouverneur nourrira » : c'est-à-dire que les frais de son entretien seront réglés par le gouverneur lui-même, sans passer par le compte général des prisons. Que l'*ancien prisonnier* ait droit à un régime particulier, cela ressort du texte. En revanche, rien n'indique des égards particuliers, dignes d'un personnage de haute condition. Quant au masque, aucune description ne nous en est donnée. Du Junca dit seulement que l'inconnu était « toujours masqué ».

Tels sont les premiers renseignements que l'on peut tirer de ce document. La Bastille était, comme on sait, une massive forteresse moyenâgeuse commencée en 1370 sous le règne de Charles V — l'ancienne « bastide ou chastel Saint-Antoine » —, qui avait perdu tout caractère stratégique. Ses huit tours rondes crénelées, noires de suie, reliées par un chemin de ronde et entourées de fossés fangeux, lui donnaient un aspect redoutable. On n'en parlait pas sans frémissement. Au-delà du pont-levis, à l'intérieur de ce tombeau de pierres sombres, tout était mystère et chuchotements. Les curieux étaient toujours impitoyablement écartés de ses abords. La relative sécurité qu'offrait ce bâtiment l'avait fait aménager en prison et en réserve de munitions, et l'on sait que, le 14 juillet 1789, c'est cette seconde vocation qui intéressa particulièrement les émeutiers, à la recherche de poudre depuis qu'ils s'étaient emparés des fusils des Invalides.

Sous Louis XIII et sous la régence d'Anne d'Autriche, la Bastille conservait encore son caractère de « château royal ». Certes, on y conduisait parfois des gueux et des gens du commun, accusés de crimes divers ou de délits — alchimie, sorcellerie, démonologie —, mais c'était une petite minorité. On y recevait surtout des prisonniers de marque, seigneurs insolents, courtisans libertins ou financiers prévaricateurs qui se parlaient librement, jouaient aux dés ou aux cartes dans la grande cour. Il n'y avait même pas de verrous aux portes ni de barreaux aux fenêtres. Sous l'administration de Besmaux et sous celle de son successeur, Saint-Mars, elle devint progressivement une véritable prison où l'on enferma des détenus de toute sorte, depuis le simple chenapan ramassé dans les rues par le guet jusqu'au riche gentilhomme et au fils de famille prodigue, en passant par le huguenot opiniâtre et l'empoisonneur patenté. Dans les tours on avait aménagé plusieurs étages de cachots et de chambres fortes. L'une de ces tours portait d'ailleurs un nom bien cruel puisqu'elle s'appelait la tour de la Liberté* !

Dès son arrivée, afin de ne pas éveiller l'attention, on mit donc l'homme au masque dans la tour de la Bazinière qui était la plus proche à gauche du pont-levis**. La première chambre, au premier étage, servait en général d'accueil provisoire pour quelques heures, voire quelques jours. A 9 heures du soir, Du Junca et le sergent Rosarges vinrent chercher le prisonnier et, après lui avoir fait monter un escalier fort obscur, l'installèrent au troisième étage de la tour voisine, celle de la Bertaudière***.

Cette chambre, fermée par deux portes renforcées de lames métalliques (il fallait quatre clés pour les ouvrir), était une pièce octogonale, haute de quatre mètres et large de quatre à six mètres cinquante, au sol dallé de briques et au plafond blanchi à la chaux. Elle avait une assez belle fenêtre grillagée, percée

---

* Ce nom venait en réalité de ce que les détenus de cette tour avaient la liberté de se promener dans la cour. On peut en voir les soubassements dans le square Henri-Galli, quai des Célestins. Mis au jour en 1899, ils y ont été transportés lors du percement de la ligne n° 1 du métro.

** Cette tour devait son nom à Macé Bertrand, seigneur de la Bazinière, trésorier de l'Epargne, arrêté en 1661 dans le cadre du procès Fouquet, qui y passa quatre années.

*** La tour de la Bertaudière, encore appelée Bretaudière, en façade sur la rue Saint-Antoine, était ainsi désignée en souvenir d'un maçon nommé Berthaud, qui y avait fait une chute mortelle pendant sa construction.

dans un mur de dix pieds, à laquelle on accédait par trois petites marches, une cheminée à hotte et un réduit aménagé dans l'épaisseur du mur, qui servait de « privé ». Comme dans les autres chambres, les murs devaient être très sales et couverts de graffitis.

La « troisième de la Bertaudière » occupée par l'homme au masque était un « cachot clair », par opposition aux vrais cachots, situés en contrebas, à hauteur des fossés, où leurs occupants croupissaient enchaînés sur un sol limoneux, au milieu des rats qui venaient la nuit mordre leur visage. Disposant d'une fenêtre et non d'une étroite meurtrière, elle était réputée l'une des moins insalubres de la Bastille. Mais ce n'était pas un palace ! Le mobilier qu'y avait placé Du Junca n'était sans doute pas différent de celui fourni aux prisonniers ordinaires : une petite table pliante, une chaise de paille, un lit avec tour de brocatelle, un matelas de bourre, une ou deux couvertures, une paire de draps blancs et deux serviettes. Peut-être y ajouta-t-on un ou deux fauteuils garnis de bougran ? Le reste de l'inventaire était aussi sommaire : une fourchette, une cuiller, une salière, une cruche d'eau, un verre, un chandelier, un pot de chambre en faïence et quatre grosses chandelles de quartier, que l'on renouvelait périodiquement. Les cellules n'étaient pas habituellement meublées. Ce n'est qu'en 1709 que le roi créa un fonds spécial pour équiper en permanence cinq ou six chambres destinées aux prisonniers indigents.

La vie à la Bastille était monotone, rythmée par le tintamarre des verrous que l'on ouvrait et fermait à chaque étage. Dehors, au-delà du fossé fangeux, courait une galerie de bois avec son parapet sur laquelle passaient régulièrement les soldats de garde qui hurlaient les mots d'ordre de manière tonitruante. La nuit, tous les quarts d'heure, c'était le tintement lancinant de la cloche des sentinelles qui empêchait de fermer l'œil. Pour les réjouissances populaires, les victoires, la Saint-Jean, la Saint-Louis ou la procession du Saint-Sacrement, on tirait du haut de la plate-forme des « boîtes » ou des coups de canon qui ébranlaient les murs pourtant épais, dans un vacarme infernal. Seule consolation, la nourriture était variée et bien servie, souvent excellente, sauf pour les prisonniers au cachot ou les plus misérables que le roi entretenait par une maigre pension.

En marge du témoignage de Du Junca, il convient d'ajouter celui de Dubuisson, caissier de Samuel Bernard, enfermé à la Bastille du 14 décembre 1703 au 18 septembre 1715, que rapporte La Grange-Chancel dans l'*Année littéraire* de 1768. Le prisonnier masqué était déjà mort, mais Dubuisson fut mis avec des compagnons qui étaient entrés en contact avec lui : « J'ai su [...] qu'il était dans une chambre avec quelques autres prisonniers, précisément au-dessus de celle qui était occupée par cet inconnu ; que, par le tuyau de la cheminée, ils pouvaient s'entretenir et se communiquer leurs pensées ; mais que ceux-ci lui ayant demandé pourquoi il s'obstinait à leur taire son nom et ses aventures, il leur avait répondu que cet aveu lui coûterait la vie, aussi bien qu'à ceux auxquels il aurait révélé son secret[10]. »

Où était située cette chambre ? On ne saurait dire, car contrairement à une tradition bien ancrée qui se prolongera jusqu'à l'examen des papiers de la Bastille, l'homme au masque ne resta pas longtemps dans la troisième chambre de la Bertaudière. D'après le registre de Du Junca, à partir du 21 novembre 1699, un protestant, Falaiseau de la Ronda, l'occupait seul[11]. En mars 1701, on y retrouve une « devineresse », Anne Random ou Randon, soupçonnée de « mauvais commerce », toujours seule et « très renfermée » (c'est-à-dire étroitement surveillée), puis, le 4 décembre 1701, une demoiselle Marie Salberge de Rouvart, dite Lemaire de Maineville, originaire de Normandie, elle aussi devineresse, bientôt rejointe par une ancienne prisonnière, la Robert[12]. Le 9 février 1702, ces deux personnes sont remplacées par Louis Duplessis, ancien valet du comte de Vermandois, accusé d'espionnage et libéré le 29 juillet[13]. Il y a ensuite, à compter du 22 novembre, un marchand écossais de la rue Quincampoix, Alexandre Stevenson, soupçonné de « faire passer nos espèces d'or en Angleterre », libéré le 17 juillet 1703[14]...

L'homme au masque n'occupa pas non plus la deuxième chambre de la Bertaudière, puisqu'on y trouve deux mauvais garnements, Tirmont et Ricarville, « tous les deux bien renfermés », puis l'écrivain Constantin de Renneville. Malgré les recherches, il est impossible de connaître l'endroit où l'homme masqué a été transféré. A cette époque, la prison regorgeait de monde. En janvier 1703, pour quarante-deux chambres et cachots, on comptait cent prisonniers (contre quinze en 1698)*. Les mutations étaient fréquentes, pas toujours consignées par Du Junca. Mais il est logique de penser qu'en dépit de ce surpeuplement M. de Saint-Mars veilla toujours à isoler le « prison-

* Il y avait trente-sept chambres dans les tours, une par étage : la tour de la Liberté comptait sept étages, celle de la Bertaudière, six, celles de la Comté, de la Bazinière, du Puits et du Coin, cinq, celles du Trésor et de la Chapelle, deux. S'ajoutaient à cela cinq chambres ou appartements situés soit dans les corps de logis s'étendant entre les tours, soit dans le bâtiment central.

nier dont le nom ne se dit pas ». Il est possible qu'au bout de quelque temps, voyant l'absence d'insonorisation des chambres, il ait décidé de le garder près de lui, dans le logement qu'il occupait à l'extérieur de la forteresse. Il y avait là une petite pièce qui avait déjà servi de prison du temps du prédécesseur de Saint-Mars. Du Junca notait en effet en 1693 qu'on mit un prisonnier anglais « dans le dehors du château, dans une petite chambre où M. de Besmaux tient sa bibliothèque au-dessus de son office, lequel ne doit pas paraître de quelques jours pour raison et duquel on doit avoir grand soin ». L'homme au masque ne se serait alors rendu à l'intérieur de la forteresse que le dimanche, pour aller à la messe. La chapelle se situait au rez-de-chaussée entre les tours de la Bertaudière et de la Liberté. Le local était étroit et les détenus séparés seulement par des tentures et des tapisseries. Sous le gouvernement de Bernaville, on édifiera quatre niches individuelles, fermées du côté de l'autel par des doubles rideaux. C'est dire si le nombre des prisonniers assistant à l'office dominical était limité. « C'est une grâce spéciale, une faveur exquise », écrira Linguet dans ses *Mémoires* (1783) *.

Cinq années après son arrivée, le 19 novembre 1703, l'homme au masque mourut, pris d'un soudain malaise. Dans un second registre consacré aux décès et aux libérations, voici ce qu'a noté Du Junca à cette date :

« Du même lundi 19e de novembre 1703, ce prisonnier inconnu, toujours masqué d'un masque de velours noir, que M. de Saint-Mars gouverneur avait mené avec lui en venant des îles Sainte-Marguerite, qu'il gardait depuis longtemps, lequel s'étant trouvé hier un peu mal en sortant de la messe, il est mort le jourd'hui sur les 10 heures du soir, sans avoir eu de grande maladie, il ne se put pas moins. M. Giraut, notre aumônier, l'a exhorté un moment avant de mourir, et ce prisonnier inconnu gardé depuis si longtemps a été enterré le mardi à 4 heures de l'après-midi, 20 novembre, dans le cimetière Saint-Paul, notre paroisse ; sur le registre mortuaire, on a donné un nom aussi inconnu que M. de Rosarges, major, et M. Reilhe, chirurgien, qui ont signé sur le registre. » *En marge* : « J'ai appris du depuis

---

* « On ne s'embarrasse guère de faire pratiquer aux prisonniers les devoirs de la religion, écrit Mme de Staël-Delaunay, emprisonnée à la Bastille sous la Régence. Ce fut une distinction qu'on m'accorda, de me faire entendre la messe les fêtes et les dimanches. Mais je n'y gagnai rien pour les découvertes que j'en attendais ; on me cacha sous un pavillon, où je ne pouvais rien voir ni être vue de personne. » (*Mémoires de Madame de Staël-Delaunay*, Paris, Albin Michel, 1925, pp. 160-161).

(*sic*) qu'on l'avait nommé sur le registre M. de Marchiel, qu'on a payé 40 livres d'enterrement [15]. »

Ainsi, le lieutenant de roi n'était toujours pas parvenu à connaître l'identité du malheureux. Le nom indiqué sur le registre paroissial — M. de Marchiel —, qu'il avait eu la curiosité de demander à Reilhe ou à Rosarges, ne paraît pas l'avoir convaincu. En revanche, il apporte une précision d'importance : le masque du prisonnier était de velours noir. C'était sa matière principale sinon unique. Il ne nous dit pas s'il avait d'autres particularités, comme une mentonnière, une armature métallique ou un cadenas d'acier, ou si c'était un simple loup de carnaval dissimulant la partie supérieure du visage. Une dernière remarque : les 40 livres payées pour l'enterrement représentent une somme qui, sans être excessive, n'est pas ridicule : le prix d'une bière et d'un linceul ne couvrant que la moitié environ de la somme, on peut penser que les obsèques furent assorties d'une messe. En 1713, la cérémonie d'enterrement du porte-clés Antoine Larue, dit Rû, ne coûta que 17 livres 10 sols [16]. En 1786 encore, les « frais funéraires » à Saint-Paul de Nicolas-Antoine Legay, « détenu par ordre du roy au château de la Bastille », ne dépassèrent pas 18 livres [17].

L'acte dressé par le curé de Saint-Paul, l'abbé Gilles Lesourd, figure ou plutôt figurait sur le registre paroissial, avant qu'il ne disparût le 24 mai 1871 dans l'incendie de l'Hôtel de Ville allumé par les Communards. On en a conservé heureusement un fac-similé dont voici le texte :

« Le 19e, Marchioly, âgé de quarante-cinq ans ou environ, est décédé dans la Bastille, duquel le corps a été inhumé dans le cimetière de Saint-Paul, sa paroisse, le 20 du présent, en présence de M. de Rosage (*sic*) major de la Bastille et de M. Reglhe (*sic*) chirurgien major de la Bastille qui ont signé. *Signés* : Rosarges, Reilhe*. »

---

* Cet acte est reproduit dans la traduction anglaise du livre de Marius Topin, *L'Homme au masque de fer*, par Vizetelly (Londres, 1870), et à partir de sa cinquième édition française (Paris, Didier, 1878). C'est bien « Marchioly » et non « Marchialy » — comme on le dit parfois — qu'il faut lire. L'église Saint-Paul dont il est question ici n'est pas l'actuelle église Saint-Paul-Saint-Louis, construite en 1627 par les jésuites et inspirée de l'église du Gesù de Rome. Il s'agit de l'église Saint-Paul-des-Champs, aujourd'hui disparue, qui se situait à l'emplacement des numéros 30 et 32 de la rue Saint-Paul, à l'angle de la rue Neuve-Saint-Pierre (il n'en reste qu'un pan de mur). Elle fut fermée en 1790, vendue en 1796 et démolie trois ans plus tard. Désaffecté en 1791, le cimetière attenant à l'église fut vendu comme bien national en 1794 et loti.

Cet acte confirme le texte de Du Junca. « M. de Marchiel » était une simple francisation — d'usage à l'époque — du nom sous lequel fut enterré le prisonnier : Marchioly. L'étonnant pour une sépulture chrétienne est que mention de son prénom n'ait pas été faite. Rien, du reste, ne dit que ce nom et que cet âge de « quarante-cinq ans ou environ » soient réellement ceux du prisonnier. D'après Voltaire, qui cite le témoignage du gendre du médecin de la Bastille, Fresquière, l'inconnu aurait déclaré peu avant sa mort avoir soixante ans...

On a vu que les recherches pour retrouver la tombe du prisonnier, si tant est qu'il y en ait eu une, n'ont pas abouti. Ses restes furent probablement déposés, par souci de discrétion, dans une des nombreuses fosses communes du cimetière et se trouveraient aujourd'hui dans les catacombes parisiennes, au beau milieu de centaines de milliers d'ossements. Allez savoir !

Les deux relations de Du Junca et l'acte de Saint-Paul sont les seuls documents d'époque authentiques. Ils prouvent que la légende du Masque de fer possède bien un fond historique. A ces documents il faut joindre le témoignage postérieur du père Griffet dans son ouvrage déjà cité : « Le souvenir du prisonnier masqué, écrit-il, se conservait encore parmi les officiers, les soldats et les domestiques de la Bastille lorsque M. de Launay qui en a été longtemps gouverneur y arriva pour occuper une place dans l'état-major de la garnison, et que ceux qui l'avaient vu avec son masque, lorsqu'il passait dans la cour pour se rendre à la messe, disaient qu'il y eut ordre, après sa mort, de brûler généralement tout ce qui avait été à son usage comme linge, habits, matelas, couvertures, etc., que l'on fît même regratter et reblanchir les murailles dans la chambre où il était logé, et que l'on en défît tous les carreaux pour y mettre de nouveaux, tant on craignait qu'il n'eût trouvé moyen de cacher quelque billet ou quelque marque dont la découverte aurait pu faire connaître son nom. »

Ces faits sont confirmés par Henri Godillon-Chevalier, major de la Bastille de 1749 à 1787, qui classa les archives de la forteresse et dressa une sorte de répertoire général des prisonniers. Une de ses fiches, consacrée au « fameux homme au masque », reprenait les informations fournies par Du Junca. La colonne portant l'ordre d'incarcération et les noms des secrétaires d'Etat ayant contresigné la lettre de cachet est laissée en blanc. Dans la colonne concernant le motif de la détention, il a été écrit « on ne l'a jamais sçu » (*sic*). La colonne « Observations » est ainsi remplie :

« C'est le fameux homme au masque que personne n'a jamais connu. Il était traité avec grande distinction par M. le gouverneur et n'était vu que par M. de Rosarges, major dudit château, qui seul en avait soin ; il n'a point été malade, que quelques heures, mort comme subitement. Enterré à Saint-Paul le mardi 20 novembre 1703 à 4 heures après midi, sous le nom de Marchiergues. *Nota* : Il a été enseveli dans un drap neuf qu'a donné le gouverneur, et généralement tout ce qui s'est trouvé dans sa chambre a été brûlé comme son lit tout entier, chaises, tables et autres ustensiles, ou fondu, et le tout jeté dans les latrines*[18]. »

Du Junca, qui n'était pas attaché à son service, et qui certainement n'a pu lui rendre visite, a écrit qu'il était toujours masqué. C'est sans doute le seul détail erroné de son récit. Le père Griffet s'est empressé de rétablir la vérité : il n'y avait aucune raison pour qu'il fût contraint de garder son masque quand il se trouvait en présence de Rosarges ou du gouverneur, qui le connaissaient parfaitement. « Il n'était donc obligé de le prendre que lorsqu'il traversait la cour de la Bastille pour aller à la messe, afin qu'il ne fût pas reconnu par les sentinelles ou quand il était obligé de laisser entrer dans la chambre quelque homme de service qui n'était pas dans le secret. »

Ce point est confirmé par Guillaume-Louis de Formanoir de Palteau, premier commis du bureau des vivres, fils de Guillaume de Formanoir, qui était neveu et lieutenant de Saint-Mars à Sainte-Marguerite en 1693, dans une lettre à Fréron du 19 juin 1768, publiée dans *L'Année littéraire* : « Il n'était connu aux îles Sainte-Marguerite et à la Bastille que sous le nom de *La Tour*. [...] Il se promenait souvent ayant toujours un masque sur le visage. Ce n'est que depuis que *Le Siècle de Louis XIV* de M. de Voltaire a paru que j'ai ouï dire que ce masque était de fer et à ressorts ; peut-être a-t-on oublié de me parler de cette circonstance ; mais il n'avait ce masque que lorsqu'il sortait pour

* « Toutes ces circonstances, écrit en 1790 l'un des premiers historiens de la Bastille, Charpentier, nous ont été confirmées par M. le chevalier de Saint-Sauveur qui les tenait de son père, à cette époque gouverneur de Vincennes, lequel, ayant été rendre visite à M. de Saint-Mars, devint le témoin des précautions raffinées que l'on prit pour que le secret de l'homme au masque fût enseveli avec lui. » (CHARPENTIER, *La Bastille dévoilée ou Recueil de pièces authentiques pour servir à son histoire*, Paris, 1790, t. III, 9e livraison, « Dissertation historique et critique sur l'homme au masque de fer », p. 36).

prendre l'air ou était obligé de paraître devant quelque étranger. »

Constantin de Renneville est un témoin qu'il ne faut pas oublier, même si ses dires ne sont pas, tant s'en faut, à mettre sur le même plan que le registre de Du Junca ou les notes du père Griffet et du major Chevalier. Ce protestant, faussement accusé d'espionnage, séjourna à la Bastille du 16 mai 1702 au 16 juin 1713. A sa sortie, il écrivit les souvenirs de sa captivité, dont les trois volumes furent imprimés en Hollande entre 1719 et 1724, *L'Inquisition française ou Histoire de la Bastille*. Ce livre est un témoignage fort vivant sur la vie dans la forteresse, sur les nombreux prisonniers dont il fit connaissance, car il changea plusieurs fois de chambre et entra en communication avec ceux des étages inférieurs ou supérieurs, notamment par les conduits de cheminée ou des procédés télégraphiques. C'est aussi un pamphlet rageur contre le système carcéral. Si les pièces d'archives montrent généralement l'exactitude des informations fournies, le tableau que ce minutieux chroniqueur brosse du personnel pénitentiaire est à la fois pittoresque et hallucinant. Une galerie de bouffons et de monstres à la Jérôme Bosch, gens de sac et de corde, misérables commensaux enguenillés se disputant les bonnes grâces du gouverneur, fripons avides, enfoncés dans la crapule, qui ne valaient pas mieux que le gibier de potence dont ils avaient ordinairement la garde !

A tout seigneur, tout honneur, voici d'abord M. de Saint-Mars : « Un petit homme très laid et très mal fait, tout courbé et tremblant, et d'un emportement terrible, jurant et blasphémant continuellement, et paraissant toujours être en colère ; dur, inexorable et cruel au dernier point [19]. » Son occupation principale était de compter les sacs d'écus qu'il avait amassés toute sa vie. Disposant du pouvoir de nommer les officiers de son nouveau gouvernement, en dehors du lieutenant de roi, il était venu avec une partie de son « équipe » de Sainte-Marguerite, qui lui était totalement dévouée.

Jacques Rosarges (et non *de* Rosarges, comme il se présentait lui-même), d'origine provençale, qui le servait depuis trente et un ans, avait commencé sa carrière à Pignerol en portant le mousquet dans sa compagnie franche. Il fut promu major de la Bastille, ce qui le plaçait dans l'ordre hiérarchique immédiatement au-dessous de Du Junca, lieutenant de roi. Il avait, dit Renneville, « le mufle tout bouffi, son front semblait être une écorce d'arbre sur laquelle la petite vérole avait pris à tâche de graver l'Alcoran ; ses yeux cachés comme au fond de deux cornets à dés, sous des sourcils épais d'un pouce, étaient roux et affreux ; son nez tout buriné et tourné en pied de marmite, chargé de vingt ou trente autres petits nez de toutes les couleurs, paraissait un nèfle écrasé au-dessus de sa bouche dont les lèvres bleuâtres semées de petits rubis et de petites perles se relevaient en doubles bourrelets [...] ; sa figure courte et ramassée ne pouvait presque se soutenir, tant l'eau-de-vie dont elle était pleine la faisait chanceler[20] ». Tel était le fruste et unique argousin qui s'occupait de l'homme au masque.

Saint-Mars avait grande confiance en l'abbé Giraut, Provençal également, ancien aumônier de Sainte-Marguerite, qui fut le confesseur de notre prisonnier. En voici le portrait : « De grands yeux creux, un long nez en rabattant à la Borromée fait en bec de perroquet, une bouche relevée comme celle d'un Maure, avec un teint plombé et olivâtre, crachant continuellement et se plaignant sans cesse d'une oppression de poitrine. Au reste, d'une propreté abbatiale ; toujours le castor le plus lustré, la perruque la plus blonde et la mieux poudrée, le rabat de la bonne faiseuse le plus régulier, sur lequel la nonne la plus critique n'aurait pas trouvé la moindre chose à gloser ; le gland le plus poupin, le bas de soie le mieux tiré et le soulier tout des plus mignons[21]... » Renneville accusait l'abbé Giraut, l'« Adonis d'Egypte », de rendre un peu trop visite aux prisonnières et d'être en correspondance amoureuse avec une religieuse. Ne le vit-on pas un jour sortir tout poudreux du colombier du jardin avec la servante du château, fort jolie ?

Il peint de la même encre Fresquière, nommé à la Bastille par Fagon, premier médecin du roi, et qui soigna l'homme au masque. Un vrai Monsieur Purgon, gros homme court, emperruqué, habillé de drap noir, avec sur la tête un éternel chapeau de castor à large bord. « Au travers de ses cheveux postiches, on ne laissait pas de découvrir la face d'un très laid magot. Son front ne paraissait point, étant offusqué par sa perruque et son chapeau, mais on voyait deux petits yeux de cochon rôti, un gros nez camard, une grande bouche qui s'ouvrait jusqu'aux oreilles dans laquelle il ne restait plus que trois ou quatre longues dents, blanches comme des poires de coing, deux joues pendantes en forme des gifles d'une guenon, un menton court[22]... » Tout en grimaçant comme un vieux singe, de sa main recouverte d'une ample manchette de batiste il prenait le pouls des prisonniers, puis leur faisait tirer la langue, tâtait leur estomac et examinait d'un air entendu leurs urines. O Molière !

Plus décevant est le souvenir que laisse Renneville, dans son introduction, du prisonnier masqué, qui ne semble pas l'avoir frappé particulièrement : « J'ai vu un autre prisonnier en 1705 (*sic*), qui avait été arrêté avant M. Cardel, dont je n'ai jamais pu savoir le nom : mais Rû, le porte-clés, en me reconduisant en ma chambre, de la salle où j'avais vu ce pauvre infortuné, me dit qu'il y avait trente et un ans qu'il était prisonnier. Que M. de Saint-Mars l'avait amené avec lui des îles Sainte-Marguerite où il était condamné à une prison perpétuelle pour avoir fait, étant écolier, âgé de douze à treize ans, deux vers contre les Jésuites [...]. Transféré aux îles Sainte-Marguerite pour cet effet, d'où M. de Saint-Mars le ramena à la Bastille avec des précautions extraordinaires, ne le laissant voir à personne par les chemins. [...] Il sortit deux ou trois mois après que je l'eus vu dans la salle où par méprise je fus introduit avec lui. Les officiers m'ayant vu entrer, ils lui firent promptement tourner le dos devers moi, ce qui m'empêcha de le voir au visage. C'était un homme de moyenne taille, portant ses cheveux d'un crêpé noir et fort épais, dont pas un n'était encore mêlé. »

Cette histoire est évidemment pure galéjade : le porte-clés Rû et le chirurgien Reilhe, qui étoffa le récit, ignoraient tout de l'identité du prisonnier, comme Du Junca*. Ce qu'ils racontent à son propos n'est qu'un tissu d'affabulations, sur fond d'anti-jésuitisme. La date de 1705 est impossible puisque l'homme, loin d'avoir été libéré, est mort en 1703. Son aspect physique est étonnant et ne correspond pas à ce qu'ont rapporté plusieurs témoins qui ont vu un homme de belle taille, aux cheveux blancs (« une taille au-dessus de l'ordinaire », disait Voltaire, qui a rapporté les paroles des témoins ; « il était grand et avait les cheveux blancs », affirmait aussi Guillaume-Louis de Formanoir qui avait interrogé les paysans du château de Palteau, propriété de son grand-oncle, M. de Saint-Mars, où celui-ci s'était arrêté avec son prisonnier avant d'arriver à la Bastille en 1698). Peut-être Renneville a-t-il confondu le masque avec les « cheveux d'un crêpé noir », ce masque dont d'ailleurs il ne parle pas** ? Il a vraisemblablement mélangé les souvenirs, mais il n'est pas exclu qu'il ait brièvement aperçu notre personnage.

---

* Ancien valet de chambre de Saint-Mars, Abraham Reilhe, né vers 1650, originaire de Nîmes, avait été *frater* dans la compagnie franche des îles de Lérins avant d'être nommé aux fonctions de chirurgien de la Bastille.

** Etant protestant, Constantin de Renneville ne sortait pas le dimanche pour aller à la messe, ce qui explique qu'il ne l'ait pas vu passer dans la cour avec son masque noir.

2

DE PIGNEROL À EXILLES

« Jamais dieu de l'Inde, disait le critique littéraire Paul de Saint-Victor, ne subit tant de métempsycoses et tant d'avatars ! » Depuis le XVIIIe siècle, quantité d'hypothèses, en effet, ont été émises pour donner un nom et un visage au prisonnier masqué : on a parlé tour à tour du comte de Vermandois, fils légitimé de Louis XIV et de Mlle de La Vallière, mort officiellement au siège de Courtrai en novembre 1683, à l'âge de seize ans, du duc de Monmouth, fils naturel du roi d'Angleterre Charles II, entré en rébellion contre son oncle, Jacques II, et dont la décapitation en juillet 1685 aurait été feinte, du turbulent duc de Beaufort, fils d'un bâtard de Henri IV et grand amiral de France, dont on ne retrouva jamais le corps au siège de Candie en juin 1669, du patriarche arménien Avedick, enlevé lors de l'ambassade à Constantinople de M. de Ferriol, du chevalier de Rohan, coupable du crime de lèse-majesté et condamné à avoir la tête tranchée en novembre 1674, du conspirateur hollandais Louis Oldendorff, *alias* le chevalier de Kiffenbach, arrêté en 1673 à un gué de la Somme avec un inquiétant couteau rétractable dans ses bagages, du comte de Kéroualze, officier de marine, que le grand vizir aurait envoyé négocier la rançon de son supérieur le duc de Beaufort, du lieutenant général Labbé de Bulonde, puni pour avoir précipitamment levé le siège de Coni en 1690, du comte de Grémonville, ambassadeur de France qui aurait déplu au roi, de Marc de Jarrige de la Morelhie, détenteur d'un prétendu secret d'Etat touchant l'impuissance de Louis XIII, de Henri, duc de Guise, conspirateur descendant du Balafré, sans oublier, bien entendu, le frère aîné ou jumeau de Louis XIV, hypothèse qui eut la faveur du XVIIIe siècle et qui, aujourd'hui encore, dans l'âme populaire, reste indissociablement liée à l'histoire du Masque de fer... Toutes ces identifications, ou presque, conçues avec légèreté, imaginées avec précipitation, énoncées avec fantaisie, sont sans fondement réel et ont été abandonnées par les historiens modernes*. L'erreur de leurs auteurs, partant souvent d'éléments épars et incomplets, vient de ce qu'ils se sont tous obstinés à vouloir introduire coûte que coûte leur candidat dans le cycle des prisons : Pignerol, Exilles, Sainte-Marguerite et la Bastille, sans se soucier de l'histoire de ces forteresses. Ils ont fait le travail inverse de celui que l'on attendait. De nos jours, ce qui reste de la correspondance entre M. de Saint-Mars et le secrétariat d'Etat à la Guerre, dont il relevait, est parfaitement connu. Il a été publié par des historiens comme Roux-Fazillac, Joseph Delort, François Ravaisson, Marius Topin, Théodore Iung. Tout ce qui n'avait pas été vu par eux l'a été par Stanislas Brugnon et Bernard Caire qui ont éclusé les fonds publics des années durant[1]. Cette correspondance montre que le geôlier eut en garde un certain nombre de prisonniers, dont on parvient à cerner plus ou moins l'identité. L'un d'eux fut le Masque de fer. Les pièces comptables des prisons le démontrent et viennent corroborer ce que dit la correspondance. Il n'y a pas de place pour un individu supplémentaire, secrètement gardé, dont on n'aurait ni l'ordre d'incarcération, ni la date d'entrée, ni la trace du remboursement de ses frais d'entretien. Il suffit, par conséquent, de la scruter méthodiquement pour connaître le nom de l'homme qui sera conduit en septembre 1698 à la Bastille sous le masque de velours. Et le point de départ de cette enquête, c'est naturellement Pignerol.

Blottie au revers des Alpes cottiennes, sur la route de Turin à Briançon, s'élève la ville de Pignerol, Pinerolo en italien, ancienne résidence au Moyen Age des princes d'Acaïe. La France l'avait occupée une première fois de 1536 à 1574, avant de la rendre à la Savoie. Puis elle avait été reprise par le cardinal de Richelieu en personne, « généralissime » d'une armée de 20 000 hommes, le 30 mars 1630. Au traité de Cherasco, le 30 mai de l'année suivante, elle était cédée ainsi que le val de Pérouse à la France « à titre perpétuel » par le duc de Savoie Charles-Emmanuel Ier. Cette province nouvelle, « porte » sur le Piémont, faisait partie des « Quatre Nations », avec l'Artois, la haute Alsace et le Roussillon, illustrées à Paris par le Collège

* La liste complète figure en annexe.

Mazarin, construit de 1665 à 1680 par Le Vau et d'Orbay, aujourd'hui siège de l'Institut de France.

La cité présentait un étagement de maisons de briques ocre ou safranées, aux toits rouges et plats, hérissé de campaniles et de clochers. Elle possédait pas moins de six églises principales, Saint-Donat (la cathédrale actuelle), Saint-Maurice, Sainte-Marie, Saint-Bernardin, le Gesù et la Madone de Paris, sans compter les chapelles des couvents et maisons religieuses. Cassines et auberges à soldats s'y rencontraient aussi en grand nombre : l'hôtellerie du *Chapeau rouge*, celle du *Chapeau vert*, de la *Croix blanche*, du *Lion d'or*, de la *Tête noire*, des *Trois-Colombes*, de l'*Ecu de France* ainsi que l'hostellerie de dame Famelas, fréquentée par les soldats et connue pour sa mauvaise réputation...

Deux bâtiments dominaient la ville, l'église romano-gothique de Saint-Maurice (elle existe toujours), qui lançait vers le ciel sa puissante tour de brique rouge, flagellée par la bise et, sur la colline en face, plantée au milieu des ouvrages fortifiés de la citadelle, une sombre et rébarbative forteresse, qui ressemblait à une Bastille dont on aurait coiffé les tours de bonnets roux, le donjon, aujourd'hui disparu.

C'était un vieux château médiéval biscornu, avec ses ajouts et ses remaniements, en partie reconstruit en 1666 à la suite de l'explosion de la poudrière. Bien qu'il ait été totalement rasé en 1696, lors de la restitution de la place au duc de Savoie, on connaît assez bien sa configuration, grâce notamment aux recherches de l'architecte de la ville, Franco Carminati[*]. Il se composait de trois corps de logis hétéroclites, flanqués de cinq tours rondes (l'une étant bizarrement semi-circulaire), quatre d'angle et une médiane[**] : celle du nord-est, à laquelle était accolé un petit clocher, servait de chapelle, celle de l'est — à moins que ce ne soit la tour médiane du sud — était la fameuse « tour d'en bas », qui contenait les cachots des prisonniers d'Etat[2]...

Comme toutes les places de guerre du royaume, Pignerol avait sa hiérarchie militaire, son personnel, ses rouages administratifs.

---

* Du donjon ne subsiste que le puits qui servait à l'alimentation en eau de la citadelle. Un réseau de souterrains en partie effondrés et mal connus, passant sous la ville et peut-être la citadelle, avive toujours la curiosité des archéologues (Paolo MOLINO, « Sotto il vigneto la Galleria dei Cannoni », *Eco del Chisone*, mars 1993). Vauban tenait les fortifications de Pignerol pour très mal agencées et s'était efforcé d'en palier les inconvénients, sans grande illusion.

** Une sixième tour beaucoup plus haute que les autres, le Belvédère, la « plus belle pièce d'Italie » selon certains, que l'on voit sur des gravures d'époque, avait été détruite en mai 1653 à la suite d'une première explosion de la poudrière, due à la foudre.

Le gouverneur général étendait son autorité sur la ville, la citadelle et les territoires avoisinants. Cette fonction était exercée par Antoine de Brouilly, marquis de Piennes, remplacé à partir d'août 1674 par son cousin, Antoine de Brouilly, marquis d'Herleville. L'isolement de ce petit territoire du reste de la France, la proximité du duché de Savoie et du Milanais espagnol interdisaient à son titulaire d'entreprendre de fréquents voyages à la Cour, voire de découcher. C'était l'inconvénient du poste. Une garde de quinze hallebardiers et dix-huit carabins était chargée de lui rendre les honneurs. Deux adjoints directs l'assistaient, le lieutenant du roi au gouvernement de la citadelle, M. de Rissan, et le lieutenant du roi au gouvernement de la ville, M. de La Bretonnière. Pour s'occuper des différents services de la citadelle et des bâtiments, on trouvait un major et deux aides-majors, choisis parmi les officiers de la garnison*. Les affaires d'intendance et d'approvisionnement, la police des troupes, la direction de la fonderie royale et de l'hôpital relevaient d'un commissaire des guerres, poste occupé successivement par les sieurs Damorezan, Poupart, Loyauté et du Chaunoy. Les fonds servant à payer l'armée d'« au-delà des monts » transitaient par un commis de l'Extraordinaire des guerres et cavalerie légère, organisation financière alimentée par les réquisitions ou contributions de guerre en pays conquis et dépendant du secrétariat d'Etat à la Guerre.

Dans la ville et la citadelle logeaient en temps ordinaire six ou sept compagnies d'infanterie et quelques escadrons de cavalerie. Mais, en cas de tension dans la région, le nombre des troupes pouvait s'accroître bien davantage.

La place avait la particularité d'être dotée d'un Conseil souverain, sorte de petit parlement local, autonome, ayant juridiction sur la ville et les terres avoisinantes, comme il en existait à Tournai, Brisach ou Perpignan.

Le vieux donjon, protégé par un mur d'enceinte, était entièrement séparé de la citadelle et son pont-levis toujours relevé. Jour et nuit, des sentinelles se promenaient sur le chemin de ronde et au pied des prisons, dans un enclos planté d'arbres, appelé le Jardin du roi. Son administration relevait de la seule autorité d'un gouverneur, placé sous la tutelle directe du secrétaire d'Etat à la Guerre, François Michel Le Tellier, marquis de Louvois.

---

* Le poste de lieutenant de roi ne sera créé pour Pignerol qu'en 1692.

Depuis 1665, le titulaire de ce poste était M. de Saint-Mars. De son vrai nom Bénigne Dauvergne, il était né en 1626 à Blainvilliers, écart du Mesnuls, près de Montfort-l'Amaury. Sa mère, Marie Garrot, avait un frère, seigneur de Fontenelle, qui fut lieutenant général d'artillerie, et une sœur qui avait épousé un autre gentilhomme, Guillaume de Byot de Blainvilliers. Son père, Louis Dauvergne, roturier, était de famille beaucoup plus modeste. Il servit à l'armée, devint capitaine d'infanterie au régiment de Persan, chevalier de l'ordre de Saint-Michel, et fut le premier à adopter « Saint-Mars » pour nom de guerre. Constamment en campagne, il avait peu de temps pour s'occuper de son fils Bénigne *. Ce fut probablement l'un des deux oncles maternels, Guillaume de Byot de Blainvilliers, qui s'en chargea et le fit admettre dès l'âge de douze ans dans les enfants de troupe. Bénigne Dauvergne, dit Saint-Mars, gravit lentement les bas échelons de la hiérarchie militaire, servit au moment de la Fronde sous les ordres du prince de Condé, en compagnie de son père, puis se retrouva en 1660 brigadier à la première compagnie des mousquetaires de la garde à cheval du roi **. L'arrestation de Fouquet et du poète Pellisson, à laquelle il participa en 1661, son séjour à la Bastille durant les derniers mois du procès du surintendant révélèrent ses talents de garde-chiourme.

On sait que Nicolas Fouquet, vicomte de Vaux et de Melun, procureur général au Parlement de Paris et surintendant des Finances, fut arrêté à Nantes le 5 septembre 1661 par Charles de Batz-Castelmore, sieur d'Artagnan — le célèbre héros d'Alexandre Dumas —, sous-lieutenant de la première compagnie des mousquetaires du roi. Il était accusé de « péculat », c'est-à-dire de prévarication, et du crime de lèse-majesté pour avoir fortifié la place de Belle-Ile sans l'accord du roi. Enfermé d'abord à Angers puis au château de Vincennes et à la Bastille, il fut condamné au bannissement à perpétuité par la Cour de justice chargée de le juger, ainsi que tous les financiers qui s'étaient enrichis aux dépens de l'Etat depuis 1635. Mais

* Le couple eut un autre enfant, Marguerite Dauvergne (1628-1681), qui se maria avec Eloi de Formanoir, sieur de Corbest ou Corbé, capitaine au régiment du Plessis, d'où naquirent trois enfants, Louis de Formanoir de Dixmont, qui fut capitaine de la compagnie franche des îles Sainte-Marguerite, où il mourut en 1724, Joseph de Formanoir, sieur de Blainvilliers, dit Saint-Mars, chevalier de Saint-Louis, officier au régiment de Bugey, mort à Montfort-l'Amaury en 1731, et Guillaume de Formanoir de Corbest, major de la Bastille, mort à Palteau en 1740 (père de Guillaume-Louis, dont j'ai cité le témoignage).

** Tous les historiens, à la suite de Théodore IUNG (*La Vérité sur le Masque de fer (les empoisonneurs), d'après des documents inédits des archives de la Guerre et autres dépôts publics (1664-1703)*, Paris, 1873, p. 127), écrivent qu'il fut mousquetaire en 1650. C'est oublier que la célèbre compagnie de M. de Tréville, cassée en 1646, n'avait été rétablie qu'en 1657.

Louis XIV, ayant trouvé ce jugement trop clément, commua la peine en un emprisonnement à vie.

Lorsqu'en décembre 1664 Colbert et le roi cherchèrent un homme de confiance pour le garder, d'Artagnan tout naturellement désigna Saint-Mars à leur attention. Ainsi roule le destin : Saint-Mars quittera la Bastille pour la retrouver trente-quatre ans plus tard, après avoir accompli un cycle complet dans les prisons de France ! Pour l'heure, il fut promu maréchal des logis des mousquetaires et gouverneur du donjon de Pignerol. Une belle réussite pour un homme de si mince fortune !

On a vu le portrait peu flatteur qu'en a fait Constantin de Renneville. Le trait était exagéré. Certes, ce n'était point un enfant de chœur que ce Saint-Mars, bouledogue rustaud, dur, implacable sur la discipline, n'hésitant pas à faire bastonner ou enchaîner les récalcitrants, à faire fusiller les soldats déserteurs, mais telles étaient les mœurs de l'époque, qui paraîtront bien rudes aux siècles suivants. On aurait tort de voir en lui un tortionnaire sadique, foncièrement féroce. Parfois il intervenait en faveur de ses pensionnaires : ainsi, à propos de Bernardino Butticaris (ou Butticary), bourgeois de Pignerol, père de neuf enfants, Piémontais de cœur, qui renseignait la cour de Turin sur les agissements des Français. « J'oserai prendre la liberté de vous dire, Monseigneur, écrivait-il à Louvois le 21 juin 1673, qu'il est plus malheureux que coupable, et que toutes les personnes de ce pays le seront toujours comme lui. » Le 2 septembre, il ajoutait : « Je vous demande pardon si je prends la liberté de vous demander une grâce, qui est la liberté du misérable Butticaris, qui se sèche ici tout en vie de douleur et d'affliction... » Et le 30 décembre encore : « Vous m'avez fait l'honneur de me laisser espérer sa liberté. Je vous la demande en grâce[3]... » A la suite de ces interventions, l'espion piémontais fut libéré, pour un temps seulement, car il récidiva.

Le métier n'avait rien d'attrayant et laissait de longues heures à l'ennui, mais Saint-Mars en appréciait surtout les avantages pécuniaires. Et Dieu sait s'il était rapace et quémandeur ! Outre ses opulentes prébendes, jamais il ne négligeait de prélever sa dîme sur la pension des prisonniers, sur les sommes versées pour l'entretien de sa compagnie, les bûches du chauffage ou la chandelle du corps de garde. Le système était ainsi conçu. Les frais d'entretien des détenus variaient en fonction de leurs origines sociales, mais aussi du rang de leur geôlier. Par exemple, quand Saint-Mars devint gouverneur d'Exilles, le seul prisonnier qui s'y trouvait alors, Videl, vit sa pension passer de 400 à 500 livres par an. Lorsqu'en 1694 les derniers captifs de Pignerol furent conduits à Sainte-Marguerite, leur pension journalière progressa de 4 à 5 livres. Les tarifs augmentaient avec la faveur du gardien ! C'était un moyen de le rémunérer, sans que, hélas !, l'ordinaire changeât pour les malheureux détenus. Le régime carcéral en province était d'ailleurs beaucoup moins généreux qu'au château royal de la Bastille.

Ceci n'empêchait pas Saint-Mars d'être un perpétuel insatisfait. Il avait la nostalgie d'une carrière militaire interrompue, rêvait de poudre et d'assauts empanachés. Dans ses lettres, il réclamait toujours une nouvelle promotion ou un gouvernement. A la longue, il finissait par obtenir quelque chose, le plus souvent des gratifications. En janvier 1673, son dévouement servile permit à sa roture d'accéder à la noblesse (les lettres royales lui seront adressées l'année suivante). Ses armes étaient *d'azur à une croix d'argent cantonnée de quatre loups surgissant d'or*, rappelant celles d'une vieille famille de Bretagne nommée d'Auvergne. En 1679, comme il s'était plaint de ce que ses camarades mousquetaires avaient tous eu des promotions, il fut nommé sous-lieutenant de la première compagnie, soit l'équivalent de colonel dans les autres corps de la cavalerie, tout en demeurant à Pignerol.

Dès 1666, il avait reçu en survivance de son oncle maternel, Cantien Garrot, seigneur de Fontenelle, les provisions de grand bailli et châtelain de la grosse tour de Sens et de gouverneur du fort de l'Ecluse, en Bresse. De lui il hérita également de la moitié de la « châtellenie et seigneurie, haute, moyenne et basse justice » de Dixmont et Armeau, près de Villeneuve-sur-Yonne*. Quand il mourut, en 1708, cumulant richesses et honneurs, il laissa, outre des meubles somptueux, un magnifique service en argent, des armes, des bijoux de valeur et pour plus de 600 000 livres en bonnes espèces sonnantes et trébuchantes.

De Marie-Antoinette Collot, fille d'Antonin Collot, commis de la poste, qu'il avait épousée en l'église Saint-Maurice de Pignerol le 4 juillet 1669, il avait eu deux enfants : l'aîné, Antoine Bénigne, né le 17 juin 1672, devint colonel-lieutenant du régiment Colonel général des dragons du roi et mourut à la bataille de Neerwinden le 29 juillet 1693, à vingt et un ans. Le second, André Antonin, né le 29 novembre 1679, épousa Marguerite

---

* Ce n'est qu'en août 1703 qu'il reçut l'autre moitié, appartenant au roi, en échange de bois taillis jouxtant le parc de Versailles, évalués à 6 300 livres (A. N., O1 47, f° 84 v° et 149 v°).

Ancel des Granges, fille du premier commis de Louvois. Blessé à la bataille de Spire le 15 novembre 1703, alors qu'il se trouvait à la tête d'un escadron des gendarmes du Berry, amputé, il décéda huit jours plus tard à Landau. Il avait vingt-quatre ans[4].

Bénigne de Saint-Mars, veuf depuis 1691, mourut à la Bastille le 26 septembre 1708, sur les 5 heures du soir, à « l'âge de quatre-vingt-deux ans ou environ », et alla rejoindre deux jours plus tard son prisonnier masqué au cimetière Saint-Paul : le destin les avait indissolublement unis jusque dans la tombe ! N'ayant aucune descendance directe, son héritage revint à ses trois neveux Formanoir de Palteau.

Cette fortune, Saint-Mars la devait tout entière à la famille Le Tellier, dont il fut l'exécuteur zélé des hautes et basses œuvres. Ses lettres à Louvois montrent souvent une servilité écœurante : « Je me tiendrai au pied de la lettre à ce que vous me commandez... Comme étant l'ouvrage de vos mains je ferai tout ce qu'il vous plaira comme une créature tout à fait soumise à vos volontés. » A côté de la hiérarchie officielle, Louvois disposait dans toutes les places d'une hiérarchie parallèle de dévoués informateurs et d'amis fidèles. Saint-Mars était un rouage de ce système, d'autant plus précieux qu'il combinait relation clientélaire et liens quasi familiaux. Sa femme avait deux sœurs : l'une, Françoise, avait épousé Louis Damorezan, commissaire des guerres de Pignerol, l'autre, Marie, un commis du secrétariat d'Etat à la Guerre, Elie du Fresnoy : cette dernière devint la maîtresse de Louvois. Cela crée une certaine complicité ! Les deux hommes étaient en quelque sorte parents par la main gauche, ce qui explique pourquoi, en novembre 1674, Louvois fut le parrain du premier enfant de Saint-Mars, Antoine Bénigne. Cette Mme du Fresnoy, troublante comme l'aurore, belle comme le jour, rayonnante d'ambition — « une nymphe, une divinité », clamait Mme de Sévigné, « tellement recueillie dans sa beauté... qu'il est impossible de se la représenter parlant communément » —, devint en 1673, grâce à son amant, « dame du lit de la reine », ce qui fit rire et jaser derrière les éventails. La fille d'un commis de la poste, pensez donc !

En 1665, une compagnie franche d'infanterie, dont Saint-Mars était le capitaine, avait été affectée à la garde de l'ancien châtelain de Vaux. Elle était composée de quatre officiers (dont trois mousquetaires détachés de leur corps d'origine), de trois sergents, trois caporaux, cinq anspessades et cinquante hommes de troupe. Les effectifs furent portés à cent trente-cinq hommes, officiers compris, avec l'arrivée du second prisonnier « de conséquence », le comte de Lauzun, en décembre 1671, puis retombèrent à soixante-six hommes après la mort de Fouquet.

Après avoir fait brièvement connaissance avec la geôle et ses gardiens, il nous reste à voir les prisonniers. Au siècle dernier, Iung était arrivé à peu près à reconstituer le registre d'écrou de Pignerol, grâce à l'examen minutieux de la correspondance ministérielle conservée aux archives de la Guerre. Il avait recensé près d'une quarantaine de détenus. Certains n'y avaient séjourné que quelques jours ou quelques mois, d'autres le reste de leur vie. Iung avait d'ailleurs confondu prisonniers d'Etat, gardés à l'intérieur du donjon, et détenus de droit commun, enfermés dans des locaux de la citadelle*.

Il nous faut revenir au registre d'Etienne Du Junca, document fondamental et incontestable. Que nous apprend-il ? Que l'inconnu de la Bastille était un « ancien prisonnier » que le gouverneur Saint-Mars avait à Pignerol. Or, la chronologie précise que celui-ci commanda le donjon de Pignerol de 1665 à 1681, puis le fort d'Exilles, dans les Alpes, jusqu'au début de 1687, époque à laquelle il s'en vint aux îles de Lérins.

Notre homme a donc été incarcéré à Pignerol entre 1665 et 1681. Il n'est pas indispensable de suivre la trace de tous les prisonniers arrivés entre ces deux dates dans la forteresse alpine. Il suffit de connaître ceux qui s'y trouvaient en 1681, au moment du départ définitif de son geôlier. L'un d'eux est nécessairement celui que nous cherchons. Combien sont-ils ?

Il y avait d'abord Lauzun. Après la mort de Fouquet, le 23 mars 1680, sa libération approchait, avec pour arrière-plan de complexes transactions avec la Grande Mademoiselle, qu'il avait failli épouser en décembre 1670. Celle-ci achetait en quelque sorte l'élargissement de l'élu de son cœur en faisant donation au duc du Maine, fils bâtard du roi et de Mme de Montespan, d'une partie de ses biens : le comté d'Eu et la principauté de Dombes... L'ennui est que, par acte notarié antérieur, elle avait cédé secrètement le comté d'Eu à Lauzun. Il fallait donc l'accord de celui-ci pour la transaction, quitte à lui donner une compensation. Malgré sa situation, ce dernier se faisait tirer l'oreille, car, s'il désirait ardemment sa liberté, il ne

* On trouvera en annexe la liste de tous les prisonniers d'Etat qui ont été placés sous la garde de M. de Saint-Mars, tant à Pignerol, à Exilles, à Sainte-Marguerite qu'à son arrivée à la Bastille.

tenait pas tellement à la devoir à cette vieille fille possessive dont l'humeur s'assombrissait avec l'âge. Enfin, les négociations avançaient. A ce moment-là, Lauzun était à peine un prisonnier. Il pouvait écrire, recevoir des visites, celles de sa sœur, Mme de Nogent, de son frère, le chevalier de Lauzun, ou de son ami Barrailh. Il avait l'autorisation de se promener dans la citadelle. Le 20 mars 1681, Saint-Mars, qui, cinq ans auparavant, l'avait très rudement traité après une tentative d'évasion manquée, l'avait sollicité pour être le parrain de son second fils, André Antonin... La perspective de son retour en grâce avait changé le regard qu'il portait sur lui. Ce n'est que trop humain, hélas !

En dehors de Lauzun, des états de remboursements de frais pour l'année 1680 font apparaître l'existence dans le donjon de Pignerol de huit autres prisonniers « détenus par ordre du roi » :
— Butticary et Lafleur ;
— Dubreuil et Lapierre ;
— Matthioli et son valet ;
— Deux prisonniers anonymes, dits de la « tour d'en bas »[5].

Parlons des deux premiers. Butticary ? Nous avons vu Saint-Mars intercéder en sa faveur en 1673. D'après les comptes, sa deuxième incarcération se situerait vers la mi-octobre 1679. De Lafleur on ne sait presque rien, sinon qu'il était pris en charge dans les dépenses du donjon depuis le 22 novembre 1678 au moins. Il porte un surnom courant chez les soldats, et sans doute en était-il un, mis aux arrêts de rigueur pour une affaire mineure, car les fautes graves se réglaient par le conseil de guerre et la pendaison. En tout cas, ces deux personnages disparaissent de la comptabilité à la fin de décembre 1680, ayant certainement été libérés.

Il reste donc six prisonniers. Ils sont beaucoup plus mal traités que le comte de Lauzun, qui venait encore de se faire payer pour 212 livres d'objets divers : « perruque, chapeau, linge, bas de soie, rubans et gants », alors que les autres n'avaient eu droit, à eux tous, qu'à 68 livres de linge[6]. Une première constatation s'impose : Saint-Mars, en dehors de Lauzun, n'a plus sous sa garde que des personnages subalternes, du moins considérés comme tels au plan social. Leurs frais de pension sont de 3 livres par jour (4 livres et demie pour les deux de la tour d'en bas) au lieu de 20 pour Lauzun. L'affaire est immédiatement ramenée à ses véritables proportions. Aucun doute ne doit subsister.

L'homme masqué de la Bastille se trouve parmi ces six hommes. Naturellement, pour l'instant, en 1681, aucun d'eux ne porte de masque. Ce serait trop simple ! Comme dans un roman d'Agatha Christie, il faut procéder par élimination, découvrir leur histoire, chercher la date de leur décès. Nos six « petits nègres » sont donc en place. C'est le moment de faire plus ample connaissance avec eux.

Dubreuil était un ancien évadé du château Trompette de Bordeaux. Il avait proposé au roi de lui fournir des renseignements sur le comte de Monterey, gouverneur des Pays-Bas espagnols. Louis XIV, qui le soupçonnait d'être un agent double, avait décliné l'offre et lui avait interdit d'entrer en commerce avec les Espagnols. Mais Dubreuil s'en était moqué. Il avait été saisi au collet au moment où il se rendait en Espagne. A l'automne de 1675, après son évasion, il offre à nouveau ses services au roi de France, faisant valoir qu'il entretient de bonnes relations avec le général impérial Raymondo Montecuccoli. Il est alors établi à Bâle en Suisse, sous le nom de Samson. Le prince de Condé et son adjoint, le comte de Montclar, commandant l'armée du Rhin, sont autorisés à entrer en contact avec lui, à lui donner 200 pistoles et un « chiffre ». Dubreuil est un habile, un retors, qui a de gros appuis chez les Espagnols et les Impériaux. Pour appâter ses compatriotes, il réussit à faire pénétrer avec lui un officier du régiment de La Ferté, spécialiste des fortifications, dans la place de Lautenbourg, puis dans celles d'Offenbourg et de Fribourg. On commence à le trouver intéressant. On lui promet une forte récompense s'il donne des renseignements utiles. Dubreuil répond qu'il ne veut pas « s'embarquer sans biscuit », c'est son expression[7].

Mais, à peine a-t-on mordu à l'hameçon qu'on se doute qu'il mène double jeu et qu'il fournit des informations sur les mouvements des troupes françaises à Montecuccoli. Son arrestation est alors décidée. Comme on ne veut pas courir le risque de l'enlever en territoire étranger, on attend qu'il commette l'imprudence de pénétrer sur les terres du roi. Le 18 février 1676, l'intendant d'armée Jacques de La Grange écrit à Louvois : « Je ne vois qu'un moyen pour le prendre, c'est d'avoir un homme à Bâle qui l'observe et qui le suive jusqu'à ce qu'il soit à portée de quelque place du roi et de s'en saisir. » Louvois écrit personnellement à Dubreuil, lui suggérant de se rendre à l'endroit que lui indiquera l'intendant La Grange. Le 24 avril, enfin, le lascar, tombant dans le piège, est intercepté par trois officiers et conduit à la forteresse de Neuf-Brisach, puis dans un cachot de la citadelle de Besançon. De là, on le transfère provisoirement au château de Pierre-Encize, près de Lyon, qui est placé sous l'autorité de l'archevêque de la ville. Le 2 mai, Louvois, enfin, avertit Saint-Mars de son arrivée prochaine à Pignerol[8].

Ce Dubreuil, qui menait grand train avant son arrestation, était de noble ascendance, du moins le prétendait-il. Il se faisait appeler « comte du Breuil », et certains documents le nomment ainsi*. Peut-être est-il un gentilhomme de Bresse, François du Breuil de Damas, seigneur de Moncoy et de Vellerot, fils de François de Damas, seigneur de la Bastie, et d'Anne Gaspard, dame du Breuil, né en 1634[9] ?

En tout cas, à Pignerol, comme il n'appartenait pas à la haute noblesse de robe ou de cour (ainsi que Fouquet ou Lauzun), on négligea sa particule et, dès son arrivée, il fut mis avec un autre détenu, le moine Lapierre, dans une mauvaise chambre du donjon. Le ministre recommandait, avec sa férocité habituelle, de le traiter comme un individu capable de toutes les ruses pour s'échapper : « Je suis obligé de vous avertir, dit-il à Saint-Mars le 17 juin, de ne vous point laisser abuser par ses beaux discours et que vous devez le regarder comme un des plus grands fripons du monde et des plus difficiles à garder[10]. » Il a trompé le roi et il doit expier sa trahison.

Louvois cependant l'autorisa à recevoir des livres et même à lui écrire. L'autre en profita pour se plaindre de ses conditions de détention : « Je suis ici avec un homme qui est fou au dernier point et fort incommode, et qui a si fort infecté la chambre qu'à peine peut-on y respirer. On sait qu'il y a huit jours que je ne bois ni ne mange et que je ne fais que languir en ce misérable lieu[11]. » Personne, en tout cas, ni à Madrid ni au quartier général de Montecuccoli, ne savait ce qu'était devenu cet agent très spécial.

Le second prisonnier de notre liste est précisément le moine jacobin Lapierre, devenu fou**. Il faut dire que les conditions

* Par exemple, l'ordonnance de remboursement de ses frais de séjour à Pierre-Encize : « Le comte du Breuil, pendant les huit derniers jours du mois de mai et les cinq premiers jours de juin (1676). » L'importance de la récompense versée aux officiers qui l'ont arrêté (200 écus par personne, S.H.D., série A1, vol. 474, f° 30) comme l'escorte constituée pour le conduire montrent que ce n'était pas un petit gibier.

** On appelait en France, sous l'Ancien Régime, jacobins les moines de l'ordre prêcheur de saint Dominique (ou dominicains), car leur premier couvent fut établi à Paris en 1218 dans l'hospice Saint-Jacques.

d'internement au XVIIe siècle étaient si rudes, si cruelles que la plupart des malheureux croupissant entre quatre murs, sans pouvoir sortir même pour une simple promenade, finissaient par perdre la raison. Ce fut le cas de ce religieux, comme plus tard de Dubreuil et de Matthioli. Ce jacobin avait été pris en charge par le sieur Legrain, prévôt général de la Connétablie et Maréchaussée de France, qui l'avait conduit, avec un lieutenant et six archers, jusqu'au relais de poste de Bron, près de Lyon, sur la route de Chambéry, où un officier de Saint-Mars, le chevalier de Saint-Martin, alla le chercher avec dix hommes de la compagnie franche. Il arriva à Pignerol le 7 avril 1674. Quelques jours plus tard, Louvois écrivait à Saint-Mars :

« J'ai été bien aise d'apprendre l'arrivée du prisonnier que le chevalier de Saint-Martin vous a amené. L'intention du roi étant qu'il soit traité fort durement, il ne faut point lui donner de feu dans sa chambre, à moins que le grand froid ne vous y oblige, et vous ne lui donnerez d'autre nourriture que du pain, du vin et de l'eau, étant un *fripon achevé*, qui ne saurait être assez maltraité ni souffrir la peine qu'il a méritée. Cependant, vous pourrez lui faire entendre la messe, en prenant garde néanmoins que cela ne lui donne pas occasion d'être vu de personne ni de donner de ses nouvelles à qui que ce soit. Sa Majesté trouve bon aussi que vous lui donniez un bréviaire et quelques livres de prières [12]. »

Qu'avait donc fait ce « fripon achevé » pour mériter une si rude captivité ? C'était vraisemblablement un de ces alchimistes, plus ou moins escrocs, comme on en rencontra tant quelques années plus tard dans l'affaire des Poisons, chercheur de pierre philosophale, qui prétendait « avoir des secrets considérables ». Ce charlatan, semble-t-il, avait abusé de la confiance de plusieurs dames de la Cour. Un aventurier italien qui séjournait alors en France, Primi Visconti, rapporte dans ses *Mémoires* que Mme de Montespan, fort jalouse de la beauté de la princesse Marie-Anne de Wurtemberg, fit croire au monarque qu'elle se prostituait à ce moine alchimiste. « Je n'ai jamais entendu dire dans le monde qu'il y eût quoi que ce soit entre Mlle de Wurtemberg et ce moine, ajoute Primi ; au contraire, on chuchotait fort de la présence continuelle de ce dernier chez Mme d'Armagnac, et il finit par être jeté en prison comme imposteur [13]. »

Il avait d'abord été conduit à Pierre-Encize par ordre du mari de la dame, Louis de Lorraine, comte d'Armagnac, grand écuyer de France, mais le roi l'avait fait revenir à Paris, ainsi qu'il résulte d'une lettre écrite par lui le 17 janvier 1673 à l'archevêque de Lyon[14]. Que devint-il ensuite, on ne sait trop. En tout cas, quinze mois plus tard, il languissait dans un cachot de Pignerol. Cet ermite mondain, qui préférait le salon des jolies duchesses à la nudité de la cellule monacale, tomba de haut. Très vite, sa santé périclita et son état mental se délabra. Il poussait des hurlements, empestait sa chambre, injuriait ses gardiens. Louvois, un moment, oublia son identité : « Qui est avec le sieur Dubreuil que vous me dites qui est si fol[15] ? » écrit-il à Saint-Mars. Sa mémoire rafraîchie, il recommanda la trique, remède ordinaire dans les prisons du roi pour soigner les esprits dérangés : « Puisque la menace que vous avez faite au prisonnier qui est avec Dubreuil l'a déjà rendu sage, vous ne devez pas manquer de la lui renouveler de temps en temps et à la première faute qu'il fera le corriger vigoureusement, moyennant quoi vous le verrez devenir plus raisonnable qu'il vous a jamais paru[16]. »

C'était cynique. Saint-Mars, âme damnée de Louvois, mais qui se voulait bon catholique, avait malgré tout scrupule à rosser un prêtre. Son maître se chargea de l'apaiser : « Je vais vous expliquer qu'il est vrai que ceux qui frappent les prêtres au mépris de leur caractère sont excommuniés, mais il est loisible de châtier un prêtre quand il est méchant et que l'on est chargé de sa conduite. Pourvu que celui-ci soit autant en sûreté avec le valet de M. de Lauzun qu'il l'est avec le sieur Dubreuil, le roi se remet à vous de le changer de prison, ou en cas que vous jugiez à propos de le laisser avec ledit sieur Dubreuil, de le faire attacher de manière qu'il ne puisse lui faire du mal[17]. »

Le comte Matthioli, Italien de Bologne, sur lequel je reviendrai plus longuement par la suite, avait participé avec l'abbé d'Estrades, ambassadeur de France à Venise puis à Turin, à des négociations secrètes touchant un projet d'implantation française en Italie du Nord. En 1678, un traité avait été signé avec Louis XIV mais, au moment de l'échange des ratifications, Matthioli, faussant compagnie à tout le monde, était allé vendre le secret de ces tractations à la duchesse de Savoie, aux représentants de l'Espagne, de l'Empire et de Venise. L'Europe poussa les hauts cris. On imagine la fureur à Versailles d'avoir été pareillement dupé. Attiré près de Pignerol dans un guet-apens monté par l'abbé d'Estrades, alors en poste à Turin, et par Nicolas Catinat, brigadier d'infanterie, le traître fut arrêté et conduit incognito au donjon.

Il y a peu à dire du valet de Matthioli, arrêté deux jours après son maître, tenu pour son complice, et dont la correspondance ministérielle fera apparaître ultérieurement, par déduction, le nom : Rousseau ou Le Rousseau, peut-être une déformation francisée d'un nom italien (Rosso ?), ou encore un surnom, comme celui dont on affublait à cette époque la plupart des valets.

Les prisonniers figurant dans les comptes et la correspondance sous le nom de « Messieurs de la tour d'en bas » sont les deux anciens valets de Fouquet, qui ont été enfermés au cachot après la mort de leur maître et la découverte d'un trou clandestin dans la cheminée ayant permis les communications entre Fouquet, Lauzun et leurs valets respectifs, à l'insu des geôliers. Le 8 avril 1680, ordre a été donné à Saint-Mars de faire croire qu'ils ont été libérés, particulièrement à Lauzun. Quels secrets s'étaient échangés entre les deux étages ? On ne sait. Cependant on avait jugé qu'il fallait empêcher ces deux individus de parler. Dans les comptes du Trésor royal, tenus par les scribes de Colbert, ces captifs apparaissent sous des appellations parfois déformées : « Messieurs de la tour d'enbas (*sic*) et un valet », « La tour d'enbas et un valet », « La tour d'aubas et son valet »*...

On connaît leur nom : l'un s'appelle La Rivière. C'est un hypocondriaque, d'humeur toujours chagrine, ancien domestique de Saint-Mars mis au service de Fouquet dès son arrivée à Pignerol, en 1665. L'autre porte le nom d'Eustache Danger ou d'Angers (et non Dauger, comme on le répète souvent, par suite d'une mauvaise lecture des documents**). Ce dernier est un prisonnier conduit à Pignerol en août 1669 pour une raison inconnue par le major de Dunkerque, Alexandre de Vauroy. Au départ, les instructions étaient très sévères à l'égard de cet homme, que Louvois présentait comme un simple domestique : Saint-Mars devait le jeter dans un « cachot » suffisamment sûr pour qu'on ne puisse l'entendre ; il devait lui porter lui-même, une fois par jour, sa nourriture et le menacer de le tuer, au cas où il se mettrait à parler « d'autre chose que de ses nécessités ». Son régime rigoureux s'atténua vers 1675, époque à laquelle Louvois autorisa Saint-Mars, qui manquait de valets de prison, à le mettre au service de Fouquet en compagnie de La Rivière.

* Les noms des autres prisonniers étaient tout aussi déformés : Butticary devenait « de Butticary » ; Matthioli était appelé « Dematioly » ou « Martioly ».

** Dans la première lettre le concernant le « n » se confondait avec le « u ». C'est la raison pour laquelle les premiers investigateurs et les historiens qui ne sont pas remontés aux sources l'ont appelé Eustache Dauger. Sur les autres dépêches on lit nettement le nom de Danger, avec des orthographes variables : Dangers, d'Angers (voir p. 151).

Eustache troqua donc son statut de prisonnier renfermé pour celui plus enviable de prisonnier-valet, un poste créé pour lui en quelque sorte. Sous réserve de quelques précautions — on devait éviter de le laisser s'entretenir avec quelqu'un en particulier — il bénéficia, comme La Rivière, des mesures d'adoucissement prodiguées à Fouquet et à Lauzun, qui pouvaient se promener dans le donjon et rencontrer leur famille. La mort de l'ancien surintendant et la découverte du trou clandestin, qui prouvait que des entretiens avaient bien eu lieu, provoquèrent les foudres de l'Olympe : il retrouva son statut antérieur, redevenant un prisonnier d'Etat gardé avec la plus extrême rigueur, et La Rivière subit le même sort.

Tels sont nos six captifs de 1681. Notons qu'il arrive parfois, dans la correspondance, qu'on oublie le valet de Matthioli. On en recensait donc cinq, mais les comptes des prisons rétablissent la vérité : ils sont bien six. Cette omission, à laquelle il ne faut attribuer nulle malice, ne change rien au raisonnement.

A Paris, les négociations entre Mademoiselle et Mme de Montespan avaient abouti, le 2 février 1681, à Saint-Germain, à la donation faite par la cousine du roi au duc du Maine de la principauté de Dombes et du comté d'Eu. En dédommagement de sa renonciation à ce dernier domaine, Lauzun recevrait un peu plus tard la seigneurie et baronnie de Thiers, en Auvergne, la terre de Saint-Fargeau, avec la baronnie de Perreuse, la seigneurie de Sainte-Colombe, la châtellenie de Lavau, la terre de Faverelles et les droits de justice de la Chapelle... Un joli cadeau, avec la perspective d'épouser dans un proche avenir la Grande Mademoiselle, ce qui finalement n'aura jamais lieu[18]. Le 12 avril, le roi donna ordre à M. de Maupertuis, sous-lieutenant des mousquetaires de la première compagnie, de conduire Lauzun à Bourbon (Bourbon-l'Archambault), où il devait faire une cure, en attendant d'être assigné à résidence à Chalon-sur-Saône, puis à Amboise, prélude à sa réhabilitation. Il quitta Pignerol dans les derniers jours d'avril. C'en était fini pour lui des prisons, des fenêtres grillagées, des murs humides et gris et de la mine renfrognée des geôliers.

Pour Saint-Mars aussi, se tournait une page de sa vie. C'était le dernier personnage de marque confié à sa garde qui partait. Qu'allait-il devenir ? En septembre 1680, M. de Rissan, lieutenant du roi au gouvernement de la citadelle, étant tombé malade, avait bénéficié d'un congé de longue durée. Comme il était trop fatigué pour reprendre du service, le 30 mai, Saint-Mars fut promu par intérim dans sa charge, avec 6 000 livres d'appointements, sans compter les indemnités diverses, la subsistance des prisonniers et le casuel. Malheureusement, ce poste le plaçait sous l'autorité directe du marquis d'Herleville, gouverneur général, homme exigeant et sévère, au caractère épineux, qui avait toujours jalousé l'indépendance dont il avait joui jusque-là. On comprend qu'il ait été réticent à assumer ses nouvelles fonctions.

Au début de mai 1681, la mort à trente-six ans du puissant duc de Lesdiguières, gouverneur du Dauphiné, vint opportunément libérer le gouvernement du fort d'Exilles, dans le Piémont*. Louvois eut l'idée de faire nommer son protégé à ce poste et d'y envoyer les deux prisonniers de la tour d'en bas. Celui-ci quitterait donc Pignerol et son nœud de vipères, tandis que le donjon conserverait son statut de prison d'Etat. Cette solution, qui reçut l'agrément du roi, avait l'avantage de résoudre à peu près toutes les difficultés : Saint-Mars serait indépendant des autorités locales, jouirait des fonctions et du prestige d'un gouverneur de place de guerre, percevrait de substantiels appointements (que l'on porterait de 4 000 à 10 000 livres par an) et resterait le gardien fidèle des deux anciens valets de Fouquet sur lesquels il n'était pas question de lever la chape de plomb. Bien au contraire, leur départ de Pignerol — cette ville de garnison et de passage, sans cesse bruissante d'activités — et leur réclusion dans ce lieu solitaire, entouré de cimes neigeuses, les soustrairaient au monde à tout jamais. Personne, surtout pas Lauzun, ne pourrait imaginer que les deux serviteurs de Nicolas Fouquet, dont on avait annoncé la libération, s'y trouvaient enfermés. Restaient les travaux d'aménagement à entreprendre en secret pour assurer leur sécurité. Point d'excès : une grande chambre bien cadenassée, avec une fenêtre garnie de grilles solides, suffirait.

Dès le 11 mai, Louvois demandait au sieur du Chaunoy, commissaire des guerres, de s'y rendre en compagnie de Saint-Mars afin de chiffrer la dépense : « Vous m'enverrez un mémoire, observant que ce n'est que des logements de ces deux prisonniers dont il doit faire mention et que vous ne devez parler en aucune manière d'eux dans ledit mémoire, de l'état présent

* Comme gouverneur général de la province, François Emmanuel de Bonne de Créqui, duc de Lesdiguières, avait le privilège de nommer les gouverneurs et commandants des places fortes de sa province. Il avait conservé pour lui l'arsenal de Grenoble, les forts d'Exilles, de Briançon et de Barraux.

du logement du gouverneur d'Exilles ou des réparations qu'il pourra y avoir à faire [19]. » Ce ne fut que le lendemain, sans doute avant le départ de l'ordinaire pour Pignerol, que Louvois s'avisa de prévenir le principal intéressé de sa promotion :

« J'ai lu au roi votre lettre du 3 de ce mois, par laquelle Sa Majesté, ayant connu l'extrême répugnance que vous avez à accepter le commandement de la citadelle de Pignerol, a trouvé bon de vous accorder le gouvernement d'Exilles, vacant par la mort de M. le duc de Lesdiguières, où elle fera transférer *ceux des prisonniers qui sont à votre garde qu'elle croira assez de conséquence pour ne les pas mettre en d'autres mains que les vôtres.*

« Je demande au sieur du Chaunoy d'aller visiter avec vous les bâtiments d'Exilles et d'y faire un mémoire des réparations absolument nécessaires pour le logement des *deux prisonniers de la tour d'en bas, qui sont, je crois, les seuls que Sa Majesté fera transférer à Exilles*. Envoyez-moi un mémoire de tous les prisonniers dont vous êtes chargé, et marquez-moi à côté ce que vous savez des raisons pour lesquelles ils sont arrêtés. A l'égard des deux de la tour d'en bas vous n'avez qu'à les marquer de ce nom, sans y mettre autre chose.

« Le roi s'attend que, pendant le peu de temps que vous serez absent de la citadelle de Pignerol pour aller avec le sieur du Chaunoy à Exilles, vous mettiez un tel ordre à la garde de vos prisonniers qu'il n'en puisse mésarriver d'aucun, et qu'ils n'auront pas plus de commerce avec qui que ce soit qu'ils n'en ont eu depuis que vous en êtes chargé [20]. »

En réponse, Saint-Mars annonça que le nombre de ses prisonniers s'élevait à cinq, comptant pour une unité le valet de Matthioli et son maître. Muni de ce renseignement, le 9 mai, le ministre lui envoya ses instructions :

« L'intention de Sa Majesté est qu'aussitôt que le lieu que vous aurez jugé propre audit Exilles pour garder sûrement les *deux prisonniers de la tour d'en bas* sera en état de les recevoir, vous les fassiez sortir de la citadelle de Pignerol dans une litière, et les y fassiez conduire sous l'escorte de votre compagnie pour la marche de laquelle les ordres sont ci-joints ; et, aussitôt après le départ desdits prisonniers, l'intention de Sa Majesté est que vous alliez audit Exilles pour prendre possession du gouvernement et y faire, à l'avenir, votre résidence. Et parce que Sa Majesté ne désire pas que le reste des prisonniers qui étaient à votre garde, lesquels doivent rester dans la citadelle de Pignerol, demeurent sous celle d'un capitaine de bataillon, qui peut changer de jour en jour, je vous adresse un ordre du roi pour faire reconnaître le sieur de Villebois en qualité de commandant dans ladite citadelle de Pignerol [...]. Vous en avertirez, s'il vous plaît, ledit sieur de Villebois, auquel le sieur du Chaunoy a ordre de faire payer 2 écus par jour pour la nourriture de *ces trois prisonniers.* Vous verrez, par les ordres du roi ci-joints, que votre compagnie doit être réduite à quarante-cinq hommes, à commencer du quinzième de ce mois, et par l'état qui les accompagne, le pied sur lequel elle doit être payée, aussi bien que ce que le roi vous a ordonné pour la subsistance des susdits *deux prisonniers* que Sa Majesté s'attend que vous garderez avec la même exactitude que vous avez fait jusqu'à présent [...]. A l'égard des hardes que vous avez au sieur Matthioli, vous n'avez qu'à les faire porter à Exilles pour les lui pouvoir rendre, si jamais Sa Majesté ordonnait qu'il fût mis en liberté[21]... »

Trois prisonniers à Pignerol, deux à Exilles, cela fait un total de cinq*. Sur le dispositif adopté pour Pignerol, il n'y a pas à s'étendre. Villebois était un trop petit personnage pour remplacer le gouverneur de la citadelle, M. de Rissan. Il recevait donc un brevet spécial pour commander le donjon. En février 1682, il se verra attribuer la commission de major de la citadelle. Saint-Mars gardait autorité sur lui et indirectement sur les prisonniers restés sur place. Il ne rompait pas le cordon ombilical le reliant au donjon qui avait été sa demeure durant seize ans ! C'est la raison pour laquelle on le pria d'emporter avec lui les « hardes » du signor Matthioli. Au cas où celui-ci serait libéré, ce serait lui et non Villebois qui présiderait à sa levée d'écrou. Louvois pensait peut-être aussi que l'Italien, sitôt sa liberté recouvrée, fuirait la vindicte du duc de Mantoue, qu'il avait trahi tout autant que Louis XIV, et se dirigerait vers la France. Il aurait donc à passer par Exilles, où il retrouverait les habits et bagages qu'il portait au moment de son enlèvement. Tel qu'il est rédigé, ce paragraphe a fait croire un moment que Matthioli était l'un des deux mystérieux prisonniers d'Exilles. On sait aujourd'hui qu'il n'en fut rien.

Un autre point mérite d'être souligné. Il concerne la compa-

---

* Les préposés à la comptabilité, n'ayant pas la même arithmétique que M. de Saint-Mars, règleront, dès le départ, la pension de quatre prisonniers à Pignerol sur le pied de 2 livres par personne (BnF, Mss., Fr. 22 732, f° 62). Une autre ordonnance du 9 septembre 1682 est ainsi rédigée : « Au sieur de Villebois, commandant dans la citadelle de cette place, la somme de 496 livres pour la subsistance de *quatre prisonniers* qui sont à sa garde, à raison de 40 sols (*c'est-à-dire deux livres*) à chacun par jour, pendant le mois de juillet et d'août » (A.N., Z1C 414).

gnie franche. Cette unité créée pour la garde de Fouquet en 1665, doublée après l'arrivée de Lauzun, constituait un régime militaro-carcéral très particulier en France, comparable seulement à la compagnie des soixante hommes de la Bastille. Dans les autres prisons, on se servait des soldats de la garnison. Louvois aurait pu la dissoudre au départ de Lauzun et laisser Saint-Mars, à Exilles, faire appel à quelques hommes solides et sûrs trouvés sur place. Pourquoi la lui a-t-il conservée ? Est-ce parce qu'il considérait que la garde de ces « messieurs de la tour d'en bas » valait la dépense ? Cela paraît douteux. Une telle troupe, même réduite à quarante-cinq hommes, n'avait pas pour but de prévenir l'évasion de prisonniers, quel que fût leur secret — pour cela de bons murs et quelques gaillards bien trempés suffisaient —, mais d'empêcher qu'un commando ne vînt les délivrer par surprise. C'est la prison que la compagnie franche était censée garder et non ses habitants.

Or, autant on pouvait admettre l'utilité de cette précaution pour des personnages de l'importance de Fouquet et de Lauzun (tous deux firent l'objet d'au moins une tentative d'évasion menée de l'extérieur, et l'on sait que Fouquet avait conçu un minutieux projet de défense, le « plan de Saint-Mandé », prévoyant l'intervention de ses partisans au cas où il serait en prison), autant on peut s'étonner de son maintien à Exilles. Qui donc aurait pu songer à attaquer de force le petit fort perdu, afin de délivrer deux anciens domestiques ? Une autre explication est nécessaire. En lui conservant sa compagnie franche, Louvois a voulu faire plaisir à son « client » et ne pas lui donner l'impression qu'en perdant les deux hauts personnages qui avaient été jusque-là le cœur de sa vie, il perdait tout. Il ne voulait pas non plus lui faire ressentir son départ de Pignerol comme une disgrâce. Fouquet et Lauzun avaient émargé aux frais de la compagnie franche, eh bien, va pour Eustache et La Rivière ! Eux aussi en bénéficieraient ! A cette différence près que leur pension ne serait pas comparable : au lieu des 1 100 livres mensuelles allouées pour ces deux détenus de marque, on se contenterait pour ces petits messieurs d'un total de 330 livres, soit 5 livres et demie par jour et par personne. Il ne faut point confondre ! L'important est de voir que, à partir de ce moment-là, la pension des deux prisonniers obéit au même système que celui mis en place autrefois pour Fouquet et Lauzun : elle est incorporée aux dépenses de la compagnie franche, réglées tous les deux mois par le trésorier de l'Extraordinaire des guerres et non plus par les comptables de Colbert.

Exilles est un fort isolé dans la montagne, à douze lieues de Pignerol, trois de Suse et sept de Briançon. Situé en sentinelle sur un promontoire rocheux dominant la vallée de la Doria, sur la rive gauche de cette rivière, il avait mission de garder le défilé menant de Briançon à Turin. Plus tard, quand il reviendra au roi de Sardaigne, en vertu du traité d'Utrecht de 1713, son système défensif sera entièrement repensé et ses canons pointés vers la France... La forteresse actuelle, avec ses galeries, ses casemates voûtées pour pièces lourdes, dont l'impressionnante Batterie Royale, encore occupée par l'armée italienne lors de la dernière guerre, n'a rien à voir avec celle, beaucoup plus petite, que visita Saint-Mars dans les derniers jours de mai 1681 [22].

Des plans conservés aux archives du Génie, des descriptions, des gravures ainsi qu'un plan-relief de la collection des Invalides* permettent de nous en faire une idée. Entouré de sa ceinture bastionnée, l'ensemble se composait d'un château ou donjon et de quelques bâtiments de service. Le donjon, de forme rectangulaire, était flanqué en direction de la plaine italienne de deux tours rondes, dont la *Tour Grosse*, encore dénommée *Tour César* (mais qui ne remontait pas au-delà du Moyen Age), plus large que l'autre. Entre les deux tours s'étendait un bâtiment, au premier étage duquel se trouvait l'appartement du gouverneur. Ici, tout était sommaire, sans confort : Exilles avait été conçu comme une place frontière et non comme un bâtiment d'agrément. En contrebas, du côté ouest, s'étendait — et s'étend toujours — le gros bourg d'Exilles qui a conservé, avec son église romane Saint-Pierre-et-Saint-Paul et ses maisons anciennes, le charme pittoresque des villages alpestres d'autrefois.

Quand Saint-Mars se rendit sur place pour la première fois, il rencontra celui qui allait devenir son adjoint direct pour les affaires administratives, le lieutenant de roi Du Prat de la Bastie, en poste depuis de nombreuses années. Les deux hommes se connaissaient, ayant tous deux servi dans la première compagnie des mousquetaires sous d'Artagnan ! Un seul prisonnier s'y trouvait, un protestant du nom de Videl, de la vallée du Queyras [23]. Le fort n'était pas en bon état. Construit par Jean de Bens entre 1607 et 1610, il vieillissait et manquait d'équipement. En 1673, Du Prat de la Bastie, se plaignant de son état d'abandon, le décrivait « sans nerf de la guerre, sans artillerie en bon ordre,

* Ce plan relief à l'échelle de 1/600e fabriqué en 1763, réparé en 1790, représente l'état du fort en 1673, soit quelques années avant que M. de Saint-Mars ne vînt s'y établir.

sans armes de toute sorte, sans munition de guerre et de bouche, sans ustensiles nécessaires pour la défense et autres choses importantes à la conservation d'une garnison ». La chapelle du château dédiée à saint François et saint Louis servait de caserne à la troupe. Les fonctions de major, d'aide-major et de capitaine des portes n'étaient pas pourvues, de même que la charge d'aumônier. En cas d'attaque, concluait Du Prat de la Bastie, le commandant ne pourra que « se défendre les armes blanches à la main et périr sur un rempart sans lui être utile[24] ». Jusqu'à l'arrivée de Saint-Mars, aucun frais n'avait été engagé pour restaurer les bâtiments*. En 1700, Vauban sera encore plus sévère pour les fortifications d'Exilles que pour celles de Pignerol : « Tous les défauts des places du roi joints ensemble n'ont rien d'approchant de ceux qui se trouvent en celle-ci[25]. »

Le commissaire du Chaunoy chiffra les dépenses nécessaires pour installer au premier étage de la tour César, seul étage à être directement relié à l'appartement du gouverneur, la chambre forte des prisonniers, séparée du palier par un tambour à double porte et s'ouvrant sur l'extérieur par une fenêtre en forme de meurtrière, munie d'une double rangée de barreaux. Au reçu de ce devis, le ministre fixa à 1 000 écus (3 000 livres) la somme allouée à Saint-Mars pour les travaux et l'aménagement de son propre logement.

Sitôt qu'il reçut les provisions de son nouveau gouvernement, Saint-Mars s'empressa d'en informer son ami l'abbé d'Estrades, ambassadeur de France à Turin : « J'ai reçu hier seulement mes provisions de gouverneur d'Exilles avec 10 000 livres d'appointements, lui écrit-il le 25 juin ; l'on m'y conserve ma compagnie franche et deux de mes lieutenants, et j'aurai en garde *deux merles* que j'ai ici, lesquels n'ont point d'autres noms que *messieurs de la tour d'en bas* ; Matthioli restera ici avec deux autres prisonniers. Un de mes lieutenants, nommé Villebois, les gardera, et il a un brevet pour commander en mon absence à la citadelle ou au donjon[26]... »

De son voyage d'inspection à Exilles Saint-Mars n'est pas rentré avec un moral au beau fixe, c'est le moins que l'on puisse dire. Du premier coup d'œil, il a vu les inconvénients de ce poste

* En 1708, la place sera prise par Victor-Amédée II, duc de Savoie. Le lieutenant de roi, qui commandait la place, Jacques de Laboulaye, se rendra sans résistance. Accusé de s'être fait promettre 40 000 livres par celui-ci, il sera dégradé en janvier 1710 et enfermé quatre ans à Pierre-Encize.

éloigné, l'isolement, la tristesse, l'ennui, au regard desquels la vie de garnison à Pignerol, c'était Capoue ! A la fin de juin, il y retourne pour mettre en route les travaux. Le 12 juillet, sur le point de se rendre une nouvelle fois à Exilles, il informe le ministre de la façon dont il envisage de garder ses deux merles :

« Pour que l'on ne voie point les prisonniers, ils ne sortiront point de leur chambre pour entendre la messe et, pour les tenir en plus grande sûreté, l'un de mes lieutenants couchera au-dessus d'eux et il y aura deux sentinelles jour et nuit qui verront tout le tour de la tour, sans qu'eux et les prisonniers se puissent voir ni parler, ni pas même entendre ; ce seront des soldats de ma compagnie qui seront toujours postés en faction aux prisonniers. Il n'y a qu'un confesseur qui m'inquiète un peu ; mais si Monseigneur le juge à propos, je leur donnerai le curé d'Exilles qui est un homme de bien et fort vieux auquel je lui pourrai défendre de la part de Sa Majesté de ne point savoir quels sont ces prisonniers-là, ni leurs noms ni ce qu'ils ont été, et de ne parler jamais d'eux en nulle maison du monde, ni de recevoir de vive voix ni par écrit aucune communication ni billet[27]. »

Cependant, les frictions avec l'irascible marquis d'Herleville continuaient. Piqué de ne pas être averti des voyages de Saint-Mars à Exilles, il se permit quelques remarques aigres-douces sur ce procédé discourtois à l'égard d'un gouverneur général. Mais Louvois, qui protégeait son geôlier préféré, lui répondit qu'il avait des ordres du roi dont il ne devait rendre compte à personne[28].

A Exilles, les travaux de réparations prirent du retard. Finalement, la translation des prisonniers n'eut lieu qu'au début d'octobre 1681. Saint-Mars partit avec eux, ses soldats, mousquet sur l'épaule, et les deux lieutenants qui lui étaient conservés, Jean de La Prade et Pierre de Mandelat, sieur de Boisjoly. Il se rendit vite compte de la tristesse de sa situation. La grisaille d'Exilles lui donnait le bourdon. Il était retourné une seconde fois à Turin, comme nous l'apprend une lettre de l'abbé d'Estrades à Pomponne du 9 janvier. Un historien local, Ettore Patria, qui a étudié à la loupe le séjour de Saint-Mars à Exilles, à partir des archives de Turin et de la vallée de Suse, constate qu'il ne ratait aucune occasion de s'absenter : chasses, promenades dans les vallées constituant son territoire, visites à son ami Jean-Jacques Losa, gouverneur de Suse pour le compte du duc de Savoie[29]... S'il tirait quelque satisfaction d'amour-propre de se voir investi de la plus haute fonction — celle de représentant du roi — dans cette place forte et les vallées qui en dépendaient, s'il lui plaisait de jouer les grands seigneurs (« Nous, sieur de Saint-Mars, de Palteau et de Dixmont et autres lieux, grand bailli, gouverneur de la forteresse d'Exilles et vallées dépendantes... », ainsi se dénommait-il dans les actes officiels[30]), il déchantait devant la monotonie des jours et la rigueur du climat. La correspondance avec son ministre de tutelle nous le montre se morfondant dans ce lieu isolé. Sans cesse il sollicite la permission de découcher quelques jours, permission que le vigilant Louvois accorde parfois, mais avec réticence et parcimonie.

Saint-Mars restera plus de cinq années à Exilles en compagnie de ses deux merles, ces encombrants volatiles dont il partageait la même cage... « Vous pouvez faire habiller vos prisonniers, lui écrivait Louvois, mais il faut que les habits durent trois ou quatre ans à ces sortes de gens-là » (lettre du 4 décembre 1681). « Ces sortes de gens-là » : quel mépris ! Ce qui frappe dans la correspondance de cette époque, ce sont les précautions que l'on prend pour ces deux anciens valets de Fouquet apparemment insignifiants, alors que le ministre se soucie peu de ceux qui sont restés à Pignerol avec Villebois. Le 2 mars 1682, il écrit à Saint-Mars : « Comme il est important d'empêcher que les prisonniers qui sont à Exilles, que l'on nommait à Pignerol *de la tour d'en bas*, n'aient aucun commerce, le roi m'a ordonné de vous commander de les faire garder si sévèrement et de prendre de telles précautions que vous puissiez répondre à Sa Majesté qu'ils ne parleront à qui que ce soit, non seulement du dehors, mais même de la garnison d'Exilles ; je vous prie de me mander de temps en temps ce qui se passera à leur égard[31]. »

Cette lettre appelait une réponse détaillée qui, par chance, nous a été conservée :

« Vous me mandez, Monseigneur, écrit Saint-Mars le 11 mars, qu'il est important que mes deux prisonniers n'aient aucun commerce. Depuis le commencement que Monseigneur m'a fait ce commandement-là, j'ai gardé ces deux prisonniers qui sont à ma garde aussi sévèrement et exactement que j'ai fait autrefois avec MM. Fouquet et Lauzun, lequel ne peut se vanter d'avoir donné ni reçu de nouvelles tant qu'il a été enfermé. Ceux-ci peuvent entendre parler le monde qui passe au chemin qui est en bas de la tour où ils sont, mais eux, quand ils voudraient, ne sauraient se faire entendre ; ils peuvent voir les personnes qui seraient sur la montagne qui est devant leurs fenêtres, mais on ne saurait les voir à cause des grilles qui sont au-devant de leur chambre. J'ai deux sentinelles de ma compagnie, nuit et jour, des deux côtés de la tour, d'une distance raisonnable, qui voient obliquement la fenêtre des prisonniers ; il leur est consigné d'entendre si personne ne leur parle et s'ils ne crient point par les fenêtres et de faire marcher les passants qui s'arrêteraient dans le chemin ou sur le penchant de la montagne. Ma chambre étant jointe à la tour, qui n'a d'autre vue que du côté de ce chemin, fait que j'entends et vois tout, et même mes deux sentinelles qui sont toujours alertes par ce moyen-là. »

L'ancien fort d'Exilles a disparu, on le sait, mais des fenêtres du nouveau, à l'endroit où s'élevait la tour César, on voit encore le Grand Chemin, à flanc de montagne, qui part de la porte de Piémont. En l'empruntant, les habitants du village passaient près de la cellule des deux merles. Connaissaient-ils leur existence ? Il est probable que la présence continuelle de ces deux sentinelles au pied de la Tour Grosse et les consignes impératives qu'elles donnaient aux passants de s'en écarter éveillaient la curiosité. En tout cas, s'ils ont flairé quelque mystère, ils ne nous l'ont pas dit. Rien ne filtrait du donjon, sinon quelques psaumes chantés jour et nuit par le malheureux Videl, le troisième prisonnier dont le geôlier se plaignait fort.

« Pour le dedans de la tour, poursuit Saint-Mars, je l'ai fait séparer d'une manière où le prêtre qui leur dit la messe ne les peut voir, à cause d'un tambour que j'ai fait faire qui couvre leur double porte. Les domestiques qui leur portent à manger mettent ce qui est de besoin aux prisonniers sur une table qui est là, et mon lieutenant le prend et le porte. Personne ne leur parle que moi, mon officier, M. Rignon [*le confesseur de Pignerol*] et un médecin qui est de Pragelas*, à six lieues d'ici, et en ma présence. Pour leur linge et autres nécessités, mêmes précautions que je faisais pour mes prisonniers du passé[32]. »

Louvois répond en précisant : « Le roi ne veut pas qu'un autre lieutenant que celui qui a accoutumé de parler avec vos prisonniers ait commerce avec eux[33]. » On le voit, toutes les précautions étaient prises pour limiter le nombre de personnes en contact avec ces morts vivants. Le seul officier autorisé à pénétrer dans leur prison était La Prade, qui avait été promu l'année précédente premier lieutenant de la compagnie franche, Boisjoly, le second lieutenant, se trouvant, d'ordre du roi, écarté de

* Aujourd'hui Pragelato.

ce service. A l'occasion de la mort de l'abbé Antoine Rignon, le vieux chapelain du donjon de Pignerol, le soupçonneux ministre rappelle ses directives : « Vous ne devez pas regretter ledit sieur Rignon, lui explique-t-il le 3 juin 1683, parce qu'il vous a toujours trahi et s'est entendu avec MM. Fouquet et Lauzun. Je crois que vous savez que les prisonniers qui sont à votre garde ne doivent point être confessés qu'ensuite d'un ordre du roi ou dans un péril imminent de mort ; c'est ce que vous observerez, s'il vous plaît[34]. »

Ainsi, il arrive à Louvois d'oublier certaines consignes précédemment données. En juillet 1680, il avait autorisé la confession annuelle et la communion pascale. Partant de là, Saint-Mars avait pris l'organisation suivante : tous les dimanches, le vieux curé d'Exilles, dom Joseph Bernard, montait au fort et venait dire la messe sur le palier du premier étage de la tour. Les prisonniers assistaient à l'office derrière le tambour de leur porte. Par contre, pour les confessions, c'était leur ancien aumônier de Pignerol qui s'en chargeait, une fois par an. Louvois ne semble pas avoir noté ce fait puisqu'il croit rappeler une consigne qu'il n'a pas énoncée. Ce faisant, il durcit le régime des prisonniers, l'absence du sacrement de pénitence les privant de faire leurs pâques.

De temps en temps Louvois demande des nouvelles. Prenant sans doute prétexte d'une confidence de l'un d'eux, Saint-Mars se propose de venir à Paris : tous les moyens lui paraissent bons pour quitter son trou ! Mais le ministre n'est pas dupe : il lui répond qu'il n'a qu'à lui écrire dans une double enveloppe en marquant sur la lettre confidentielle qu'elle doit lui être remise en main propre[35]. Toujours cet extraordinaire souci que personne ne prenne connaissance d'éventuels renseignements concernant ses prisonniers. Il se méfie de son entourage immédiat, de ses adjoints, de ses secrétaires particuliers. Au reste, l'affaire n'eut pas de suite. On s'en serait douté ! Le prétexte était le babillage des détenus, la vraie raison le souhait de Saint-Mars de changer de gouvernement pour un autre moins rude et moins isolé[36].

L'ingénieux gouverneur, qui se sent de plus en plus enchaîné à une vie inutile, doit inventer autre chose. Il insiste alors sur sa santé qui se délabre. Il va vers la soixantaine et les rhumatismes le travaillent. Il lui faut assurément passer quelques jours sous un climat meilleur lorsque la fonte des neiges le permettra. Les bains d'Aix, au bord du lac du Bourget, lui siéraient assez.

Comment refuser cette petite douceur à un homme dévoué nuit et jour au service obscur de l'Etat ? Cela lui ferait peut-être oublier ses constantes demandes de changement qui ne font pas l'affaire du ministre : « Le roi, lui dit-il le 7 mars, veut que vous alliez prendre l'air dans le lieu que vous jugerez le plus convenable à votre santé, mais Sa Majesté vous recommande de donner de si bons ordres pour la sûreté des prisonniers que personne n'ait communication avec eux pendant votre absence et qu'il ne puisse mésarriver[37]. »

Les formules ministérielles étaient toujours identiques : sécurité, sécurité avant tout ! Et rien ne doit, comme d'habitude, « mésarriver », le mot revient constamment. A son retour, à la fin de mai, le geôlier informa son patron du souhait de l'un des détenus de faire son testament[38]. La brusque tombée de l'hiver dans cette vallée alpestre altérait plus sûrement encore qu'à Pignerol la santé des résidents de la tour César. Le 23 décembre 1685, Saint-Mars écrivait que ses prisonniers étaient toujours dans les remèdes. Le médecin, le docteur Stéphane Perron, résidait à Pragelas, dans l'autre vallée. Pour venir, il devait faire un long détour par Sestrières, Césane et Oulx. Bientôt, la nouvelle qu'un des prisonniers souffrait d'une grave maladie arriva à Paris. « J'ai reçu la lettre que vous m'avez écrite le 26 du mois passé, mande Louvois à Saint-Mars le 9 octobre 1686, qui ne désire de réponse que pour vous dire que vous auriez dû me nommer quel est celui de vos prisonniers qui est devenu hydropique[39]. »

Lequel était-ce ? La réponse nous manque ! Peut-être celui qui avait voulu faire son testament l'année précédente ? La santé de cet homme en tout cas s'aggrava très vite, sans que Louvois voulût relâcher la consigne : la confession n'était autorisée qu'à la dernière extrémité[40].

Depuis la disparition de l'abbé Rignon, on le sait, les deux prisonniers n'avaient plus d'aumônier. En mai 1686, le vieux curé d'Exilles, « messire vénérable Joseph Bernard », que Saint-Mars avait envisagé un moment de leur donner pour directeur de conscience, devenu infirme, avait été renvoyé assez brutalement de sa cure[41]. Un nouveau curé n'avait pu être nommé, malgré la présence de Saint-Mars au conseil paroissial ou à cause de lui. Un aumônier était entretenu avec la compagnie franche, l'abbé Guy Favre, dont on ne connaît pas la date de nomination : c'est ce dernier qui probablement eut à entendre la confession de l'hydropique.

3

D'EXILLES À LA BASTILLE

Le ministre le voyait bien, son protégé menacé par la mélancolie supportait de moins en moins ce qu'il appelait son exil d'Exilles. C'était la servitude sans la grandeur militaire ! Au début de janvier 1687, il obtint pour lui le gouvernement des îles Sainte-Marguerite et Saint-Honorat, au large de Cannes, vacant depuis la mort, en décembre 1685, du vieux Guillaume de Pechpeyrou-Comminges, comte de Guitaut, l'ami fidèle de Mme de Sévigné. Sainte-Marguerite, avec son Fort Royal, était une belle île, disposant d'une bonne garnison et offrant l'avantage d'une grande sûreté pour la garde des prisonniers. Dans la douceur ensoleillée de la mer de Provence, captifs et geôlier pourraient se rétablir du rude climat alpin. Le ministre se fit un plaisir de lui annoncer cette bonne nouvelle au plus vite, chargeant le commis de la poste de Grenoble d'envoyer, entre deux « ordinaires », un « piéton » dans la montagne. Bourru et brutal, le ministre avait parfois d'aimables attentions [1]. Sitôt que Saint-Mars recevrait les provisions de son nouveau gouvernement, il devrait s'y rendre, de façon à étudier les travaux à faire pour le logement de ses prisonniers, avant de revenir à Exilles et de les escorter lui-même avec sa compagnie [2].

Quelle nouvelle ! Après tant d'années d'attente ! La perspective de s'installer dans cet agréable lieu plongeait Saint-Mars dans le ravissement le plus délicieux. Sa compagnie franche, une fois encore, lui était conservée. Ce point est important à souligner. A l'île Sainte-Marguerite, il se trouvait suffisamment de troupes pour garder des prisonniers. On aurait pu dissoudre cette unité et l'y envoyer seul avec ses pensionnaires. Son « patron » préféra lui réserver cette petite gâterie qui lui donnait des revenus supplémentaires. Sa lettre croisa celle de Saint-Mars du 5 janvier, lui annonçant la mort de l'un de ses pensionnaires[3].

Sur l'identité du disparu, assurément l'hydropique de l'automne de 1686, aucune indication comme d'habitude ne nous est fournie. Une certitude, cependant : il ne peut s'agir que de l'un des deux anciens de Pignerol, Eustache Danger ou La Rivière, la présence du troisième détenu d'Exilles, Videl, étant attestée par les comptes du Trésor royal après le départ définitif de Saint-Mars[4]. Les chercheurs ont naturellement compulsé le vieux registre des morts et sépultures de la paroisse, où le décès aurait dû être consigné. Il n'y a rien au 4 ou au 5 janvier, dates probables du décès. Par contre, le 8 février, un mois plus tard, on trouve mention de l'enterrement d'un nommé Giovanni Guyon, âgé d'environ trente ans, sergent de la compagnie franche de « Monseigneur de Saint-Mars » avec pour témoin « messire Guy Favre, théologien et aumônier du roi audit fort d'Exilles*[5] ». Il n'y a pas lieu de suspecter *a priori* cet acte d'inhumation et d'y voir celui d'un des deux locataires de la tour César : Saint-Mars s'est tout simplement gardé de faire transcrire sur le registre la mort du prisonnier. C'était déjà son habitude à Pignerol où, tout le temps de son gouvernement, on ne trouve dans les archives de Saint-Maurice, paroisse du donjon, aucune mention de décès de prisonniers, Fouquet compris. Le 20 janvier, enfin, le gouverneur répondait à la lettre de Louvois apportée par le piéton de Grenoble :

« Je suis pénétré de la nouvelle grâce que je viens de recevoir de Sa Majesté. Si vous m'ordonnez d'y aller sous peu [*aux îles*], je vous supplie de permettre que ce soit par le Piémont, à cause de la grande quantité de neige qu'il y a d'ici à Embrun et, à mon retour, qui sera aussi prompt que faire se pourra, de trouver bon que j'aille, chemin faisant, prendre congé de M. le duc de Savoie de qui j'ai toujours reçu mille honneurs. Je donnerai si bien mes ordres pour la garde de mon prisonnier que je puis bien vous en répondre, Monseigneur, pour son entière sûreté, et même pour l'entretien que j'ai toujours empêché d'avoir avec mon lieutenant, à qui j'ai défendu de lui jamais parler, ce qui s'exécute ponctuellement. »

Et déjà Saint-Mars envisage les précautions à prendre pour le transfèrement du survivant. Le système de la litière couverte, tirée par des chevaux, utilisé lors du voyage de Pignerol à Exilles,

* Guy Favre, « aumônier et confesseur des prisonniers », suivit Saint-Mars à Sainte-Marguerite, où ses appointements furent portés à 600 livres par an.

lui paraît impraticable, compte tenu des chemins sinueux et escarpés des Alpes. Un fâcheux accident est vite arrivé. Une litière brisée se répare difficilement en route.

« Si je le mène aux îles, poursuit-il, je crois que la plus sûre voiture serait une chaise couverte de toile cirée, de manière qu'il aurait assez d'air, sans que personne le pût voir ni lui parler pendant la route, pas même les soldats que je choisirai pour être proches de la chaise, qui serait moins embarrassante qu'une litière, qui peut souvent se rompre[6]. »

Le 27 janvier, en même temps qu'il lui envoyait les provisions de son nouveau gouvernement — établies pour trois années renouvelables, comme pour ceux de toutes les places du royaume —, le ministre donnait à Saint-Mars son accord pour une dernière escapade à Turin et sa proposition de se servir d'une chaise[7]. Au reçu de cette lettre, dans les premiers jours de février, Bénigne, tout guilleret, confia au lieutenant La Prade la garde du précieux prisonnier et se rendit à son futur lieu de villégiature où il arriva le 19. Son gouvernement s'étendait sur les deux îles de Lérins, Sainte-Marguerite et Saint-Honorat, au large du port de pêche de Cannes (deux mille habitants environ), lui-même dominé par la tour du château de la Castre (le Suquet). De l'autre côté de la baie, à une portée de canon, s'avançait la pointe du fort de la Croix (la Croisette), « la meilleure pièce de Provence », avait juré le maréchal de Vitry à Richelieu*. La côte formait un décor enchanteur et sauvage que l'on a peine à imaginer aujourd'hui, avec ses vergers d'orangers, ses champs de fleurs, ses vertes forêts et ses plants d'oliviers déclinant doucement depuis les collines de Grasse jusqu'à la Méditerranée au bleu éclatant.

Bâti au-dessus d'un aplomb rocheux dominant la mer, le Fort Royal a peu changé de physionomie depuis cette époque. Séduits par l'exceptionnelle position stratégique du lieu, les Romains y avaient édifié un solide *castrum*, à l'emplacement d'un *oppidum* celto-ligure, *Vergoanum*. Dans la crainte d'un siège, ils avaient creusé et aménagé au rez-de-chaussée de vastes citernes pouvant contenir jusqu'à 500 000 litres d'eau douce. En 1560, au début du règne de Charles IX, sur les ruines de cette fondation romaine, on bâtit une tour qui existe encore et qui, modifiée, servit au XIXe siècle de sémaphore. Au début du XVIIe siècle, un certain Jean de Bellon, écuyer de la ville de Bri-

* A l'emplacement de l'actuel Palm Beach.

gnoles, homme lige de Charles de Lorraine, duc de Guise (le fils du Balafré), restaura pour le compte de son maître cet austère donjon, y ajouta un bâtiment et érigea une première forteresse de « pierres sèches ». Les Espagnols, qui occupèrent l'île à partir de 1635, entreprirent d'édifier autour du château un système fortifié avec bastions, fossés, demi-lunes, murailles de terre et palissades. C'est cette citadelle qu'après sa reprise héroïque par le comte d'Harcourt en 1637 le nouveau gouverneur, le comte de Guitaut, agrandit et modifia. Vauban, en 1682, se contenta de suggérer quelques améliorations. Un plan-relief du musée des Invalides, datant de 1728, donne une idée de cet ensemble au moment de l'arrivée de Saint-Mars.

L'état-major de la place se composait, outre le gouverneur, d'un capitaine-major[8], charge assumée par Pierre de Bussy, seigneur de Dampierre, d'un commissaire d'artillerie et garde-magasin, d'un capitaine du « quay » ou du port, de quatre canonniers, d'un aumônier, d'un chirurgien assisté d'un ou deux *fraters*. Les troupes étaient formées de l'ancienne compagnie de M. de Guitaut, forte de cent quatre-vingts hommes, aux ordres d'un capitaine, de plusieurs lieutenants et enseignes, de quatre sergents et de trois caporaux ainsi que de deux plus petites compagnies de soixante-dix hommes chacune. Fréquemment, quelques unités d'infanterie en déplacement en Provence venaient caserner dans l'île.

Le Fort Royal n'était pas une vraie prison, mais quelques chambres du bâtiment principal pouvaient servir de lieux de détention pour des soldats déserteurs ou des fils de famille prodigues ou insolents. Deux semaines après son arrivée, Saint-Mars adressait à Louvois un plan prévoyant d'élever le château d'un étage et d'édifier en bordure de mer deux grandes cellules reliées par un corridor faisant office de chapelle le dimanche. Le total de la facture s'élevait à 5 026 livres que le ministre accepta de débourser sans difficulté. Le 16 mars, Louvois lui écrivit encore :

« Vous trouverez ci-joint l'ordre du roi nécessaire pour le départ de votre compagnie du château d'Exilles. Moyennant quoi, il ne tiendra qu'à vous de partir, ce que je crois vous ne devez pas différer plus longtemps qu'aussitôt après Pâques, ne doutant pas que vous trouverez moyen de faire garder sûrement votre prisonnier dans l'île Sainte-Marguerite pendant que l'on bâtira la prison que vous lui destinez, de manière qu'il ne puisse avoir commerce avec personne et qu'il ne puisse mésarriver dans les bâtiments qui sont déjà faits. Je ne vous recommande point de le faire garder soigneusement dans le chemin, puisque je suis persuadé que vous n'y manquerez pas[9]. »

En fait, un fâcheux contretemps s'était produit. Quand cette lettre arriva à Exilles, Saint-Mars n'était toujours pas revenu de Sainte-Marguerite, où il était tombé malade, passant vingt-six jours au lit. Le 23 mars enfin, il informait Louvois qu'il avait commandé une litière à Toulon afin de partir sous peu. L'hiver étant fini, il comptait se rendre à Exilles en huit jours par Embrun et Briançon :

« Dès que j'aurai reçu l'honneur de vos commandements, je me remettrai en marche avec mon prisonnier que je vous promets de conduire ici en toute sûreté sans que personne le voie ni lui puisse parler. Je ne lui ferai pas entendre la messe depuis son départ d'Exilles jusqu'à ce qu'il soit logé dans la prison qu'on lui préparera ici, où il y aura joignant une chapelle. Je vous réponds sur mon honneur de la sûreté entière de mon prisonnier.[10] »

En attendant l'achèvement des travaux, Saint-Mars avait prévu de le mettre dans la cellule la plus sûre, celle de l'unique prisonnier qui s'y trouvait alors, le chevalier de Thésut, ce dernier étant transféré dans une chambre ordinaire du fort. Né en juin 1653, Benoît de Thésut était le fils d'un conseiller au parlement de Dijon, Charles Bénigne de Thésut, seigneur de Ragy. Ce garnement avait été enfermé, sur ordre du roi du 29 août 1685, contresigné par Colbert de Croissy, à la demande et aux frais de son père qu'il avait voulu forcer, pistolet au poing, à lui donner de l'argent[11]. Pour attirer l'attention, il avait écrit à la Cour qu'il avait des « avis très importants » à confier à Sa Majesté. Sans trop y croire, l'intendant de Provence, Thomas Alexandre Morant, s'était spécialement rendu à l'île afin d'entendre sa déposition[12]. Mais le fanfaron l'avait traité de haut, lui jetant au visage « qu'il était trop petit compagnon pour qu'il s'expliquât à lui, et qu'il ne voulait et ne pouvait parler qu'au roi seul[13] ». Jusque-là, il avait vécu dans des conditions de détention relativement douces, avec liberté de promenade dans le fort. Pour le punir de son insolence, on décida de l'enfermer pour de bon et on bâtit pour lui « derrière la maison du gouverneur, du côté du Levant, une espèce de caserne qui n'était guère plus grande que la chambre d'un capucin[14] ». Et le comble est que son père avait été prié de la construire à ses frais[15] ! C'est ce cabanon que devait occuper quelques mois le prisonnier de Saint-Mars.

Dès son retour à Exilles, au début d'avril, Saint-Mars prit les dernières dispositions pour son départ. Par l'intermédiaire de son ami Losa, gouverneur de Suse, il sollicita une entrevue à Turin avec Leurs Altesses royales le duc Victor-Amédée de Savoie et sa mère, Madame Royale[16]. Puis il passa commande d'une chaise et loua les services de huit porteurs savoyards ne parlant qu'italien.

Le 17 avril, de bon matin, il quittait Exilles, laissant Videl à la garde du lieutenant Du Prat de la Bastie. Le cortège prit la route d'Oulx, où une première étape fut organisée. Le lendemain, la petite troupe franchit le col de Montgenèvre, fort encombré par les neiges, et arriva à Briançon à la nuit tombée. Les archives de la ville signalent que les premiers hommes reçurent des flambeaux pour s'éclairer dans les rues. Saint-Mars fit son entrée en carrosse et alla loger avec un garde chez le lieutenant de roi, le sieur Prat, près de la fontaine des Soupirs. Rien n'est dit sur la chaise à porteurs ni sur le prisonnier[17]. Le 20 au matin, la colonne reprit la route jusqu'au bourg de Guillestre, coucha vraisemblablement le 21 au soir à Embrun et le 22 à La Bréole. Ce devait être un étrange spectacle que celui de la compagnie de M. de Saint-Mars descendant le versant des Alpes, gardant ses distances autour de cette curieuse chaise hermétiquement close, portée par deux équipes de quatre serviteurs piémontais, tandis que des mulets tiraient les chariots de meubles de Mme de Saint-Mars. Suivit une halte le 23 à Seyne puis au Vernet le lendemain. Le 25 au soir, la troupe logea au château de Digne. A partir de là, elle emprunta le Grand Chemin, vieille route utilisée par les Romains, qu'on appellera plus tard route Napoléon, dont les étapes étaient Chaudon, Barême, Senez, Castellane, Séranon et Grasse*. Le mercredi 30 avril, le gouverneur arriva enfin en baie de Cannes avec sa famille, ses bagages, sa compagnie franche et son unique prisonnier. Ce dernier, qui avait été ballotté par monts et par vaux dans sa chaise, suant à grosses gouttes derrière son rideau de toile cirée, était épuisé. La chaloupe de Sainte-Marguerite attendait les

* Là, selon une tradition locale, Saint-Mars et son prisonnier auraient été hébergés par un sieur de Bézieux, dans sa maison située Carriero den Babot, non loin de la viguerie de la place Sainte-Marthe (*L'Almanac dé sei Grassenc*, 1997, cité par Camille BARTOLI, *Henri de... L'Homme au masque de fer, sa vie et son secret*, éd. TAC-motifs, 1997, p. 89).

voyageurs à la pointe de la Croix. Ils avaient parcouru 50 lieues, soit environ 200 kilomètres.

« Je n'ai resté que douze jours en chemin, écrivait Saint-Mars à Louvois le 3 mai, à cause que mon prisonnier était malade, à ce qu'il disait n'avoir pas autant d'air qu'il l'aurait souhaité. Je puis vous assurer, Monseigneur, que personne au monde ne l'a vu, et que la manière dont je l'ai gardé et conduit pendant toute la route fait que chacun cherche à deviner qui peut être mon prisonnier. [...] Le lit de mon prisonnier était si vieux et rompu que tout ce dont il se servait, tant linge de table que meubles, qu'il ne valait pas la peine d'apporter ici, l'on n'en a eu que 13 écus. [...] J'ai donné à huit porteurs qui m'ont apporté une chaise de Turin et mon prisonnier jusqu'ici, comptant ladite chaise, 203 livres que j'ai déboursées [18]. »

Le 22 mai, Louvois accusa réception de cette lettre :

« C'est de l'argent comptant que l'ordre que je vous ai envoyé pour le nouveau bâtiment que vous devez faire faire aux îles Sainte-Marguerite, et vous n'avez qu'à vous adresser à M. l'Intendant, qui vous en ordonnera le paiement. Ainsi, rien ne doit vous empêcher de commencer à faire travailler. Vous pourrez acheter les choses qui seront absolument nécessaires pour votre prisonnier et, en m'envoyant un état de ce que tout cela vous aura coûté, je vous en ferai payer. Vous trouverez ci-joint l'ordre nécessaire pour vous rembourser des 203 livres que vous avez dépensées pour votre prisonnier du château d'Exilles aux îles Sainte-Marguerite [19]. »

On le voit, les dépenses personnelles du prisonnier étaient toujours limitées à l'indispensable. La vente de son mobilier d'Exilles, qui provenait sans doute de Pignerol, n'avait pas dépassé 13 écus, soit 39 livres. Il n'était évidemment pas question pour 13 écus d'avoir de beaux meubles, une luxueuse garde-robe comme Fouquet ou Lauzun. En revanche, on ne lésinait pas sur les frais de bâtiment. Saint-Mars avait vu grand, considérant qu'un logement d'importance et de belles prisons faisaient partie du standing d'un geôlier ! Les travaux du Fort Royal durèrent jusqu'à la fin de 1687, avec un sensible dépassement de facture de 1 900 livres [20].

Tandis que le survivant d'Exilles devait se contenter de l'insalubre cabanon du chevalier de Thésut, ce dernier en profita pour retrouver la semi-liberté dont il jouissait avant sa réplique insolente à l'intendant Morant. Vers la Toussaint de 1693, il faussa gentiment compagnie à ses gardiens[21]. Thésut ne fut pas le seul « prisonnier de famille » que Saint-Mars eut à l'île. En mai 1688, on lui envoya un certain Saint-André de Villeneuve, garde-marine, puis, en février 1694, un nommé Jean-Philippe de Languedoüe, chevalier de Villeneuve. Plus dangereux fut Guy d'Estance, dit Montbéliard, garde-marine et « scélérat de profession », reçu en mai 1695, qui s'évada à la fin de 1696, après avoir occis d'un coup d'épée dans le ventre un soldat du régiment de la Vieille-Marine, en garnison dans l'île. Tous ces mauvais garçons étaient entretenus par leur famille. On leur donnait une simple chambre dans le fort.

Mais revenons au survivant d'Exilles, le seul pour l'instant qui nous intéresse. Pas question pour lui de se faire la belle, comme ces chenapans mal gardés ! Au début de la nouvelle année, Saint-Mars, presque lyrique, vantait à Louvois les qualités exceptionnelles des deux prisons qu'on venait de lui livrer clés en main :

« Je vous donnerai, Monseigneur, l'honneur de vous dire comme j'ai mis mon prisonnier, qui est toujours valétudinaire à son ordinaire, dans l'une des deux nouvelles prisons que j'ai fait faire suivant vos commandements. Elles sont grandes, belles et claires, et pour leur bonté je ne crois pas qu'il y en ait de plus fortes ni de plus assurées dans l'Europe, mêmement pour tout ce qui peut regarder les nouvelles de vive voix de près et de loin, ce qui ne peut se trouver dans tous les lieux où j'ai été à la garde de M. Fouquet depuis le moment qu'il fut arrêté. Avec peu de précautions, l'on peut même faire promener les prisonniers dans toute l'île, sans crainte qu'ils puissent se sauver, ni donner ni recevoir aucune nouvelle. Je prends la liberté, Monseigneur, de vous marquer en détail la bonté de ce lieu, pour quand vous auriez des prisonniers à vouloir mettre en toute sûreté*[22]... »

Précisons tout de suite que jamais aucun prisonnier de M. de Saint-Mars n'eut la liberté de se promener dans l'île, comme cela se pratiqua plus tard, dans le courant du XVIIIe siècle. Seuls les prisonniers de famille pouvaient circuler dans l'enceinte de la citadelle, à condition de regagner leur cellule le soir. Quant aux deux prisons, ce sont de grandes chambres en forme de

* L'original de cette lettre a disparu. Jules Loiseleur l'avait vu chez un collectionneur, M. Mauge du Bois des Entes, conseiller à la cour d'Orléans (*Revue contemporaine*, 15 septembre 1869).

casemate, chacune d'environ trente mètres carrés. Elles ont été restaurées il y a quelques années par la Ville de Cannes, tout comme les quatre autres cellules, construites un peu plus tard. Elles offrent un bel espace d'habitation pour des détenus, mais, en dépit de l'enthousiasme de Saint-Mars, on peut difficilement dire qu'elles sont « belles et claires ». Un rapport bien postérieur, quand ces chambres furent occupées par les femmes de la smala d'Abd-el-Kader, montre que ce genre de cellule pouvait vite devenir un infect gourbi, manquant d'air, de lumière et dégageant des odeurs pestilentielles en raison de la présence des latrines dans la pièce[23].

Le 16 juillet 1691, à Versailles, le marquis de Louvois mourut, foudroyé par une crise d'apoplexie, à l'âge de cinquante ans. Le roi en fut soulagé, car il était las de son caractère autoritaire, brutal et irascible. Son troisième fils, Louis François Marie, marquis de Barbezieux, âgé de vingt-trois ans, lui succéda dans ses fonctions de secrétaire d'Etat à la Guerre. Sitôt connue la nouvelle, Saint-Mars ne manqua pas, par lettre du 26 juillet, de faire allégeance à son nouveau chef et demanda des instructions. Le secrétaire d'Etat lui répondit le 13 août par ce billet :

« Votre lettre du 26 du mois passé m'a été rendue. Lorsque vous aurez quelque chose à me mander du prisonnier qui est sous votre garde depuis vingt ans, je vous prie d'user des mêmes précautions que vous faisiez quand vous les écriviez à M. de Louvois[24]. »

Cette lettre, assez sèche, ne s'embarrassant pas de détails ni de recommandations particulières, renvoyant simplement à ce qui se faisait habituellement, est, malgré son laconisme, très importante. Pour la première fois, en effet, une indication nous est donnée sur la durée de l'emprisonnement du survivant d'Exilles : le « prisonnier qui est sous votre garde depuis vingt ans » ! Cela nous donne occasion de faire le point sur l'histoire de nos six prisonniers. Rappelons que quatre d'entre eux sont restés à Pignerol : Matthioli, Rousseau, Dubreuil et le moine jacobin. Sur ce nombre, comme nous le verrons, un a été libéré, Dubreuil, en 1684. De toute façon, la lettre de Barbezieux ne les concerne pas. Le moine, entré en 1674, était resté sept ans sous la garde de Saint-Mars, et Dubreuil, arrivé en 1676, cinq ans. Quant à Matthioli et à Rousseau, ils n'ont connu le geôlier qu'un peu plus de deux ans, de mai 1679 à septembre 1681. Le prisonnier dont il est question ici est soit La Rivière, soit Eustache Danger.

La Rivière, ancien valet de Saint-Mars, est entré au service de Fouquet en 1665, mais il ne peut être considéré comme prisonnier qu'à partir d'avril 1680, date à laquelle, après le décès de Fouquet, Louvois ordonna de le mettre au cachot. En 1691, cela lui fait donc onze années de détention. La formule de Barbezieux ne s'applique pas à lui. En revanche, elle correspond à Eustache, incarcéré à Pignerol en août 1669 et qui avait exactement vingt-deux ans de captivité à cette date. « Vingt ans » n'est qu'une approximation, un chiffre arrondi pour désigner cet individu. La formule figurait sans doute dans la lettre de Saint-Mars du 26 juillet. Voilà qui éclaire un peu notre route. Le prisonnier hydropique mort à Exilles au début de 1687 est, par conséquent, La Rivière, et l'homme, conduit par les mauvais chemins des Alpes dans une chaise à porteurs couverte de toile cirée, Eustache...

Une des fautes majeures du règne de Louis XIV a été, comme chacun sait, la révocation de l'édit de Nantes de 1598 par l'édit de Fontainebleau du 17 octobre 1685. D'un trait de plume, le roi supprimait l'exercice public de la « Religion Prétendue Réformée » (ou R.P.R.). La conséquence était l'interdiction totale du culte réformé en France, même dans les maisons particulières. Les protestants considérés officiellement comme tous convertis avaient défense de quitter la France, sous peine de galères pour les hommes et de réclusion dans un couvent pour les femmes. Les pasteurs avaient quinze jours pour choisir entre l'abjuration et l'émigration. Les quatre cinquièmes préférèrent l'exil et se retirèrent en Angleterre, dans les Provinces-Unies, le Brandebourg ou les autres Etats germaniques. Un petit nombre d'entre eux, courageux et prêts à subir le martyre, finirent par revenir. Ceux qui étaient surpris en train d'exercer leur ministère, de présider des assemblées clandestines ou de « donner la cène » étaient immédiatement enfermés à la Bastille, à Vincennes ou dans les citadelles de province. C'est ainsi que Sainte-Marguerite eut son lot de pasteurs, six en tout.

Le premier d'entre eux, Paul Cardel, arriva le 10 mai 1689. Il fut probablement logé dans une chambre sûre à l'intérieur du fort, Saint-Mars conservant vide la seconde des deux cellules de la prison voûtée, dans l'attente de l'envoi éventuel d'un « prisonnier de conséquence » qui aurait redoré son blason de geôlier. Le deuxième pasteur s'appelait Pierre de Salves, surnommé Valsec. Il fut reçu par Saint-Mars le 7 avril 1690. Du point de vue des locaux, on avait atteint l'asphyxie. Comme il n'était pas question de réunir les deux ministres du culte, ordre fut donné au geôlier de loger le dernier arrivé dans le cabanon du sieur de Thésut, en attendant la construction de quatre nouvelles chambres fortes*[25]. Ces dernières furent édifiées sur le rocher au-dessus de la mer, en prolongement du château. Les fenêtres étaient protégées par trois grilles. Leur superficie était un peu inférieure aux deux premières et il ne semble pas que le matériau employé ait été solide, puisque, au XVIIIe siècle, leurs occupants parvinrent à se frayer un passage dans le mur de séparation**. Les prisonniers pouvaient aussi communiquer entre eux en criant par la fenêtre. Ce n'est qu'après 1720, à la demande du lieutenant de la compagnie franche des îles, Louis de Formanoir, neveu de Saint-Mars, resté sur place, que l'on isola les prisons par cinq contreforts, encore visibles, appuyés sur le mur extérieur du château[26]. Quatre autres pasteurs furent confiés à M. de Saint-Mars : Gabriel Mathurin, en mai 1690, Mathieu Malzac, en juin 1692, Jean Gardien-Givry et Elisée Giraut, en juillet 1694. Tous ces prisonniers dépendaient du département de Jean-Baptiste Colbert, marquis de Seignelay, secrétaire d'Etat à la Maison du roi et fils du grand Colbert, puis de son successeur, Louis de Pontchartrain. Leur pension était fixée à 2 livres 10 sols par jour, soit 900 livres par an (pour une année administrative de 360 jours).

Pour Saint-Mars le temps lentement s'écoulait au milieu de ses prisonniers, dans la monotonie des jours. Peut-être près de cette cage trop parfaite, sous le soleil de la Côte d'Azur, dans un décor qui invitait au *farniente*, avait-il un sentiment d'inutilité. Deux malheurs s'abattirent sur lui : d'abord la mort de son épouse le 9 avril 1691, qui fut inhumée au monastère de l'île Saint-Honorat puis celle de son fils aîné, tué à Neerwinden le 29 juillet 1693. Quelques mois après le décès de sa femme, Saint-Mars obtint un congé de trois mois. Sans doute alla-t-il à

---

* « A l'égard des prisons que vous vous proposez de faire, écrit Seignelay à Saint-Mars le 10 mars 1690, Sa Majesté donnera ordre et vous aurez au premier jour de mes nouvelles », A.N., O1 34, f° 376 v°.

** Cette tentative d'évasion collective eut lieu le 11 février 1755. « Les prisonniers, écrit Jean-Jacques Antier, parvinrent d'abord à desceller les pierres du mur mitoyen séparant les deux cellules. Ayant ainsi regroupé leurs forces, ils s'acharnèrent contre les grilles d'une fenêtre, sans parvenir à les abattre toutes, et tentèrent alors de creuser un tunnel dans le sol, mais ils furent bientôt arrêtés par le rocher » (Jean-Jacques ANTIER, *Les Grandes Heures des îles de Lérins*, Paris, Perrin, 1975, p. 194).

cette occasion saluer le roi à Versailles. Il ne l'avait pas revu depuis l'arrestation de Fouquet, trente-deux ans auparavant.

Faisons un bref retour en arrière. Au donjon de Pignerol, dont Saint-Mars avait conservé la tutelle en tant que responsable hiérarchique des officiers qui s'y trouvaient, que s'était-il passé durant son absence ? Il n'est pas inutile de s'en inquiéter, car, au printemps de 1694, les derniers détenus seront transférés à l'île Sainte-Marguerite.

Notons l'entrée de Jean Breton ou Le Breton. C'était un marchand de Pignerol qui avait eu un différend avec son associé, Olivier, à propos d'une somme de 1 000 écus, qu'il disait avoir employée à des cadeaux pour des personnes qu'il refusait de nommer. Dans cette ville frontière, sujette aux trafics de toute sorte, où chacun surveillait son voisin, cela suffit à le faire taxer d'espionnage. Le 7 novembre 1682, Louvois ordonna l'arrestation du suspect. Il fut d'abord conduit dans la prison civile de la ville, qui dépendait du Conseil souverain, puis, un mois plus tard, transféré dans un cachot du donjon, « avec du pain et de l'eau[27] ». En avril 1683, le roi adressa au marquis d'Herleville un ordre de libération le concernant[28]. Mais pour une raison inconnue, l'ordre ne fut jamais exécuté. Fut-il annulé ou intercepté au dernier moment ? Herleville, qui n'avait pas autorité sur le donjon, oublia-t-il de le transmettre à Villebois ? Toujours est-il que Le Breton ne recouvrit jamais la liberté... A quoi tient le destin !

Voici Jean Herse, encore appelé de Herse. Agé de quinze ans, ce jeune apprenti tailleur avait déclaré tout de go être prêt à tuer le roi pour de l'argent. Tuer le roi ou même simplement déclarer vouloir le tuer, c'est, sous l'Ancien Régime, l'abomination par excellence, le crime de lèse-majesté, car le roi, plus qu'un simple particulier, est le symbole de la cohésion nationale, la pierre angulaire de la cathédrale sociale, l'Oint du Seigneur, sacré à Reims. Le moindre geste, le moindre propos contre le souverain conduit son auteur au cachot pour la vie. La mort de Henri IV était encore dans toutes les mémoires. Le souci de la sécurité royale justifie que de pauvres diables, des mythomanes, des déséquilibrés paient de leur liberté leur légèreté, leur imprudence ou leur inconséquence. Dans ces conditions, le sort de Herse fut vite tranché[29]. Pas question de le traduire devant un tribunal où il pourrait donner à d'autres de mauvaises idées. Il fut arrêté en août 1687 par lettre de cachet, mis à la Bastille, puis transféré à Pignerol par les soins du sieur de La Coste, exempt de la prévôté de l'Hôtel (la police de la Cour). C'était un garçon remuant, violent, supportant mal la réclusion. Il essaya de se suicider en 1689 et, trois ans plus tard, échoua dans une tentative d'évasion[30].

Parmi nos vieilles connaissances, nous retrouvons le sémillant comte du Breuil, espion qui avait donné du fil à retordre à Louvois, à l'intendant La Grange et au comte de Montclar. Il avait bien changé, le pauvre homme ! Eprouvé par son enfermement, sa santé mentale chancelait. Une maladie contagieuse à Pignerol ! On a longtemps cru qu'il fut transféré à l'île Sainte-Marguerite en 1694. C'est là une erreur. L'examen des comptes des prisons permet d'établir qu'il fut libéré en 1684, vraisemblablement pour des raisons diplomatiques. L'article 9 du traité de suspension d'armes entre la France et l'Espagne du 21 juillet, prélude à la trêve de Ratisbonne, prévoyait que les prisonniers militaires ou non, pris « à titre de guerre, imposition, contribution, représailles ou à quelque autre chef que ce puisse être », devaient être élargis[31]. On se hâta de le mettre dehors préventivement. Après sa libération, il se lança dans un lucratif trafic de fausse monnaie entre Lyon et Genève[32], fut capturé à nouveau et, en juin 1696, enfermé au château de Pierre-Encize où il mourut en mai 1711[33].

A partir d'avril 1687, Villebois, commandant de la citadelle et du donjon, tomba gravement malade. Comme sa santé ne s'améliorait pas, Saint-Mars proposa de le remplacer par le premier lieutenant de sa compagnie, La Prade. A sa mort, à la fin d'avril 1692, celui-ci fut nommé par le roi commandant du donjon[34]. Ce fut le sergent Rosarges qui prit sa place à Sainte-Marguerite et eut à s'occuper avec le gouverneur des prisonniers d'Etat. A la fin de la même année, le second lieutenant, Boisjoly, se retira du service pour raison de santé, et à ce grade Saint-Mars fit nommer son neveu, Guillaume de Formanoir, qui servait dans sa compagnie comme simple cadet[35].

Le jeune et ambitieux duc de Savoie, Victor-Amédée II, lorgnait depuis longtemps Pignerol qu'il voulait annexer à ses Etats. C'est en grande partie pour cette raison que, le 20 octobre 1690, il avait rejoint la grande alliance antifrançaise et qu'il participa aux opérations de la guerre de Neuf Ans, encore appelée guerre de la Ligue d'Augsbourg. Dans la nuit du 28 au 29 juillet 1693, son armée ouvrit la tranchée devant le fort de Sainte-Brigitte, bastion avancé, à un kilomètre environ de la place. Le fort tomba après quatre semaines de siège en règle. Mais la ville résista. Du 25 septembre au 1er octobre, un déluge de bombes et de « carcasses » s'abattit sur elle. Cible idéale, le donjon fut sérieusement endommagé. On imagine la frayeur et les hurlements des malheureux prisonniers cadenassés, dans le fracas des explosions et l'ébranlement des vieux murs. Catinat, retranché dans son camp de Fénestrelle, ayant reçu le renfort d'un corps de gendarmerie à cheval, décida d'attaquer. Le 4 octobre, il écrasa l'armée de Victor-Amédée et du prince Eugène près du village de la Marsaille (Marsaglia). Quinze jours plus tard, Pignerol était libérée. Le 25, Barbezieux ordonna au commissaire d'Andrezel de « raccommoder » au plus vite les prisons du donjon[36]. Comme cela arrivait fréquemment, le passage des troupes dans la ville sema des germes d'épidémie. On déplora jusqu'à deux mille malades. Les hôtes du vieux donjon ne furent pas épargnés et eurent leur lot de dysenteries, grippes, fièvres en tout genre, qui transformèrent La Prade et ses adjoints en gardes-malades. Le 27 décembre, Barbezieux lui écrivait :

« Si quelqu'un des prisonniers qui sont attaqués de fièvre double, tierce et continue, viennent (*sic*) à mourir, il n'y a qu'à les faire enterrer comme des soldats, mais je suis persuadé qu'ils ne mourront pas encore de cette maladie.

« Vous n'avez qu'à brûler ce qui reste des petits morceaux de poche sur lesquels les nommés Matthioli et son homme ont écrit ce que vous avez trouvé dans la doublure de leur justaucorps où ils les avaient cachés[37]. »

Ce dernier paragraphe nous apprend que Matthioli et son valet, Rousseau, peut-être dans la terreur de périr sous les éboulis, avaient essayé de donner de leurs nouvelles à l'extérieur, mais leur entreprise avait été déjouée, puisque, au cours d'une fouille plus poussée, on avait trouvé des écritures dans la doublure de leurs vêtements. Barbezieux se trompait en pensant qu'aucun prisonnier ne mourrait de fièvre. En effet, au début de 1694, La Prade lui annonçait la disparition de l'un d'eux. Si étonnant que cela puisse paraître, il ne connaissait pas le nom du malheureux à qui chaque jour il portait à manger : c'était bien la preuve qu'il ne s'égarait jamais dans la moindre conversation avec ses prisonniers. Le ministre dut en appeler à la mémoire du gouverneur de Sainte-Marguerite : « Le sieur de La Prade, à qui le roi a confié la garde des prisonniers qui sont détenus par ordre de Sa Majesté dans le donjon de Pignerol, m'écrit que *le plus ancien est mort* et qu'il n'en sait pas le nom.

Comme je ne doute pas que vous vous en souveniez, je vous prie de me le mander en chiffres[38]. »

Curieux jeu de devinettes auquel l'historien se trouve confronté à chaque détour de sa route ! Heureusement, cette fois, il n'est pas trop difficile de percer ce petit mystère. Le défunt de janvier 1694 était le plus ancien. Le plus ancien prisonnier était indiscutablement Eustache Danger arrivé en 1669, mais nous savons qu'il se trouvait à Sainte-Marguerite sous la garde de M. de Saint-Mars. Ce ne peut être que le suivant, le moine jacobin, incarcéré en 1674, dont La Prade ignorait d'autant plus le nom que dans toute la correspondance de Saint-Mars il n'est jamais désigné que par son appartenance à son ordre religieux*.

Un historien italien du XIXe siècle, Domenico Carutti de Cantoigne, à qui l'on doit une histoire très documentée de Pignerol, avait cru identifier ce pauvre homme avec le prisonnier masqué de la Bastille. Malheureusement, ignorant que les deux prisonniers de la tour d'en bas étaient Danger et La Rivière, il avait supposé que c'était lui et Danger qui avaient suivi Saint-Mars à Exilles. Comme le prisonnier hydropique mort en 1687 avait demandé à faire son testament et que, par définition, un moine qui a fait vœu de pauvreté ne détient rien, il en avait conclu que c'était Danger qui était mort à cette date. Raisonnement astucieux, mais dont les fondements étaient faux**[39].

La prolongation de la guerre en Italie rendait difficile le maintien des prisonniers dans le donjon. Leur garde serait embarrassante en cas de nouvelle attaque. Par ailleurs, ils occupaient de « grands locaux » dont on avait besoin pour munir en abondance la place « de provisions de bouche et de guerre ». Le comte de Tessé, commandant des troupes à Pignerol, suggéra donc de

---

* Seul l'examen des comptes des prisons du temps de Saint-Mars permet d'établir qu'il s'appelait Lapierre (peut-être d'ailleurs n'était-ce qu'un surnom : Lapierre pour « la pierre philosophale » qu'avait recherchée ardemment ce vieux fou). Un historien italien, Ugo Marino, compulsant le registre de l'église Saint-Maurice, trouva cette mention au 21 septembre 1693 : « *Die vigesima prima septembris obiit...* prisonnier de la citadelle dont on n'a jamais donné le nom. » Il en déduisit que tel était le très sobre acte d'inhumation du religieux. Mais les dates ne concordent pas. L'inconnu de Saint-Maurice était mort le 30 septembre, celui de La Prade au début de janvier 1694. Stanislas Brugnon a établi que l'acte en question désignait un autre prisonnier, le comte Macet de Fénil, incarcéré au donjon en avril 1693, mis dans la petite prison « à côté de la tour d'en haut », traduit devant une cour martiale et fusillé (ou pendu pour infamie) dans la citadelle (S.H.D., série A1, vol. 1021, p. 113, vol. 1189, pp. 36 et 364). On était en plein siège de Pignerol. Ce Fénil, Piémontais d'origine, était sans doute considéré comme un traître.

** Les ordonnances de remboursement de frais de 1680, citées plus haut, montrent indiscutablement qu'il faut distinguer entre le moine Lapierre et les deux de la tour d'en bas, conduits à Exilles.

les faire passer en secret à Exilles, ou mieux aux îles Sainte-Marguerite[40]. L'avis fut trouvé judicieux et, dès le 26 février, Barbezieux informait Saint-Mars de leur arrivée : « Je vous prie de me mander si vous avez des lieux sûrs pour les mettre, ou s'il y aurait quelque chose à raccommoder pour vous pouvoir mettre en l'état de les recevoir. Je ne vous en mande point le nombre, persuadé que vous le savez. Je dois seulement vous avertir qu'il en est mort un depuis peu[41]. »

Toujours le jeu de devinettes ! Cette fois, il semble bien que ce soit le ministre qui, ignorant leur nombre, ait désiré par cet artifice de plume se le faire discrètement rappeler par le gouverneur de Sainte-Marguerite. Nous n'avons pas sa réponse — ce serait trop facile ! —, mais les correspondances précédentes et les comptes de Pignerol permettent de déterminer le nombre de ces personnages : le moine jacobin étant mort, restaient Matthioli, incarcéré en 1679 avec son valet, Le Breton, emprisonné en 1682, et Herse, arrivé en 1687.

Au total QUATRE. Seulement, Saint-Mars, comme nous le savons, n'avait pas le même système de comptabilité ! En 1681, il avait omis le valet de Matthioli, tenu pour quantité négligeable. Treize ans plus tard, il commet la même erreur ! La réponse qu'il donne au ministre est donc : TROIS. En conséquence, le 19 mars, de Compiègne, Louis XIV signait l'ordre de transfèrement au marquis d'Herleville[42] ainsi que la lettre de cachet suivante destinée à Saint-Mars :

« Ayant donné mes ordres pour faire transférer du donjon de la citadelle de Pignerol dans les îles Sainte-Marguerite et Saint-Honorat, sous la conduite du sieur de La Prade, major de ma citadelle de Pignerol, les *trois prisonniers* qui sont détenus dans le donjon de la citadelle de Pignerol, je vous fais cette lettre pour vous dire que mon intention est que vous les receviez et les mettiez séparément dans les lieux que je vous ai ordonné de faire préparer pour les y garder sûrement sans communication avec personne, de vive voix ou par écrit[43]. »

Cette lettre, que La Prade devait remettre à son destinataire dès son arrivée aux îles, était accompagnée des instructions ministérielles suivantes :

« Le roi ayant résolu de faire transférer aux îles Sainte-Marguerite en Provence, aux ordres de M. de Saint-Mars, *les trois prisonniers d'Etat* qui sont à votre garde dans le donjon de la citadelle de Pignerol, Sa Majesté m'a ordonné de vous écrire qu'Elle vous a choisi pour les conduire les uns après les autres, c'est-à-dire que, quand vous en aurez mené un, vous reviendrez en prendre un autre. [...] M. de Tessé pourvoira aux escortes et vous fera donner l'argent que vous lui demanderez pour la dépense du voyage. [...] Vous observerez de choisir quelque personne sage pour prendre en votre absence le soin des deux prisonniers qui resteront pendant que vous conduirez le premier ; vous exécuterez de même pour le troisième prisonnier, tant que vous partirez avec le second [...]. Vous ne devez partir de Pignerol avec le premier prisonnier que lorsque deux sergents de la compagnie de Saint-Mars qu'il y doit envoyer y seront arrivés, lesquels il doit choisir pour vous aider à cette conduite[44]. »

Ordre absurde, déraisonnable ! Louis XIV et Barbezieux se rendaient-ils compte de la contrainte qu'ils imposaient à ce malheureux major de forteresse : faire trois voyages, aller et retour, de Pignerol à Sainte-Marguerite, soit six fois 62 lieues (environ 1 500 kilomètres), sur des chemins escarpés et à travers les Alpes, au moment où Pignerol risquait une nouvelle attaque ! Bien sûr, des précautions s'imposaient pour la translation de ces prisonniers, mais les personnages secondaires qu'étaient Le Breton, Herse ou Matthioli nécessitaient-ils des dispositions aussi pénibles ? Une escorte un peu plus forte aurait dû suffire et permettre de faire l'économie de deux voyages. Versailles aurait-il perdu le sens de la mesure ? Le même jour, en tout cas, une lettre de Barbezieux partait pour les îles de Lérins :

« Envoyez, s'il vous plaît, diligemment à Pignerol les deux sergents de votre compagnie dont vous me parlez pour aider au sieur de La Prade à transférer aux îles les prisonniers d'Etat qui sont dans le donjon, et comme ledit sieur de La Prade ne désire point partir de Pignerol que les sergents n'y soient arrivés et qu'il ne doit conduire ces prisonniers que les uns après les autres, quoique le roi désire qu'ils soient incessamment tous remis à vos soins, il est bien à propos que vous fassiez faire route à ces sergents le plus diligemment possible qu'il se pourra, afin que vous ayez de la place où les mettre sûrement à leur arrivée ; *comme vous savez qu'ils sont de plus de conséquence, au moins un, que ceux qui sont présentement aux îles*, vous devez préférablement à eux les mettre dans les prisons les plus sûres. J'écris à M. de La Prade de prendre toutes les précautions nécessaires pour que ces gens-là ne puissent en chemin donner de leurs nouvelles à personne. Je crois qu'il est inutile que vous alliez au-devant d'eux jusqu'aux confins du Dauphiné ; faites seulement préparer les meubles et les ustensiles qui seront nécessaires pour leur usage[45]. »

Cette lettre semble contredire toute la politique suivie jusqu'à présent. Elle montre que dans l'esprit de Barbezieux « au moins un » des prisonniers de Pignerol était « de plus de conséquence » que ceux se trouvant aux îles, Eustache Danger compris. Celui qui est désigné ainsi n'est-il pas Matthioli qui a été mêlé à une négociation diplomatique touchant l'avenir de l'Italie du Nord, les deux autres, Le Breton et Herse, n'ayant ni la même envergure ni le même intérêt ? Cette indication pèse lourd dans l'argumentation de ceux qui voient dans cet ancien ministre mantouan le futur homme masqué de la Bastille. Si ce texte doit se lire dans ce sens, c'est un total renversement de perspective par rapport à ce à quoi Louvois nous avait habitués : on se souvient qu'en 1681 les deux valets de Fouquet avaient été jugés comme étant « d'assez de conséquence » pour n'être pas mis en d'autres mains que celles de Saint-Mars, ce qui sous-entendait que les autres prisonniers du donjon — Matthioli compris — étaient de moindre importance. Et l'on a vu les extraordinaires précautions pour enfermer dans le silence le plus absolu ces messieurs de la tour d'en bas. Etait-ce la guerre qui se déroulait aux portes de Pignerol qui avait donné subitement un regain d'intérêt à un prisonnier jusque-là peu considéré ?

En tout cas, le plus grand secret devait régner autour de ces captifs. Même le lieutenant général de Tessé, qui avait été prié de constituer l'escorte et d'avancer les frais des voyages, ne devait s'enquérir de leur identité. Bientôt un officier de dragons, M. de Maisonzel, annonçait au secrétaire d'Etat le départ du convoi dont il prenait la tête : « Je pars dans ce moment, lui écrit-il le 7 avril, pour conduire en sûreté *quatre prisonniers d'Etat* qui sont à la citadelle de Pignerol ; je les mènerai jusqu'à Briançon et les remettrai ensuite à la conduite du sieur de La Prade, major de la citadelle, avec les officiers et les vingt sergents à cheval que M. le comte de Tessé a détachés de cette garnison pour les conduire aux îles[46]. »

Cette lettre, mise en parallèle avec les précédentes, a de quoi surprendre, puisqu'elle parle de quatre prisonniers et non de trois, comme l'avaient fait Louis XIV et Barbezieux. Mais il fallut bien se rendre à la réalité : avec Rousseau, le valet de Matthioli, c'étaient bien quatre prisonniers qui vivaient dans le donjon ! On s'étonnera aussi de voir Maisonzel parler d'un voyage groupé alors que toutes les instructions stipulaient de conduire les captifs l'un après l'autre. Le fait qu'il en existât quatre rajoutait d'ailleurs à l'absurdité de l'ordre royal : près de cinq cents lieues, aller et retour (2 000 kilomètres environ) ! Les quatre furent menés d'abord en groupe jusqu'à Briançon où La Prade les prit en charge. Le major, effaré et effrayé devant de telles perspectives, coupa la poire en deux, prenant sur lui de ne faire que deux voyages : le premier, sans doute avec Matthioli et son serviteur, le second avec les deux autres, Le Breton et Herse*. Ces deux voyages se firent à cheval, les prisonniers bien attachés à leur selle, sans chaise à porteurs, et durèrent probablement une dizaine de jours chacun, sans compter le retour. Dans les premiers jours de mai, tout le monde était arrivé à bon port, à l'île Sainte-Marguerite**.

Moins de deux ans après, le 6 janvier 1696, Saint-Mars, rendant compte à Barbezieux de la façon dont il traite ses détenus, utilise pour la première fois l'expression d'*ancien prisonnier* qui désigne, nous le savons, le futur homme de la Bastille. Cette lettre a donc toute son importance.

« Monseigneur, Vous me commandez de vous dire comment l'on en use quand je suis absent ou malade, pour les visites et précautions qui se font journellement aux prisonniers qui sont soumis à ma garde.

« Mes deux lieutenants servent à manger aux heures réglées ainsi qu'ils me l'ont vu pratiquer, et que je fais encore très souvent lorsque je me porte bien ; et voici comment, Monseigneur. Le premier venu de mes lieutenants prend les clés de la prison de mon *ancien prisonnier* par où l'on commence, il ouvre les trois portes et entre dans la chambre du prisonnier qui lui remet honnêtement les plats et les assiettes qu'il a mis lui-même sur les autres, pour les donner entre les mains du lieutenant qui ne fait

* Ce double voyage résulte clairement d'une lettre du 17 septembre 1694 d'un capitaine de dragons, M. de Poul, se plaignant à Barbezieux que l'on avait omis de le dédommager de la perte des chevaux ainsi que des 640 rations de foin et de paille (l'équivalent de 64 quintaux de foin et 32 de paille) qu'il avait fournis par ordre du lieutenant général de Tessé, « lors des *deux voyages* que M. de La Prade a faits, par vos ordres, d'ici aux îles Sainte-Marguerite » (S.H.D., série A1, vol. 1287, p. 26). Dans une lettre bien postérieure à Voysin, ministre de la Guerre, du 18 juin 1709 (S.H.D., série A1, vol. 2134, p. 435), La Prade, alors major de la citadelle de Besançon, rappelait qu'il avait eu la garde de tous les prisonniers d'Etat qui étaient dans le donjon de Pignerol. « Lorsque Sa Majesté eut résolu de le faire démolir, ajoute-t-il, M. de Barbezieux me donna ordre de les conduire tous, un à un, aux îles Sainte-Marguerite, aux ordres de feu M. de Saint-Mars... » L'ordre avait bien été donné, en effet, mais La Prade ne l'avait respecté qu'à moitié...

** Par le traité de Turin du 29 août 1696, la France s'engagea à restituer Pignerol à la Savoie. En vertu de l'accord, les fortifications devaient être rasées. Les travaux de démantèlement commencèrent peu de temps après. La Prade, qui était resté sur place en tant que major de la citadelle, avant d'être promu aux mêmes fonctions à Metz, envoya à Saint-Mars les serrures des prisons qui avaient été refaites en 1684 (lettre du 29 octobre 1696, S.H.D., série A1, vol. 1348, p. 38).

que de sortir deux portes pour les remettre à un de mes sergents qui les reçoit pour les porter sur une table à deux pas de là, où est le second lieutenant qui visite tout ce qui entre et sort de la prison, et voir s'il n'y a rien d'écrit sur les vaisselles : et après que l'on lui a tout donné le nécessaire, l'on fait la visite dedans et dessous son lit, et de là aux grilles des fenêtres de sa chambre, et aux lieux, ainsi que par toute sa chambre, et fort souvent sur lui ; après lui avoir demandé fort civilement s'il n'a pas besoin d'autre chose, l'on ferme les portes pour aller en faire tout autant aux autres prisonniers. »

Pour qui connaît l'intérieur du Fort Royal, ce texte est explicite : les lieutenants et le sergent chargés du service partaient de la salle de garde qui est la première que l'on découvre à l'entrée. Ils prenaient les clés des prisons, ouvraient la première porte cloutée à gauche, pénétraient dans le corridor voûté (qui, le dimanche, servait de chapelle). Là était installée la table pour la remise des plats et du linge. La prison de l'*ancien prisonnier* était l'une des deux premières construites à l'intérieur du château. C'était, selon une tradition apparemment bien fondée, celle de gauche. Pour entrer dans sa chambre, il fallait, comme aujourd'hui, ouvrir deux autres portes également cloutées. Le prisonnier, notons-le, n'avait personne pour le servir. C'est lui qui empilait les plats et les assiettes. Tout reposait sur les deux lieutenants de la compagnie franche. Un seul avait le droit d'entrer dans la cellule : « le premier venu... », non pas n'importe lequel comme on pourrait le croire, mais le premier lieutenant de la compagnie, c'est-à-dire La Prade jusqu'en 1692, puis le sergent Rosarges qui remplit cette fonction à partir de cette date. Guillaume de Formanoir, nommé lieutenant en 1693 en remplacement de Boisjoly, fut toujours tenu à l'écart du service du prisonnier[47]. On notera que, dans sa lettre au ministre, Saint-Mars ne fait pas de distinction particulière entre le régime de l'*ancien prisonnier* et ceux des autres.

Poursuivons la lecture de la lettre. Le vieux geôlier est ramené instinctivement au passé, au temps heureux où il avait sous sa garde des hôtes « de considération », ce qui ne semble donc plus le cas aujourd'hui :

« Deux fois la semaine, l'on leur fait changer de linge de table ainsi que de chemises et linges dont ils se servent, que l'on leur donne et retire par compte après les avoir tous bien visités. L'on peut être fort attrapé sur le linge qui sort et entre pour le service des *prisonniers qui sont de considération, comme j'en ai eus*, qui ont voulu corrompre par argent les blanchisseuses, qui m'ont avoué qu'elles n'avaient pu faire ce qu'on leur avait dit, attendu que je faisais mouiller tout leur linge en sortant de leurs chambres, et, lorsqu'il était blanc et à demi sec, la blanchisseuse venait le passer et détirer chez moi en présence d'un de mes lieutenants qui enfermait les paniers dans un coffre jusqu'à ce que l'on le remît aux valets de messieurs les prisonniers. Dans des bougies il y a beaucoup à se méfier ; j'en ai trouvé où il y avait du papier au lieu de mèche en la rompant ou quand on s'en sert. J'en envoyais acheter à Turin à des boutiques non affectées ; il est aussi dangereux de sortir du ruban de chez un prisonnier sur lequel il écrit comme sur un linge sans qu'on s'en aperçoive.

« Feu M. Fouquet faisait de beau et bon papier sur lequel je lui laissais écrire, et après j'allais le prendre la nuit dans un petit sachet qu'il avait cousu au fond de son haut-de-chausses que j'envoyais à feu monseigneur votre père.

« Pour dernière précaution, l'on visite de temps à autre les prisonniers de jour et de nuit à des heures non réglées, où souvent l'on leur trouve qu'ils ont écrit sur de mauvais linge qu'il n'y a qu'eux qui le sauraient lire, comme vous avez vu par ceux que j'ai eu l'honneur de vous adresser[48]. »

Souvenirs attendrissants d'un garde-chiourme vieillissant ! Saint-Mars, de plus en plus nostalgique, ressassait à Barbezieux, qui devait s'en moquer éperdument, tout le passé de Pignerol. En tout cas, ces explications donnèrent satisfaction au roi et au secrétaire d'Etat. La formule d'*ancien prisonnier* pose un problème sémantique que nous saisissons immédiatement. Signifie-t-elle un prisonnier que l'on a gardé autrefois et que l'on a retrouvé ? Dans ce cas, l'homme qui suivra Saint-Mars à la Bastille est Matthioli, qui n'a pas été à Exilles et a rejoint le geôlier à l'île en 1694. Devenu un « prisonnier de conséquence » à partir de ce moment, il aurait fini ses jours en 1703 sous le masque de velours. A l'encontre de cette thèse, certains ont fait remarquer que le terme d'« ancien » est synonyme de « vieux ». L'expression signifierait alors un prisonnier gardé depuis longtemps et désignerait Eustache Danger qui, comme nous le savons, fut le seul à ne jamais avoir quitté son gardien depuis Pignerol. Cette formule amphibologique ne permet pas de conclure formellement en faveur de l'un ou de l'autre.

Le 1er septembre 1698, Saint-Mars, nommé gouverneur de la Bastille, quitte définitivement le Fort Royal. Accompagné de son « ancien prisonnier » qu'il avait fait masquer, de son neveu Guillaume de Formanoir, du sergent Rosarges, du porte-clés Antoine Larue et de l'aumônier Honoré Giraut, il entreprit le long voyage de Paris en litière. Il était remplacé dans son gouvernement des îles Sainte-Marguerite par un haut personnage de la Cour, Jean-François de Johanne, marquis de Saumery, baron de Chemerolle, gouverneur de Chambord et de Blois, sous-gouverneur des ducs de Bourgogne et de Berry, petits-enfants de Louis XIV. Mais celui-ci ne résidait pas sur place. C'était le lieutenant de roi, Charles de La Motte-Guérin, jusque-là tenu à l'écart des prisons, qui prit en charge l'administration effective des îles et des détenus restants.

Nous avons vu par le récit de Du Junca l'arrivée à la Bastille, le 18 septembre 1698, à 4 heures de l'après-midi, de M. de Saint-Mars et de son *ancien prisonnier*. Pour accueillir leur nouveau maître, les canons de la Bastille tonnèrent joyeusement*. Le voyage avait duré dix-sept jours, soit un jour de moins que mit en 1815 le bataillon de la garde impériale pour franchir l'espace séparant Golfe-Juan de Paris ! La gazette hollandaise de J.T. Dubreuil, toujours à l'affût des nouvelles de France, où elle entretenait de discrets informateurs, écrit dans son numéro du 9 octobre 1698 : « De Paris, 3 octobre : Monsieur de Saint-Marc (*sic*) a pris possession du gouvernement de la Bastille où il a fait mettre un prisonnier qu'il avait avec lui, et il en a laissé un autre à Pierre-Encize en passant à Lyon[49]. »

Cette dernière information était-elle exacte ? Aucune correspondance n'en parle de façon claire. A supposer qu'il en soit ainsi, quel était ce détenu laissé en chemin** ? Probablement

* Pontchartrain avait dispensé Du Junca de cette coutume, mais l'ordre, daté du 20 septembre, arriva trop tard (A. N., O1 42, f° 198, et BnF, Mss., Clairambault, vol. 686, f° 447).

** Le seul prisonnier possible est Herse, car on est certain de la présence à l'île Sainte-Marguerite, après le 30 septembre 1698, de Rousseau et de Le Breton. Tous deux ont été enfermés dans une même chambre. Après une bagarre, en juin 1699, Barbezieux ordonne de les séparer (S.H.D., série A1, vol. 1445-II, p. 91). Rousseau mourut quelques mois après, au début de décembre 1699. Le Breton, quant à lui, décéda le 18 août 1700 (S.H.D., série A1, vol. 1459-II, p. 264). Voir Stanislas BRUGNON, *Reconstitution du registre d'écrou des prisonniers de l'île Sainte-Marguerite à compter du 30 avril 1687 jusqu'au 19 mars de l'année 1704*, 1992, document dactylographié, Arsenal, fol. Z 2753, p. 43-44. Bernard Caire, qui a découvert une ordonnance de remboursement montrant qu'un prisonnier autre que celui de la Bastille manque dans les comptes postérieurs à septembre 1698, pense que l'incarcération de Herse à Pierre-Encize est un fait possible sinon probable (Bernard CAIRE, « Chi era il Prigioniero di Pierre-Scise ? », *Bollettino della Società storica pinerolese*, anno XV, n° 1-2, p. 16-28).

s'agissait-il de Herse, apprenti régicide qu'on n'a pas voulu laisser entre les mains de M. de La Motte-Guérin. Son nom, en tout cas, disparaît de la correspondance des îles à cette époque.

C'est sur ce double mystère des deux prisonniers que se referme le dossier du Masque de fer. A présent, le lecteur est en possession des principales pièces et témoignages. Sur les faits que je viens de rapporter, il n'y a guère de contestation possible. Résumons-nous : de nos six prisonniers de 1681, parmi lesquels se trouve nécessairement l'homme au masque de la Bastille, nous connaissons le sort de quatre d'entre eux :

— Le moine jacobin Lapierre, entré à Pignerol en 1674, y est mort au début de janvier 1694 ;

— Dubreuil, entré en 1676, a été libéré en 1684. Repris, enfermé à la forteresse lyonnaise de Pierre-Encize, il y est décédé en 1711 ;

— Rousseau, valet de Matthioli, entré en 1679, expire à l'île Sainte-Marguerite en décembre 1699 ;

— La Rivière, valet de Fouquet depuis 1665, enfermé en 1680 dans la tour d'en bas, finit ses jours à Exilles en janvier 1687.

Ces quatre-là étant éliminés, il ne reste plus que deux prisonniers, auxquels se circonscrit maintenant l'énigme : Matthioli et Danger.

4

MATTHIOLI

Champ de convoitises où s'affrontait l'ambition des grandes puissances, l'Italie du Nord occupait une place de choix dans la politique de la France. La possession depuis 1631 de la ville et citadelle de Pignerol était un premier coin enfoncé dans la plaine piémontaise, permettant de surveiller le duché de Savoie et les possessions espagnoles du Milanais. A la fin de 1678, sous l'influence de son nouvel ambassadeur auprès de la Sérénissime République, Jean-François d'Estrades, abbé de Moissac, actif diplomate piaffant du désir de s'illustrer, Louis XIV pensa que le moment était venu d'étendre sa pénétration. Depuis treize ans, le duché de Mantoue était occupé par Ferdinand-Charles, dit Charles IV, de la maison de Gonzague.

Singulier et extravagant personnage que ce jeune homme de vingt-cinq ans, petit, cagneux, voûté, portant les stigmates de la dégénérescence habsbourgeoise. « Il a le visage entièrement de la maison d'Autriche allemande, écrivait le baron Louis Nicolas de Breteuil, un front d'une hauteur démesurée, un œil presque toujours fermé, surtout quand il regarde avec application, et l'autre assez égaré, le nez long et pointu, une assez grosse lippe, et le visage étroit ; mais, quoique laid, il a de la grandeur dans la physionomie et la mine assez fière[1]. » Il épousa une sienne cousine, « une des plus belles princesses d'Italie », qui souffrit bientôt de ces « maux qui donnent tant de sujet de plaindre les honnêtes femmes qui ont des maris débauchés[2] ». Elle se fana, se dessécha comme une fleur à peine éclose et ne put lui donner d'héritier. Charles passait le plus clair de son temps à courir les bals masqués, les salles de jeux, les tréteaux des comédiens et les divertissements de Venise. Il était fort soupçonneux et se promenait toujours armé de pistolets, d'une longue colichemarde à l'espagnole et d'un stylet, comme un personnage de Shakespeare. Ardent aux plaisirs, grand trousseur de cotillons, aimant les femmes — quels que fussent leur minois ou leur condition sociale —, prisant tout autant les chevaux, ce condottiere d'alcôve jetait l'or par les fenêtres pour assouvir ses passions, de sorte qu'on le voyait constamment chagriné par de pressants besoins financiers. « Il n'y a point de choses auxquelles le duc ne se déterminât pour avoir une somme d'argent un peu forte », écrivait l'abbé d'Estrades, qui savait qu'il avait engagé à des usuriers, pour plusieurs années, les revenus de sa couronne. Bref, cet hédoniste inquiet vivait entre les fêtes, les plaisirs et les expédients.

Son palais de Mantoue, dont on peut encore voir la façade gothique crénelée sur la piazza Sordello, était un lieu d'intrigues où régnait sa mère, Isabelle Claire, fille de l'archiduc Léopold d'Autriche et de Claude de Médicis, ancienne régente qui s'accrochait au pouvoir avec le soutien de son amant, le comte Carlo Bulgarini. Le scandale de ce couple illégitime avait fait jaser les cabinets de Vienne et de Milan qui avaient porté leurs plaintes au Saint-Père. Pour étouffer les médisances, Isabelle Claire avait alors décidé de se faire clarisse et le signor Bulgarini moine dominicain ! Une fois leurs vœux prononcés, tout avait repris comme devant : ils continuaient de gouverner conjointement le duché de Mantoue et peut-être de partager le même lit au château, sous les fresques de Mantegna illustrant les scènes de la vie des Gonzague. Ainsi allaient les petites cours italiennes au XVIIe siècle...

L'idée de l'abbé d'Estrades était d'acheter au jeune duc, à beaux deniers comptants, non la souveraineté mais le droit d'occupation de la citadelle de Casal sur le Pô, à une quinzaine de lieues à l'est de Turin, dans le marquisat de Montferrat, dépendance éloignée du duché de Mantoue. Elle venait d'être fortifiée par « un des plus habiles ingénieurs du Milanais [3] ». Avec deux places-fortes relativement proches, Pignerol et Casal, se prêtant mutuellement appui, la France aurait tenu en main la clé de la haute Italie, dominé la Savoie, surveillé l'Empire, la bouillante République de Gênes et le Milanais espagnol. On ne pouvait s'ouvrir de ce projet à la reine mère et à Bulgarini, obligés de la maison d'Autriche. Par quelle voie convaincre Charles IV ? C'est ici qu'intervient Matthioli [4].

Ercole Antonio Maria Matthioli, né à Bologne le 1er décembre 1640, était issu d'une vieille famille patricienne qui avait donné un sénateur et un célèbre jésuite, Ercole Matthioli, réputé pour ses talents d'orateur sacré. Après de brillantes études en droit civil et droit canon, matières sur lesquelles il avait rédigé plusieurs traités, il s'était marié à la jeune et pieuse Camilla Paleotti, issue d'une famille de la riche bourgeoisie de Bologne, veuve d'Alessandro Piatesi. Il commença une carrière professorale en devenant lecteur à l'université de cette ville. Le vieux duc de Mantoue, Charles III, eut vent de sa renommée, l'appela à son service et en fit l'un de ses secrétaires d'Etat. A sa mort en août 1665, son jeune fils, Charles IV, âgé de treize ans, sans pouvoir réel, n'avait pu que le nommer « sénateur surnuméraire », ce qui ne lui apportait aucun avantage, sinon le titre de comte. Brouillé avec la régente et son moine, Matthioli s'était retiré à Vérone sans situation, avec sa femme et ses deux enfants, mais gardant des liens avec le duc qu'il encourageait, semble-t-il, dans « le commerce de débauche ».

L'abbé d'Estrades, par l'intermédiaire d'un de ses agents secrets, le nouvelliste florentin Benedetto Giuliani, qui parcourait librement toute l'Italie pour alimenter les pages de ses gazettes, eut tôt fait de prendre contact avec cet homme en qui sommeillait un redoutable aventurier, prêt à tout pour reconquérir sa position à Mantoue. Les propositions françaises étaient propres à servir son appétit de pouvoir. Il promit donc de jouer le rôle d'intermédiaire auprès de Charles IV. Le 12 janvier 1678, Louis XIV fit parvenir à l'Italien un aimable billet signé de sa main[5].

Puis les pourparlers commencèrent. L'abbé d'Estrades rencontra Matthioli qui accepta le principe de l'occupation de Casal par une garnison française, mais exigea pour son maître une forte compensation : 100 000 pistoles (un million de livres) à « titre de régal » et une bonne alliance militaire. La guerre de Hollande faisait rage depuis 1672 ; la France se mesurait non seulement aux Provinces-Unies, mais à l'Espagne, à l'empereur Léopold Ier et à la plupart des Etats du Saint Empire. Charles IV s'inquiétait à bon droit du retentissement que pourrait produire dans le Piémont et le Milanais l'annonce d'une telle nouvelle. L'amitié et la protection lointaine de la France ne lui suffisaient pas. Il entendait bénéficier de sérieuses garanties et d'honneurs. Au cas où Louis XIV enverrait dans la région une armée combattre les Espagnols, ce fanfaron rutilant exigeait d'en être le chef nominal. Le roi, qui n'envisageait nullement d'ouvrir en Italie un nouveau théâtre d'opérations, était peu pressé de s'engager sur ce point. Les négociations se poursuivant avec ses ennemis à Nimègue, il n'entendait pas les faire avorter. Tous ses efforts militaires se concentraient sur la frontière des Pays-Bas espagnols où, à la tête de ses armées, il avait pris Gand et sa citadelle en une semaine, afin de peser sur les discussions. Il recommanda à d'Estrades de ne rien précipiter, sans toutefois « s'exposer au hasard » de rompre, car les suites pouvaient en être « considérables ».

Les choses traînèrent donc en longueur jusqu'au jour où le duc, à court d'argent, accepta les conditions françaises : 300 000 livres et la promesse, assez vague, d'une alliance. Le 13 mars 1678, à la nuit tombée, dans l'ardente folie de la mi-carême, au sortir d'un bal, deux masques échappés de la foule bourdonnante des dominos de soie et des gondoliers en fête s'isolèrent sur une *piazetta* de Venise, et là, dans un décor de *comedia dell' arte*, pendant une heure jetèrent les bases d'un accord qui devait bouleverser l'équilibre de la haute Italie. C'étaient Charles IV de Gonzague et l'abbé Jean-François d'Estrades. Les négociations s'étirèrent encore tout au long du printemps, de l'été et de l'automne. Matthioli était tombé malade, grelottant de fièvre (d'une fièvre diplomatique ?). Finalement, il fut convenu qu'à son rétablissement il viendrait à Paris signer le traité définitif. Très peu de personnes étaient dans la confidence.

Le 28 novembre 1678, après avoir fait un voyage de diversion en Suisse, en compagnie du libelliste Giuliani, Matthioli arriva incognito dans la capitale française. Le lendemain, conduit par l'abbé d'Estrades, il fut introduit au château de Versailles où Simon Arnauld de Pomponne, secrétaire d'Etat aux Affaires étrangères, le reçut. L'Italien lui présenta une lettre d'accréditation et un plein pouvoir pour signer le traité. Le 8 décembre, les parties apposèrent solennellement leur paraphe sur le texte de l'accord. Il fut convenu que le duc de Mantoue recevrait ses 300 000 livres en deux fois, après la ratification et la remise de Casal aux troupes françaises. Puis Bontemps, premier valet de chambre du roi, conduisit le négociateur italien par un chemin détourné dans la galerie de l'appartement de Mme de Montespan où il se trouva face à Louis XIV. Aimable et souriant, le monarque, toujours impressionnant de majesté, assura le comte Matthioli de toute sa reconnaissance. En récompense de sa loyale collaboration, il lui donna une fort belle bague de diamant et lui fit compter un premier présent de 2 000 écus en louis d'or. Avant de prendre congé de lui, Pomponne, au nom de son maître, lui en promit 10 000 autres après la ratification, l'assurant que son fils aîné serait élevé parmi les pages de la Cour et que son cadet recevrait une riche abbaye. Matthioli rentra à Mantoue avec le précieux traité.

Louvois, génial maître d'œuvre des opérations militaires, ne perdit pas son temps. Il confia au marquis de Boufflers, colonel général des dragons, le commandement des troupes françaises dans les Alpes et chargea Nicolas Catinat, alors brigadier d'infanterie, de contrôler toutes les opérations militaires destinées à l'occupation de Casal. Cinq cents dragons du régiment d'Asfeld devaient arriver à la citadelle de Casal du côté de la campagne, rejoints le lendemain par deux mille autres des régiments de Saint-Paul, Lalande, Fimarcon et Brulard, tandis que deux mille hommes de pied des régiments de Sault et de Navailles et de diverses unités, extraites des garnisons, après avoir campé entre Turin et Casal, occuperaient le pont de Moncalieri. Catinat se rendit secrètement au donjon de Pignerol où il fut logé sous le nom de M. de Richemond. Enfin, un colonel des dragons, Alexis Bidal, baron d'Asfeld, partit incognito en poste pour Venise, sous prétexte « d'un voyage de curiosité et de plaisir[6] ». Il y devait recevoir des mains de Matthioli les lettres de ratification signées de Charles IV.

Dans la cité des doges, à nouveau le carnaval battait son plein. Une semaine passa, puis une autre. L'émissaire du duc de Mantoue n'était toujours pas au rendez-vous. Il se trouvait à Padoue et faisait répondre qu'une mauvaise fièvre encore le retenait au lit. L'inquiétude commença à naître dans les milieux français. La concentration de soldats à Briançon et à Pignerol risquait d'attirer l'attention des Espagnols du Milanais. Or, pour que l'affaire réussît, il fallait que l'Europe fût mise devant le fait accompli, c'est-à-dire en présence d'une garnison française à Casal. L'effet de surprise devait jouer à plein. On demanda des explications au duc de Mantoue. Celui-ci s'excusa du retard apporté à la ratification du traité, alléguant qu'il avait promis depuis longtemps d'inaugurer dans la cité des doges « une espèce de carrousel avec plusieurs gentilshommes vénitiens auxquels il avait donné sa parole, qu'il ne pouvait plus retirer sans donner ici quelque soupçon[7] ». Imparable prétexte ! A Versailles, on voulait toujours croire au succès et l'on savait ce fêtard tellement attaché aux plaisirs qu'on n'osa l'en détourner.

Mais soudain, vers le 22 ou 23 février 1679, la cour de Vienne, le gouvernement espagnol du Milanais, les Inquisiteurs d'Etat de la Sérénissime République protestèrent qu'ils n'ignoraient rien des visées françaises et s'en indignaient. Ils avaient été avertis par la duchesse-régente de Savoie, Jeanne-Baptiste de

Nemours qui, elle-même, avait reçu communication de toutes les pièces de la négociation. Se sentant mis au ban des accusés, le petit duc fit répondre par voie diplomatique que ces bruits « n'avaient aucun fondement solide[8] ». Il désavoua ouvertement Matthioli, prétendant que sa signature avait été falsifiée. Chacun lui fit mille cajoleuses promesses s'il résistait au roi de France. L'abbé Frédéric, résident de l'empereur à Venise, et le marquis de Canozza, vicaire impérial en Italie, se séparèrent de 30 000 livres, et le comte Melgar, gouverneur du Milanais espagnol, de 500 écus d'or, parlant d'acheter Casal pour 600 000 écus, tandis que la duchesse mère consola son fils d'un petit présent de 25 000 livres... Les choses tournaient mal pour Louis XIV. Alors qu'il se rendait à Notre-Dame-d'Incréa, près de Casal, pour y échanger les ratifications avec Matthioli, le baron d'Asfeld, son envoyé extraordinaire, avait été enlevé au poste de la Canonica et conduit pieds et poings liés dans la citadelle de Milan. Les tergiversations de Matthioli achevèrent d'emporter la conviction de sa culpabilité.

On s'est beaucoup interrogé sur son geste, à première vue illogique. L'aventurier avait vendu le texte du traité à la Savoie pour l'insignifiante somme de 2 000 livres et aux Espagnols pour 500 écus d'or, alors que le roi de France lui avait fait espérer en cas de succès des largesses et des honneurs bien plus considérables. Il lui suffisait d'attendre un peu. Pourquoi ? Quel mobile attribuer à son étrange attitude ? Dans un sursaut de patriotisme, Matthioli a-t-il réalisé que sa conduite allait mettre l'Italie du Nord sous le joug français ? Cela ne paraît guère plausible, tant il est anachronique de parler de patriotisme dans l'Italie morcelée du XVIIe siècle.

Au fond, chacun a beau avoir scruté attentivement cette histoire, des origines à son dénouement, personne ne sait qui est vraiment Matthioli. Un cupide, un ambitieux, un intrigant, un fourbe ? L'homme garde son mystère. Racé, intelligent, brillant, cultivé, comment croire qu'il n'ait été qu'un fripon de bas étage, ainsi que Louvois le présentera bientôt ? Il aimait l'argent, assurément, car il avait bourse plate. Mais peut-être y a-t-il à son comportement un autre mobile que la basse vénalité et l'ambition : la peur. Sans doute, aiguillonné par le désir de rentrer en grâce, a-t-il rêvé de supplanter le moine Bulgarini, d'administrer en maître absolu les possessions mantouanes. La vente de Casal était pour lui un tremplin lui permettant de s'installer solidement au pouvoir, renvoyant le Gonzague dégénéré à ses batifolages carnavalesques. Pourtant, dès le mois de mars 1678, avant même, il s'est rendu compte que l'occupation de la place par les Français allait engendrer de tels ressentiments de la part des cours européennes que le falot principicule ne tiendrait pas plus qu'un fétu de paille. Il comprit que Louis XIV n'enverrait pas de puissante armée en Italie pour les protéger tous deux. D'ailleurs, la façon dont le roi, après avoir soutenu Messine en révolte contre la domination espagnole, l'avait abandonnée, l'année précédente, donnait à réfléchir. Il prit peur, fit machine arrière, prolongea indéfiniment les négociations. Contraint d'accepter le traité par un maître qui avait toujours quelque gueuse à satisfaire, il le signa à Versailles avec bien des arrière-pensées. Il imagina, dès son retour en Italie, le moyen de le faire avorter en en divulguant le texte. Devant le concert unanime de protestations qui ne manqueraient pas de s'élever, la France serait contrainte de reculer, de rappeler ses dragons. Au passage, ni vu, ni connu, il empocherait une bonne récompense lui permettant d'entretenir sa tendre Camilla et ses deux enfants. Ce n'était pas mal joué, mais, à bon chat bon rat, le Machiavel bolonais ne se doutait pas du retournement qui se préparait. Devant la régente de Savoie, Matthioli avait étalé les pièces de la négociation, persuadé qu'elle avertirait aussitôt les cours européennes. Madame Royale, embarrassée, plus ou moins inféodée au roi de France, le fit en effet, mais un peu plus tard, après en avoir prévenu son protecteur, Louis XIV*. Elle jouait, elle aussi, sur les deux tableaux ! Au bout d'un mois, Matthioli, ne voyant rien venir, avait prévenu le comte de Melgar, gouverneur du Milanais espagnol, avait écrit une belle lettre à l'impératrice Eléonore de Neubourg, femme de l'empereur Léopold Ier, et s'était abouché avec le Conseil des Dix de Venise.

Les Français firent semblant de tenir les yeux clos. Le plus ennuyé était l'abbé d'Estrades, l'initiateur de l'affaire, dont le fiasco risquait d'entacher à jamais la réputation. Lui qui venait d'être nommé en poste à Turin, en remplacement du marquis de Villars, pouvait craindre un de ces durs contrecoups dont le monde cruel et feutré de la diplomatie a le secret. Il imagina alors le moyen de sauver la situation. Comme il avait tout lieu de penser que Matthioli était en possession de la ratification dûment signée, il suffisait d'attirer le fourbe dans un guet-apens, de l'enlever prestement, de saisir ses papiers et, signature en

* Elle fit savoir tout ce qu'elle avait appris au comte de Melgar, gouverneur de Milan, le chargeant d'écrire à l'empereur et au roi d'Espagne (*Mémoires de la régence de Marie Jeanne-Baptiste*, Mss. Bib. royale de Turin, cité par CONTESSA, *op. cit.*, p. 51).

main, d'obliger Charles IV à s'exécuter. Pomponne, héritier de la diplomatie habile et souple de Mazarin, hésita. Il conseilla la modération. Le 22 avril 1679, l'abbé, bouillant d'impatience, répondit : « Je n'ai pas le temps d'attendre les ordres de Sa Majesté pour l'arrêter. Il est néanmoins si important de le faire qu'il ne me reste plus qu'à songer au moyen d'exécuter ce dessein sans éclat[9]. »

Le hardi ecclésiastique rencontra donc Matthioli à Turin, s'assura qu'il possédait la ratification de son maître. « Il m'aborda la voix tremblante comme un homme à qui la conscience reproche une noire trahison, je tâche de l'endormir dans le dessein de l'arrêter », écrit d'Estrades au chargé d'affaires de Venise, Pinchesne[10]. Il se montra si convaincant que pas même l'ombre d'un soupçon ne vint effleurer l'Italien, pourtant rusé et méfiant... Cependant, à Versailles, les réticences de Pomponne, qui redoutait un incident international, furent écartées par Louis XIV. Encore courroucé, le roi écoutait plus volontiers les conseils de Louvois, partisan d'une diplomatie militaire, brutale et envahissante. Il acquiesça sans réserve à l'initiative de d'Estrades. Et l'on mit bientôt Saint-Mars dans la confidence :

« Le roi, lui écrit Louvois le 27 avril, envoie présentement ordre à l'abbé d'Estrades de faire arrêter un homme de la conduite duquel Sa Majesté n'a pas sujet d'être satisfaite ; de quoi elle m'a commandé de vous donner avis, afin que vous ne fassiez point de difficulté de le recevoir lorsqu'il vous sera envoyé et que vous le gardiez de manière que non seulement il n'ait commerce avec personne, mais encore qu'il ait lieu de se repentir de la mauvaise conduite qu'il a tenue, et que l'on ne puisse point pénétrer que vous ayez un nouveau prisonnier[11]. »

Le lendemain, Pomponne, à contrecœur, autorisait d'Estrades à réaliser son plan. « Puisque vous croyez le pouvoir faire enlever sans que la chose fasse aucun éclat, Sa Majesté désire que vous exécutiez la pensée que vous avez eue et que vous le fassiez conduire en secret à Pignerol. L'on y envoie ordre pour l'y recevoir et pour l'y faire garder sans que personne en ait connaissance [...]. *Il faudra que personne ne sache ce que cet homme sera devenu*[12]. »

Quand ces dépêches parvinrent à leurs destinataires, tout était déjà terminé, et voici comment. Le 1er mai 1679, d'Estrades proposa à Matthioli une entrevue avec Catinat qui devait lui remettre une partie des 10 000 écus promis à Versailles, contre la ratification du traité. Le tintement des louis d'or eut tôt fait de ravir son interlocuteur qui accepta sans détour. Ses fréquents voyages, les présents aux joyeuses luronnes de son maître avaient épuisé ses finances. L'abbé avait conscience qu'il fallait aller vite, redoutant une indiscrétion de la cour de Savoie. Prenant les devants, pour mettre toutes les cartes dans son jeu, il s'ouvrit à la duchesse de son projet. Celle-ci ne s'opposa pas à la mise à l'écart du tortueux conseiller, mais demanda seulement qu'il ne fût pas arrêté sur ses terres.

Ercole Antonio fut exact au rendez-vous que lui avait fixé d'Estrades devant une église de village, à un demi-mille de Turin. L'ambassadeur, accompagné de son cousin, l'abbé de Montesquiou, arriva en carrosse à 6 heures du matin. Matthioli y prit place, et l'on roula à bonne allure pendant un long moment. A trois milles environ du lieu où les attendait Catinat, au-delà d'Orbassano, un incident faillit tout gâcher : il avait plu abondamment les jours précédents, et un pont de bois avait été partiellement emporté par les crues de la Cisolle (*Chisola*). Les trois hommes abandonnèrent leur véhicule et, aidés de deux ou trois domestiques, travaillèrent à le réparer sommairement. Enfin, après une marche sur des chemins détrempés, on arriva à une petite maison isolée où se tenait un grand homme brun, maigre, « un air pensif, de beaux yeux fort spirituels » (Saint-Simon). C'était Catinat, qui tira de son long visage naturellement sévère le plus éclatant des sourires. La conversation ne dura pas. D'Estrades se retira. Quelques hommes armés firent irruption dans la chambre, se précipitèrent sur l'Italien, le bâillonnèrent avant qu'il ait eu le temps de jeter un cri et le conduisirent à la nuit tombante à la citadelle de Pignerol où il fut introduit par la porte de secours donnant sur la campagne. Et le pont-levis du donjon se releva sur cet homme qui, pour toujours, perdait la liberté. « Cela s'est passé sans aucune violence, écrit Catinat dans son compte rendu du 3 mai, et personne ne sait le nom de ce fripon, pas même les officiers qui ont aidé à l'arrêter. Il est dans la chambre qu'occupait le nommé Dubreuil, où il sera traité honnêtement, ainsi qu'en a prié M. l'abbé d'Estrades, jusqu'à ce qu'on connaisse les volontés du roi à son sujet[13]. »

Mais posséder le traître n'était pas tout. Il fallait la ratification, que l'autre finalement n'avait pas. Il déclara que ses papiers étaient entre les mains de son épouse, à Bologne. Catinat, méfiant, retourna le questionner dans sa cellule. Après ce que nous appellerions aujourd'hui un interrogatoire musclé, il apprit qu'en fait les documents se trouvaient cachés à Padoue, « dans un trou de muraille d'une chambre qui est au logis de son père [14] ». Sous sa dictée, Matthioli écrivit une première lettre à son valet, le priant d'apporter à Pignerol ses bagages, et une seconde donnant pouvoir à son porteur d'effectuer toutes les fouilles voulues chez son père. L'infatigable Giuliani partit pour Padoue et rapporta l'ensemble des documents relatifs à la négociation. Dépouillement fait, il manquait la ratification. Après avoir dupé tout le monde, l'Italien avoua que son maître ne l'avait jamais signée ! Ainsi les deux arrestations — celle de Matthioli et celle de son valet — n'avaient abouti à rien. Casal échappait à la France. Louis XIV n'osa pas tenter le coup de force. La mort dans l'âme, il donna ordre aux troupes de quitter leurs cantonnements de Briançon et de la vallée de Chaumont. Quant à M. de Richemond, *alias* Catinat, il dut quitter le donjon de Pignerol, où Saint-Mars l'avait fort bien reçu durant ces mois d'attente. On comprend qu'après un tel échec les consignes concernant le « nommé Lestang » (c'était le nom sous lequel on avait incarcéré le traître) aient été des plus rigoureuses. « L'intention du roi, écrit Louvois à Saint-Mars le 15 mai, n'est pas que le sieur de Lestang soit bien traité, et Sa Majesté ne veut pas que, hors les choses nécessaires à la vie, vous lui donniez quoi que ce soit de ce qui la lui peut faire passer agréablement [15]. »

Après plusieurs mois d'écrasante solitude, le remuant Italien était au bord de la folie [16]. En août 1680, Saint-Mars reçut la permission de le mettre avec le moine jacobin. Avant de le mener à sa nouvelle chambre, Blainvilliers, lieutenant et cousin germain de Saint-Mars, lui montra un gourdin en lui disant « qu'avec cela on rendait les extravagants honnêtes [17] » ! Par un trou pratiqué au-dessus de la porte, le gouverneur put désormais observer les faits et gestes des deux hommes.

« Depuis que Monseigneur m'a permis de mettre Matthioli avec le jacobin dans la tour d'en bas*, mande-t-il à Louvois le 7 septembre, ledit Matthioli a été quatre ou cinq jours à croire que le jacobin était un homme que j'avais mis avec lui pour prendre garde à ses actions. Matthioli, qui est presque aussi fou que le jacobin, se promenait à grands pas, son manteau sur le nez, en disant qu'il n'était pas dupe, qu'il en savait plus qu'il ne voulait dire. Le jacobin, qui est toujours assis sur son grabat,

* La tour d'en bas comportait trois étages de prison. L'un de ces étages était alors occupé, on le sait, par Eustache Danger et La Rivière.

appuyé des deux coudes sur les genoux, le regardait gravement sans l'écouter. Le signor Matthioli, étant toujours persuadé que c'était un espion qu'on lui avait donné, fut désabusé lorsque le jacobin un jour descendit de son lit tout nu et se mit à prêcher tant qu'il pouvait des choses sans rime ni raison[18]. »

Matthioli, dont Saint-Mars n'hésitait plus désormais à écrire le nom en clair, tenta de se concilier les bonnes grâces de Blainvilliers, chargé de son service. Il lui proposa à titre de présent une petite bague qu'il portait au doigt. Le gardien accepta de la prendre, mais la porta immédiatement à Saint-Mars, lequel en référa au ministre. Celui-ci répondit qu'il fallait la garder, « pour la lui rendre, si jamais le roi ordonnait qu'il fût mis en liberté*[19] ».

Ainsi le sort de l'aventurier n'était pas encore définitivement réglé. Sa libération pouvait servir éventuellement de monnaie d'échange dans de nouvelles discussions avec Charles IV de Gonzague. Peu après, d'ailleurs, ces négociations reprirent. Le duc, pressé par ses incessants besoins d'argent, accepta de se conformer au traité précédent et, le 30 septembre 1681, les troupes françaises commandées par Catinat entrèrent enfin dans Casal. Mais, loin d'exiger la libération de son ancien mandataire qui l'avait trahi, Charles s'inquiéta de savoir si, un jour, il sortirait de prison. Le roi lui fit répondre qu'il ne quitterait point le lieu où il était sans son consentement formel. Le duc apprit cette nouvelle « avec beaucoup de joie et de sentiments d'une vive reconnaissance ». Sans le savoir, Matthioli venait d'être promis à la prison perpétuelle**...

L'Italien resta de longues années à Pignerol, sous la garde des successeurs de Saint-Mars, Villebois puis La Prade. En 1694, il retrouva son ancien geôlier à l'île Sainte-Marguerite. Mais à partir de cette époque son nom disparaît de la correspondance. Or, deux ans plus tard, apparaît l'expression *ancien prisonnier*, qui désigne l'inconnu au masque de velours qui finit ses jours à la Bastille sous le nom de « Marchioly ». La tentation était forte de l'identifier à Matthioli.

C'est ce que fit pour la première fois, le 28 juin 1770, le baron

* Il ne s'agissait sans doute pas de la bague que Louis XIV avait offerte à Matthioli, d'une valeur de 1 300 livres, comme l'a trouvé S. Brugnon dans les comptes du roi (BnF, Mss., Fr 14 112, f° 2). Saint-Mars estimait celle-ci à 50 ou 60 pistoles, c'est-à-dire à 500 ou 600 livres.

** Sans nouvelles de son mari, torturée par le doute, redoutant le pire, Camilla se retira au couvent des Filles-de-Saint-Louis de Bologne où elle mourut le 4 novembre 1690.

Joseph Louis de Heiss, ancien capitaine au régiment d'Alsace et célèbre bibliophile, dans une lettre adressée au *Journal encyclopédique*[20]. A sa lettre était joint le texte d'une gazette hollandaise de 1687 racontant que le Bolonais avait été enlevé par dix ou douze cavaliers, au cours d'une chasse organisée par l'ambassadeur de France, qui le déguisèrent et le « masquèrent » avant de le conduire à Pignerol. On sait de nos jours que l'arrestation n'eut pas lieu au cours d'une partie de chasse, mais dans un guet-apens tendu par quelques hommes. Dans la relation de Catinat il n'est pas question de masque. Néanmoins, le texte du nouvelliste hollandais était troublant, car il l'avait écrit onze ans avant l'arrivée à la Bastille de l'homme masqué.

Mme Campan, femme de chambre de Marie-Antoinette, raconte dans ses *Mémoires* que Louis XVI, dans les premiers mois de son règne, avait promis à sa chère épouse de lui communiquer ce qu'il découvrirait de l'histoire du Masque de fer. Malgré ses longues recherches, il ne trouva rien et demanda à son plus vieux ministre, M. de Maurepas, petit-fils du chancelier Pontchartrain, âgé de soixante-quatorze ans, s'il avait entendu parler de cette affaire dans sa jeunesse. Celui-ci l'assura que « c'était simplement un prisonnier d'un caractère très dangereux par son esprit d'intrigue et sujet du duc de Mantoue ». « L'incident bizarre de ce masque, ajoute Mme Campan, provient peut-être de l'usage qu'avaient autrefois les femmes et les hommes, en Italie, de porter un masque de velours quand ils s'exposaient au soleil[21]. » De son côté, le philologue Louis Dutens, dans sa *Correspondance interceptée* (1788) et ses *Mémoires d'un voyageur qui se repose* (1806), rapportait que Louis XV, interrogé par la marquise de Pompadour, avait avoué que « c'était un ministre d'un prince italien[22] ».

Tous ces témoignages étaient d'un incontestable poids. Mais il manquait encore la publication des dépêches ministérielles que nous connaissons. Dans les dernières années du XVIIIe siècle, un certain Reth, commissaire chargé d'organiser la loterie nationale dans la 27e division militaire (Sud-Est), trouva dans les archives de Turin une série de dépêches relatives à l'affaire de Casal[23]. Il s'apprêtait à publier un ouvrage lorsqu'il fut devancé par le citoyen Roux-Fazillac, ancien membre de la Législative et de la Convention, qui apporta un lot appréciable de documents inédits, trouvés pour la plupart aux archives du ministère des Affaires étrangères[24]. D'autres recherches faites par l'historien Joseph Delort (1789-1847) complétèrent utilement cet ouvrage.

Son *Histoire de l'Homme au masque de fer* (1825) fournissait le gros du dossier Matthioli. S'y ajouta en 1829, au tome premier de son *Histoire de la détention des philosophes*, la publication, elle aussi très importante, des principales pièces de la correspondance de Saint-Mars avec Louvois, qui levaient le voile sur bien des mystères de Pignerol. A côté des fariboles répandues au siècle précédent par Voltaire et ses épigones, l'hypothèse de Roux-Fazillac et Delort apparaissait comme un imposant système historique, solide et convaincant. Aussi, nombreux furent les historiens et les critiques à s'y rallier : Chéruel, Henri Martin, Camille Rousset, Sainte-Beuve, pour ne citer que les plus connus.

En 1869, un jeune journaliste, petit-neveu de l'historien Mignet, Marius Topin (1838-1895), qui s'était fait connaître par de sérieuses études sur *Le Cardinal de Retz, son génie et ses écrits* (1864) et *L'Europe et les Bourbons sous Louis XIV* (1868), reprit à son tour la thèse Matthioli dans une série d'articles parus dans *Le Correspondant*, puis réunis en un volume, *L'homme au masque de fer*. Il apportait encore de nombreuses dépêches inédites, notamment la lettre de Saint-Mars à l'abbé d'Estrades du 25 juin 1681, trouvée dans les « papiers d'Estrades » de la Bibliothèque nationale, qui ébranlait sa propre thèse. Jusque-là, en effet, on croyait que Matthioli avait suivi Saint-Mars à Exilles puis à Sainte-Marguerite. C'était l'un des deux de la tour d'en bas. La lettre en question apportait la preuve du contraire. Matthioli était resté treize ans à Pignerol, sous la garde d'un geôlier subalterne, et n'avait rejoint les îles qu'en 1694. Ainsi, lorsqu'en 1687 Saint-Mars arriva en Provence avec un mystérieux prisonnier enfermé dans une chaise à porteurs hermétiquement close, notre Italien se trouvait-il encore dans son donjon insalubre, menacé du gourdin. Il n'y avait plus de raison pour qu'un personnage déconsidéré à ce point devînt subitement, après son transfert à Sainte-Marguerite, un prisonnier de la plus haute importance. Pourquoi tant de précautions, alors qu'on n'en avait jamais pris auparavant, sinon pendant les premiers mois de son incarcération, pourquoi tant de mystères ?

Conscient de cette objection, Marius Topin essaya de soutenir d'une façon nouvelle la candidature de Matthioli. Il y parvint avec une subtilité très séduisante. Tout d'abord, il a été frappé par la formule finale de la lettre de Pomponne à l'abbé d'Estrades : « *Il faudra que personne ne sache ce que cet homme sera devenu.* » Pour lui, elle explique toute l'affaire. Matthioli était un personnage de marque, un ancien ministre d'un prince étranger.

Sa trahison a constitué pour le Roi-Soleil une profonde vexation, pire une humiliation. L'homme qui avait cherché à le tromper devait être rayé à tout jamais du monde des vivants. Un séjour derrière les verrous de Pignerol fut jugé suffisant pour les premiers temps. La France était partout victorieuse en Europe. Elle parlait en souveraine, décidait du droit et de la morale internationale. Mais, à partir du début de 1694, les choses changèrent. Les armées du Roi Très-Chrétien montraient qu'elles n'étaient pas invincibles. Le prisonnier « subit au fond de sa prison le contrecoup du revirement des affaires d'Italie ». La lettre de Barbezieux à Saint-Mars du 20 mars de cette année-là vient le confirmer. Le ministre se préoccupe de faire transférer Matthioli et ses compagnons de Pignerol dans un lieu plus sûr et ajoute la fameuse phrase : « *Comme vous savez qu'ils sont de plus de conséquence, au moins un, que ceux qui sont présentement aux îles, vous devez...* » Ce prisonnier de conséquence, affirme-t-il, c'est Matthioli. Or, si celui-ci est devenu le détenu le plus important de l'île Sainte-Marguerite, il est logique que ce soit lui l'homme de la Bastille. Enfin, Topin s'appuie sur le texte de Du Junca qui parle d'un ancien prisonnier de Pignerol et de Sainte-Marguerite sans mentionner Exilles. L'expression d'*ancien prisonnier* s'appliquerait donc à celui que Saint-Mars n'a pas emmené à Exilles et qu'il a retrouvé à Sainte-Marguerite. « Ces mots, assène-t-il péremptoirement, n'ont grammaticalement qu'un sens, à savoir le prisonnier que vous avez eu autrefois sous votre garde et qui de nouveau vous a été confié[25]. » C'était alambiqué mais très défendable. Un instant ébranlée, la thèse Matthioli retrouvait une base solide.

En 1894, un savant chartiste, bon connaisseur de l'Ancien Régime, Frantz Funck-Brentano (1862-1947), conservateur à la bibliothèque de l'Arsenal, mit au service de cette thèse son talent d'historien et de conteur, mais aussi, il faut en convenir, une passion et une fougue un peu aveugles. C'est qu'à cette époque, grâce aux critiques pertinentes du savant bibliothécaire d'Orléans, Jules Loiseleur (1816-1900)[26], qui s'était déjà attelé à plusieurs énigmes historiques, et surtout grâce aux travaux de Iung, qui avait enrichi le dossier d'une moisson de nouveaux documents, on avait une meilleure connaissance de la question et on disposait de plus de renseignements sur les autres prisonniers. Mais Iung n'avait pas su exploiter ses découvertes. Le mérite de Funck-Brentano fut de reprendre une idée simple émise par le biographe de Fouquet, Jules Lair, selon laquelle le Masque était nécessairement l'un des cinq prisonniers enfermés à Pignerol en

1681 : Danger, le jacobin, Dubreuil, Matthioli et La Rivière (nul ne tenait compte du valet de Matthioli).

De cette liste, Funck-Brentano élimine d'emblée La Rivière mort à Exilles au début de 1687 et le jacobin décédé à Pignerol en 1694. Restent Dubreuil, Danger et Matthioli. Dubreuil est un personnage sans intérêt, Funck-Brentano l'écarte. Danger (ou Dauger, comme on disait alors) ? Un individu de basse condition, un misérable valet qu'on a mis au service de Fouquet. Il repousse avec dédain sa candidature, sans se donner la peine de l'examiner, ce qui lui permet d'affirmer, sans autre forme de procès, que le mystérieux prisonnier était Matthioli. CQFD ! La démonstration est d'une rigueur mathématique, conclut-il à la suite d'un raisonnement qui ne l'a pas exténué. C'est évidemment aller un peu vite en besogne pour qui connaît les anxieuses précautions prises pour les deux merles d'Exilles ! Pour le reste, Funck-Brentano reprend les arguments précédemment développés par Roux-Fazillac, Delort et Topin. Il insiste sur l'acte mortuaire du prisonnier masqué, reproduit en fac-similé dans la cinquième édition de l'ouvrage de ce dernier. « C'est, dit-il, le nom même de l'ancien secrétaire du duc de Mantoue qui y est tracé : *Marchioly*. Il faut considérer que *Marchioly* doit être prononcé à l'italienne *Markioly*, que Saint-Mars, gouverneur de la Bastille, qui fournit l'indication pour la rédaction de l'acte, écrit presque toujours dans sa correspondance — détail caractéristique — non *Matthioli* mais *Martioly*[27]. » Au moment de sa mort, en 1703, le prisonnier n'était plus au secret. Il était donc naturel que l'on mît en clair son nom sur le registre. Banale affaire ! A classer ! Le Masque de fer, ou beaucoup de bruit pour rien ! Funck-Brentano triomphait. Grâce à sa fougue convaincante, au succès de ses travaux de vulgarisation[28], il léguait à ses successeurs, qui ne feront que reprendre ses développements, une sorte de vérité dogmatique dont il paraît impossible de s'abstraire. S'étalant dans de savants dictionnaires historiques comme dans de simples articles de vulgarisation, sa thèse conserve encore maint partisan, tout en présentant l'honorabilité du sérieux universitaire*. Résumons les arguments favorables :

---

* Dans le *Journal secret de Louis XIV*, publié en 1998, on lit à la date du 20 novembre 1703 : « J'aurai bien des nouvelles et événemens (*sic*) à marquer à ce jour. La mort à la Bastille du comte Matthioli qui, en 79, faillit par sa duplicité nous faire manquer l'occupation de Casal. C'est M. de Louvois qui le fit jadis arrêter pour cette trahison. Il alla de prison royale en prison, dissimulé sous une cagoule de pénitent, et avait alors été surnommé l'homme au masque... » Contrairement à ce qui est indiqué dans cet ouvrage, auquel beaucoup se sont laissé prendre, ce journal n'a rien d'authentique. C'est une fantaisie littéraire, de l'aveu ultérieur de son auteur, le professeur François Bluche.

1°) L'enlèvement d'une personnalité diplomatique en Italie du Nord, sur un territoire étranger, constitue une des plus audacieuses violations du droit international que l'on connaisse. Louis XIV avait donc intérêt à tenir secret l'emprisonnement du comte italien ;

2°) Matthioli est de nos six candidats celui qui est le « plus de conséquence ». A côté de lui, son propre domestique, un moine dément, deux valets obscurs et un agent double semblent de petits gibiers indignes du célèbre masque de velours, un objet par ailleurs si courant en Italie ;

3°) C'est un « ancien prisonnier » de Pignerol qui a rejoint M. de Saint-Mars aux îles de Lérins sans séjourner à Exilles. Or le texte de Du Junca ne prétend pas que le prisonnier masqué y ait été enfermé ;

4°) Le nom de *Marchioly* sur l'acte de décès est celui, à peine déformé, du secrétaire du duc de Mantoue ;

5°) Louis XV et Louis XVI, parlant du Masque de fer, ont confessé que c'était un ministre italien.

Reprenons ces cinq points.

1°) Il est inexact de prétendre que Matthioli a été enlevé en territoire étranger et que ce coup de main a constitué un exceptionnel manquement aux principes du droit des gens. L'abbé d'Estrades et Catinat, dans leur lettre à Louvois, ont précisé qu'ils l'avaient arrêté à trois lieues de Pignerol, « sur les terres du roi ». Au moment de la négociation de Casal, Matthioli n'était plus secrétaire d'Etat. C'était un simple particulier chargé de jouer, en raison de son passé, le rôle d'intermédiaire officieux. Charles IV lui avait seulement promis, en cas de réussite, « de le rétablir dans la charge de secrétaire d'Etat et de le faire son Premier ministre[29] ». Son arrestation — illégale, certes, puisque Matthioli était sujet étranger — ne pouvait entraîner de complications diplomatiques sérieuses. Son maître, mécontent d'avoir été dupé et de ne pas toucher les beaux écus de France, fut même très heureux de s'en débarrasser à si bon compte. Quant aux Espagnols, ils auraient eu mauvaise grâce à invoquer les coutumes internationales, eux qui avaient deux mois auparavant enlevé le baron d'Asfeld qui voyageait paisiblement en poste avec des passeports en règle. Ajoutons que parler des principes sacrés du droit international au XVIIe siècle, c'est faire un anachronisme évident et se rapporter à un cadre juridique particulièrement flou. Dans ce qu'on appelait encore la chrétienté, mais qui n'était plus qu'un grand mot vide de toute réalité, la force seule tenait lieu de droit. L'affaire Matthioli, banale mise à l'ombre d'un aventurier gênant, n'a pas eu le caractère d'exceptionnelle gravité que les « matthiolistes » se sont efforcés de lui donner.

Si on a entouré son arrestation et sa captivité d'un secret rigoureux, c'est parce que, la négociation sur Casal venant d'échouer, il fallait étouffer l'affaire au plus vite. Il suffit de lire la correspondance ministérielle pour constater qu'innombrables sont les mesures de ce genre. Dans les années 1680-1690, les geôles se remplissaient de personnages louches, d'espions à la solde de l'étranger, d'empoisonneurs mêlés à de sordides cabales, dont, une fois le silence assuré par la prison, on ne se préoccupait plus guère. Or, dans le cas de Matthioli, la différence avec toutes ces affaires plus ou moins obscures tient dans le fait que l'Europe entière connut son crime et son châtiment. En 1682, un petit pamphlet italien, *La Prudenza triunfante di Casale*, relatait avec des détails surprenants l'histoire de la négociation manquée et l'enlèvement du coupable. L'*Histoire abrégée de l'Europe*, parue en 1687, affirmait à ses lecteurs que le secrétaire du duc de Mantoue avait été séquestré à Pignerol. Nul n'ignorait la vengeance de Louis XIV. L'escroquerie du fourbe était un secret de Polichinelle ne justifiant pas les mesures prises à l'égard du prisonnier masqué.

2°) Assurément, Matthioli semble être un personnage plus important que ses compagnons d'infortune du donjon. C'est un juriste, un universitaire distingué, qui a fait de brillantes études. On lui a laissé la disposition de son valet. Mais le Masque de fer n'est pas nécessairement un prisonnier de haute naissance. Ce qu'il y a de fâcheux pour la thèse Matthioli, c'est que jamais celui-ci ne fut l'objet d'une sollicitude particulière de Louis XIV, de Pomponne ou de Louvois. Ordre était donné de le maltraiter comme un vulgaire escroc. Pourquoi aurait-on brusquement changé de conduite ? Pourquoi aurait-on subitement entouré sa captivité d'un luxe de précautions inutiles, alors que Casal avait été acquis dès 1681 ? Pourquoi cacher un secret que tous connaissaient ? On ne pouvait rien apprendre que l'on ne sût déjà. Et pourquoi dissimuler son visage à la Bastille, un visage absolument inconnu de tout le monde ? Il n'était venu à Paris que deux ou trois jours, quelque vingt ans auparavant, et encore en rasant les murs. On objectera qu'en Italie tout le monde portait un loup et qu'il en avait peut-être un dans ses bagages. Bel argument qui faisait bondir Iung : « Matthioli est italien, donc il doit porter le masque, écrivait-il avec humour. C'est absolument comme si l'on se permettait de dire : puisque ce monsieur est espagnol, il doit avoir des castagnettes[30] ! » Quant à la phrase de Barbezieux parlant des prisonniers qui sont « de plus de conséquence, au moins un, que ceux qui sont présentement aux îles », il n'est pas sûr qu'on puisse l'entendre dans son sens moderne et littéral. Maurice Duvivier pense qu'il s'agit d'une tournure signifiant exactement le contraire : « au moins un » voudrait dire « à l'exception d'un ». Et de citer à l'appui un texte de Saint-Simon usant de l'expression en ce sens. Le prisonnier qui est « de plus de conséquence » ne serait donc pas un de ceux qui doivent venir aux îles, mais celui qui s'y trouve déjà et qui n'a jamais quitté M. de Saint-Mars[31]. Cette interprétation, si c'est la bonne — ce qui, concédons-le, n'est pas sûr —, corroborerait les propos de Louvois sur Danger et La Rivière à Exilles.

Enfin, les prétendus revers militaires qui, selon Topin, auraient motivé à partir du début de 1694 un renforcement des précautions autour du prisonnier, constituent une approximation historique contestable. Si la France, en guerre contre l'Espagne, l'Empire, l'Angleterre et les Provinces-Unies depuis 1689, souffrait très durement sur le plan intérieur, à cause de la terrible famine de ces « années de misère[32] », la situation militaire n'était nullement désespérée. En octobre 1693, on s'en souvient, dans la plaine de la Marsaille, à quelques lieues de Pignerol, entre le Sangon et la Cisolle, le maréchal Catinat avait infligé une cinglante défaite à Victor-Amédée de Savoie, tandis que, quelques jours plus tard, Luxembourg s'était emparé de Charleroi...

3°) On a glosé abondamment sur les mots « ancien prisonnier », périphrase désignant le Masque. Je pense qu'on ne peut en tirer aucun argument probant. Certes, Du Junca, dans son registre, ne parle pas d'Exilles. Cela ne signifie pas nécessairement que le prisonnier n'y soit pas allé. Le lieutenant de roi pouvait-il savoir que son nouveau gouverneur avait séjourné onze ans auparavant dans ce petit fort alpin ? Saint-Mars n'était pas particulièrement fier de cet épisode de sa vie et ne tenait pas à s'étendre là-dessus.

4°) Venons-en au « Marchioly » de l'acte d'inhumation. Comment admettre que ce soit le vrai nom de l'inconnu ? Est-il imaginable que l'on ait livré sur un tel registre le nom d'un individu que l'on s'est toujours efforcé de soustraire au monde et dont on a fait regratter la chambre à sa mort, de peur qu'il y ait laissé quelque trace de sa présence ? Sans doute « Marchioly » est-il le patronyme à peine estropié de l'ancien secrétaire du duc de Mantoue. Il est difficile de croire à une troublante similitude onomastique. Dans une de ses lettres, Saint-Mars l'appelle « Marthioly ». Le curé de Saint-Paul, qui a dressé l'acte, était peu soucieux de l'orthographe des noms propres. Dans le même texte, on relève qu'il a écrit « Rosage » à la place de Rosarges, qu'il connaissait certainement comme major de la Bastille, et « Reglhe » à la place de Reilhe, le chirurgien.

L'ennui est que l'inscription sur un registre officiel de ce nom constitue un des arguments les plus défavorables à l'identification de l'homme au masque avec Matthioli. Une habitude, en effet, était d'enterrer les prisonniers sous des noms falsifiés ou d'emprunt. Voici ce qu'on lit dans les *Observations concernant les usages et règles du château royal de la Bastille*, qui date, certes, du règne de Louis XVI, mais qui est une compilation des traditions les plus anciennes de la maison : « A l'égard de l'enterrement, il se fait la nuit, à la paroisse de Saint-Paul : deux porte-clés y assistent, y servent de témoins et signent les registres. L'on fait enterrer cette personne sans le nom de famille, à moins qu'il n'y ait des ordres contraires émanant des ministres qui le défendent... Après quoi [*la visite du médecin*] le magistrat ordonne la sépulture et sous quel nom il doit être inhumé [33]. »

On a des exemples du temps de Saint-Mars. Le 24 octobre 1701, mourut François Esliard, jardinier de Coutances, en Normandie, surpris à Paris en 1693 alors qu'il affichait aux portes de Notre-Dame des placards traitant le roi de tyran et exhortant la population à s'en défaire. Il fut enterré le lendemain dans le cimetière Saint-Paul sous le nom de « Pierre Navet » (Navet, nom choisi à dessein pour un jardinier ! Voyez l'humour !), « n'étant pas à propos de dire son nom, écrit Du Junca dans son registre, étant cru criminel d'Etat [34] ». Le 18 juin 1702, Dupressoir-Louvard, fils d'un perruquier, accusé de sodomie, se tranche la gorge dans sa cellule de la tour du Coin. Il est enterré le lendemain « sous le nom de Pierre Massuque [35] ». Le 20 mars 1704, un faux-monnayeur italien, Vinaccio dit Vinache, se suicide d'un coup de couteau. Son corps est porté en terre le surlendemain samedi, à six heures du soir, sous le nom d'Etienne Durand [36]... A Dieu de retrouver les siens ! Tous ces malheureux étaient des hommes de mince importance. On peut penser à plus forte raison que le prisonnier « dont le nom ne se dit pas » dut être inhumé sous une fausse identité.

La thèse Matthioli s'écroule donc. Si le nom de l'Italien disparaît de la correspondance à partir de 1694, ce n'est pas parce qu'il devient subitement « l'ancien prisonnier », mais parce qu'il meurt peu après son arrivée aux îles. Le bombardement de Pignerol avait en effet jeté les prisonniers du donjon dans des crises de « fièvre double, tierce et continue ». Matthioli ne fut pas épargné. En avril 1694, à Sainte-Marguerite, l'un d'eux meurt. Le 10 mai, Barbezieux écrivait à Saint-Mars : « J'ai reçu la lettre que vous avez pris la peine de m'écrire le 29 du mois passé ; vous pouvez, suivant que vous le proposez, faire mettre dans la prison voûtée le valet *du prisonnier qui est mort*, observant de le faire garder aussi bien que les autres, sans communication de vive voix ni par écrit avec qui que ce soit* [37]. »

Cette lettre, découverte par Iung, a porté un coup mortel à la thèse Matthioli. Que le défunt décédé ait eu un valet le fait identifier de façon certaine : des cinq prisonniers d'Etat de l'île Sainte-Marguerite, le seul en effet à disposer d'un serviteur particulier était l'ancien plénipotentiaire de Charles IV de Mantoue. Et ce valet, Rousseau, on le sait, avait suivi son maître en Provence ! Complice dans la duperie de Casal, il était considéré comme prisonnier à l'égal de son maître**. C'est ce qui explique qu'au lieu de le libérer à la mort de celui-ci Barbezieux ait accepté de le faire enfermer dans la « prison voûtée*** ». La correspondance ministérielle permet de suivre sa trace. Il fut mis à un moment donné avec un des prisonniers récemment arrivés de Pignerol, Le Breton. En mars 1695, il fut autorisé à faire ses pâques [38]. Au départ de Saint-Mars pour la Bastille, il resta, comme on l'a dit, sous la garde de La Motte-Guérin et mourut à l'île en décembre 1699.

5°) Dès le XVIIe siècle, il y eut dans l'opinion une confusion entre l'Italien et le prisonnier au masque. Cela tient au fait que Matthioli était de tous les captifs de Pignerol le plus connu

* Comme à Pignerol et à Exilles, nous n'avons aucun renseignement sur les registres paroissiaux relatifs aux décès des prisonniers durant le gouvernement de Saint-Mars. Le père Rusque, ancien vicaire du Suquet, fut nommé curé de Cannes peu après l'arrivée de celui-ci et remplacé par l'abbé Giraut. Le 4 novembre 1687, Rusque remit à ce dernier les registres paroissiaux. Si les archives de Cannes conservent tous les documents relatifs à la paroisse des îles de Lérins, ceux qui concernent les onze années du gouvernement de Saint-Mars n'y ont jamais été déposés. Rusque a pu les reconstituer en partie pour le personnel civil et militaire. Il n'a rien trouvé pour les prisonniers. Un cimetière existait à l'intérieur du fort. C'est là qu'ils étaient enterrés.

** D'après les comptes des prisons, Rousseau était entretenu au même tarif que son maître : 2 livres par jour, puis 4 livres à Pignerol, 5 livres à Sainte-Marguerite.

*** Si Saint-Mars demande une telle autorisation, on peut penser qu'il s'agit de la seconde des chambres fortes construites à l'intérieur du fort, l'une étant occupée par l'homme au masque, la seconde étant restée vide dans l'attente d'un prisonnier d'importance qui ne vint jamais. Ce Rousseau était sans doute un protestant converti (un Vaudois ?), car Barbezieux s'inquiète de savoir s'il fait ses devoirs de catholique (S.H.D., série A1, vol. 1148-II, p. 56). Le fait d'être installé dans l'une des deux prisons voûtées à l'intérieur du fort lui permettait, le dimanche, d'assister à la messe.

(Fouquet et Lauzun exceptés). Lorsqu'en 1687 on apprit que Saint-Mars se rendait aux îles de Lérins avec un unique prisonnier, on crut aussitôt voir en lui Matthioli. Le 20 août 1687, un M. de Villermont écrivait de Paris à son ami M. de Thomassin-Massauges, conseiller au parlement d'Aix : « On m'a assuré que le prisonnier que vous me mandâtes il y a quelque temps pour être mené aux îles Sainte-Marguerite d'une manière si extraordinaire est un Italien, nommé le comte Matthioly, ci-devant secrétaire du duc de Mantoue, qu'il avait trahi en donnant part aux Espagnols de son secret[39]. » A la même époque, la *Gazette de Leyde*, imprimée chez Claude Jordan, commettait la même erreur : « Il était à Pignerol, trop près de l'Italie, et quoiqu'il y fût gardé soigneusement, on craignit que les murailles ne parlassent. On l'en tira donc pour le conduire aux îles où il est à présent sous la garde de M. de Saint-Marc (*sic*)[40]. »

Malgré tant de certitudes, en 1952, Georges Mongrédien, historien réputé du Grand Siècle, auteur d'une étude très équilibrée et très mesurée sur *Le Masque de fer*, hésitait encore à trancher entre Danger et Matthioli[41] : « Mais ce qui est encore plus irritant, c'est que l'ultime choix entre les deux candidats, impossible à faire dans l'état actuel de nos connaissances, il faudrait peu de chose, un rien, pour nous le rendre possible. On sait, en effet, que Dauger (*sic*) n'a jamais quitté Saint-Mars, tandis que Matthioli a été séparé de lui de 1681 à 1694, pendant treize ans. Le moindre document précisant que le prisonnier mort à la Bastille en 1703 n'a jamais quitté Saint-Mars ou au contraire en a été séparé résoudrait définitivement le problème.[42] »

Or ce document existe ! Il est absolument authentique et, le mot n'est pas trop fort, stupéfiant, en ce qu'il modifie complètement le sens et la portée de cette énigme ! C'est une brève information, datée du 4 septembre 1687, extraite d'une gazette manuscrite qui circulait dans les milieux jansénistes, première version de ces *Nouvelles ecclésiastiques* appelées à la célébrité au XVIIIe siècle. Voici ce texte :

« Monsieur de Cinq-Mars (*sic*) a transporté par ordre du roi un prisonnier d'Etat de Pignerol aux îles de Sainte-Marguerite. Personne ne sait qui il est, il y a défense de dire son nom et ordre de le tuer s'il l'avait prononcé. On en a conduit d'autres à Pignerol et celui-là sans doute de la sorte. Il y eut un homme qui s'y tua. Celui-ci était enfermé dans une chaise à porteurs, AYANT UN MASQUE D'ACIER SUR LE VISAGE, et tout ce qu'on a pu savoir de Cinq-Mars est que ce prisonnier était depuis de longues années à Pignerol et que tous les gens que l'on croit morts ne le sont pas. Vous vous souvenez de la Tour de l'oubli dans Procope. Cette translation ne marquerait-elle point un voyage de la Cour à Pignerol au printemps ? »

Ce texte, dont l'original figure à la bibliothèque Sainte-Geneviève[43], a été publié pour la première fois par Xavier Azéma dans son livre paru en 1963 : *Un prélat janséniste, Louis Fouquet, évêque et comte d'Agde (1656-1702)*[44]. Le frère de Nicolas Fouquet, Mgr d'Agde, exilé pour jansénisme à Villefranche-de-Rouergue, était l'un des rédacteurs de cette gazette, avec une demi-douzaine d'autres. Les informateurs étaient soit des prêtres de l'Oratoire, soit des sympathisants jansénistes. L'un d'eux, peut-être l'auteur de cette information sensationnelle, était Mgr Le Camus, évêque de Grenoble, qui voyageait entre le Languedoc, la Provence et le Dauphiné. Mentionné dans une note de bas de page, ce passage est resté ignoré des historiens du Masque jusqu'à ce que Stanislas Brugnon en signale l'existence au congrès de Cannes de 1987.

Il a bien sûr une répercussion considérable sur notre énigme, qui ne se réduit plus à une affaire, somme toute banale, d'un prisonnier affublé d'un loup de velours noir à la Bastille, qu'on aurait transformé au XVIIIe siècle, sous l'influence de Voltaire, en « masque de fer ». La nouvelle n'est pas douteuse et explique le retentissement qu'eut le voyage de Saint-Mars à Sainte-Marguerite en 1687. L'homme d'Exilles, non seulement a été transporté dans une chaise à porteurs couverte de toile cirée, mais a eu le visage recouvert d'un masque métallique. Ce rebondissement ravive l'intérêt pour cette énigme : pour quelle raison a-t-on couvert un prisonnier d'un pareil instrument de torture ?

La gazette à la main parle de Pignerol comme point de départ du voyage vers Sainte-Marguerite : c'est évidemment par manque d'information ou plutôt parce que Saint-Mars, interrogé, n'a pas tenu à faire état de son séjour à Exilles.

Ce texte apporte enfin ce « petit rien » qui manquait à Georges Mongrédien en 1952 pour se prononcer. Le prisonnier masqué, c'est le survivant d'Exilles, Eustache Danger, transféré en 1687 à l'île Sainte-Marguerite, et non pas Matthioli qui n'y est arrivé que sept ans plus tard*.

* Le prisonnier qui se tua à Pignerol était un certain Heurtaut, ancien valet de chambre de Lauzun, d'origine béarnaise, qui avait cherché en 1672 à faire évader son maître, à l'instigation d'une des maîtresses de celui-ci, Mlle de La Motte-Argencourt. Enfermé au donjon, se voyant pris avec des lettres chiffrées, il s'ouvrit les veines avec le « bistouri » qu'il avait dans sa poche (*Journal d'une personne de la maison de Roye*, François RAVAISSON, *Archives de la Bastille*, t. III, p. 131).

Il y eut, cependant, une dernière tentative pour sauver Matthioli, celle de Stanislas Brugnon. J'ai souvent cité cet excellent chercheur qui a fouillé avec la plus grande minutie tous les fonds d'archives parisiens de l'Ancien Régime. Lui aussi a bâti une théorie qu'il a exposée au congrès de Cannes de 1987[45]. Pour lui, il y aurait eu deux prisonniers au masque : l'un, Eustache Danger, arrivé à Sainte-Marguerite en 1687, avec le masque d'acier, mais qui serait mort en 1693, et l'autre, Matthioli, qui serait l'homme conduit à la Bastille sous le masque de velours noir, et qui, tout naturellement, aurait été enterré sous son propre nom « Marchioly »[46]. A l'appui de sa démonstration fort ingénieuse, l'auteur, qui s'est longuement penché sur les pièces comptables des prisons, cite une ordonnance de remboursement pour l'année 1693 de 4 798 livres datée du 18 janvier 1694. Après déduction de la pension habituelle des quatre ministres protestants qui se trouvaient alors aux îles (3 600 livres), il obtient une somme de 1 198 livres, qui, conclut-il, correspondent à l'entretien du seul autre prisonnier gardé à l'île, Eustache Danger. Mais, comme les dépenses de celui-ci étaient réglées sur la base de 5 livres et 10 sols par jour, on s'aperçoit qu'elles s'arrêtent en cours d'année. Le prisonnier serait donc mort vers les mois de juillet ou d'août.

Ce calcul oublie deux données qui, pour être des détails, n'en sont pas moins importantes dans le raisonnement : la première, c'est que les dépenses d'entretien d'Eustache Danger n'ont jamais été, les années précédentes, incorporées aux comptes des pasteurs protestants, qui relevaient du secrétariat à la Maison du roi et non du secrétariat à la Guerre. Sous l'Ancien Régime, en l'absence d'unification budgétaire (la fongibilité des fonds de dépenses ne sera acquise que sous la Révolution), les caisses étaient autonomes, sans péréquation possible. La pension de Danger, comme celle de La Rivière à Exilles, et comme autrefois celle de Fouquet, figurait, je l'ai dit, dans les frais d'entretien de la compagnie franche de Saint-Mars. C'était un système comptable à part, réglé par le secrétariat d'Etat à la Guerre. Le second élément dont Brugnon n'a pas tenu compte, c'est que, chaque année, le gouverneur ajoutait aux frais de pension dûment tarifés de ses prisonniers une somme complémentaire couvrant les dépenses diverses (visites du médecin, frais de l'apothicaire, achats de médicaments...), qui variait de 900 à 1 200 livres environ. On peut penser logiquement qu'il en a été de même pour l'année 1693. Les 1 198 livres citées ci-dessus correspondraient donc à ces frais.

La comptabilité des prisons, fort complexe, on en conviendra, nous apporte du reste la preuve que c'est bien Danger et non Matthioli qui finit ses jours à la Bastille. Nous avons, en effet, pour Sainte-Marguerite, plusieurs ordonnances de remboursement des dépenses de la compagnie franche, auxquelles était jointe la pension du survivant d'Exilles (celles de mars-avril, mai-juin, juillet-août, septembre-octobre de l'année 1695, celle de septembre-octobre 1697. C'était le même système et le même barème qui se perpétuaient : 165 livres par mois, soit 5 livres 10 sols par jour, « pour la nourriture d'un prisonnier qui est à notre garde »).

Les remboursements se faisaient tous les deux mois, comme pour ces messieurs de la tour d'en bas. La seule différence avec les ordonnances d'Exilles, c'est qu'il ne restait plus qu'un prisonnier, entretenu au même tarif quotidien (5 livres 10 sols), plus élevé que celui des pasteurs protestants (2 livres 10 sols par personne) et des trois autres prisonniers d'Etat (Herse, Le Breton et Rousseau, nourris sur le pied de 5 livres chacun), mais moins élevé que le tarif ordinaire de la Bastille de 8 livres par jour[47]. La conjonction de tous ces indices nous permet d'affirmer, en toute certitude, que c'est bien Eustache Danger qui fut à la fois l'homme au masque d'acier de 1687 et celui au masque de velours noir de 1698.

Fort bien, dira-t-on, l'énigme est résolue. Le raisonnement se tient. Voilà donc révélé le nom de cet inconnu, qui s'avère être un illustre inconnu ! Et l'on reste sur sa faim ! Qui était donc cet Eustache Danger ? Etait-ce un faux nom ? Qu'avait-il fait de si important pour mériter un si long et si tragique emprisonnement ? Trente-quatre ans, de 1669 à 1703, ce n'est pas rien ! Et pourquoi ces masques, l'un en acier, l'autre en velours noir ? Quel visage voulait-on cacher ? L'énigme est résolue, certes, mais tout recommence ! Il nous faut donc repartir à la recherche d'un homme dans les brumes de l'Histoire...

5

EUSTACHE DANGER

Le vendredi 19 juillet 1669, le marquis de Louvois informait M. de Saint-Mars de l'arrivée prochaine à Pignerol d'un nouveau prisonnier, le second après Fouquet, et des conditions de vie particulièrement draconiennes qu'il devait lui imposer :

« Le roi m'ayant commandé de faire conduire à Pignerol le nommé Eustache Danger, il est de la dernière importance à son service qu'il soit gardé avec une grande sûreté et qu'il ne puisse donner de ses nouvelles en nulle manière et par lettre à qui que ce soit.

« Je vous en donne avis par avance afin que vous puissiez faire accommoder un cachot où le mettre sûrement, observant de faire en sorte que les jours qu'aura le lieu où il sera ne donnent point sur des lieux qui puissent être abordés de personne et qu'il y ait assez de portes de fermées les unes sur les autres pour que vos sentinelles ne puissent rien entendre. Il faudra que vous portiez vous-même à ce misérable, une fois le jour, de quoi vivre toute la journée et que vous n'écoutiez jamais, sous quelque prétexte que ce puisse être, ce qu'il voudra vous dire, le menaçant toujours de le faire mourir s'il vous ouvre jamais la bouche pour vous parler d'autre chose que de ses nécessités.

« Je mande au sieur Poupart de faire incessamment travailler à ce que vous désirerez, et vous ferez préparer les meubles qui sont nécessaires pour la vie de celui que l'on vous amènera, observant que, comme *ce n'est qu'un valet*, il ne lui en faut pas de bien considérables, et je vous ferai rembourser tant de la dépense des meubles que de ce que vous désirerez pour sa nourriture [1]. »

Ce texte appelle une première remarque. Ce n'est pas de cacher le visage du prisonnier qui importe à cette époque — il ne portera un masque qu'à partir de 1687, et uniquement en présence de personnes étrangères à son service —, c'est ce qu'il sait, un redoutable secret à ce qu'il semble, que l'on veut emmurer avec cet individu. Même Saint-Mars, pourtant l'homme de confiance du secrétaire d'Etat, n'est pas autorisé à le savoir. Ordre lui est donné de ne jamais engager la conversation avec lui et de ne l'interroger que sur les questions de la vie courante. Louvois connaît le dévouement de son geôlier. Il sait qu'il ne désobéira pas. L'étonnant dans cette affaire est qu'un secret soit détenu par un si mince personnage : un simple valet. Rien ne transperce dans cette dépêche de ce qu'a pu faire cet individu pour mériter un emprisonnement aussi sévère. C'est un « misérable », dit Louvois sans plus. Qu'est-ce à dire ? Empoisonneur, tueur à gages, voleur, traître, espion ? A-t-il été mêlé à une affaire politique, à une affaire de Cour, à une affaire de mœurs ? Nous n'en saurons pas plus pour l'instant. Le nom du futur prisonnier — Eustache Danger — figure sur l'original reçu par Saint-Mars, qui se trouve aux Archives nationales, dans la série des Cartons du Roi.

L'arrestation de Danger eut lieu dans des circonstances qui ne sont pas totalement élucidées. Le 19 juillet, en effet, le valet mystérieux n'était pas encore arrêté. Il jouissait d'une entière liberté de mouvements, mais on était vraisemblablement au courant de sa retraite, et l'on était sûr ou presque de l'y trouver rapidement. La lettre à Saint-Mars n'avait d'autre but que de « donner avis par avance » de sa venue et de faire préparer un cachot spécial d'où l'on ne pourrait rien entendre. Notons bien, un simple cachot et non une chambre ou un appartement comme Fouquet. Les travaux de serrurerie, voire de maçonnerie, promettant de prendre du temps, il était prévu de les faire commencer le plus tôt possible.

La mission de l'arrestation fut confiée à un homme sûr, Alexandre de Vauroy, sergent-major de la ville et citadelle de Dunkerque, sorte de maire adjoint militaire s'occupant des questions d'intendance de cette place que la France avait rachetée à l'Angleterre en 1662. D'abord sergent-major de la citadelle de Marienbourg, Vauroy fut nommé au même poste à Dunkerque le 20 décembre 1662[2]. Ses appointements s'élevaient à 4 200 livres par an, un traitement très honorable[3]. Vauroy était en outre capitaine d'infanterie au régiment d'Herbouville, après avoir servi dans le régiment de Saint-Vallier. Depuis le

21 octobre 1667, il exerçait les fonctions de capitaine des chasses dans les châtellenies de Bergues, Dunkerque et Furnes[4].

Daté du même jour que la lettre à Saint-Mars, on a retrouvé dans les archives de la famille d'Estrades ce billet laconique de Louvois destiné au comte Godefroy d'Estrades, gouverneur général de Dunkerque et lieutenant général des armées du roi* : « Monsieur, le sieur de Vauroy ayant des affaires qui l'obligent à s'absenter, je vous supplie très humblement de vouloir lui donner congé[5]. »

Ainsi, le gouverneur d'Estrades était volontairement tenu à l'écart de cette affaire. Ce n'était donc pas en qualité d'officier d'état-major que Vauroy effectuait l'opération, mais comme agent particulier du secrétaire d'Etat à la Guerre. Dès 1665, celui-ci était en relation épistolaire avec lui, et on a tout lieu de penser qu'il était une de ses nombreuses créatures en province**[6]. Louvois l'avait sans doute rencontré lors de son inspection des places de Flandre du 18 mai au 4 juin 1669, puisque le 25 mai, après avoir assisté à un défilé de quatre mille soldats d'infanterie à Lille, il était à Dunkerque, où il passait en revue le régiment de Fürstenberg. Vauroy accomplira d'ailleurs d'autres missions secrètes les années suivantes***.

Le 28 juillet, une lettre de cachet signée du roi et contresignée de Michel Le Tellier, père de Louvois, ministre et secrétaire d'Etat à la Guerre, ordonnait à Vauroy d'appréhender l'homme en question et de le conduire à Pignerol****. Voici cette lettre, dans le style administratif habituel de l'époque :

« Capitaine de Vauroy, Etant mal satisfait de la conduite du nommé... et voulant m'assurer de sa personne, je vous écris cette lettre pour vous dire qu'aussitôt que vous l'aurez vue vous ayez à le saisir et arrêter et à le conduire vous-même en toute sûreté dans la citadelle de Pignerol pour y être gardé par les soins du

* Il était le père de l'abbé Jean-François d'Estrades, ambassadeur de France à Venise puis à Turin.

** En 1668, il était déjà chargé d'une mission à Auxerre « pour affaire concernant le service de Sa Majesté » (BnF, Mss., Mélanges Colbert, vol. 279, f° 190). Dans une lettre à Vauroy du 8 juillet 1669, concernant le procès d'un déserteur de la compagnie de Balvilliers, en garnison à Dunkerque, Louvois utilisait la même expression de mépris que pour Eustache : « ce misérable » (S.H.D., série A1, vol. 234, p. 73).

*** En 1673, 1677 et 1678, il se rendait encore à Versailles et à Saint-Germain « pour affaire concernant le service de Sa Majesté » (BnF, Mss., Mélanges Colbert, vol. 291, f° 119 et 119 v° ; vol. 299, f° 382 et vol. 301, f° 293 v°).

**** A cette époque, Louvois exerçait conjointement avec son père Le Tellier la charge de secrétaire d'Etat à la Guerre. Il ne sera ministre d'Etat qu'en 1672. Il avait pris son essor depuis la guerre de Dévolution (1667-1668), mais les lettres de cachet concernant son département étaient généralement contresignées par Le Tellier, membre du Conseil d'en haut, et non par lui.

capitaine de Saint-Mars, auquel j'écris les lettres ci-jointes, afin que ledit prisonnier y soit reçu et gardé sans difficulté. Après quoi vous reviendrez par deçà rendre compte de ce que vous aurez fait en exécution de la présente, laquelle n'étant pour autre fin[7]... »

A cette lettre de cachet, destinée à l'arrestation, était jointe une autre pour l'incarcération du coupable, que Vauroy devait remettre à Saint-Mars :

« Capitaine de Saint-Mars, Envoyant à ma citadelle de Pignerol, sous la conduite du capitaine de Vauroy, sergent-major de ma ville et citadelle de Dunkerque, le nommé... pour y être gardé sûrement, je vous écris cette lettre pour vous dire que lorsque ledit capitaine de Vauroy sera arrivé en madite citadelle de Pignerol avec ledit prisonnier, vous ayez à le recevoir de ses mains et à le tenir sous bonne et sûre garde jusqu'à nouvel ordre de moi, empêchant qu'il ait communication avec qui que ce soit, de vive voix ou par écrit, et afin que vous ne rencontriez aucune difficulté à l'exécution de ce qui est ma volonté, j'ordonne au marquis de Piennes et, en son absence, à celui qui commande dans ladite citadelle, de vous donner à cet effet toute l'aide et l'assistance dont vous aurez besoin et le pourrez requérir[8]... »

Datée du même jour, on trouve en effet une lettre destinée au gouverneur général de Pignerol, le marquis de Piennes, lui annonçant l'arrivée d'un nouveau détenu, « le nommé... », et lui donnant instruction d'apporter aux sieurs de Vauroy et de Saint-Mars toute l'aide et l'assistance « dont ils auront besoin[9] ». Avec son sens habituel du mélodrame, Marcel Pagnol a voulu voir dans cette dernière dépêche un ordre de mobilisation des sept cents hommes de la garnison et même un acte d'humiliante subordination du gouverneur général à Saint-Mars[10]. C'est évidemment un contresens. Cette missive était tout simplement un laissez-passer destiné à faciliter l'entrée dans la ville close et la citadelle. Pour ces trois dernières lettres, le nom du prisonnier à arrêter avait été laissé en blanc sur les minutes et inscrit sur les originaux. Deux points restent à éclaircir : où et quand Danger a-t-il été appréhendé ?

On vient de voir qu'il y avait pour cette affaire deux séries de dépêches, l'une datée du vendredi 19 et l'autre du dimanche 28. Ce qui se passa alors est assez étrange. Les lettres du 19 à destination de Dunkerque ne partirent pas immédiatement pour leur destinataire. A ce moment-là en effet, tous les courriers furent bloqués en raison de la réorganisation générale des postes et du changement de la date de départ des « ordinaires ». Ce remue-ménage opéré par Louvois, surintendant général des Postes depuis 1668, eut des répercussions un peu partout. Toujours est-il que Louvois quitta Saint-Germain peu après le 19, sans doute pour régler d'autres dossiers, et n'y revint que le 27 ou le 28, avant de faire établir les lettres de cachet, les faire signer par le roi et contresigner par son père. Peut-être s'était-il rendu entre-temps à Paris* ?

Ces lettres, expédiées le 28, parvinrent à Dunkerque le 30 juillet, de sorte que les deux séries de courriers arrivèrent en même temps. Le 31, le comte d'Estrades, qui avait reçu le laconique billet de congé pour son subordonné, écrivait à Louvois une longue missive lui parlant des affaires de son gouvernement, notamment de déserteurs espagnols qu'auraient poursuivis les officiers du Roi Catholique sur les terres françaises : « Je n'ai pas su que les Espagnols fussent venus prendre leurs déserteurs sur les terres du roi. *J'en ai parlé à M. de Vauroy* qui m'a dit qu'il y a environ deux mois qu'un messager lui avait dit que deux officiers de Nieuport en avaient ramené deux qu'ils avaient trouvés près de Furnes. *Le sieur de Vauroy, qui s'en va vous trouver*, vous le confirmera... »

Ce dernier quitta probablement Dunkerque le jour même ou le lendemain. Où alla-t-il ? L'ordonnance de remboursement de ses frais, découverte par Brugnon dans les registres des Mélanges Colbert (BnF), nous le fait découvrir :

« Au sieur de Vauroy, major de la ville et citadelle de Dunkerque, la somme de 3 000 livres, pour avoir été *lui quatrième* de ladite ville de Dunkerque en celle de Calais, et de ladite ville en celle de Pignerol, *lui cinquième*, en poste pour affaire concernant le service de Sa Majesté.

« Au sieur de Vauroy pareille somme de 3 000 livres pour avoir été *lui quatrième* de Pignerol en la ville de Dunkerque en poste pour les affaires du roi[11]. »

Ce texte fait comprendre que Vauroy était parti de Dunkerque avec une maigre escorte de trois soldats de la citadelle, qu'il avait pris en charge un homme à Calais, l'avait laissé à Pignerol et était revenu avec la même escorte. Son laconisme n'a rien d'exceptionnel. On est dans l'ordre d'une opération de police classique pour l'époque. On trouve dans les registres du Trésor royal quantité d'ordres comportant la même formule

* Le 28 juillet, il écrivait à Louis Rouillé, ancien fermier du bureau de Paris, commis à la surintendance des Postes : « J'ai expédié *à mon retour ici* l'ordre pour régler la fonction, la distribution et la taxe des lettres de France pour Flandre, Hollande, Zélande et Allemagne et de ces pays en France... » (S.H.D., série A1, vol. 234-I, p. 270).

elliptique couvrant des missions plus ou moins secrètes : « ... pour affaire concernant le service de Sa Majesté » ou encore « ... pour son service dont Elle ne veut pas qu'il soit fait mention ». La somme de 3 000 livres allouée à Vauroy pour l'aller et d'égal montant pour le retour correspondait à la gratification la plus élevée versée aux courriers effectuant des missions spéciales. Elle couvrait très largement les frais et dépenses réels*.

On notera la faiblesse de l'escorte : trois hommes. De tous les prisonniers de Pignerol, Eustache est celui qui a bénéficié de la plus petite escorte. Fouquet et Lauzun eurent droit chacun à cent mousquetaires. Le moine jacobin fut conduit de la Bastille à Bron par le sieur Legrain, un lieutenant et six archers, puis, de là, pris en charge par dix hommes et un officier de la compagnie de M. de Saint-Mars. Quinze gardes de l'archevêque de Lyon servirent d'escorte au comte du Breuil. Matthioli fut arrêté par Catinat, deux officiers de Saint-Mars et quatre hommes. Hormis le secret qu'il détenait, Eustache Danger ne devait pas être un homme bien redoutable. Sa pieuse résignation, la fragilité de sa santé en prison ne laissent pas deviner un rude gaillard capable d'assommer ses gardes ou de leur fausser compagnie.

Le voyage vers la forteresse du Sud se fit en poste. Le chevalier de Saint-Martin, qui conduisit à cheval le moine jacobin du relais de Bron à Pignerol, avait reçu ordre de l'attacher fortement pendant la nuit. Constantin de Renneville raconte également le voyage d'un prisonnier, l'abbé Antoine Sorel, mené à la Bastille par quatre archers. Une chaîne, fermée par un cadenas et passant sous le ventre du cheval, lui liait les pieds. La nuit, un soldat couchait à ses côtés, s'attachant à lui par cette chaîne. Tel dut être le calvaire d'Eustache, poursuivant à travers la France sa descente aux enfers.

Le mercredi 21 août, l'escorte du capitaine de Vauroy arrivait enfin en vue de la ville de Pignerol que dominait de ses cinq tours le sinistre donjon. Il fut accueilli par Saint-Mars qui en rendit compte à Louvois le jour même : « Monsieur de Vauroy a remis entre mes mains Eustache d'Anger (*sic*). Aussitôt que je l'eus mis dans un lieu fort sûr, en attendant que le cachot que je lui fais préparer soit parachevé, je lui dis en présence de M. de Vauroy que s'il me parlait, à moi ou à quelque autre, d'autre

* Il est à supposer que les autorités de Calais, le comte de Charost, chevalier des Ordres du roi, capitaine d'une compagnie des gardes du corps, gouverneur général, M. de Courtebonne, lieutenant au gouvernement de la ville, ou le sieur de La Concie, lieutenant au gouvernement de la citadelle, furent mis au courant de cette opération de police sur leur territoire. Peut-être y furent-ils associés ? Mais nous n'avons aucune correspondance à ce sujet.

chose que de ses nécessités, je lui mettrais mon épée dans le ventre. Je ne manquerai pas d'observer ponctuellement vos commandements [12]. »

Vauroy n'avait pas dû traîner en route. Parti de Dunkerque le 31 juillet ou le 1er août, il arriva à Calais, à dix lieues de là, le jour même, se saisit d'Eustache Danger, puis le lendemain ou le surlendemain prit la route de Pignerol : il fallait une bonne vingtaine de jours pour s'y rendre. Il semble que le donjon de Pignerol n'ait pas jusque-là possédé de véritable cachot. Lorsqu'il fallait enfermer quelque prisonnier militaire ou de droit commun, Saint-Mars se contentait de réquisitionner des chambres d'officier munies de verrous. La nouvelle prison, fermée par deux ou trois portes pour étouffer les cris éventuels de son locataire, fut aménagée dans une tour, probablement la vieille et insalubre tour d'en bas. Le 10 septembre, Louvois complétait ses instructions :

« Vous pouvez donner à votre nouveau prisonnier un livre de prières et, s'il vous en demande quelque autre, le lui donner aussi. Vous pourrez lui faire entendre, les dimanches et fêtes, la messe qui se dira pour M. Fouquet, sans pour autant être dans le même lieu, et vous observerez de le faire si bien garder durant ce temps-là qu'il ne puisse s'évader ni parler à personne ; vous pourrez même le faire confesser trois ou quatre fois l'année, s'il le désire, et non point davantage, à moins qu'il ne lui survînt quelque maladie périlleuse.

« L'on m'a mandé que vous aviez dit à M. de La Bretonnière que l'on vous devait envoyer un prisonnier, mais je suis bien aise que cela ne se soit point trouvé véritable [13]. »

Cette lettre montre que Danger n'est pas un individu de la plus basse condition. Beaucoup de valets à cette époque ne savent ni lire ni écrire. Le nôtre n'est pas analphabète, et Louvois, qui le sait et qui apparemment connaît aussi sa piété, lui accorde la permission de lire quelques livres de prières. Deuxième remarque complétant notre fiche de renseignements, le prisonnier est de religion catholique. Chaque dimanche, Danger quitte sa demeure de la tour pour entendre la messe, ce qui est déjà une atténuation des consignes d'isolement total stipulées dans la première lettre : si on l'autorise à se rendre à la messe, même sous bonne escorte, c'est qu'on prend le risque de le laisser parler ou crier pendant le trajet ou durant l'office. On considère que les menaces de mort proférées par Saint-Mars suffisent à lui fermer la bouche.

La tension autour de lui se relâche un peu. Le confesseur attitré, qui remplissait son office auprès de Fouquet, est l'abbé Rignon, qui vient de marier Saint-Mars à Marie-Antoinette Collot en l'église Saint-Maurice. La chapelle, placée sous l'invocation de saint Georges, se trouve dans la tour nord-est. Fouquet pouvait y entendre la messe d'un balcon protégé par une fenêtre grillée, munie d'un rideau[14].

M. de La Bretonnière, dont il est question en fin de lettre, est le lieutenant du roi au gouvernement de la ville de Pignerol. Alors qu'il a annoncé la nouvelle au marquis de Piennes, gouverneur général, Louvois ne souhaite donc pas que son adjoint soit au courant. Sa lettre montre en tout cas qu'il est informé des bruits circulant à l'intérieur du donjon ou de la citadelle, et qu'il a un agent de renseignements dont Saint-Mars ne connaît pas l'identité.

Au début de septembre, le prisonnier de Calais tomba malade, assez sérieusement semble-t-il. Saint-Mars, compte tenu des consignes draconiennes concernant sa sécurité, demanda s'il pouvait le faire soigner par un médecin. Le ministre lui répondit qu'il n'y avait aucune difficulté à le « faire traiter et médicamenter » sans attendre d'ordre pour cela[15].

Les mois passent. En mars de l'année suivante, Louvois fut averti qu'on avait parlé à Danger (sans doute au cours de la messe). Il y avait au donjon depuis quelques mois un autre prisonnier, enfermé pour avoir tenté de communiquer avec Nicolas Fouquet dans le but, semble-t-il, de préparer son évasion. Il s'appelait André Marmet de Valcroissant. Ce gentilhomme provençal, ancien capitaine au régiment de Mazarin, ami fidèle du surintendant déchu, était arrivé à l'automne de 1669 en compagnie de La Forêt, valet de chambre de Fouquet, et avait cherché à se ménager des connivences au sein de la compagnie franche. La Forêt réussit à se faire engager dans ses rangs, grâce à une bourse bien garnie. Valcroissant, quant à lui, se fit passer pour un valet du nom d'Honneste. Le contact fut établi avec Fouquet qui parvint à parler de sa fenêtre à des sentinelles subornées et à leur jeter des messages écrits sur des « tablettes ». L'alerte fut donnée par un officier de la compagnie franche.

Profitant d'un mouvement de confusion, La Forêt et Valcroissant réussirent à s'échapper et à gagner Turin. Mais le duc de Savoie, Charles-Emmanuel II, qui n'avait rien à refuser à son royal cousin, les fit arrêter et extrader. Saint-Mars fut fou de rage de s'être laissé berner. Le roi l'autorisa à prononcer un jugement exemplaire. On n'eut pas besoin de le lui répéter. Il réunit un conseil de guerre et fit condamner cinq de ses hommes à la pendaison, dont le malheureux La Forêt. Les deux valets du surintendant, au courant du complot, furent un moment privés de leurs gages. Le plus coupable, Champagne, fut tenu pendant quelques mois dans une « dure prison ». Quant à Valcroissant, il fut enfermé dans une chambre jusqu'à ce que le Conseil souverain de Pignerol fît son procès. Malheureusement, les pièces du dossier ont disparu. On sait seulement qu'il écopa de cinq ans de galères à Marseille, condamnation dont Mme de Sévigné parvint à atténuer la rigueur en intervenant auprès de son gendre, le comte de Grignan, lieutenant général au gouvernement de Provence*. On ne sait si l'incident avec Eustache Danger se plaça avant ou après la découverte de l'audacieuse tentative de Valcroissant. Instruit par son informateur secret, Louvois en réprimanda immédiatement le gouverneur :

« L'on m'a donné avis que le sieur Honneste ou un des valets de Fouquet a parlé au prisonnier qui vous a été amené par le major de Dunkerque et lui a entre autres choses demandé s'il n'avait rien de conséquence à lui dire, à quoi il a répondu qu'on le laissât en paix : il en a usé ainsi croyant probablement que c'était quelqu'un de votre part qui l'interrogeait pour l'éprouver, et voir s'il dirait quelque chose ; par là vous jugerez bien que vous n'avez pas pris assez de précautions pour empêcher qu'il n'ait quelque communication que ce peut être ; et comme il est très important au service de Sa Majesté qu'il n'ait aucune communication, je vous prie de visiter soigneusement les dedans et les dehors du lieu où il est enfermé et de le mettre en état que le prisonnier ne puisse parler à qui que ce soit ni entendre ceux qui voudraient dire quelque chose[16]. »

Saint-Mars démentira l'information, protestant de son zèle à suivre scrupuleusement les consignes ministérielles. Ce genre d'incidents et de rappels à l'ordre n'incitait pas le geôlier à découvrir les secrets de l'homme de la tour. Une fois par jour, il se rendait à son cachot, l'ouvrait lui-même après en avoir éloigné les sentinelles, servait le repas, qui ne devait pas être bien copieux, inspectait sa chambre afin de déceler la moindre anomalie, puis, après lui avoir demandé s'il avait besoin de

* Mme de Sévigné au comte de Grignan, 25 juin 1670. Grâce à l'intervention du comte de Grignan, la rigueur de sa peine fut atténuée. « Il n'est plus sur les galères, écrit Mme de Sévigné le 28 novembre 1670 ; il n'a plus de chaîne et demeure à Marseille en liberté. » A sa pleine libération, il sera employé par Louvois comme inspecteur militaire.

quelque chose, refermait sur lui les sinistres verrous. La routine, l'implacable routine !

On comprend que, dans sa correspondance, Saint-Mars se soit montré discret à son sujet, car il n'a nullement à se plaindre de lui. Fouquet a eu ses moments de désespoir. Lauzun sera un prisonnier volontiers rebelle, rusé en diable, impossible à garder. Eustache, lui, ne dit rien, ne récrimine jamais, supporte avec résignation son sort. Emmuré dans un cachot dont la fenêtre ne laisse filtrer qu'un jour livide, il mène une existence faite de tristesse et de silence. D'une dévotion extrême, il est porté par la prière et les lectures pieuses. Ayant renoncé à toute espérance terrestre, il sait qu'il ne sortira pas de cet enfer. Le royaume n'est pas de ce monde. Sans ses indispositions fréquentes, dues à ce vieux donjon salpêtré qui, l'hiver, suintait l'humidité et, l'été, emprisonnait l'ardeur d'un soleil féroce, on n'aurait jamais entendu parler de ce pauvre esseulé. C'est sans doute cette douceur de caractère, jointe à la ferveur religieuse, qui lui permit de traverser l'effroyable épreuve de trente-quatre années d'emprisonnement, sans sombrer dans la folie comme la plupart des hôtes de Pignerol*.

Loin d'être traité en parent de la famille royale, ayant dans ses veines du sang des Bourbons, Danger, dès le début de sa captivité, fut mis sur le même pied que les valets de Fouquet, à raison de 50 livres par mois — 600 livres par an —, alors que Louis XIV accordait dix fois plus pour la nourriture du surintendant, sans compter les autres dépenses réglées à part (habillement, soins...). Certes, son traitement augmentera au cours de sa captivité, mais sans excès et uniquement afin de rémunérer davantage le geôlier. Une fois même, en avril 1670, Louvois tança sévèrement Saint-Mars pour lui avoir présenté une note trop élevée : « J'ai reçu avec votre lettre du 20 de ce mois le mémoire de la dépense de votre second prisonnier [*Danger*], des deux valets de Fouquet et du sieur Valcroissant. Ceux qui vous ont conseillé de dresser votre mémoire à la forme qu'il est n'ont pas bien fait, et il est si haut que je n'ai osé en parler au roi ; ce qui se fait à la Bastille n'est pas un exemple pour Pignerol ; je vous le renvoie afin que vous m'en adressiez un autre qui contienne à peu près la dépense que ces gens-là ont faite[17]... » Le 31 octobre de la même année, il écrivait encore : « Puisque

* « Pour le prisonnier de la tour, que M. de Vauroy m'a amené, écrit Saint-Mars à Louvois le 30 décembre 1673, il ne dit rien, il vit content, comme un homme tout à fait résigné à la volonté de Dieu et du roi » (François RAVAISSON, *op. cit.*, t. III, p. 175).

votre second prisonnier [*Danger*] et les valets de M. Fouquet n'ont pas besoin d'habit d'hiver, vous ferez bien de ne leur en point parler, et à l'égard de M. Fouquet vous pouvez le faire habiller comme il demande[18]. »

Le 9 juillet 1670, Louvois avertissait M. de Loyauté, commissaire des guerres de Pignerol, de son intention de se rendre pour deux ou trois jours dans cette place. Dans la nuit du samedi 3 août 1670, il quitta la Cour en compagnie de son fidèle commis, M. de Nallot, et de l'ingénieur Vauban qui avait pris le nom d'emprunt de M. de La Brosse. Le secrétaire d'Etat voyagea incognito jusqu'à Pignerol, exigeant qu'à chaque étape aucun honneur ne lui soit rendu. Lorsqu'on apprit à la Cour que Louvois se rendait en Piémont, tout le monde se montra surpris. On se demandait pourquoi il avait tenu à voyager par ces fortes chaleurs. S'il s'était agi d'une banale inspection de fortifications, comme on l'avait laissé entendre, pourquoi ne pas avoir envoyé Vauban seul[19] ? Les historiens eux-mêmes ont émis un faisceau d'hypothèses sur ce troublant voyage sans parvenir à trouver d'explication satisfaisante.

Le jeudi 8 août, il arriva à Pignerol, logea chez un vieil ami de son père, Giovanni Domenico Falcombello, comte d'Albaretto, puis se rendit le dimanche 10 à Turin et alla saluer brièvement le duc et la duchesse de Savoie à Saluces. Il est certain qu'à Pignerol il vit Saint-Mars et inspecta le donjon. Rendit-il visite aux prisonniers, notamment à Fouquet ? Vit-il Eustache Danger ? C'est possible. Ce spectacle d'un ministre tout-puissant entrant dans le quartier des prisons ne manqua pas de frapper les imaginations. Longtemps plus tard, Voltaire en eut écho et l'appliqua au Masque de fer aux îles de Lérins.

Une fuite s'était-elle produite ? Louvois, en tout cas, fit remplacer intégralement la garnison de la citadelle et muta une partie du personnel supérieur de la place, notamment le gouverneur de la ville, M. de La Bretonnière. Quelque temps après son retour à Paris, le 26 août, il écrivait à Loyauté, commissaire des guerres de Pignerol et successeur de Poupart, ce billet : « La quantité d'affaires que j'ai eue depuis mon retour de Pignerol m'avait empêché de rendre compte au roi de tout ce que j'avais vu et c'est pour cela que je ne vous ai rien mandé sur ce que vous m'aviez mandé des *contes* qui s'y faisaient*[20]. » A quels

* IUNG (*op. cit.*, pp. 318-324) pense que ce voyage avait pour but de préparer une première occupation de Casal et que l'affaire échoua. « Le dessein pour lequel l'on vous avait envoyé étant changé, écrivait Louvois à Vauban resté en Savoie, revenez-en le plus tôt que vous pourrez ; mais afin de tirer de l'utilité de votre voyage, si l'on pensait encore à cette affaire une autre année, retournez-y [*à Pignerol*] faire un tour... » A l'issue de cette visite, Vauban rédigea un

contes Louvois faisait-il allusion ? Nous ne le saurons vraisemblablement jamais.

Le 12 décembre 1671, tandis que la vieille ville de Pignerol, resserrée dans ses remparts, avait déjà revêtu son manteau d'hiver, on vit arriver un carrosse entouré d'une troupe de mousquetaires à houppelande rouge, casaque bleue et croix d'argent : c'étaient d'Artagnan et un détachement de sa compagnie qui conduisaient un nouveau prisonnier, Antonin Nompar de Caumont, comte de Lauzun. On a tout dit de ce rutilant Gascon, capitaine des gardes du corps du roi, affamé d'honneurs, d'une fatuité insoutenable, aux étourdissantes aventures qui ont empli de leurs fracas la cour du Roi-Soleil. On s'est beaucoup interrogé sur les causes de sa disgrâce. Ce n'est pas, comme on l'a souvent affirmé, parce qu'il avait épousé clandestinement la Grande Mademoiselle, malgré l'interdiction royale — je l'ai dit, il ne se maria jamais avec elle, même après sa libération —, mais plus probablement à cause de ses relations tumultueuses avec la marquise de Montespan dont le règne était alors au zénith. Ayant des tempéraments volcaniques, ils prenaient « aisément feu tous deux », dit Mademoiselle. A l'automne de 1671, le duc de La Feuillade ayant remis au roi sa démission de la charge de colonel du régiment des gardes françaises, l'une des plus prestigieuses de la Maison militaire du roi, Lauzun crut s'appuyer sur elle pour l'obtenir. Celle-ci promit qu'elle la solliciterait en sa faveur. Mais le Gascon restait méfiant. Grâce à la complicité d'une femme de chambre, il se fit introduire dans l'appartement de la Montespan et se glissa sous le lit de la favorite, attendant l'arrivée de Louis XIV. De là, il entendit tout ce qui se dit sur lui et qui n'était pas à son avantage. Sortant enfin de son inconfortable cachette, écumant de rage, se sentant odieusement trahi, il alla faire une scène à la belle Athénaïs, lui répéta mot pour mot la conversation qu'il avait surprise en un lieu si intime et la traita de tous les noms. Il s'ensuivit une scène violente avec Louis XIV qui lui donna cinq jours pour présenter ses excuses à l'insultée. L'autre n'en fit rien et quelques jours plus tard fut arrêté. N'y eut-il pas un autre motif que ces histoires de petits maîtres insolents et rageurs ? L'historien américain Paul Sonnino, auteur d'une très remarquable étude sur la genèse de la

volumineux rapport sur les aménagements à apporter aux fortifications de Pignerol, qui se trouve à la Bibliothèque royale de Turin (Franco CARMINATI, *Pinerolo, città fortezza*, « Armi antiche », tiré à part, 1977).

guerre de Hollande, pense que Lauzun, ajoutant la trahison à l'insolence, serait entré en contact avec les Hollandais afin de les prévenir des intentions belliqueuses de Louis XIV*[21].

En tout cas, les instructions à Saint-Mars le concernant étaient fort rigoureuses. Certes on tenait compte de son rang. Un appartement — deux pièces situées sous celles de Fouquet —, un valet lui étaient accordés, mais il devait être gardé « avec toutes les précautions imaginables », sans sortir ni avoir le droit d'écrire.

L'arrivée de cet hôte de marque créait un embarras supplémentaire pour le geôlier qui devait lui fournir des serviteurs convenables. Non sans mal il parvint à trouver un pauvre diable qui accepta de s'enfermer avec lui. Le bouillant fiancé de Mademoiselle ne savait qu'inventer pour faire sortir ses gardiens de leurs gonds : il menaçait de se suicider, mettait le feu à son plancher, et, pour vérifier si ce n'était pas un espion, sautait à la barbe du capucin venu le confesser. Bref, à tout instant, il faisait un sabbat infernal. Pour Saint-Mars, qui n'en avait jamais tant vu, la vie était devenue un cauchemar !

Il aurait bien aimé lui donner un second valet, craignant que le premier qui commençait à s'ennuyer fortement ne tombât malade. Mais il ne trouvait aucun candidat, personne ne voulant même « pour un million » s'enfermer sans espoir de libération[22]. C'est alors qu'il eut l'idée de mettre le placide Eustache Danger, ce doux cénobite, ce modèle de prisonnier dont on lui avait dit qu'il était ancien valet, au service du nouveau venu :

« Il est si malaisé de pouvoir trouver ici des valets qui se veuillent enfermer avec mes prisonniers, écrit-il à Louvois le 20 février 1672, que je prendrai la liberté de vous en proposer un. Ce prisonnier qui est dans la tour et que vous m'avez envoyé par M. le major de Dunkerque serait, ce me semble, un bon valet. Je ne pense pas qu'il dise à M. de Lauzun d'où il sort après que je lui aurai défendu ; je suis sûr qu'il ne lui dira aussi aucune nouvelle, ni ne demandera point de sortir de sa vie, comme font tous les autres [...]. Je ne chercherai point que vous ne m'ayez fait la grâce de me faire réponse sur l'homme de la tour[23]. »

---

* L'auteur se base notamment sur un passage des *Mémoires* de Mlle de Montpensier, faisant état d'un voyage vers Bruxelles de Lauzun et de son ami Guitry, et sur un rapport de Sasburgh, résident hollandais à Bruxelles, aux états généraux des Provinces-Unies du 12 juillet 1671 : « Il a plu à deux personnages importants de m'informer que des desseins considérables se fomenteraient présentement en France contre l'état de vos hautes puissances. » Voir également une lettre du marquis de SAINT-MAURICE, *op. cit.*, t. II, p. 194-195.

La proposition de Saint-Mars n'avait rien d'étonnant, de son point de vue. Fouquet, Lauzun et Danger formaient une petite société de gens condamnés à vie. Il avait même été précisé que les deux valets de Fouquet ne devaient « sortir que par la mort[24] ». Le mieux n'était-il pas d'organiser le service selon les compétences de chacun ? Ce serviteur de profession, ne suffisait-il pas de le nipper convenablement et de le sermonner une dernière fois ? Quittant son cachot saturé de silence, il ne pouvait que se trouver bien partout. La réponse de Louvois à la lettre de Saint-Mars est malheureusement perdue. Mais on sait que ce fut un refus catégorique. Une telle proposition allait à l'encontre des consignes d'isolement exigées jusqu'alors.

Le 8 septembre 1674, Champagne, le valet de Fouquet, mourut dans les bras de son maître. L'ancien surintendant n'avait plus à sa disposition qu'un seul domestique, La Rivière, très souvent malade. Que faire ? A Pignerol, il était impossible de trouver de nouveaux serviteurs. En faire venir de Paris eût été une solution, mais Louvois n'en était pas partisan, car, disait-il, « il pourra bien arriver qu'ils seront gagnés par avance ». Une seconde fois, Saint-Mars propose d'utiliser Danger. Ce qu'on avait refusé pour Lauzun serait-il possible pour Fouquet ? Nous avons la réponse du ministre, datée du 30 janvier 1675 : « Sa Majesté approuve que vous donniez pour valet à M. Fouquet le prisonnier que le sieur de Vauroy vous a conduit, mais, quelque chose qui puisse arriver, vous devez vous abstenir de le mettre avec M. de Lauzun, ni avec qui que ce soit autre que M. Fouquet[25]. »

Cette fois nous n'y comprenons plus rien ! Voilà un prisonnier arrêté dans des conditions mystérieuses, conduit en grand secret à Pignerol, où personne hormis M. de Saint-Mars ne devait connaître son existence ; on aménage pour lui un cachot muni d'assez de portes pour que les sentinelles n'entendent rien ; ordre est de le menacer de mort s'il parle d'autre chose que de ses besoins matériels ; à la chapelle, on prend des précautions pour qu'il ne puisse pas voir l'ancien surintendant au cours de la messe... Et, brusquement, on accepte qu'il quitte sa cage hermétique et vienne habiter son appartement, dans une chambre attenante, en compagnie de l'ancien valet ! Cette lettre contredit donc les consignes précédentes. Le secret de Danger aurait-il perdu une partie de sa valeur ? Louvois précise que ce qui est possible pour Fouquet ne l'est pas pour Lauzun, ni pour aucun autre prisonnier. Pour quelle raison ? Est-ce parce qu'on est sûr que Fouquet, condamné à la prison perpétuelle, ne parlera pas, tandis que Lauzun, connu pour son esprit dangereux, sera peut-être un jour ou l'autre promis à une libération ? Est-ce parce que Fouquet connaissait déjà Danger ou son secret ? Cette histoire de valet préoccupe tellement le ministre que, de sa main, alors que le reste de la lettre est calligraphié par un secrétaire, il ajoute en post-scriptum : « C'est-à-dire que vous pouvez donner ledit prisonnier à M. Fouquet si son valet venait à lui manquer, et non autrement[26]. » Précision qui limite la portée de l'autorisation. Cinq semaines plus tard, Louvois revient sur un sujet qu'on pouvait croire réglé : « Si vous pouvez trouver un valet qui soit propre à servir M. de Lauzun, dit-il à Saint-Mars le 11 mars, vous pouvez le lui donner mais, pour quelque raison que ce puisse être, il ne faut point que vous lui donniez le prisonnier que le sieur de Vauroy vous a amené, qui ne doit servir, en cas de nécessité, qu'à Fouquet, ainsi que je vous l'ai mandé[27]. »

Nous ignorons à quelle date exacte Danger fut tiré de son cachot et conduit à l'appartement de Fouquet. Il est probable que cet événement se produisit dans les jours ou les semaines suivantes, car La Rivière n'était pas en bonne santé. Pour Eustache, quel progrès ! Il sortait de la nuit vertigineuse dans laquelle il avait sombré.

Cependant, Louis XIV était décidé à améliorer les sorts de Fouquet et de Lauzun. Le 1er novembre 1677, Louvois les autorisa à se promener sur les remparts deux heures tous les deux jours séparément. Au cours de ces promenades il leur permit de parler ou de jouer avec les officiers de la citadelle. Les ressentiments du roi contre Fouquet s'étaient apaisés. Comme lui et Mme de Montespan convoitaient pour le duc du Maine, né en 1670, les immenses domaines de la Grande Mademoiselle, il fut décidé que Lauzun bénéficierait d'un allégement de ses conditions de détention. Ces mesures furent étendues à son voisin de prison. Le 27 novembre, Louvois autorisa les valets à suivre leur maître[28]. Certes, il était interdit à l'ancien surintendant et à ses domestiques de sortir de l'étroite enceinte du donjon ; certes, Saint-Mars lui-même avait ordre d'accompagner les prisonniers avec une escorte armée, mais c'était un nouveau changement considérable pour Eustache. Le ministre faisait confiance au geôlier pour régler le détail de ces promenades[29].

Ce régime dura plus d'un an avant la mise en place de nouvelles mesures de libéralisation. Le 23 décembre 1678, Louvois envoie à Saint-Mars cette curieuse dépêche :

« Je vous adresse une lettre de moi pour M. Fouquet que l'intention du roi est que vous lui donniez fermée comme vous la trouverez ; que vous portiez dans sa chambre de l'encre, du papier, un cachet et de la cire d'Espagne, et que vous l'y laissiez afin qu'il puisse y faire réponse à loisir, et que vous m'adressiez toute fermée la lettre qu'il vous donnera pour moi. Comme (mots rayés : *il se peut que j'aurai à lui en écrire encore quelques-unes sur le même sujet...*) le roi trouve bon qu'il m'en écrive dorénavant lorsqu'il le désirera, vous lui donnerez autant de papier, d'encre et de cire qu'il vous en demandera. Vous lui laisserez le cachet dont il se sera servi pour m'écrire la première fois. Et lorsqu'il vous donnera des lettres soit fermées soit ouvertes pour moi, vous me les adresserez en l'état qu'il vous les adressera. » De sa main, Louvois ajoute, avant de signer : « Ceci est l'intention du roi[30]. »

Quel est donc ce nouveau mystère ? Par chance, nous avons conservé la lettre secrète adressée à Fouquet et datée du même jour, dont Saint-Mars devait ignorer le contenu :

« Monsieur, c'est avec beaucoup de plaisir que je satisfais au commandement qu'il a plu au roi de me faire, de vous faire donner avis que Sa Majesté est en disposition de donner dans peu de temps des adoucissements fort considérables à votre prison, mais, comme elle désire auparavant être informée si le nommé Eustache que l'on vous a donné pour vous servir n'a point parlé devant l'autre valet qui vous sert *de ce à quoi il a été employé auparavant que d'être à Pignerol*, Sa Majesté m'a commandé de vous le demander et de vous dire qu'elle s'attend que, sans aucune considération, vous me manderez la vérité de ce que dessus, afin qu'elle puisse prendre les mesures qu'elle trouvera plus à propos sur ce qu'elle apprendra par vous que ledit Eustache aura pu dire de *sa vie passée* à son camarade. L'intention de Sa Majesté est que vous fassiez réponse à cette lettre en votre particulier, sans rien témoigner de ce qu'elle contient à M. de Saint-Mars, auquel je mande que le roi désire qu'il vous donne autant de papier et d'encre que vous en désirerez, avec la liberté de m'écrire en votre particulier tout ce que vous jugerez à propos ; vous lui donnerez, s'il vous plaît, toutes vos lettres fermées et scellées d'office, vous garderez, ainsi que je lui mande, le cachet qu'il vous donnera. Je prends une part sincère à la joie que le commencement de cette lettre vous doit donner et je suis très véritablement[31]... »

Etrange procédé, bizarre cachotterie ! La lettre laisse entendre que les mesures de grâce sont subordonnées à sa loyale coopération. Le ministre désire savoir si « le nommé Eustache » n'a point parlé de « ce à quoi il avait été employé ». Est-ce une manière discrète de lui demander si le prisonnier lui a d'abord confessé en particulier son affaire ? En tout cas, Louvois semble faire confiance à Fouquet qui a été dépositaire de bien des secrets d'Etat, mais il s'inquiète pour l'autre valet, La Rivière. Est-il au courant de quelque chose ? Au XVIIe siècle, on n'aime pas les petites gens qui en savent trop ! Ils passent pour plus bavards et imprudents que les gens de considération. L'honnêteté, la discrétion sont question de naissance. Le ministre traite d'égal à égal avec Fouquet : il lui demande de répondre en toute franchise, quelle que soit l'ampleur des révélations que Danger aurait pu faire. C'est à lui que tout doit être dit et ce, à l'insu de Saint-Mars. C'est peut-être la chose la plus étonnante de cette affaire : l'air de complicité que prennent le ministre et le prisonnier.

On remarquera l'expression « ce à quoi il a été employé » à propos de l'affaire qui a conduit Danger en prison. Ces mots signifient-ils que quelqu'un s'est servi du valet pour commettre un acte grave qui doit demeurer caché, un acte que Lauzun et Saint-Mars doivent ignorer, mais que Fouquet peut connaître ou connaît déjà ? On se souvient que, dans sa première lettre, Louvois le traite de « misérable ». Deux solutions sont également admissibles : ou bien c'est la mission en elle-même qui est infamante pour celui qui l'accomplit, ou bien Danger est un misérable parce qu'il a abusé de la confiance de son maître par indiscrétion ou trahison. Bernard Caire, examinant la minute de cette lettre, a constaté que Louvois, au lieu de la périphrase : « ce à quoi il a été employé... », avait d'abord écrit : « ce qu'il a vu », puis a rayé ces mots, trop précis ou trop révélateurs. Ce serait donc l'idée de l'indiscrétion qui l'emporterait. L'homme a vu quelque chose qu'il n'aurait pas dû voir, des documents sans doute, et peut-être s'est mis à parler...

La réponse de Fouquet, datée du 6 janvier 1679, manque. La plupart des lettres envoyées à Pignerol ont été retrouvées dans les papiers de Saint-Mars alors que le dossier ministériel, contenant les lettres écrites à Louvois, est malheureusement plus allégé. Peut-être a-t-il été expurgé de certaines pièces ? En revanche, j'ai retrouvé, il y a quelques années, une seconde lettre de Louvois à Fouquet datée du 20, répondant à la lettre disparue du 6. Elle était passée inaperçue des chercheurs :

« J'ai reçu la lettre que vous avez pris la peine de m'écrire le 6e de ce mois. Vous apprendrez par M. de Saint-Mars le soulagement qu'il plaît au roi d'apporter quant à présent à votre prison. Je ne doute point que votre bonne conduite et votre ponctualité à vous conformer à ce qu'il vous expliquera des intentions de Sa Majesté ne la portent à vous en accorder de plus considérables dans quelque temps [...].

« Le sieur de Saint-Mars vous apprendra que vous pouvez écrire à Mme Fouquet et à tout le reste de votre famille tout aussi souvent que vous le désirerez. Il a ordre de m'adresser toutes vos lettres et je vous assure que j'aurai un soin particulier de faire rendre celles que vous m'adresserez ouvertes à ceux à qui vous voudrez donner de vos nouvelles.

« *Vous apprendrez par ledit sieur de Saint-Mars les précautions que le roi veut que soient apportées pour empêcher qu'Eustache Danger n'ait communication avec personne qu'avec vous. Sa Majesté s'attend que vous y contribuerez de vos soins puisque vous connaissez de quelle conséquence il est que personne n'ait connaissance de ce qu'il sait*[32]. »

Cette lettre est importante à plusieurs titres. Elle confirme l'intérêt que le ministre porte à nouveau au nommé Eustache. Ce n'est pas sa personnalité qu'il convient de dissimuler, mais « ce qu'il sait ». Elle met en lumière le fait qu'Eustache avait le malheur de connaître un secret apparemment de grande importance, que Fouquet connaissait ou avait appris. Elle laisse supposer enfin que l'ancien surintendant a rassuré le ministre quant à la discrétion d'Eustache vis-à-vis de son camarade La Rivière.

Le même jour, un mémoire, contenant des instructions nouvelles adoucissant davantage encore le régime carcéral de Fouquet et de Lauzun, était adressé à M. de Saint-Mars. L'ancien maître de Vaux avait l'autorisation de recevoir des visites dans sa prison, de se promener dans toute la citadelle et surtout de pouvoir rencontrer son collègue de l'étage au-dessous, le bouillant comte de Lauzun. Tous deux étaient libres de correspondre avec leur famille et leurs amis, sous la seule réserve de transmettre leurs lettres à Louvois. Ils pouvaient commander livres et gazettes de leur choix. Pour les promenades, quelques précautions étaient nécessaires : un officier et quelques soldats d'escorte pour Fouquet, Saint-Mars en personne, deux officiers et six soldats armés pour Lauzun, « Sa Majesté étant persuadée qu'il est plus capable que M. Fouquet de songer à se sauver »...

Enfin, pour éviter tout contact particulier entre Danger et Lauzun, un paragraphe concernait le prisonnier de Calais :

« ...Toutes les fois que M. Fouquet descendra dans la chambre de M. de Lauzun, ou que M. de Lauzun montera dans la chambre de M. Fouquet, ou quelque autre étranger, M. de Saint-Mars aura soin de retirer le nommé Eustache et ne le remettre dans la chambre de M. Fouquet que lorsqu'il n'y aura plus que lui et son ancien valet. Il en usera de même lorsque Fouquet ira se promener dans la citadelle, faisant rester ledit Eustache dans la chambre de M. Fouquet et ne souffrant point qu'il le suive à la promenade que lorsque mondit sieur Fouquet ira seul avec son ancien valet dans le lieu où Sa Majesté a trouvé bon, depuis quelque temps, que M. de Saint-Mars lui fait prendre l'air[33]... »

Avec la liberté de circuler à tout moment, ces dispositions parurent à Saint-Mars inapplicables. Il était bien difficile à chaque visite des deux prisonniers de marque de prendre des mesures pour isoler le valet. C'est sans doute ce qu'il objecta dans sa lettre du 4 février. Louvois capitula sur ce point : « Sa Majesté, lui écrit-il le 15 février, s'en remet à vous de régler avec M. Fouquet *comme vous le jugerez à propos* ce qui regarde la sûreté du nommé Eustache Danger, vous recommandant surtout de faire en sorte qu'il ne parle à personne en particulier[34]. »

Au reste, il fallait préserver un minimum de discipline. Pignerol ne pouvait devenir la prison des courants d'air ! Les portes des appartements des deux détenus de marque ne devaient en aucun cas rester ouvertes tout le jour et moins encore la nuit. A partir de ce moment, la rencontre entre Danger et Lauzun, que l'on semblait redouter en 1675, devient une réalité. Le seul garde-fou auquel on s'accroche encore est que les deux hommes ne parlent pas ensemble isolément.

La correspondance particulière entre Fouquet et Louvois se poursuivait parallèlement. Avec l'ancien surintendant, le ministre disposait d'un allié sûr dans la place, du moins le croyait-il. Il avait besoin de cette surveillance et pensait pouvoir compter sur la discrétion d'un homme affaibli par la réclusion, dont il tenait le sort en main : « Sa Majesté, lui écrit-il le 17 février 1679, veut bien se remettre à vous de la conduite qu'il faudra tenir à l'égard d'Eustache Danger[35]. » Ainsi Louvois s'en remettait à la fois à Saint-Mars et à Fouquet de la sûreté du prisonnier de Calais. Le mois suivant, Louvois donna ordre au geôlier d'ôter les jalousies des fenêtres des deux prisonniers, « puisque, dit-il peut-être avec une nuance de regret, Sa Majesté a bien voulu leur accorder cette grâce [36] ».

Bientôt, les adoucissements se multiplièrent : Fouquet et Lauzun purent entendre la messe ensemble ; les notables de la ville eurent la permission de passer avec eux les matinées ou les après-midi, en présence du geôlier ou de l'un de ses officiers, et, en mai, Mme Fouquet et ses enfants se rendirent à Pignerol. Marie-Madeleine Fouquet, la fille du surintendant, alors âgée de vingt-deux ans, obtint même la faveur de loger au donjon, au-dessus des appartements de son père, et l'on aménagea entre les deux étages un escalier particulier.

Telle était la volonté du roi. Autour des deux reclus, une petite cour se forma d'où jaillissait l'espérance. Nul ne doutait que leur régime de semi-liberté cesserait et qu'un jour ou l'autre l'ancien ministre et le capitaine des gardes du corps feraient leurs bagages pour s'en retourner au-delà des monts. Quand sa santé le lui permettait, Eustache Danger comme son collègue La Rivière circulaient au milieu de tout ce beau monde, poli, discret, taciturne, servant à table et remplissant son office de son mieux.

Il était assez illusoire, dans ces conditions, de vouloir contrôler les informations qui entraient et sortaient. Des correspondances, glissées dans les mains des visiteurs, s'échappaient sans passer par la voie officielle. Fouquet aurait ainsi fait parvenir au nom de Lauzun une lettre à la Grande Mademoiselle, « dont il eut la réponse [37] ». Louvois n'était pas dupe : « Le roi connaît bien qu'il n'est plus possible que vous empêchiez qu'ils n'aient des nouvelles, écrit-il à Saint-Mars le 28 mai, ni qu'ils en donnent ; aussi Sa Majesté désire-t-elle seulement que vous l'empêchiez autant que vous le pourrez ; et il y a bien de l'apparence qu'après ce que vous aurez marqué à ces messieurs de l'intention du roi ils ne voudront pas tomber dans l'inconvénient de déplaire à Sa Majesté en essayant d'avoir des nouvelles par d'autres que par vous [38]. »

Limiter les fuites, tel était le désir de Louis XIV. A ce moment-là, Louvois a, quant à la sûreté d'Eustache, une telle confiance en Fouquet et en Saint-Mars qu'il ne s'en préoccupe plus. Saint-Mars, à qui l'autorité échappait chaque jour davantage, s'inquiète de la responsabilité qui pèse sur ses épaules. Avec ces prisonniers à demi libres, une évasion est plus que jamais à redouter. Remarqua-t-il quelque chose d'anormal ? Il n'osa l'écrire mais envoya à Paris son cousin et lieutenant Blainvilliers. Quel message Saint-Mars voulait-il transmettre ? Nous n'en savons rien. L'officier partit début septembre, remit à Louvois quelques lettres et en profita pour l'informer de la mauvaise santé d'Eustache Danger[39]. A partir de ce moment, Louvois sembla prendre conscience du péril qu'entraînerait un excès de liberté. Il s'efforça donc de les restreindre. Les visiteurs, dorénavant triés sur le volet, eurent interdiction de parler à voix basse aux prisonniers[40]. Un capitaine de garnison et un supérieur des jésuites de Pignerol furent écartés du service de la citadelle comme suspects, et Saint-Mars se fit tancer pour avoir laissé le jardinier Le Nôtre, de retour d'un voyage d'Italie, embrasser le seigneur de Vaux, son ancien patron, maître des magnificences oubliées. Avec ce dispositif plus restrictif, Louvois se croyait en relative sécurité.

C'était compter sans l'ingéniosité de l'ancien capitaine général des dragons enfermé à l'étage au-dessous. Plusieurs années auparavant, il avait creusé une galerie à l'intérieur du conduit de cheminée et était parvenu à entrer en communication avec Fouquet, à l'étage supérieur. Ce vieux bâtiment médiéval avait connu en mai 1653 et en juin 1665 deux terribles explosions — la foudre était tombée sur la poudrière — et avait été très mal réparé. Bref, ses murs étaient de carton. Un beau jour, le trou étant assez grand, le petit homme se hissa dans la chambre de son voisin, couvert de suie et de plâtras. C'était l'époque où les premières mesures de libéralisation n'étaient pas encore intervenues. Fouquet fut très surpris de retrouver Lauzun, qu'il avait connu petit cadet de Gascogne, alors qu'il portait le nom de marquis de Puyguilhem (Péguilin, selon la prononciation de l'époque). Depuis, il n'avait eu aucune nouvelle de la Cour. Aussi, lorsque son bavard visiteur, la barbe floconneuse et le cheveu graisseux, d'une « malpropreté étonnante[41] », entreprit de lui raconter sa prodigieuse ascension — qui l'avait conduit aux charges de colonel général des dragons, de lieutenant général, de gouverneur du Berry, de capitaine de la première compagnie des gardes du corps du roi —, son amour pour Mlle de Montpensier, la Grande Mademoiselle, cousine germaine de Louis XIV, l'extraordinaire projet de mariage, qui se serait réalisé si la majeure partie de la Cour ne s'était liguée contre lui et n'avait fait pression sur le roi pour s'y opposer, l'autre crut rêver ou plutôt fut persuadé que son interlocuteur, chevauchant les chimères, était devenu fou...

On a sur cette affaire le récit un peu confus de Saint-Simon et celui plus précis de Courtilz de Sandras, dans les *Mémoires de M. L.C.D.R.*, écrit en 1687 et tiré, semble-t-il, du témoignage direct de Lauzun : Fouquet « écoutait avec attention tout ce que l'autre lui disait mais quand il vint à son mariage avec Mlle de Montpensier, comment le roi, après y avoir donné son consentement, avait retiré sa parole, le désespoir où il avait été de cette princesse et enfin tout ce qui s'en était suivi, il ne se put empêcher de se tourner vers *un autre prisonnier d'Etat* qui les était venu joindre, et portant son doigt au front, ainsi qu'on a coutume de le faire quand on veut dire que quelqu'un a le cerveau gâté, il voulut lui faire entendre par là qu'il n'avait pas meilleure opinion de celui qui parlait. M. de Lauzun s'en aperçut et, ne faisant pas semblant d'y avoir pris garde, il acheva les autres merveilles de sa vie, ce qui acheva de confirmer M. Fouquet dans ses premiers sentiments[42] ».

Cet autre prisonnier d'Etat — on l'a deviné — c'était Eustache Danger qui, depuis qu'il servait Fouquet, couchait dans l'antichambre de son appartement. Ainsi, pendant des mois, Lauzun avait été en communication constante avec Fouquet et surtout, ce qui était très inquiétant pour Louvois, avec le valet mystérieux. Lui avait-il raconté son histoire, malgré la terrible menace de Saint-Mars ? Cela, on ne le saura sans doute jamais. Tallemant des Réaux raconte qu'un jour le gardien tourna la clé et entra dans l'appartement de Fouquet à « heure indue ». Lauzun, qui s'y trouvait en train de pérorer, s'arrêta net et n'eut que le temps de se jeter dans le lit à baldaquin et d'en tirer les rideaux : « On ne s'aperçut de rien[43]. »

Mais le bouillant Lauzun ne s'en était pas tenu là. Quelques mois plus tard, en mars 1676, il reprit ses exploits de termite, bien décidé cette fois à s'évader. Il avait détaché les lames de son parquet et, grâce à une échelle faite de draps tressés, était parvenu à sortir du donjon. Toutes les nuits, il descendait dans le fossé et creusait une galerie à travers le mur d'enceinte, et ce à la barbe du geôlier et des patrouilles de soldats. Quand vint le jour de l'évasion, il proposa à Fouquet de l'accompagner. Au dernier moment, celui-ci refusa et laissa partir seul l'imprévisible lutin. L'échec de cette audacieuse tentative fut le fait du hasard : une servante allant chercher du bois le découvrit caché dans une remise, située à l'intérieur des remparts de la citadelle. Lauzun fit tout ce qu'il put pour convaincre la jeune femme de l'aider à franchir le poste de garde. Elle fit mine d'acquiescer, s'esquiva et revint avec une escouade de soldats de la compagnie franche.

L'émotion fut grande à Saint-Germain. Saint-Mars reçut un blâme ; on installa des rangées de grilles plus épaisses aux fenêtres de Lauzun ; on multiplia les fouilles corporelles. Mais le trou de cheminée ne fut pas découvert. Cette voie de communication, il est vrai, avait perdu une partie de son utilité depuis que les deux compères avaient reçu l'autorisation de se voir librement.

Le 11 mars 1680, Louvois, qui avait toujours sur place ses propres mouchards, écrivait à Saint-Mars la lettre suivante : « Vous verrez par le mémoire ci-joint l'avis que l'on me donne de la manière dont vos prisonniers se communiquent à votre insu. Je vous prie de vérifier si ce qu'il contient a quelque chose de véritable et de me mander ce que vous en aurez découvert[44]. »

Au reçu de cette dépêche, le geôlier, piqué au vif, organisa une fouille générale, palpa avec plus de conviction les vêtements et leurs doublures, inspecta les murs et tapisseries, déplaça les meubles et découvrit enfin le fameux trou. La chose aurait été sans conséquence s'il n'y avait eu Danger. Marri d'avoir été dupé, il dut avouer à Louvois qu'il avait trouvé le conduit secret en même temps qu'il annonça la mort de Fouquet. Il est probable que cette découverte hâta la fin du malheureux prisonnier. Ce fut pour lui un choc émotionnel intense : ne venait-il pas d'être pris en flagrant délit, alors que le ministre lui avait fait entière confiance ? Après pareille faute, pourrait-il jamais sortir de prison ? Bref, une crise cardiaque le terrassa. Il est possible, comme le bruit en courut, qu'il ait succombé dans les bras de son fils, M. de Vaux, qui se trouvait à Pignerol. La Grande Mademoiselle, dans ses *Mémoires*, assure qu'au seuil de la mort il s'était réconcilié avec Lauzun. Les deux hommes, en effet, s'étaient brouillés à cause de la conduite de ce dernier envers Mlle Fouquet, à qui il faisait une cour pressante, comme un homme qui n'avait pas vu de femme depuis huit ans. Ceci laisse à penser que Fouquet eut un répit avant d'expirer.

Lauzun fut consigné dans sa chambre, et les deux valets de Nicolas, complices de leur maître, furent bouclés dans le donjon. Puis Saint-Mars attendit les ordres. En même temps qu'il lui annonçait ces peu réjouissantes nouvelles, il laissait entendre au ministre que Lauzun était au courant de la plupart des « choses importantes » connues de Fouquet. Dans sa réponse du 8 avril — qu'il mit plusieurs jours à écrire alors que le décès de Fouquet était déjà dans la *Gazette* —, Louvois se soucie à peine du mort qui avait été pourtant l'un des plus hauts dignitaires de l'Etat ; il ne lui consacre qu'une ligne. C'est le trou qui l'obsède, le trou qui, sans doute, a permis à Lauzun d'être informé de ce qu'on avait voulu lui cacher :

« Le roi a appris par la lettre que vous m'avez écrite le 23 du mois passé la mort de M. Fouquet et le jugement que vous faites que M. de Lauzun sait la plupart des choses importantes dont M. Fouquet avait connaissance et que le nommé La Rivière ne les ignore pas. »

Quelles sont ces choses importantes que Lauzun et La Rivière (et non Danger) ont pu apprendre de Fouquet ? Il s'agit évidemment du secret d'Eustache. Ayant découvert le trou par lequel les deux prisonniers avaient communiqué à son insu, Saint-Mars, qui était au courant de la correspondance échangée directement entre Louvois et Fouquet, avait deviné que celui-ci avait trahi la confiance du ministre. Mais poursuivons la lecture de la lettre de Louvois :

« Sur quoi Sa Majesté m'a commandé de vous faire savoir qu'après que vous aurez fait reboucher le trou par lequel MM. Fouquet et Lauzun ont communiqué à votre insu et cela rétabli si solidement qu'on ne puisse travailler en cet endroit, et que vous aurez aussi fait défaire le degré qui communique de la chambre de feu M. Fouquet à celle que vous aviez fait accommoder pour mademoiselle sa fille, l'intention de Sa Majesté est que vous logiez M. de Lauzun dans la chambre de feu M. Fouquet... Que vous persuadiez à M. de Lauzun que les nommés Eustache d'Angers (*sic*) et ledit La Rivière ont été mis en liberté et que vous en parliez de même à tous ceux qui pourraient vous en demander des nouvelles ; que cependant vous les renfermiez tous deux dans une chambre où vous puissiez répondre à Sa Majesté qu'ils n'auront communication avec qui que ce soit, de vive voix ou par écrit, et que M. de Lauzun ne pourra s'apercevoir qu'ils y sont renfermés.

« Vous avez eu tort de souffrir que M. de Vaux ait emporté les papiers et les vers de monsieur son père [Fouquet] et vous deviez faire enfermer cela dans son appartement pour en être usé ainsi que Sa Majesté en ordonnerait.

« [...] Au reste, vous devez être persuadé que Sa Majesté vous donnera des marques de la satisfaction qu'elle a de vos services, dans les occasions qui pourront se présenter, de quoi je prendrai soin de le faire souvenir avec beaucoup de plaisir.

« J'ajoute ce mot pour vous dire que vous ne devez entrer en aucun discours ni confidence avec M. de Lauzun sur ce qu'il peut avoir appris de M. Fouquet[45]. »

Lettre caractéristique des procédés machiavéliques de Louvois. Transférer Lauzun dans l'appartement de Fouquet, c'est lui montrer que la prison est désormais vide. Le persuader que les deux valets du défunt ont été libérés, c'est lui faire croire qu'on néglige totalement ce qu'Eustache a bien pu lui dire. Des racontars de domestiques, des chuchotis d'antichambre, sans importance aucune ! Il s'inquiète ensuite que le comte de Vaux ait emporté les papiers de son père. On le comprend. Si par hasard s'y trouvait la relation écrite de l'affaire Danger ?

Puis il se préoccupe du geôlier. Au lieu de le réprimander vertement pour les deux fautes professionnelles qu'il vient de commettre — avoir laissé pendant des mois Fouquet, Lauzun, Danger et La Rivière bavarder librement et avoir permis au fils de Fouquet d'emporter les papiers de son père —, il le complimente sur ses services ! Saint-Mars a pu apprendre des renseignements importants ; aussi est-il prudent de faire tinter à ses oreilles les pièces d'or de la prochaine gratification extraordinaire... Et il lui recommande de ne point s'entretenir avec Lauzun de ces « choses importantes » dont il estime qu'il a connaissance.

Le mal est circonscrit. L'alerte a été chaude. A partir de cette date le mystère du Masque de fer commence. Désormais, à Pignerol, personne ne doit savoir que les deux anciens valets de Fouquet, Danger et La Rivière, sont sous les verrous dans un quartier de haute sécurité, la tour d'en bas...

Le 4 mai, dans une lettre disparue, Saint-Mars informe Louvois qu'il a trouvé dans les poches de Fouquet des papiers ayant échappé aux prélèvements de M. de Vaux, qui présentent, semble-t-il, un grand intérêt. Ayant appris que le ministre s'était cassé la jambe et qu'il envisageait d'entreprendre une cure à Barèges, dans les Pyrénées, il espère qu'avant son retour à Paris il pourra faire un détour par Pignerol, afin de lui en parler. Mais Colbert de Saint-Pouange, commis au secrétariat d'Etat à la Guerre, anéantit ses espoirs et le prie, d'ordre du roi, d'envoyer les papiers en question[46]. Saint-Mars se montre étrangement réticent. Il n'enverra ces papiers qu'à contrecœur, après s'être fait prier plusieurs fois pendant près de deux mois[47]. L'affaire est sans doute importante, car le geôlier est un homme habitué à obéir sans broncher. Le 22 juin, Louvois a rejoint la Cour à Fontainebleau. Reprenant ses activités, il écrit à Saint-Mars :

« Vos lettres des 22 du mois passé et 8 du courant m'ont été rendues. Vous pouvez mettre en liberté le valet qui a été à M. de

Lauzun, lui faisant appréhender que, s'il approchait de dix lieues de Pignerol, il pourrait être envoyé aux galères [...]. A l'égard de la feuille volante qui accompagnait votre lettre du 8, vous avez eu tort de ne pas me mander ce qu'elle contient dès le premier jour que vous en avez été informé. Au surplus, je vous prie de m'envoyer dans un paquet ce que vous avez trouvé dans les poches de M. Fouquet, afin que je puisse les présenter à Sa Majesté[48]. »

Une fois de plus, Louvois est inquiet. Il parle de se faire expédier ce que Saint-Mars a trouvé dans les poches du défunt. Le geôlier traîne encore quatre ou cinq jours au reçu de cette lettre et finalement se décide à expédier le paquet, qui arrive à Saint-Germain le 10 juillet. Le jour même, le ministre dicte à son secrétaire cette réponse :

« J'ai reçu, avec votre lettre du 4 de ce mois, ce qui y était joint, dont je ferai l'usage que je dois. Il suffira de faire confesser une fois l'année les habitants de la tour d'en bas. A l'égard du sieur de Lestang [*Matthioli*], j'admire votre patience et que vous attendiez un ordre pour traiter un fripon comme il le mérite, quand il vous manque de respect. »

Lettre sèche, qui ne contient même pas la référence à Louis XIV. Il n'est plus question de lui montrer le contenu des poches de son ancien surintendant. Louvois seul en fera l'usage qu'il doit. Lorsque le secrétaire est parti, de sa main il ajoute sur l'expédition : « Mandez-moi comment il est possible que le nommé Eustache ait fait ce que vous m'avez envoyé et où il a pris les drogues nécessaires pour le faire, ne pouvant croire que vous les lui ayez fournies[49]. »

Ces mots, griffonnés d'une main nerveuse par Louvois lui-même, prouvent encore, s'il en était besoin, l'anormale attention du ministre aux faits et gestes d'Eustache. De quoi s'agit-il ? Il y a là un mystère que les historiens ont pressenti. Pour les tragiques, Maurice Duvivier et Marcel Pagnol, Fouquet aurait été tout bonnement empoisonné[50]. Pour Pagnol, le crime doit être attribué à Saint-Mars sur l'instigation de Louis XIV... Rien de moins ! Thèse inadmissible, évidemment. L'ancien châtelain de Vaux ne gênait plus personne, et le roi n'était nullement obligé d'adoucir ses conditions de captivité. Le poison est l'arme des faibles. Au reste, s'il avait voulu le supprimer, pourquoi aurait-il attendu dix-neuf ans ?

L'explication de Maurice Duvivier est plus ingénieuse. Pour lui, c'est le valet mystérieux qui a manipulé les drogues en question pour fabriquer du poison. Mais celui-ci n'était qu'un simple exécutant. Il faut chercher ailleurs le vrai coupable. Deux suspects apparaissent : Lauzun, qui s'était brouillé avec Fouquet, pour avoir conté fleurette à sa fille Marie-Madeleine, et Colbert, qui, redoutant l'élargissement de son ancien rival, aurait choisi ce moyen radical pour s'en débarrasser, quand il était encore temps. Lauzun était rusé, brutal, méchant, mais pas au point d'empoisonner le père de celle dont il était follement tombé amoureux et qu'il envisagea un moment d'épouser. Au terme d'une hasardeuse reconstitution psychologique, Maurice Duvivier penche pour la seconde solution et en fait même un des thèmes centraux de son livre : « Je crois pouvoir conclure, écrit-il à l'issue d'un chapitre intitulé : *Le grand coupable*, que le légendaire secret du Masque de fer n'est autre que l'empoisonnement de Fouquet à l'instigation de quelque important personnage[51]. » Ce petit roman policier, est-il besoin de le dire, ne repose sur rien de solide. A supposer que Colbert ait eu connaissance de l'existence d'Eustache dans les prisons de Pignerol, ce qui est loin d'être une certitude, je vois mal par quels moyens il aurait pu entrer en communication avec un homme près duquel Saint-Mars avait toujours monté bonne garde, et par quels arguments il l'aurait convaincu d'empoisonner son maître ? Danger savait qu'il n'avait aucun espoir de libération. Son intérêt n'était-il pas de conserver le plus longtemps possible sa condition de prisonnier-domestique et de chercher à se faire oublier ? Il est plus raisonnable d'admettre que Fouquet était déjà malade, comme le montre l'expédition à Pignerol de paquets de remèdes provenant de Paris et les notes d'honoraires des médecins et chirurgiens, inconnues de nos modernes Sherlock Holmes, MM. Duvivier et Pagnol*. En mars 1680, Nicolas était un homme usé, « à bout de rouleau ». Une défaillance cardiaque a suffi. Mme de Sévigné parle de convulsions et de maux de cœur

* Le 8 février 1680, quelques semaines avant la mort de Fouquet, Louvois expédiait de Paris des « paquets de remèdes » pour lui (Louvois à Saint-Mars, S.H.D., série A1, vol. 638, p. 152). L'ordonnance de remboursement des frais entraînés par sa maladie et sa mort a été retrouvée : « 320 livres pour le paiement des médecins et chirurgiens qui ont traité ledit sieur Fouquet pendant l'année 1680 et pendant la maladie dont il est mort ; 237 livres pour les remèdes qui lui ont été fournis et à ses valets pendant ladite année ;[...] 165 livres pour les funérailles du sieur Fouquet » (BnF, Mss., Mélanges Colbert, vol. 305, f° 420 v°). Ces documents et quelques autres anéantissent également la thèse de Paul Lacroix, Pierre-Jacques Arrèse, Jean Markale et Mauro Maria Perrot, le spécialiste de l'histoire de Pignerol, selon laquelle Fouquet, qu'on aurait fait passer pour mort en mars 1680, aurait été le Masque de fer. Saint-Mars fut autorisé « à remettre le corps de Fouquet à sa famille pour qu'elle le fasse transporter où bon lui semblera ». La bière resta un an au monastère Sainte-Claire de Pignerol. Ce n'est que le 28 mars 1681 qu'elle fut transportée à Paris et déposée au couvent des religieuses de la rue Saint-Antoine dans le caveau familial, comme l'atteste le registre mortuaire du couvent (pour plus de détails sur la mort de l'ancien surintendant, voir notre *Fouquet*, Paris, Perrin, 1998, p. 496 et suiv.).

et la *Gazette* d'apoplexie. Point n'est besoin de chercher dans le poison l'explication d'un événement si prévisible.

Alors en quoi consistaient ces étranges drogues dont parle Louvois ? Vraisemblablement, Danger avait fabriqué de l'encre sympathique et s'apprêtait, avec la complicité de Fouquet, pratiquement libre de ses mouvements, à envoyer quelque correspondance secrète. Peut-être voulait-il tout simplement crier sa misère, avertir les siens, qui n'avaient pas eu de ses nouvelles depuis plus de dix ans ? On sait que Fouquet avait déjà, au début de son séjour à Pignerol, fabriqué une telle encre, probablement à base de jus de citron. Passionné de chimie, il avait monté dans sa chambre un petit laboratoire où il élaborait des élixirs et des remèdes, selon les recettes de sa chère mère, Marie de Maupeou : de l'eau de la reine de Hongrie, de l'eau de chicorée amère, du sirop de fleur de pêcher, du vin de cerise. Il est donc permis de supposer que, dans les poches de Fouquet, Saint-Mars découvrit un flacon d'encre sympathique et un papier ou un billet laissant deviner l'identité du coupable. Après le trou clandestin, la correspondance secrète ! Saint-Mars, en ce printemps de 1680, allait de surprise en surprise ! La faute était grave. Ceci explique sans doute les hésitations du geôlier à obéir à Louvois. La crainte d'une réprimande sévère le paralysa pendant plusieurs semaines. En fait, la réaction de Louvois fut moins brutale qu'il ne s'y attendait. Le ministre eut l'impression qu'encore une fois un malheur venait d'être prévenu. Il se garda bien de tancer son geôlier, s'étonnant simplement que le valet ait pu si facilement se procurer les drogues nécessaires, « ne pouvant croire, dit-il avec une insistante ironie, que vous les lui ayez fournies ».

Pour les deux valets, la liberté s'évanouissait à jamais. Eustache entamait son long voyage au bout de la nuit carcérale, jusqu'à la fosse commune du cimetière Saint-Paul.

6

LES HYPOTHÈSES

En 1890, Jules Lair, dans sa magistrale biographie du surintendant Fouquet, identifia, le premier, Eustache Danger avec le prisonnier de la Bastille, mais, la question demeurant secondaire pour lui, il ne se soucia pas de connaître les motifs de sa détention. Vraisemblablement, dit-il, c'était « un de ces hommes qu'on charge de missions louches : enlèvement de pièces ou de personnes, peut-être pis encore, et dont, le coup une fois accompli, on assure le silence par la prison [1] ». C'est fort possible en effet, mais on aurait aimé en savoir davantage ! On devait évidemment chercher dans les affaires des années 1667-1669 un personnage susceptible d'être incarcéré en août 1669.

L'écrivain et essayiste anglais Andrew Lang se pencha sur le complot de Roux de Marcilly, découvert en mai 1668 par l'ambassadeur de France en Angleterre. Un inquiétant individu que ce Paul Roux, seigneur de Marcilly, farouche huguenot vouant à Louis XIV une haine mortelle, qui faisait partie d'un comité de dix personnes se donnant pour but de soulever les protestants du Languedoc, du Dauphiné et de Provence. Appuyées par des mouvements séditieux en Guyenne, en Poitou et en Bretagne, ces provinces devaient se révolter contre l'autorité du roi et se mettre « en république ». On acquit bientôt la conviction qu'un attentat se préparait contre le souverain et cela fit naître à Paris une terrible inquiétude. Roux n'avait-il pas déclaré « qu'un coup bien appuyé mettrait tout le monde en repos, qu'il y avait cent Ravaillac en France » ? Comment se saisir de ce scélérat ? On lança de nombreux limiers à ses trousses. Après une tentative infructueuse, une escouade de quelques soldats, commandée par deux officiers huguenots, Pierre et Jacques Mazel, lointains parents du conspirateur, réussit à l'enlever le 12 juin 1669 près du village de Saint-Cergues en territoire suisse[2]. Roux fut ceinturé, attaché à un cheval, les mains liées au pommeau de la selle, et envoyé à la Bastille, où il fut soumis à de longs interrogatoires. Le ministre Hugues de Lionne en personne vint le questionner à deux reprises, six heures d'affilée. On ne sait pas bien ce qu'il en sortit, sinon qu'on eut du mal à trouver quelque fondement à son projet d'assassiner le roi. Dans sa cellule, pour pouvoir couper sa viande, on lui avait fourni un couteau dont la pointe avait été brisée. Avec cet instrument, ce fanatique se trancha l'auriculaire gauche, la verge et les testicules. On le découvrit dans une mare de sang. Comme il respirait encore, on cicatrisa ses plaies au fer rouge. Le 21 juin, il comparut devant les officiers du Châtelet, dans un état de grande faiblesse. Reconnu coupable de négociations secrètes et de discours séditieux « contre la sacrée personne de Sa Majesté », il fut condamné au supplice de la roue et exécuté le lendemain, sur la place du supplice, proche du Grand Châtelet. Il expira sur les 4 heures de l'après-midi, après avoir vociféré des imprécations contre le roi, au point qu'on dut lui enfoncer un chiffon dans la bouche. Son corps disloqué fut jeté à la voirie. Louis XIV, à qui le lieutenant criminel d'Efita vint annoncer sa mort, se contenta de dire : « Monsieur, nous voilà défait d'un méchant homme[3]. »

L'affaire Roux de Marcilly est loin d'être élucidée, et la personnalité du conspirateur reste mal connue. Les procès-verbaux d'interrogatoires ayant disparu, on ne sait pour ainsi dire rien de son court procès. Quel crédit apporter à son plan de démantèlement de la France ? Quelle était l'ampleur de la conspiration ? Sitôt arrivé à la Bastille, l'agitateur déclara avoir des révélations à faire au roi en personne. Quels secrets avait-il à lui confier ? L'affaire reste obscure. Peut-être cache-t-elle un vrai secret d'Etat ?

Quel rapport pourrait-il y avoir entre Roux et Eustache Danger ? Il se trouve que le farouche huguenot avait un valet français nommé Martin qu'il utilisait souvent pour porter des messages secrets. Ce domestique, complice, mais aussi témoin à charge, était resté en Angleterre. Le 12 juin, Hugues de Lionne demandait à Colbert de Croissy, ambassadeur de France, de le faire venir. Croissy expédia auprès de Martin son premier secrétaire, Joly, afin de le convaincre de traverser la Manche. Mais Martin restait sur ses gardes. Il ne tenait nullement à venir témoigner, se doutant bien « qu'on le mettrait prisonnier pour lui faire dire ce qu'il ne sait pas », comme l'écrivait Colbert de Croissy le 1er juillet[4]...

Troublante coïncidence ! Le valet d'un redoutable conspirateur, qu'on se prépare à faire passer de Douvres à Calais au début de juillet 1669 ; un autre valet arrêté un mois plus tard dans ce même port ! Tout semblait correspondre. La tentation était grande d'identifier l'homme arrêté par le capitaine de Vauroy avec ce Martin, probable détenteur des secrets de son maître. Andrew Lang y céda. « Suivant toutes les règles de la probabilité historique, écrit-il, c'est bien le valet Martin qui doit avoir été le valet Eustache Dauger. » Malheureusement, cette séduisante hypothèse tomba lorsqu'on découvrit aux archives des Affaires étrangères la réponse adressée à Colbert de Croissy, dans laquelle on pouvait lire cette phrase : « Il ne sera plus nécessaire, après le supplice de Roux, de faire venir ici le sieur Martin[5]. » Cette dépêche est du 13 juillet. La correspondance avec Colbert de Croissy reste ensuite muette au sujet de Martin. N'ayant pas été extradé, ce dernier est très vraisemblablement resté en Angleterre. Il fallait donc trouver une autre piste.

En 1904, dans un livre paru à Londres, une spécialiste de l'histoire des îles anglo-normandes, miss Edith Carey, identifia notre Eustache de Pignerol avec un certain James ou Jacques Stuart de la Cloche, bâtard de Charles II d'Angleterre et de Marguerite de Carteret, issue d'une des plus riches familles de Jersey. Ce jeune homme sans fortune fit son apparition pour la première fois en avril 1668, alors qu'il commençait son noviciat au collège des jésuites de Saint-André-du-Quirinal, à Rome. Des lettres secrètes du roi Charles, adressées au père général Oliva, exprimaient la joie la plus vive de savoir son fils converti, car lui-même rêvait de le faire, mais se trouvait entouré de gens hostiles au catholicisme romain. Il pensait que le novice, devenu prêtre, pourrait d'ici quelque temps lui administrer le plus discrètement possible le sacrement de la pénitence et lui donner la communion. L'histoire s'arrête là. Jacques de la Cloche disparut mystérieusement vers le mois de novembre, alors qu'il avait été rappelé en Angleterre, apparemment par le roi son père[6]. Au même moment on vit s'installer à Naples un surprenant individu, s'intitulant prince Giacoppo Stuardo, faisant la fête et dépensant sans compter les beaux jacobus dont sa bourse était remplie. Soupçonné d'être un faux-monnayeur, il fut arrêté. On trouva sur lui 200 jacobus, quelques bijoux de valeur et des papiers dans lesquels il était nommé « Votre Altesse ». On l'enferma au fort de Saint-Elme, puis au château de Gaète, réservé ordinairement aux nobles seigneurs en disgrâce, finalement, reconnu escroc, à la Vicaria, la prison des lazzaroni. A peine fut-il relâché qu'on annonça sa mort à Naples au début de septembre 1669. Il laissait un testament extravagant, dans lequel il se déclarait fils de Charles II et d'une certaine Marie Henriette Stuart, descendante des barons de San Marzo (un nom inconnu).

La vie de ce curieux personnage, qui avait épousé en février 1669 la fille d'un cabaretier, a longtemps laissé perplexes les historiens britanniques : n'avait-il pas usurpé l'identité du pieux novice des jésuites de Rome, après lui avoir dérobé ses papiers ? Pour miss Carey, Jacques de la Cloche, devenu prêtre, se serait bien rendu à Londres afin de catéchiser son père, mais celui-ci aurait fini par le juger trop encombrant et s'en serait débarrassé en demandant à Louis XIV de le faire interner en France, tandis qu'il mettait en scène l'histoire de l'aventurier parti fanfaronner à Naples sous le nom de prince Stuardo. C'est ainsi que Jacques de la Cloche, fils de roi, détenteur d'un très important secret d'Etat — l'intention de son père de se faire catholique —, serait devenu l'homme au masque de fer. L'auteur insistait sur la personnalité ambiguë de Charles II, égoïste, retors, fourbe, lâche, capable de toutes les trahisons pour satisfaire ses intérêts.

L'hypothèse alambiquée de miss Carey se heurte à une objection fondamentale : il paraît bien difficile d'admettre que l'humble valet Eustache ait été un bâtard de sang royal. Tout ceci, d'ailleurs, s'effondra quand on se mit à gratter un peu plus l'histoire de l'apprenti jésuite du Quirinal et que l'on rapprocha les prétendues lettres du roi d'Angleterre, conservées aux archives du Gesù, d'écrits originaux de Charles : ni l'écriture ni la signature ne correspondent. Ce sont des faux ! On se trouve, par conséquent, en face d'une méthodique imposture, doublée d'une escroquerie, puisque, au terme d'une longue mise en scène, le révérendissime père général remit 800 jacobus au jeune homme qui alla naturellement les gaspiller à Naples. La véritable identité de Jacques de la Cloche se perd dans les brumes et se prête aux rêves des romanciers, mais n'a rien à voir, en tout cas, avec notre homme au masque.

L'arrestation de Danger sur les côtes de la mer du Nord continuait cependant de laisser croire que son crime avait quelque rapport avec les affaires franco-anglaises de l'époque. En 1908, Mgr Arthur Stapylton Barnes, chapelain catholique de l'université de Cambridge, supposa que Danger était un certain abbé Prignani ou Prignany, agent secret de Louis XIV*[7].

En 1668-1669, Louis XIV souhaitait un rapprochement avec Charles, qui se serait d'abord concrétisé par une alliance commerciale. Mais le caractère irrésolu du monarque britannique rendait la situation difficile, d'autant que l'ambassadeur français à Londres, Colbert de Croissy, n'était pas vraiment l'homme de la situation. Ce bureaucrate rigide manquait d'entregent, de cette subtilité, de cette souplesse tactique, qui, associées à une ferme détermination, font les grands diplomates. C'est alors que Louis XIV et Hugues de Lionne eurent l'idée de placer auprès de Charles II un homme habile, au contact facile, capable d'entrer « à toute heure dans ses divertissements et ses plus secrètes occupations », qui travaillerait en étroite liaison avec l'ambassadeur.

Le choix du roi et du ministre des Affaires étrangères se porta sur un moine théatin d'origine napolitaine, dom Giuseppe Prignani, sorte de prélat gourmand, passionné d'astrologie et d'alchimie, qui avait acquis une réputation parmi les dames pour des talents ne relevant pas seulement de ces deux disciplines. Il avait rendu quelques services diplomatiques en Bavière où les théatins l'avaient tenu à distance, dans la crainte que son goût un peu trop prononcé pour les sciences occultes ne le fît dénoncer au tribunal de l'Inquisition. A son arrivée en France, au printemps de 1668, il avait été nommé, sur les instances pressantes de l'Electrice de Bavière, Adélaïde de Savoie, abbé commendataire de l'abbaye de Beaubec, en Normandie.

Muni d'instructions secrètes de Lionne, Prignani partit donc pour Londres, officiellement pour « voir le pays », en réalité pour capter l'attention de l'insaisissable souverain britannique, curieux des arts divinatoires, qui s'amusait des heures entières avec le second duc de Buckingham, fils de l'ancien favori de Jacques Ier, à « souffler », en clair à rechercher la pierre philosophale.

Il arriva dans la capitale anglaise le 8 mars 1669 et fit ce qu'on attendait de lui : il charma, distribuant les horoscopes, promettant aux jeunes et galants seigneurs de la cour de Saint-James richesse, bonheur et faveurs des dames. Malheureusement, Prignani, bon courtisan mais mauvais devin, fit de fausses prédictions aux courses de chevaux de Newmarket. Il perdit d'un coup tout son crédit, aussi vite qu'il l'avait acquis ! Charles II s'amusa

* C'est par erreur que l'historien Mignet et Mgr Barnes l'appellent Pregnani.

de ses discours de velours et de ses « douceurs italiennes », mais ne fut nullement disposé à parler de choses sérieuses avec lui.

Au début de mai, Louis XIV et Lionne décidèrent de le rappeler. L'abbé traîna encore quelques semaines. Le 17 ou 18 juillet, il se décida enfin à traverser la Manche. Mgr Barnes perd sa trace à ce moment-là. Mais, comme, le 19, Louvois annonce à Saint-Mars l'arrivée prochaine d'un individu détenteur d'un important secret, il pense qu'il s'agit à coup sûr de son moine astrologue, sentiment conforté par le fait que l'on donna au nouveau prisonnier, dès son arrivée à Pignerol, des livres de prières. Pour Mgr Barnes, Prignani n'était pas seulement un agent français placé auprès de Charles II afin de faire avancer le projet de traité de commerce, mais également un envoyé de Henriette d'Angleterre, femme de Monsieur, au courant d'une affaire ultra-secrète beaucoup plus importante, dont on avait tenu à l'écart l'ambassadeur Colbert de Croissy : une alliance militaire défensive et offensive contre les Provinces-Unies, en contrepartie de laquelle la France aiderait le roi d'Angleterre à rétablir le catholicisme dans son pays. Cette grande affaire se concrétisa l'année suivante par le voyage de Louis XIV et de Madame à Calais et la signature du traité de Douvres, le 1er juin 1670, prélude à la guerre de Hollande.

Malgré quelques réserves, Emile Laloy, conservateur à la Bibliothèque nationale, s'était d'abord rallié à la thèse de Mgr Barnes, qu'il fit connaître en France, dans ses *Enigmes du Grand Siècle*, jusqu'au jour où — catastrophe ! — il retrouva trace du moine napolitain à Rome en 1675. Cette fois, c'était certain : Prignani ne pouvait être identifié à Eustache[8]. Primi Visconti parle de lui également dans ses *Mémoires* : « De mœurs très dissolues, dit-il, il ne dédaignait point de chercher son plaisir auprès des filles ; aussi s'en alla-t-il mourir à Rome, pourri de maladies honteuses, en dépit de nombreux horoscopes qu'on trouva sur sa table et par lesquels il se prédisait à lui-même qu'il serait pape[9]. »

En 1932, nullement découragé par les échecs de ses prédécesseurs, Maurice Duvivier se lança à son tour sur la piste du mystérieux prisonnier, partant de l'idée que le nom d'Eustache Dauger était bien celui du prisonnier. Comme la plupart de ses prédécesseurs, il avait cru, en effet, lire dans la dépêche du 19 juillet 1669 le nom de Dauger avec un « u » (et non Danger avec un « n »)*. Après quelques recherches infructueuses sur les

* Iung hésitait entre Dauger, Danger ou d'Angers ; Louis MATTE (*Crimes et Procès politiques sous Louis XIV*, Paris, 1910) avait opté, avec raison, pour Danger ou d'Angers.

familles portant ce nom patronymique, il s'arrêta sur les Oger ou Dauger de Cavoye, noble famille d'origine picarde remontant au XVe siècle, dont l'un des rejetons portait le prénom relativement rare d'Eustache. Né le 30 août 1637 à Paris, celui-ci fut baptisé en l'église Saint-Eustache : cela correspondait à peu près à l'âge du Masque de fer, mort à la Bastille dans la soixantaine. Ce fut l'éblouissement ! Enfin, un vrai Eustache, en chair et en os : « Lecteur, comprends-tu mon émoi ? Il m'a semblé que la vieille serrure, légendairement close, avait grincé et que ma clé tournait [10] ! » Restait à éclairer la biographie de ce gentilhomme.

Ces Cavoye étaient bien connus à la cour de Louis XIII et de Louis XIV. Tallemant des Réaux et le pseudo-d'Artagnan (Courtilz de Sandras) parlent longuement dans leurs écrits de Mme de Cavoye, née Marie de Lort de Sérignan, d'une noble famille du Bas-Languedoc, et vantent sa beauté. Dame d'honneur d'Anne d'Autriche, elle avait épousé François Dauger de Cavoye, capitaine de la compagnie des mousquetaires de Richelieu. Un de leurs fils, Louis, fit une belle carrière sous le règne suivant comme grand maréchal des logis du roi.

Un autre enfant du couple Cavoye, Eustache, serait donc l'homme au masque, Eustache Dauger étant, selon Duvivier, l'abréviation évidente d'Eustache d'Oger de Cavoye, lequel d'ailleurs signait « Dauger ». D'abord enseigne aux gardes françaises, il se fit remarquer par ses mœurs dissolues. En 1659, il participa avec quelques jeunes gens, amateurs de débauches, notamment Philippe Mancini, neveu de Mazarin, le comte de Guiche, Bussy-Rabutin et Vivonne, à ce qu'on a appelé le scandale de Roissy. Le soir du vendredi saint, ces jeunes fous avaient baptisé « Carpe » un porcelet bien gras avant de le découper. Puis ils avaient chanté des couplets paillards sur l'air d'*Alleluia* et passé le reste de la nuit dans les orgies et les parodies de rites sacrés. Mazarin punit sévèrement leurs actes sacrilèges en exilant ou emprisonnant les plus dépravés. Eustache, moins coupable, échappa à la répression et poursuivit ses fredaines. En 1662, il acheta une lieutenance au régiment des gardes françaises, mais, trois ans plus tard, fut contraint de vendre cette charge pour avoir embroché d'un coup d'épée un jeune page ivre qui s'était pris de querelle avec un autre gentilhomme.

Que devint-il ensuite ? Chassé de l'armée, il continua sans doute à vivre comme un seigneur décavé, endetté, s'enfonçant toujours plus loin dans les « mauvais chemins », titre d'un chapitre du livre palpitant de Maurice Duvivier. Sa mère, morte en 1665, le déshérita au profit de son frère cadet Louis qui accepta alors de l'héberger moyennant une pension que celui-ci fut incapable de régler. A partir de cette date, Duvivier perd trace de son triste héros. Mais, ayant trouvé mention dans les dossiers de l'affaire des Poisons d'un certain chirurgien Auger, il imagine qu'Eustache, ayant sombré dans la crapulerie, s'était mis à fréquenter les bas-fonds de la capitale, la tourbe des empoisonneurs et la pègre parisienne de l'époque.

C'est ainsi que le chirurgien Auger aurait participé avec un prêtre apostat, l'abbé Guibourg, à une messe noire au Palais-Royal. Un de ses complices, Lesage, avouera à La Reynie l'intention de cette messe noire : « Lesage, écrit ce dernier à Louvois le 16 novembre 1680, a expliqué le dessein qu'on avait de faire dire la messe au Palais-Royal ; c'était feue Madame et contre Monsieur ; mais il n'y avait rien d'écrit, parce qu'il n'y a point d'ordre, et Lesage me l'a dit hors interrogatoire[11]. » Selon ces terrifiantes révélations, sitôt étouffées, Henriette d'Angleterre aurait donc fait dire une messe noire à dessein d'obtenir la mort de son mari, Philippe d'Orléans, frère du roi, qu'elle haïssait à cause de la préférence qu'il accordait à ses gitons, notamment le chevalier de Lorraine qui régentait sa maison. Les faits seraient antérieurs au 30 juin 1670, date de la mort de Madame, et même à mars 1668, époque à laquelle Lesage fut enfermé une première fois à la Bastille avant de partir pour les galères. Bref, en juillet 1669, pour tous ces motifs, Louvois aurait fait arrêter et conduire à Pignerol ce maudit, ce sulfureux personnage. Et l'on commit l'erreur de le mettre au service de Fouquet. Le sinistre malfaiteur, au lieu d'avoir de la reconnaissance pour son bon maître, aggrava son cas en devenant son empoisonneur. C'était à prévoir ! Le « chirurgien Auger », renouant avec ses vieux démons, manipula les mystérieuses drogues dont parle Louvois dans sa lettre du 10 juillet 1680. Agissant probablement pour le compte de Colbert, il était condamné à disparaître à jamais, et c'est ainsi qu'il devint l'homme au masque de fer.

Exposée avec talent, la thèse de Maurice Duvivier eut quelque retentissement. La similitude de nom entre le « valet » Eustache Dauger et le jeune seigneur de la cour de Louis XIV, la correspondance des dates avaient de quoi, avouons-le, troubler les esprits. Elle devait être reprise par d'autres chercheurs, désireux d'y ajouter leur grain de sel ou, si l'on préfère, leur pointe de piment. Dans toute l'affaire Cavoye, une explication manquait, essentielle pourtant : pourquoi le masque ?

Frappé par la ressemblance avec Louis XIV de Louis de

Cavoye, le seul des frères Cavoye dont on ait le portrait, un Anglais, Rupert Furneaux, pensa que si Eustache, son frère, avait eu le visage masqué, c'était afin de dissimuler cette même ressemblance [12]. De là à supposer que la sensible et troublante Marie de Sérignan, leur mère, avait été la maîtresse de Louis XIII et en avait eu deux enfants, il n'y eut qu'un pas — hardi ! — que l'écrivain britannique, sans se soucier de la vraisemblance, franchit allégrement [13] ! Si l'on a prêté à Louis XIV, non sans raison, un joli lot d'aventures amoureuses, on sait qu'il en fut tout autrement pour son père, homme froid et taciturne, mélancolique, complexé, peu attiré par les femmes, et dont l'histoire ne connaît que deux brèves liaisons sentimentales, restées toutes deux platoniques, Marie de Hautefort, plus tard duchesse de Schomberg, et Louise Angélique Motier de La Fayette, qui se fit religieuse au couvent des Filles de la Visitation-Sainte-Marie, rue Saint-Antoine.

En 1974, partant du même constat — la ressemblance entre Louis de Cavoye et le Roi-Soleil —, Mme Marie-Madeleine Mast renversa la problématique. Non content de faire onze enfants à sa femme légitime, François de Cavoye en aurait fait un à la reine Anne d'Autriche, à la demande de son « patron », Richelieu, préoccupé par la stérilité du roi et les ambitions de Gaston d'Orléans... Fils du capitaine des mousquetaires du grand cardinal, Louis XIV serait donc le demi-frère des enfants Cavoye. D'où leur ressemblance et d'où le masque... Nous retombons sur le mythe de la naissance mystérieuse du Roi-Soleil [14].

En dépit de sa séduction, la thèse de Duvivier présente quelques fragilités. Emile Laloy, dans un article du *Mercure de France* du 15 août 1932, n'avait pas tardé à mettre en doute l'identification de l'obscur chirurgien Auger ou d'Auger au frère du grand maréchal des logis. Il était difficile, en effet, d'admettre qu'un gentilhomme, si bas fût-il tombé, pût devenir un « chirurgien », c'est-à-dire, à l'époque, ne nous y trompons pas, un vulgaire barbier, marchand de remèdes, vaguement apothicaire. D'ailleurs cet individu, dont le nom est cité une ou deux fois dans les interrogatoires de la Chambre ardente en 1680, semblait être encore en liberté en 1675, six ans donc après l'arrestation du prisonnier de Pignerol. Quant à la ressemblance entre le marquis de Cavoye et Louis XIV, base du raisonnement qui veut faire de son frère Eustache soit un bâtard de sang royal soit un demi-frère du roi, elle n'est pas exceptionnellement frappante. Comme le dit John Noone, elle n'est rien d'autre que celle d'un courtisan singeant son maître[15]. A voir les portraits emperruqués de l'époque, on pourrait, à cette aune, trouver bien des Masques de fer...

Duvivier, bien sûr, a été gêné par la profession de valet attribuée au prisonnier par Louvois. Eustache de Cavoye, gentilhomme de bonne race, pouvait-il servir d'homme à tout faire au surintendant déchu ? Il s'en tire par une pirouette : « Cette petite phrase : "car ce n'est qu'un valet", mise négligemment à la fin de la lettre, est un trait de cette astuce diabolique dont Louvois seul était capable[16]. » Même escamotage quand, à partir de 1675, Eustache est mis au service de Fouquet : « Il était singulier, sans doute, de transformer un officier noble en valet, mais Fouquet ayant deux domestiques, il pouvait laisser à l'autre les besognes purement serviles, tandis que Cavoye serait plutôt un compagnon ou un secrétaire, et cette réunion deviendrait un adoucissement pour les deux captifs[17]. » Habile, mais peu convaincant. Jamais le XVIIe siècle si pointilleux sur les questions de naissance n'aurait toléré qu'un personnage de condition fût à ce point ravalé, quel que fût son crime. Certes, le comte du Breuil et Matthioli, qui étaient nobles ou anoblis, ont été durement traités, mais aucun n'a été réduit au rang de laquais !

Aujourd'hui toutes ces questions ne se posent plus, et les théories accessoires de Rupert Furneaux, Marie-Madeleine Mast et Harry Thompson s'effondrent comme châteaux de cartes, car on sait parfaitement ce qu'est devenu Eustache de Cavoye après 1668. Son sort n'a rien à voir avec le prisonnier de Pignerol. Une lettre adressée par lui à sa sœur Henriette, mariée à François Antoine de Sarret de Coussergues, baron de Fabrègues, nous apprend, en effet, qu'il fut arrêté et conduit à la prison de Saint-Lazare, à Paris, sur ordre de son frère, peu après lui avoir signé, le 8 janvier 1668, une reconnaissance de dettes de 1 400 livres*. Dix ans plus tard, le 23 janvier 1678, s'y trouvant toujours, il écrivait à sa sœur : « Si vous saviez ce que je souffre, je ne doute nullement que vous ne fissiez vos derniers efforts pour me tirer de la cruelle persécution et captivité où je suis détenu depuis plus de dix ans par la tyrannie de M. de Cavoye, mon frère, sous de faux prétextes afin de me [*faire*] mourir enragé et de jouir plus librement du bien qu'il a eu l'adresse de m'ôter et me priver ensuite de la liberté qui était le

* La maison de Saint-Lazare, confiée aux prêtres de la Mission de saint Vincent-de-Paul, était à la fois un couvent, un hôpital, une maison de retraite et une prison pour prêtres impies et « mauvais sujets ». Son entrée correspondait au n° 117 de la rue du Faubourg-Saint-Denis.

La Bastille, à l'entrée du faubourg Saint-Antoine, servait sous Louis XIV de prison royale. C'est là que fut enfermé l'homme au masque de velours noir de 1698 à 1703. © coll. Viollet

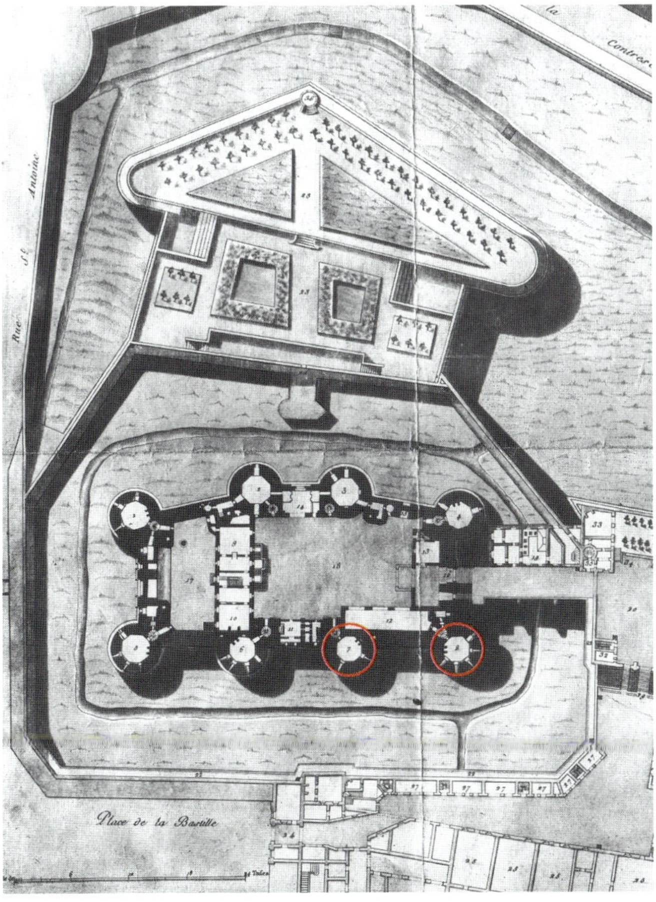

Louvois, ministre et secrétaire d'Etat à la Guerre, était le supérieur hiérarchique de M. de Saint-Mars. C'est lui qui transmettait les consignes relatives aux prisonniers d'Etat confiés à sa garde. © coll. Viollet

Plan de la Bastille. La tour marquée 8 est celle de la Bazinière, la 7 est la tour de la Bertaudière. © ND-Viollet

Le donjon de Pignerol comportait cinq tours, quatre d'angle et une médiane (peut-être la « tour d'en bas » ?). La sixième, la plus haute, que l'on voit sur ce dessin, avait disparu en 1653, à la suite d'une explosion de munitions due à la foudre. © coll. Viollet

Plan du donjon de Pignerol, que commanda M. de Saint-Mars de 1665 à 1681. © DR

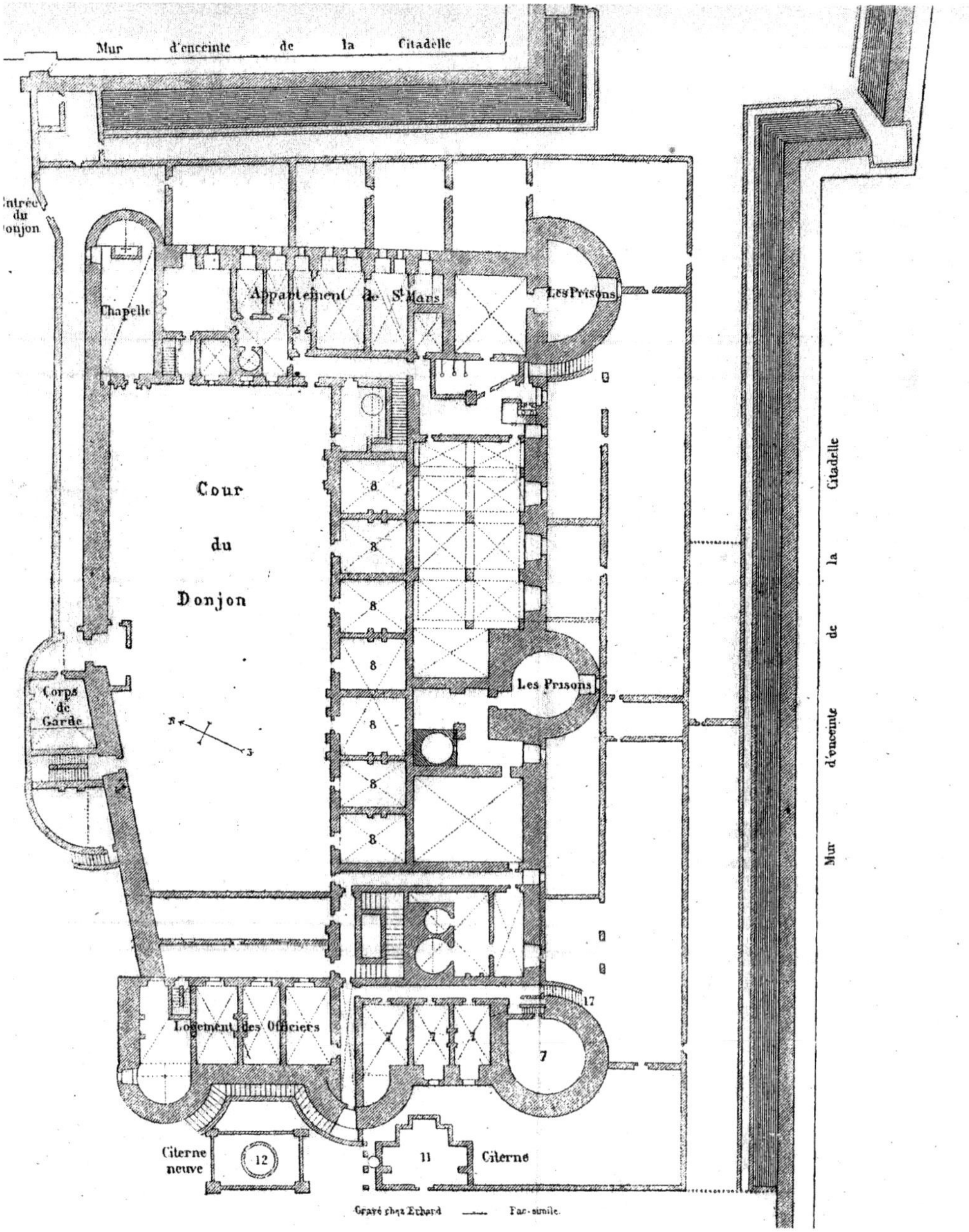

Vue d'une maquette du fort d'Exilles au XVIIe siècle. La tour César, où vécurent de 1681 à 1686 les deux prisonniers dits « de la tour d'en bas », est à l'arrière-plan. © CMN / A. Lonchampt

Vue aérienne du fort de l'île Sainte-Marguerite. Saint-Mars y séjourna avec son prisonnier de 1687 à 1698. © Image du Sud

Les fenêtres des six prisons de l'île Sainte-Marguerite donnent directement sur la mer. Celle de l'homme au masque est la deuxième en partant de la gauche. © ND-Viollet

Vue intérieure de la cellule du prisonnier masqué à l'île Sainte-Marguerite. © DR

Nicolas Fouquet, ancien surintendant des Finances, enfermé au donjon de Pignerol en 1665. Il y mourut en mars 1680. © RMN/G. Blot

Le comte de Lauzun passa dix ans au donjon de Pignerol de 1671 à 1681. © Bridgeman Giraudon

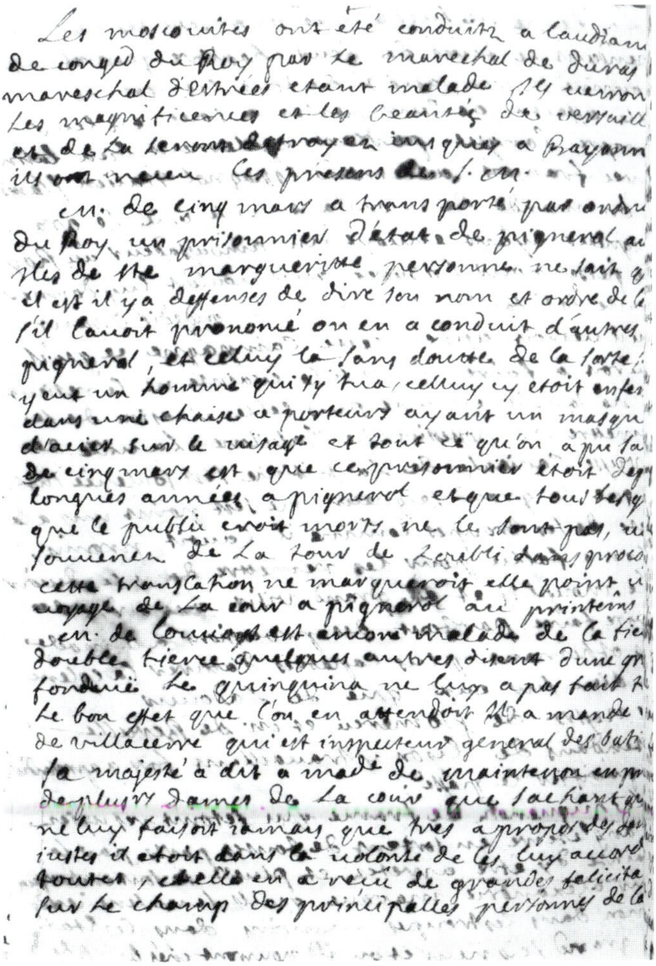

Extrait des *Nouvelles Ecclésiastiques*, gazette clandestine qui parle pour la première fois, en 1687, d'un prisonnier portant un « masque d'acier ». © Archives Charmet

A côté de la reine Marie-Thérèse, son page noir Augustin : est-ce lui qui porta le masque de fer ?

Que craignait donc Louis XIV pour avoir gardé en prison l'homme au masque pendant trente-quatre ans ?

Henriette d'Angleterre, belle-sœur de Louis XIV, fut au courant du « grand secret » de son frère Charles II. Eustache Danger l'avait-il découvert ? © Bridgeman Giraudon

Le marquis de Barbezieux serait à l'origine de la légende du frère clandestin du roi. © coll. Viollet

Gravure de l'époque révolutionnaire représentant la (prétendue) découverte du squelette du Masque de fer par les vainqueurs de la Bastille. © coll. Viollet

Justice est enfin faite : le Masque de fer « libéré » par la Révolution ! © Bridgeman Giraudon

seul bien dont je jouissais après la donation qu'il m'avait fait faire par surprise*[18]... »

On peut toujours estimer, comme Harry Thompson, que cette lettre est un faux destiné à tromper la sœur d'Eustache sur le véritable lieu de sa détention[19]. L'ennui est que d'autres documents montrent que Dauger de Cavoye a bel et bien été enfermé à Saint-Lazare, notamment une dépêche du roi au prieur de cette maison, interdisant à Cavoye de rencontrer librement sa sœur[20]. Eustache, qui noyait son chagrin dans l'alcool, mourut vers 1680 d'une crise d'éthylisme**. Une fois encore, il fallait donc partir sur une nouvelle piste...

Une peinture anonyme datant du printemps ou de l'été de 1667, conservée au château de Versailles, représente Louis XIV à cheval devant la grotte de Thétis, au-dessus de l'emblème d'Apollon-Soleil, entouré de pages, de soldats et de courtisans***. A droite, la reine Marie-Thérèse descend un escalier, suivie d'une nourrice ou d'une dame de compagnie tenant dans ses bras un enfant de quelques mois, la tête coiffée d'un petit casque à plumes (il s'agit vraisemblablement de sa fille, Marie-Thérèse de France, née en janvier 1667, qui mourra en mars 1672). La reine donne la main à un gentilhomme et appuie l'autre négligemment sur un jeune négrillon, vêtu d'une livrée brune, ne lui arrivant pas plus haut que la poitrine. Pierre-Marie Dijol, ancien magistrat et auteur d'un livre plaisant, entre roman et histoire, empli de traits pittoresques et d'anecdotes savoureuses, intitulé *Nabo ou le Masque de fer*, n'a pas connu l'existence de ce tableau, qui l'eût certainement enchanté, car pour lui le page noir de la reine était indiscutablement Eustache Danger[21]. On se trouverait donc là, si l'on suit sa théorie, en présence du portrait authentique du Masque de fer, deux ans avant son arrestation !

---

* D'après ce qu'il dit lui-même, Eustache de Cavoye fut arrêté à la sollicitation de son frère Louis et de son beau-frère, Raymond d'Alfonce, seigneur de Clérac. Cette arrestation eut certainement lieu avant le 5 juillet 1668, date à laquelle son frère Louis fut lui-même jeté en prison pour duel jusqu'en 1672 (Adrien HUGUET, *op. cit.*, p. 224-225).

** Henri Louis de Loménie de Brienne, qui avait fait sa connaissance en ce lieu, où il fut lui-même interné, écrivit à sa mémoire une élégie funèbre que le professeur Antoine Adam a retrouvée à la bibliothèque de l'Arsenal : « Cavois, gentilhomme têtu/ Qui le saint nom d'Eustache avait à Saint-Lazare/ Repose en ce cercueil par le vin abattu... » (Arsenal, Mss., vol. 5 171, f° 150), Antoine ADAM, « Un document inédit au dossier du Masque de fer », *Revue d'histoire de la philosophie*, 15 octobre 1938, pp. 359-361. Contre tant d'évidences et malgré tant de preuves, Harry THOMPSON, dans la deuxième édition de son livre (*op. cit.*, New English Library Paperback ed., 1990, p. 170), maintient sa théorie.

*** La grotte de Thétis à Versailles se trouvait à peu près à l'emplacement de l'actuelle chapelle. Elle fut détruite lors de la construction de l'aile Nord du château.

Pourquoi le page noir de la reine ? Il faut se reporter à la fin du XVIIe siècle, non loin de Moret-sur-Loing, au lieu-dit du Pont-Loué, où se dressait le petit monastère bénédictin de Notre-Dame-des-Anges. Cet établissement avait été fondé par une ancienne maîtresse de Henri IV, Jacqueline de Bueil, comtesse de Moret puis marquise de Vardes, soucieuse de racheter sa vie de désordre. La maison n'était pas bien riche, et la reine Marie-Thérèse lui faisait verser de discrètes aumônes. Après sa mort, Mme de Maintenon reprit cette bonne œuvre à son compte.

Parmi la vingtaine de moniales vivant dans cet humble prieuré se trouvait une religieuse au teint basané — une mauresque ou mauresse, comme on disait alors pour toute personne de race noire — qui passait pour la fille du roi. Saint-Simon, dans ses *Mémoires*, parle de cette étrange nonne à propos d'un voyage de Marie-Adélaïde de Savoie, future duchesse de Bourgogne : « On fut étonné à Fontainebleau, cette année-là (1697), qu'à peine la princesse y fut arrivée, Mme de Maintenon la fit aller à un petit couvent borgne* de Moret, où le lieu ne pouvait l'amuser, ni aucune religieuse dont il n'y avait pas une de connue [...]. Dans ce couvent était professe une mauresse inconnue à tout le monde et qu'on ne montrait à personne. »

Elle y avait été conduite toute jeune, précise le mémorialiste, par Bontemps, premier valet de chambre et gouverneur de Versailles, qui avait payé une dot « qui ne se disait point » et versait tous les ans une forte pension pour elle. La reine puis Mme de Maintenon s'intéressèrent à cette singulière créature, « à sa santé, à sa conduite et à celle de sa supérieure à son égard. Monseigneur [*le Grand Dauphin, fils de Louis XIV*] y a été quelquefois et les princesses enfants une ou deux fois, et tous ont demandé et vu la mauresse avec bonté ».

Cette religieuse, dont « on s'apercevait que la vocation avait été aidée », était elle-même persuadée de sa haute naissance et en tirait orgueil. Entendant le Grand Dauphin chasser dans la forêt, il lui arriva une fois de dire : « C'est mon frère qui chasse[22] ! » Voulant lui inspirer davantage de modestie, Mme de Maintenon chercha à lui ôter de l'esprit ce qu'elle pensait de ses origines. « Madame, lui répliqua-t-elle, la peine que prend une dame de votre élévation de venir exprès me dire que je ne suis pas la fille du roi me persuade que je le suis[23] ! »

Que penser de ce mystère ? Il est certain que le 16 novembre

* Au sens d'obscur.

1664, à 11 heures du matin, la reine Marie-Thérèse accoucha d'une fille au visage noir ou violacé, Marie-Anne de France, dite la Petite Madame. Ses parrain et marraine furent le prince de Condé et Henriette d'Angleterre. La Grande Mademoiselle a consigné l'événement dans ses *Mémoires* : « La reine tomba malade et accoucha à huit mois, ayant de grands accès de fièvre tierce [...] ; Monsieur me conta [...] que la fille, dont elle était accouchée, ressemblait à un petit maure que M. de Beaufort avait amené, qui était fort joli, qui était toujours avec la reine ; que quand l'on s'était souvenu que son enfant y pourrait ressembler, on l'avait ôté, mais qu'il n'était plus temps ; que la petite fille était horrible ; qu'elle ne vivrait pas [24]... »

L'ignorance des lois de la génétique faisait croire à l'époque que la seule vue d'un Noir par une femme enceinte pouvait avoir une influence sur la pigmentation de la peau du fœtus ! La petite Marie-Anne de France mourut officiellement le 26 décembre 1664, quarante jours après sa naissance. Mais n'a-t-on pas fait disparaître l'enfant et, sitôt qu'elle fut en âge de prononcer ses vœux, ne l'a-t-on pas fait entrer chez les religieuses de Moret ? Telle est la conviction de Pierre-Marie Dijol. Comprenant qu'il avait été honteusement trompé par la reine, mais soucieux d'éviter le scandale, Louis XIV aurait ordonné l'arrestation du coupable, Nabo, et l'aurait fait conduire à Pignerol*. Ainsi se trouvaient résolues deux des plus étranges énigmes du Grand Siècle : la mauresse de Moret et le Masque de fer !

A l'appui de sa thèse, Dijol invoque une tradition familiale. Sa belle-mère, Mme Jeanne-Marie Eugénie Desgranges, qui affirmait être la dernière descendante de Michel Ancel des Granges, commis de la guerre et beau-père du fils cadet de Saint-Mars, lui aurait confié peu avant sa mort, survenue le 10 octobre 1973, ce secret. Celui-ci se serait perpétué dans la famille depuis le début du XVIIIe siècle, sans qu'on ait osé jusque-là le divulguer. Ceci suppose que Saint-Mars l'ait révélé à son fils cadet, André Antonin, que celui-ci l'ait confié sur l'oreiller à sa tendre Marguerite, et que la tradition se soit poursuivie de bouche à oreille pendant près de trois siècles. L'ennui est que, pour tous les généalogistes, la descendance directe du commis de Louvois s'arrête à la fin du XVIIIe siècle et qu'il est loin d'être

* Ce nom de Nabo est une invention d'un anecdotier du XIXe siècle, Touchard-Lafosse. Dans les *Mémoires de ses campagnes jusqu'à la paix de Ryswick* (Beaune, 1886), un contemporain, le comte Quarré d'Aligny, ancien mousquetaire du roi, donne à ce nain africain le nom d'Augustin : « L'on a voulu dire que cette fille élevée à Compiègne était de la reine, laquelle voyant un maure nommé Augustin que le roi aimait fort, elle avait fait une petite mauresque » (p. 63).

établi que Mme Desgranges, belle-mère de M. Dijol, se rattache d'une manière ou d'une autre à cette famille disparue...

Emporté par son talent de narrateur — excellent au demeurant — Pierre-Marie Dijol ajoute beaucoup d'invraisemblances et de détails romanesques à son récit : le page, après la naissance de la petite fille noire en 1664, aurait été envoyé à Dunkerque, où on devait le mettre sur le premier bateau en partance pour les Amériques, mais Mme d'Estrades, femme du gouverneur, l'aurait trouvé amusant et gardé à son service. Et ce n'est qu'en 1669, lorsqu'on prépara le voyage du roi à Dunkerque, prévu pour l'année suivante, qu'on s'aperçut de sa présence. Evidemment, tous ces menus renseignements ne sont donnés que pour coller à la réalité de l'arrestation d'Eustache Dauger en 1669 (que l'on situait alors à Dunkerque...). Pourquoi d'ailleurs ce nom ? C'est simple, nous dit Pierre-Marie Dijol : Nabo aurait d'abord été confié à Paul Auget, surintendant de la musique du roi. Il venait donc d'Auget. Pour le prénom, c'est encore plus simple, puisqu'il aurait été offert à Mme d'Estrades le jour de la saint Eustache ! Thèse « bien huilée », comme dit Jean-Etienne Riga[25], qui a réponse à tout, mais *a posteriori*, malheureusement...

Du reste, pourquoi s'arrêter en si bon chemin : ce ne serait pas un, mais deux prisonniers noirs que Saint-Mars aurait eus, les deux de la tour d'en bas, Danger et La Rivière, d'où leur surnom de « merles » ! Ce La Rivière, Dijol l'identifie sans preuve à un mahométan turc, âgé de trente ans, prénommé Guillaume, natif de Maison-Carrée en pays barbaresque, baptisé le 6 février 1661 à Notre-Dame-de-la-Pitié, selon la *Gazette* (la marraine était Mme Fouquet, mère du surintendant). Enfin, si l'on enterre Nabo sous le nom de « Marchiali », c'est parce qu'on surnommait ce petit bonhomme le « marquis Ali »... Il fallait le trouver !

Mon ami Bernard Caire, à qui l'on doit plusieurs découvertes sur notre énigme, tout en récusant ces fantaisies, s'est rallié à l'hypothèse du page noir, comme étant la plus vraisemblable en l'état actuel de la question. Il s'appuie sur deux textes. Le premier émane de Voltaire dans son *Siècle de Louis XIV* : « Un vieux médecin de la Bastille, qui avait souvent traité cet homme singulier dans ses maladies, a dit qu'il n'avait jamais vu son visage quoiqu'il eût souvent examiné sa langue et le reste de son corps. Il était admirablement bien fait, disait ce médecin : *sa peau était un peu brune...* » A lire entre les lignes, ce ne serait donc pas un Blanc... !

Un autre témoignage allant dans le sens contraire, celui de Blainvilliers, rapporté par le petit-neveu de Saint-Mars, Guillaume-Louis de Formanoir de Palteau, a attiré son attention. En voici le texte tel que le rapporte ce dernier dans sa lettre à Fréron, publiée dans *L'Année littéraire* du 19 juin 1768 :

« Le sieur de Blainvilliers, officier d'infanterie, qui avait accès chez M. de Saint-Mars, gouverneur des îles Sainte-Marguerite et depuis de la Bastille, m'a dit plusieurs fois que le sort de *La Tour** ayant beaucoup excité sa curiosité, pour la satisfaire il avait pris l'habit et les armes d'un soldat qui devait être en sentinelle dans une galerie sous la fenêtre de la chambre qu'occupait ce prisonnier aux îles Sainte-Marguerite ; que, de là, il l'avait très bien vu ; qu'il n'avait point son masque, qu'*il était blanc de visage, grand et bien fait de son corps*, ayant la jambe un peu trop fournie par le bas et les cheveux blancs, quoiqu'il fût dans la force de l'âge ; il avait passé cette nuit-là presque entière à se promener dans sa chambre... »

Qui était ce sieur de Blainvilliers ? La plupart des historiens l'ont confondu avec le cousin germain de Saint-Mars à Pignerol, Zachée de Byot, sieur de Blainvilliers. Il n'en est rien. En 1681, celui-ci fut promu major de la citadelle de Metz, où il mourut le 23 février de l'année suivante[26]. La seigneurie de Blainvilliers passa alors à son frère, le père Nicolas de Byot, puis, en 1714, à son cousin issu de germain Joseph de Formanoir (1672-1732), l'homme dont il est question ici. C'est lui qui communiqua à son neveu Guillaume-Louis ces renseignements. Il servit en effet en garnison à l'île Sainte-Marguerite, alors qu'il était officier au régiment de Bugey.

Examinons maintenant son témoignage. Pour qui connaît la disposition particulière des lieux à l'île Sainte-Marguerite, la série des six cachots alignés tombant à pic sur la mer, cette histoire de sentinelle passant toute une nuit sous la fenêtre du prisonnier est irrecevable. Impossible en pareil lieu d'observer à son aise l'intérieur sombre d'une cellule. Il y a donc eu vantardise de la part de Blainvilliers et extrapolation d'informations données par les sentinelles, qui avaient peut-être entrevu le prisonnier mystérieux en différents moments. Bernard Caire pense qu'il s'agit d'un « faux témoignage révélateur », car, selon lui, les renseignements fournis par Blainvilliers ont été directement suggérés par Saint-Mars. Blainvilliers n'aurait pas dit ce qu'il a vu, mais ce qu'il a

* Ce surnom vient certainement d'une contraction de « la tour d'en bas ».

entendu... à la table du gouverneur. « Dès lors, connaissant le zèle de celui-ci à dépister la curiosité de ses proches, nous pouvons dire que, bien loin d'affaiblir la thèse du regretté Pierre-Marie Dijol qui faisait du prisonnier masqué un homme de couleur, nous avons là, au contraire, un des indices les plus sérieux que l'on puisse trouver en sa faveur[27]. » L'argument n'est guère convaincant. Pour faire de Nabo, cet adolescent gringalet du tableau de Versailles, le Masque de fer, il faudrait aussi éliminer tous les témoignages assurant que le prisonnier était de grande taille.

Au total, le conte du page de couleur, savoureux mélange de « chronique incertaine » et de « fabuleuses errances », comme le confessait Pierre-Marie Dijol lui-même, me paraît une historiette bien légère, et ce n'est pas parce que le vrai n'est pas toujours vraisemblable que l'historien doit se laisser entraîner dans le précipice sans fond des conjectures hasardeuses. Tout ce que nous savons de la discrète épouse de Louis XIV, femme douce et vertueuse, élevée selon la rigide étiquette espagnole, vivement éprise de son mari, profondément pieuse, courant les couvents, les vêpres et les confesseurs, allumant des cierges dans toutes les églises — elle était membre du tiers ordre de Saint-François et vivait, a-t-on dit, comme une carmélite —, conduit à rejeter l'hypothèse d'un adultère de la reine.

La *Gazette*, les *Mémoires* de Mme de Motteville, la correspondance du prince de Condé et de son fils, le duc d'Enghien, avec la reine de Pologne permettent de suivre pas à pas la maladie de la reine et de sa fille, la Petite Madame, comme on l'appelait, les prières des Quarante Heures ordonnées dans toutes les églises, la procession de la châsse de sainte Geneviève, la consécration de l'enfant, le 8 décembre, à l'Immaculée Conception. La reine se rétablit, mais l'enfant mourut le 26. La *Gazette* évoque longuement la cérémonie funèbre, l'exposition du petit corps sur un lit de parade, son inhumation à Saint-Denis et la translation de son cœur au Val-de-Grâce. Tant de détails écartent l'idée d'une supercherie. Madame Palatine, seconde femme de Monsieur, est formelle : « Il est faux, écrit-elle le 8 octobre 1719, que la reine ait mis au monde une négresse. Feu Monsieur, qui avait été présent, disait que la princesse était laide mais point noire. On ne peut ôter de la tête du peuple que l'enfant ne vive encore, qu'elle ne soit dans un couvent à Moret près de Fontainebleau ; cependant, il est certain que l'enfant laide est morte : toute la Cour l'a vue mourir[28]. »

Le page de la reine, n'étant pour rien dans la naissance de la petite Marie-Thérèse, ne peut dès lors concourir pour le titre, peu réjouissant au demeurant, d'homme au masque de fer* !

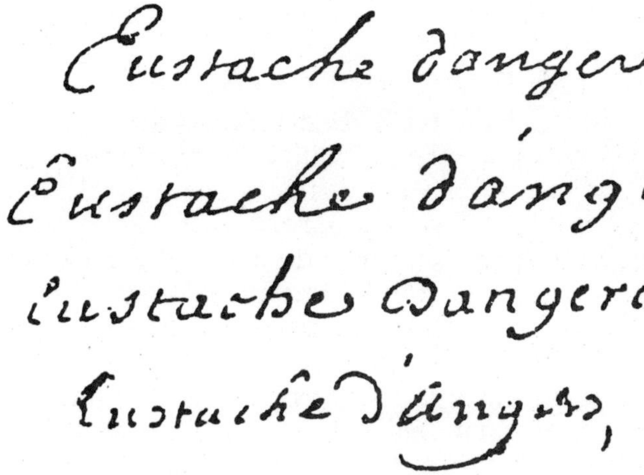

Différentes orthographes du nom
de Danger figurant dans la correspondance
ministérielle (doc. B. Caire).

* Selon la princesse de Conti, fille légitimée de Louis XIV et de Mlle de La Vallière, la mauresse était la fille d'un couple de maures travaillant à la Ménagerie de Versailles, placée sur la recommandation de Mme de Maintenon au couvent de Moret, à la demande de ses parents (duc de LUYNES, *Mémoires*, Paris, 1865, t. XV, p. 304). Sur l'énigme de la nonne noire, on consultera Louis HASTIER, *Vieilles histoires, étranges énigmes*, t. II, 1957, p. 101-128 ; Alain DECAUX, « La moresse de Moret », *Grands secrets, Grandes énigmes*, Trévise, 1966 ; professeur Jacques CAYOTTE, « Une énigme historique, la religieuse noire de Moret », *Mémoires de l'Académie de Stanislas*, 1974-1975 ; Bernard CAIRE, « La Mauresse de Moret », *La Revue de Moret et de sa région*, 2e trim. 1990, nº 116, p. 60-77.

7

DU DANGER DU SECRET AU SECRET DE DANGER

L'échec des chercheurs à trouver trace d'Eustache Danger avant son arrestation, au début d'août 1669, ne doit pas nous décourager. Quelques données peuvent être tenues pour acquises :

1°) L'homme au masque n'était certainement pas un homme de rang, noble ou riche bourgeois, mais un simple roturier, d'obscure naissance, d'humble condition, un « homme de rien », comme on disait alors. Cet inconnu n'avait aucune personnalité particulière susceptible d'attirer l'attention. Avant son arrestation, il avait exercé les fonctions de domestique au service d'un maître ou d'une maîtresse dont on ne connaît pas l'identité ;

2°) Cet homme, indiscutablement, détenait au moment de son arrestation un secret important que résume la formule elliptique de Louvois dans sa lettre à Fouquet du 28 décembre 1678 : « ce à quoi il a été employé auparavant que d'être à Pignerol » (« ce qu'il a vu », avait-il écrit avant de biffer ces mots) ;

3°) Ce secret, on a accepté qu'il le partage avec l'ancien surintendant Fouquet, mais on s'est formellement opposé à ce qu'il soit connu de Lauzun ;

4°) L'homme n'avait aucun complice. En tout cas, on ne craignit pas qu'il s'évadât sur la route de Pignerol. Le major de Vauroy se servit d'une très petite escorte : trois hommes de la garnison de Dunkerque.

Avec un si mince personnage et un secret apparemment si lourd, une première question vient à l'esprit : pourquoi ne s'est-on pas débarrassé du valet ? Un bon coup de poignard, par une nuit sans lune, et le tour était joué. Le roi de France n'aurait plus jamais entendu parler de lui, ni redouté la divulgation de son secret. Chacun sait qu'en cas de nécessité la morale cède aisément la place à la raison d'Etat. C'est l'objection classique. On n'aurait pas tant dépensé, clame Pagnol, pour un obscur individu « qu'on eût pendu en cinq minutes avec une corde de 40 sous[1] ».

C'est là une conception erronée. Contrairement à ce qu'on imagine souvent, sous l'Ancien Régime les exécutions sommaires n'existaient pas, ou du moins fallait-il se trouver dans des situations politiques d'une extrême gravité, dans une crise majeure, où l'avenir de la Couronne était en jeu, comme l'assassinat à Blois du duc de Guise ou celui de Concini par le capitaine des gardes de Louis XIII, Vitry, sur le pont dormant du Louvre. On considérait alors que le Roi Très-Chrétien exerçait envers l'un de ses sujets particulièrement en vue son droit de haute justice. Mais c'étaient là des cas très rares. En temps normal, les croyances religieuses, diffuses dans toute la société, interdisaient de supprimer un individu, même de modeste extraction, sans lui avoir fait au préalable un procès dans les formes. Ce procès n'était pas toujours protecteur des droits de la personne, tant s'en faut, ce n'en était pas moins la règle. Le roi, maître de toute justice, ne pouvait pas moralement se comporter comme un vulgaire assassin. Au moment de la révolte du duc de Montmorency, Richelieu avait demandé à Rome si l'on pouvait exécuter secrètement quelqu'un pour raison d'Etat. La réponse fut négative et on se le tint pour dit. C'est alors que les lettres de cachet se développèrent. Elles permettaient de faire disparaître pour le reste de ses jours un homme dangereux sans aucune procédure. Jeté dans un cachot aveugle et sourd, celui-ci s'évanouissait, rayé du monde des vivants, et son secret mourait avec lui.

Si l'on met à part les assassinats pour raison d'Etat, on constate que quantité d'individus de basse extraction ont vécu de longues années dans les prisons du roi, à ses frais, et qu'ils ont fini par coûter cher. On n'a pas tué, par exemple, La Rivière, qui avait peut-être appris le secret d'Eustache. On ne s'est pas défait non plus du valet de Matthioli. Paradoxalement, c'est quand la justice ordinaire — ce qu'on appelait, sous l'Ancien Régime, la justice déléguée — ne fonctionnait pas que l'on ne pouvait mettre à mort un individu. Ce qui s'est passé dans l'affaire des Poisons est typique à cet égard. Quand plusieurs inculpés se mirent à charger la maîtresse du roi, Mme de Montespan, l'accusant notamment d'avoir fait célébrer des messes noires et voulu empoisonner ses rivales, Mlles de La Vallière et de Fontanges, Louis XIV mit un terme à la procédure judiciaire et ferma la Chambre de l'Arsenal. Vrais ou faux, ces aveux ne pouvaient être divulgués, au risque d'éclabousser le trône lui-même. Les auteurs de ces redoutables déclarations — les « faits particuliers », comme disait La Reynie par euphémisme —, au nombre de soixante-dix, furent soustraits aux juges. Echappant à la potence ou au feu, ils furent dispersés dans les prisons et les forteresses du royaume, comme Belle-Ile-en-Mer, Salces, Besançon, Saint-André-de-Salins et Villefranche-de-Conflent. Le 16 décembre 1682, Louvois chargeait l'intendant de Franche-Comté, Chauvelin, de transmettre ses instructions aux geôliers des places de Besançon et de Saint-André-de-Salins : « Surtout, recommandez, s'il vous plaît, à ces messieurs d'empêcher que l'on entende les sottises qu'ils pourront crier tout haut, leur étant souvent arrivé d'en dire touchant Mme de Montespan qui sont sans fondement, les menaçant de les faire corriger cruellement au moindre bruit qu'ils feront, qu'il n'y en ait pas un qui ose souffler[2]. » Ainsi espérait-on enfouir à tout jamais un secret connu seulement du roi et de quelques intimes. A aucun moment on ne songea à exécuter les coupables.

Essayons d'avancer plus avant dans l'exploration du mystère de l'homme au masque en nous interrogeant sur la nature du secret d'Eustache. Est-ce un redoutable secret ? Un secret mettant en cause la légitimité du roi, par exemple, comme dans l'hypothèse du frère clandestin, ou l'honneur de la reine, comme dans celle du page noir ? Est-ce une basse et vile action dont Louis se serait rendu coupable personnellement et qu'il aurait voulu enfouir à tout jamais dans un cul-de-basse-fosse ? La lettre de Louvois à Saint-Mars du 19 juillet 1669, énonçant les précautions à prendre, laisse supposer en tout cas une affaire dont la divulgation était susceptible d'avoir pour l'Etat les plus graves conséquences. Rappelons-en les termes : il faudra « qu'il y ait assez de portes de fermées les unes sur les autres pour que vos sentinelles ne puissent rien entendre, [...] que vous portiez vous-même à ce misérable, une fois le jour, de quoi vivre toute la journée, et que vous n'écoutiez jamais, sous quelque prétexte que ce puisse être, ce qu'il voudra vous dire... ».

Or, pour étonnant qu'il soit, ce langage n'est pas franchement inhabituel : il participe au goût du mystère que cultive à plaisir la monarchie d'Ancien Régime, particulièrement au XVIIe siècle. On retrouve cet état d'esprit bureaucratique et policier aussi bien chez Louvois ou Barbezieux que chez Colbert, Seignelay ou Croissy. On vient de voir ce qui était prescrit à l'égard des empoisonneurs. Quelques exemples complémentaires vont nous montrer que des consignes de sécurité similaires ne recouvraient nullement de terrifiants secrets, mais des opérations de police ou des affaires qu'il importait sur le moment de tenir cachées.

Voici les instructions concernant un autre prisonnier : « Sa Majesté ne veut pas que l'homme qui vous sera remis soit connu de qui que ce soit, et que vous teniez la chose secrète, en sorte qu'il ne vienne à la connaissance de personne quel est cet homme[3]. » Autre lettre : « Sa Majesté m'a commandé de vous avertir qu'Elle désire que vous l'y gardiez avec toutes les précautions nécessaires pour que qui que ce soit ne sache pas qu'il est entre vos mains[4]. » Pour ce même personnage Louvois recommande au geôlier « la précaution de mettre double enveloppe à ses lettres afin, ajoute-t-il, que personne que moi ne puisse avoir connaissance de ce qu'elles contiendront[5] ». De qui s'agit-il ? Quel secret veut-on ainsi dissimuler ? Il devait être bien grand pour que le ministre aille jusqu'à se méfier de son entourage et des services postaux, dont il était pourtant le surintendant ? Eh bien, on se trompe ! Il n'y avait rien d'extraordinaire dans cette histoire : ces instructions concernent l'un des pasteurs huguenots enfermés à l'île Sainte-Marguerite en même temps que l'homme au masque, Paul Cardel, dont on voulait cacher le sort à l'Europe protestante. Par un surcroît de précautions, on veillait à ce que personne d'un bout à l'autre de la chaîne ne pût rien savoir, de la sentinelle ou du lieutenant s'occupant de ses besoins quotidiens jusqu'au commis de la Guerre qui recevait les lettres de M. de Saint-Mars, en passant par le médecin ou le chirurgien chargé de le saigner.

Le 30 novembre 1693, Pontchartrain écrit à Besmaux, gouverneur de la Bastille : « M. de La Reynie fera conduire à la Bastille un homme pour la sûreté duquel le roi veut que vous preniez un soin particulier. Pour cet effet, il faut le mettre dans la chambre la plus sûre que vous ayez, avec deux hommes que M. de La Reynie vous dira, empêchant qu'il n'ait communication avec qui que ce soit, au dedans ni au dehors... » Quel est donc ce grand conspirateur ? Un homme insignifiant, un simple jardinier de Coutances, Esliard, qui avait affiché des « placards séditieux » à la porte de Notre-Dame[6] ! Pas de quoi fouetter un chat !

Autre exemple. Des prisonniers sont changés de prison : les instructions ministérielles font croire que le sort du royaume en dépend ! « Vous savez de quelle conséquence il est que ces gens-là ne parlent pas et n'écrivent à personne pendant la route : le roi vous recommande d'y tenir régulièrement la main, et qu'il n'y ait que vous qui leur donniez à manger comme vous avez fait depuis qu'ils ont été confiés à vos soins [7]. » Qu'ont donc à cacher ces malheureux ? Pas grand-chose à vrai dire, puisqu'il s'agit de la translation des quatre derniers prisonniers de Pignerol à Sainte-Marguerite : Matthioli et son valet Rousseau, le garçon tailleur Jean Herse et le commerçant mi-espion mi-escroc Le Breton, de vieilles connaissances.

« C'était un système, le fin du fin de l'art du gouvernement dans les idées du XVIIe siècle, écrit Arvède Barine. Du temps où Lauzun était à Pignerol, on lui avait caché toutes les nouvelles jusqu'aux plus insignifiantes, avec autant de soin et d'angoisse que si le salut de la France en avait dépendu. Il est impossible de comprendre quelle utilité on y trouvait [8]. »

Cet excès de précautions n'était pas propre au gouvernement de M. de Saint-Mars. La tradition se poursuivit au XVIIIe siècle. Le 10 février 1710, Pontchartrain écrivait à son successeur, Bernaville : « Je ne puis m'empêcher de vous dire que vous et le chevalier de la Croix parlez beaucoup trop et trop clairement sur les prisonniers étrangers que vous avez. Le secret et le mystère est (*sic*) un de vos premiers devoirs, je vous prie de vous en souvenir. Ni M. d'Argenson, ni autre que ceux que je vous ai mandés ne doivent voir ces prisonniers. Avertissez bien précisément MM. l'abbé Renaudot et de la Croix de la nécessité d'un secret inviolable et impénétrable [9]. » Comme l'écrit Iung, « à cette époque de bon plaisir royal et ministériel, on possédait en France pas mal de *petits masques de fer*, tous aussi curieux, sans doute, que celui qui m'occupe [10] ».

A la Bastille, sitôt qu'un nouveau prisonnier arrivait, les sentinelles étaient dans l'obligation de mettre leur chapeau devant le visage, afin de ne pas le voir [11]. « On prend tant de précautions pour qu'un prisonnier n'en puisse apercevoir un autre, écrit Mme de Staal-Delaunay dans ses *Souvenirs*, que le gouverneur me dit qu'il ne pouvait se dispenser de faire mettre du papier à mes fenêtres qui donnaient sur la cour intérieure du château [12]. » En 1750, le chirurgien était prié, dans ses comptes rendus, de ne pas nommer les détenus malades autrement que par le numéro de leur chambre : « La 1re de la Liberté a eu la fièvre toute la nuit ; la calotte Bazinière a craché le sang ; la 3e Comté a eu des tranchées, toute la nuit, d'un cours de ventre ; la 4e du Puits vient de prendre médecine ; la 5e du Coin a une rétention d'urine, et ainsi des autres[13]... » En 1717, même le tsar Pierre le Grand, en visite officielle en France, se vit refuser l'entrée de la forteresse. On se contenta de lui montrer le magasin d'armes du pavillon d'entrée. Sous Louis XVI encore, la consigne était stricte. « Le roi, écrivait le baron de Breteuil au gouverneur de Launay, n'accorde point la permission de voir l'intérieur de la Bastille, et vous devez sentir mieux que personne combien il serait d'une dangereuse conséquence de s'écarter de la sévérité des règles qu'on s'est prescrite à cet égard[14]. »

Nul doute que cette excessive discrétion pour tout ce qui touchait la lugubre forteresse laissait libre cours aux invraisemblables légendes. Il faut comprendre que le secret était le mode de fonctionnement normal du pouvoir monarchique. L'Ancien Régime aime le secret, baigne dans le secret, par une nécessité propre à son fonctionnement interne. Il s'agit toujours de préserver le « mystère de l'Etat », de protéger le roi de toute atteinte à sa personne sacrée et transcendante, de l'isoler du peuple par un voile opaque. Les régnicoles n'ont pas à discuter ses ordres, ni à en connaître les causes. Ils doivent obéir, de préférence sans savoir. Sinon, cela reviendrait à leur donner le droit de participer aux affaires politiques. De sujets, ils deviendraient citoyens. Tout était ainsi soumis au sceau du secret : la vie privée du roi, le mouvement des troupes, les effectifs des armées — ce qui était naturel —, mais aussi les recettes, les dépenses de l'Etat, le montant des impôts, voire les intrigues de la Cour. Pour rassurer Madame, Henriette d'Angleterre, son premier aumônier, Daniel de Cosnac, avait été obligé de courir la Hollande, afin de racheter les mille huit cents exemplaires d'un pamphlet contant ses amours avec le comte de Guiche. Constamment il faut prévenir le scandale et, lorsqu'il éclate, l'étouffer impitoyablement. Il est malvenu, dangereux parfois, de poser des questions. La politique étrangère doit être soigneusement préservée des indiscrétions et, cas ultime, quand le monarque n'est pas d'accord avec la ligne suivie par son ministre, il développe ses propres réseaux qui contrecarrent les agents officiels : ainsi sous Louis XV le fameux Secret du roi, dirigé par le comte Charles-François de Broglie.

C'était une habitude, une façon d'agir, mieux encore un attribut de la souveraineté. « Etre souverain, écrit Jean-Pierre Chrétien Goni, c'est organiser le secret, c'est l'instituer, le divulguer, l'effacer, le retenir, c'est, à la limite, hiérarchiser le monde en fonction de la place de chacun vis-à-vis de ce qui peut devenir un immense système généralisé du secret[15]. » D'où sa dimension fluctuante, en fonction des événements ou du bon plaisir royal, amplifié par le caractère de Louvois, autoritaire et anxieux à l'excès, qui rendait difficile l'appréciation de son importance. On gonfle, on multiplie les précautions et puis, subitement, on les supprime, comme si le secret était à géométrie variable. Constamment, on retrouve ces paradoxes dans la correspondance du ministre, qui a une tendance naturelle à en « rajouter », jusqu'au moment où il s'aperçoit de l'absurdité de son ordre et y renonce...

Le mystère préserve la liberté royale. Il se teinte d'effroi quand on aborde l'univers clos des prisons. C'est le secret des secrets. On a décrit l'atmosphère qui entourait la Bastille au faubourg Saint-Antoine, ce pont-levis qui se baissait devant des voitures aux volets fermés, ces sentinelles mettant leur chapeau sur le visage pour ne pas apercevoir un détenu. Il arrivait fréquemment que les prisonniers eux-mêmes ne sachent pas le motif de leur incarcération. Ils le demandaient ; on ne leur répondait pas. Ordre du roi ! Le 27 mai 1692, après la mort du major de Villebois, Catinat se fit réprimander par Barbezieux parce qu'il avait désigné à titre intérimaire le sieur Sainte Marie du Faur, lieutenant de roi à Pignerol, pour s'occuper des prisonniers du donjon[16]. En attendant l'arrivée du remplaçant de Villebois désigné par Saint-Mars, La Prade, Sainte Marie du Faur fut prié de ne pas questionner les détenus sur les raisons de leur incarcération, et Stival, le commissaire des guerres qui avait communiqué à Catinat « les papiers de conséquence concernant les prisonniers d'Etat », se fit tancer et retenir deux mois de ses appointements[17].

Ce n'est qu'au XVIIIe siècle, sous la pression grandissante d'une force nouvelle et irrésistible, l'opinion publique, qui s'exprimait principalement dans les salons (la « sphère publique bourgeoise » comme l'appelle le sociologue Habermas), que cette politique du mystère commença à régresser : les parlements publièrent leurs remontrances au roi, les préambules des ordonnances royales devinrent plus précis. Turgot, contrôleur général, homme des Lumières, prenait un certain goût à les rédiger, afin de bien expliquer sa politique. On recherchait l'adhésion des élites, ce qui était nouveau. Et quand, en 1781, le directeur général des Finances, Necker, avide de popularité, fit publier son *Compte rendu* dans lequel il dévoilait les chiffres du budget de l'Etat, ce fut une bombe qui éclata. La Révolution, comme grand dévoilement des mystères de l'Etat, était en marche !

A la lumière de ce qui vient d'être dit, essayons de prendre la mesure du secret d'Eustache. Ce secret, il ne s'agit pas de le minimiser par principe, mais de le relativiser, de le situer dans son contexte, afin d'en mieux cerner la nature. Sa vie en prison nous prouve que son affaire, pour gênante qu'elle ait pu être, n'était pas vraiment de la plus haute importance. Sinon, comment comprendre, après toutes les recommandations faites en 1669, qu'on ait consenti à le mettre au service de Fouquet ? Dès cette époque, c'est-à-dire dans le courant de l'année 1675, on doit conclure que le secret a perdu pour le pouvoir royal une partie de sa nocivité. Certes, l'ancien surintendant était condamné à la prison à vie, certes, Saint-Mars prétendait ne pas pouvoir trouver de valet pour son prisonnier, pas même « pour un million », mais, après tout, avec un petit effort, on aurait très bien pu en faire venir un de Paris, dont on aurait été absolument sûr, et laisser Eustache dans son cachot à double ou triple porte !

Imaginons un instant que le secret touche de près à la famille royale : croit-on sérieusement qu'on aurait accepté de le faire partager à un prisonnier politique aussi dangereux que Fouquet, « ennemi de l'Etat », un homme pour qui le roi avait un tel ressentiment qu'au moment de son procès il commua sa peine de bannissement en celle d'emprisonnement perpétuel, déclarant même que s'il avait été condamné à mort il l'aurait laissé exécuter ? Lui faire partager un tel secret eût été lui fournir une arme, un moyen de pression ou de chantage évident en cas de retournement de fortune ! Ni Louis XIV ni Louvois n'auraient été aveugles à ce point ! *A contrario*, on notera que la présence d'Eustache dans l'appartement de Fouquet n'a pas empêché le roi d'atténuer très sensiblement ses conditions de captivité, le tout sous promesse de l'ancien ministre que le valet ne parlerait « à personne en particulier ». Aurait-on pris un tel risque, aurait-on eu une telle confiance s'il s'était agi d'une affaire absolument capitale ? Enfin, si l'on avait tant redouté un entretien privé entre Eustache et Lauzun, comme la correspondance ministérielle nous le fait croire, il aurait suffi, au moment où l'on autorisa Fouquet et Lauzun à se rencontrer, de réintégrer définitivement le malheureux valet dans son cachot et, sous réserve que Fouquet tînt sa langue, on n'en aurait plus jamais entendu parler !

Louvois, l'homme inquiet par excellence, s'est laissé endormir. Il a pris de gros risques et, quand il s'en est rendu compte, a réagi. En mars 1680, en effet, on découvre le trou dans la cheminée. Le malheureux surintendant en meurt d'apoplexie. Que faire ? Saint-Mars estime que Lauzun « sait la plupart des choses dont M. Fouquet avait connaissance »... Il tient en main certains papiers trouvés dans les poches de Nicolas. Le secret d'Eustache paraît éventé. Une fois encore, s'il s'était agi d'un secret capital, touchant à la vie ou à l'honneur du roi, il n'y avait qu'une méthode à suivre : boucler tout ce joli monde dans une prison bien cadenassée et l'y laisser périr à petit feu, comme les affreux coquins de l'affaire des Poisons. Mais Louis XIV avait trop besoin de faire sortir Lauzun pour permettre à sa cousine, la Grande Mademoiselle, de donner son bien au duc du Maine. Cette raison l'a donc emporté sur le secret. Entre la principauté de Dombes et le comté d'Eu tombant dans l'escarcelle de son bâtard chéri et la crainte de voir révéler ce qu'avait « vu » le nommé Eustache, Louis XIV a fait son choix, clairement. Il fallut, dès lors, trouver une petite ruse pour persuader Lauzun que les bavardages de Danger étaient de peu d'importance, d'où l'idée du roi (ou de Louvois) de faire accroire que les deux valets avaient été libérés. Là encore, c'était un pari risqué.

Tant que Lauzun resta à Bourbon et à Chalon en résidence surveillée, Louvois fit espionner son courrier par ses fidèles commis de la poste. « Le ministre, écrit le duc de La Force, redoutait jusqu'aux cendres de son ennemi. Il épiait les lettres de Lauzun. Un commis de la poste avait avoué que le paquet de Lyon était ouvert *tout comme celui de Chalon*[18]. » Une difficulté se présenta lors de son retour à Paris. Il fallait savoir s'il connaissait ou non le secret. C'est sans doute pourquoi après être allé saluer le roi à Saint-Germain et avant de partir pour un lieu éloigné de la Cour, le 6 mars 1682, il passa chez Louvois. « L'on m'a dit, écrit la Grande Mademoiselle, qu'il avait été chez M. de Louvois, où il avait demeuré depuis dix heures et demie jusqu'à minuit ; qu'il avait été ensuite chez M. Colbert, qui était couché. » Trouvant le lendemain Mme de Montespan, elle lui témoigna sa surprise de ce « qu'il avait été longtemps chez M. de Louvois. — *Quoi ! En êtes-vous encore là*, me dit-elle, *de vous étonner de quelque chose ? En ce temps-ci, il ne faut s'étonner de rien*[19] ».

Une fois le prisonnier à Sainte-Marguerite, on a l'impression que l'attention ministérielle se relâche. Eustache n'intéresse plus guère. On ne sent pas en tout cas, de la part de Louvois, la même sollicitude inquiète que du temps d'Exilles. Que s'est-il passé ? Du printemps de 1687 à juillet 1691, date de sa mort, on ne connaît aucune lettre le concernant. Un silence de plus de quatre ans, alors qu'à Pignerol, à Exilles, le ministre était constamment sur le dos de son geôlier ! Barbezieux semble encore moins s'en préoccuper.

Le manque d'attention ministérielle se constate dans les années qui suivent. Le 20 mars 1694, on a vu que Barbezieux considérait que l'un des prisonniers de Pignerol dont on préparait le transfert était de plus grande importance que ceux qui étaient aux îles. Sa phrase ambiguë, cheval de bataille des matthiolistes, laisse supposer qu'à ses yeux Eustache Danger présentait moins d'intérêt que Matthioli. L'interprétation inverse est possible, je l'ai dit, mais, après tout, il n'est nullement exclu que Barbezieux ait eu à ce moment-là plus d'intérêt pour le diplomate italien que pour le valet Eustache. Dans le même esprit, la lettre, déjà citée, de Saint-Mars à Barbezieux du 6 janvier 1696, dans laquelle apparaît pour la première fois l'expression d'*ancien prisonnier*, n'est pas la manifestation d'une préoccupation particulière. Elle répondait à une demande du secrétaire d'Etat à la Guerre visant l'ensemble des prisonniers : « Vous me demandez de vous dire comment l'on en use quand je suis absent ou malade, pour les visites et précautions qui se font journellement aux prisonniers qui sont soumis à ma garde... » C'est Saint-Mars qui insiste sur le traitement réservé à son « ancien prisonnier », pour finir d'ailleurs par dire qu'il en fait tout autant aux autres... Une dépêche nous retiendra, car elle a fait couler beaucoup d'encre parmi les historiens, qui en ont exagéré l'importance. Le 17 novembre 1697, Barbezieux écrit à Saint-Mars :

« J'ai reçu avec votre lettre du 10e de ce mois la copie de celle que M. de Pontchartrain vous a écrite concernant les prisonniers qui sont aux îles de Sainte-Marguerite sur des ordres du roi signés de lui ou de feu M. de Seignelay. Vous n'avez point d'autre conduite à tenir à l'égard de tous ceux qui sont confiés à votre garde que de continuer à veiller à leur sûreté, *sans vous expliquer à qui que ce soit de ce qu'a fait votre ancien prisonnier*[20]. »

Barbezieux demande le silence le plus total sur ce « qu'a fait » l'ancien prisonnier. Recommandation *a priori* bizarre puisqu'il ressort de toute l'affaire que Saint-Mars ignorait la cause de la détention d'Eustache Danger. L'eût-il appris, par les papiers trouvés en 1680 dans les poches de Fouquet, que Barbezieux savait parfaitement qu'il n'était point homme à divulguer pareille nouvelle.

L'explication devait se trouver dans la lettre de Pontchartrain cherchant à connaître le motif de la détention de ses prisonniers. Saint-Mars, perplexe, peu habitué à ce qu'un autre que Barbezieux lui demandât des nouvelles de « son » prisonnier, crut bon d'en référer à son « patron » et de lui envoyer un double de la dépêche de son collègue. En agissant ainsi, Pontchartrain avait empiété sur le domaine de Barbezieux, en charge des prisonniers d'Etat de l'île. Ce dernier fut mécontent de cette ingérence, d'où sa réaction : « ...sans vous expliquer à qui que ce soit de ce qu'a fait votre ancien prisonnier ».

Ainsi, a-t-on dit, un ministre du Roi-Soleil aussi important que le comte Louis de Pontchartrain, contrôleur général des Finances depuis 1689, secrétaire d'Etat à la Marine et à la Maison du roi depuis 1690, ministre d'Etat siégeant au Conseil d'en haut la même année, hiérarchiquement plus haut placé que Barbezieux, simple secrétaire d'Etat, devait tout ignorer de cette affaire ! N'est-ce pas la preuve de l'extrême gravité du secret et du petit nombre de personnes initiées ?

En fait, pour comprendre la portée de cette interdiction, il faut replacer cette lettre dans son contexte. En septembre 1697, une enquête était lancée pour connaître l'état des prisonniers gardés au secret dans les différentes forteresses. Cela arrivait de temps en temps, trop rarement du reste, car nombreux étaient les oubliés qui croupissaient dans les culs-de-basse-fosse du royaume. La signature de la paix de Ryswick se rapprochant, le roi désirait savoir tout simplement l'identité des personnes impliquées dans les affaires d'espionnage qu'il allait devoir libérer*. Le 9 octobre, une instruction générale était donnée aux commandants des principaux châteaux d'envoyer un mémoire sur les détenus précisant selon quels ordres ils étaient entrés[21]. Ce n'était donc pas une mesure particulière visant Saint-Mars[22]. Barbezieux s'est contenté de rappeler un principe et de préciser le régime s'appliquant à l'ancien prisonnier.

Pour le voyage de la Bastille, le désintérêt de Barbezieux est encore plus flagrant. Le 18 décembre 1697, le vieux gouverneur

* La paix fut signée dans la nuit du 20 au 21 septembre 1697 entre la France, l'Espagne et les puissances maritimes, et dans celle du 30 au 31 octobre suivant, entre la France, l'empereur et l'Empire. Dès le 27 septembre, Barbezieux s'en préoccupait : « Quoique vous n'ayez pas les ordres en vertu desquels vous gardez quatre prisonniers qui vous ont été envoyés par M. de Louvois, vous auriez pu m'indiquer leurs noms et qualités et ce que vous savez des crimes qu'ils ont commis, afin que le roi, qui a une mémoire parfaite, se puisse souvenir du surplus » (BnF, Mss., Clairambault, vol. 668, f° 1139). Ces quatre prisonniers étaient Eustache Danger, Le Breton, Herse et Rousseau.

de la forteresse du faubourg Saint-Antoine, François de Monlezun, seigneur de Besmaux, meurt à l'âge de quatre-vingt-huit ans. Elie du Fresnoy, premier commis de la Guerre, propose à Saint-Mars de le remplacer, mais celui-ci ne saute pas de joie. Il se sent vieux et fatigué. Sa vie est organisée à Sainte-Marguerite. Il compte y finir ses jours et se faire enterrer à côté de sa femme au monastère de l'île Saint-Honorat. Qu'irait-il faire à Paris ? A moins, évidemment, qu'on ne lui fasse un « pont d'or » ! Avant de donner sa réponse, cet incorrigible grippe-sous se fait énumérer les avantages qu'il tirerait de cet avancement.

« Le revenu de ce gouvernement, lui précise Barbezieux le 1er mai 1698, consiste, sur les états du roi, en 15 168 livres, outre 6 000 livres que M. de Besmaux retirait des boutiques qui sont autour de la Bastille, des fossés du dehors et des bateaux du passage, qui dépend du gouverneur. Il est vrai que, sur cela, M. de Besmaux était obligé de payer un nombre de sergents et de soldats pour la garde des prisonniers et le service ; mais vous savez, par ce que vous retirez de votre compagnie, à quoi ces dépenses montent ; après vous avoir fait une énumération de ce que vaut ce gouvernement, je vous dirai que c'est à vous à connaître vos intérêts, que le roi ne vous force point à l'accepter s'il ne vous convient pas, et, en même temps, je ne doute pas que vous ne regardiez, sans compter, le profit qui se fait ordinairement sur ce que le roi donne pour l'entretien des prisonniers, qui est tel que l'on sait, ce qui ne laisse pas d'être considérable ; enfin, le plaisir d'être à Paris, assemblé avec sa famille et ses amis, au lieu que vous êtes confiné au bout du royaume[23]... »

Le plus surprenant dans cette lettre n'est pas la liste des appréciables profits et revenants-bons d'un gouverneur de la Bastille, c'est l'omission qui est faite de l'« ancien prisonnier ». Qu'allait-il devenir ? Si Saint-Mars était confiné au bout du royaume, comme semble le déplorer Barbezieux, c'était bien à cause de lui, que diable ! Le secrétaire d'Etat l'avait tout simplement oublié ! Une fois encore, on ne peut que s'étonner de cette attitude, si différente de celle de son père, qui liait automatiquement le sort du prisonnier à celui de son gardien. Souvenons-nous de ce qu'il écrivait le 12 mai 1681, lors de la nomination de Saint-Mars à Exilles : Sa Majesté « a trouvé bon de vous accorder le gouvernement d'Exilles, vacant par la mort de M. le duc de Lesdiguières, où elle fera transférer ceux des prisonniers qui sont à votre garde qu'elle croira assez de conséquence pour ne les pas mettre en d'autres mains que les vôtres... ». En janvier 1687, au moment de sa promotion au gouvernement des îles

Sainte-Marguerite, il précisait : « L'intention [*de Sa Majesté*] est que, aussitôt que vous en aurez reçu vos provisions, vous alliez faire un tour auxdites îles, pour voir ce qu'il y a à faire pour accommoder un lieu propre à garder sûrement les prisonniers qui sont à votre charge... » Ici rien de tel. Le destin des deux hommes semble dissocié. Il était sans doute prévu qu'Eustache resterait aux îles, gardé par Rosarges, qui avait l'habitude de s'occuper de lui, et continuerait d'être payé sur le compte de la compagnie franche.

Le 8 mai, Saint-Mars accepta d'aller à la Bastille et interrogea vraisemblablement Barbezieux sur les modalités pratiques de son départ. La réponse de celui-ci tarda :

« J'ai été longtemps sans répondre à la lettre que vous avez pris la peine de m'écrire le 8 du mois passé, lui dit-il le 15 mai, parce que le roi ne m'a pas expliqué plus tôt ses intentions. Présentement, je vous dirai que Sa Majesté a vu avec plaisir que vous soyez déterminé à venir à la Bastille pour en être gouverneur. Vous pourrez disposer de toutes choses pour être prêt à partir lorsque je vous le manderai, et *emmener avec vous, en toute sûreté, votre ancien prisonnier*[24]. »

Si l'on comprend bien, Saint-Mars, à la lecture de la longue lettre du 1er mai, a été surpris qu'elle n'évoque pas le sort de son « ancien prisonnier ». Il demande ce que celui-ci va devenir. A supposer que le roi nomme pour le remplacer aux îles un important courtisan n'y résidant pas — ce qu'il fera d'ailleurs avec le marquis de Saumery —, Eustache peut-il rester aux îles sous la responsabilité du lieutenant de roi, M. de La Motte-Guérin, qui ne l'a jamais vu et croit que c'est le duc de Beaufort ? Ne doit-il pas, au contraire, l'emmener avec lui, avec mille précautions, comme il a fait lors de ses mutations précédentes ? Barbezieux attend un mois avant d'obtenir du roi une réponse sur ce point : Louis XIV n'est pas pressé de trancher. Il y consent finalement, pour faire plaisir à son fidèle gouverneur, par bonté, un peu comme on accorde une faveur, une grâce. Ce vieux prisonnier fait partie des meubles de ce dévoué serviteur ! A cette époque, il semble vraiment que plus personne ne s'intéresse à Eustache, ni aux vieilles histoires du donjon de Pignerol, qui n'était plus lui-même qu'un tas de gravas...

La dépêche suivante confirme que c'est Saint-Mars qui prend l'initiative et que le pouvoir royal entérine :

« J'ai reçu la lettre que vous avez pris la peine de m'écrire le 9 de ce mois, écrit Barbezieux à Saint-Mars le 19 juillet. Le roi *trouve bon* que vous passiez des îles Sainte-Marguerite pour venir à la Bastille avec votre ancien prisonnier, prenant vos précautions pour empêcher qu'il ne soit vu ni connu de personne. Vous *pouvez écrire* par avance au lieutenant de Sa Majesté de ce château de tenir une chambre prête pour pouvoir mettre ce prisonnier à votre arrivée[25]. »

On accorde donc à Saint-Mars ce qu'il demande : le roi « trouve bon » qu'il emmène son « ancien prisonnier ». Oui, il « peut » écrire au lieutenant de roi. La formule qu'il « ne soit vu ni connu de personne » est trop habituelle pour revêtir le caractère d'insistance que mettait autrefois Louvois dans ses recommandations. Barbezieux veut bien qu'une chambre lui soit préparée d'avance. Une chambre ! Qu'on se souvienne du cachot de 1669 qui devait avoir assez de portes pour que personne ne puisse l'entendre crier ! Qu'on se remémore les dispositions prises à Exilles pour aménager à l'intérieur de la Tour Grosse un *in pace* totalement sûr, ou encore la cellule de Sainte-Marguerite, qui était de l'aveu du geôlier la plus belle et la plus sûre de toute l'Europe ! A la Bastille, une simple chambre suffit, la première venue ! Or, il est bien connu des responsables, du ministre de la Maison du roi au lieutenant général de police, que les chambres de la Bastille sont toutes très sonores. Rien n'est prévu pour isoler celle de l'ancien prisonnier.

Pour plaire à Saint-Mars, il faut aussi modifier le système administratif jusque-là en vigueur : l'« ancien prisonnier » était rattaché au budget de la compagnie franche, lui-même réglé sur les fonds de l'Extraordinaire des guerres. Cette compagnie restant en place à l'île Sainte-Marguerite, on doit le faire passer de la tutelle du secrétariat d'Etat à la Guerre à celle du ministre de la Maison du roi, ce qui entraînera quelque retard dans le remboursement de la première facture[26]. Le 4 août, Barbezieux écrit à nouveau à Saint-Mars :

« J'ai reçu la lettre que vous avez pris la peine de m'écrire le 24 du mois passé, par laquelle vous me marquez les précautions que vous devez prendre pour la conduite de *votre prisonnier*. J'ai rendu compte au roi, qui les a approuvées et *trouve bon* que vous partiez avec lui, ainsi que je vous l'ai mandé par une de mes précédentes, que je ne doute pas que vous n'ayez reçue présentement.

« *Sa Majesté n'a pas jugé nécessaire* de faire expédier l'ordre que vous demandez pour avoir des logements sur votre route jusqu'à Paris, et il suffira que vous vous logiez, en payant, le plus commodément et le plus sûrement qu'il sera possible, dans les lieux où vous jugerez à propos de rester[27]. »

C'est encore le gouverneur de Sainte-Marguerite qui propose et le roi approuve et « trouve bon ». Sur un point, cependant, le geôlier est arrêté dans son élan : au lieu de recevoir un sauf-conduit lui permettant de loger sans difficulté dans les places de guerre, les châteaux du roi et les citadelles, il est prié d'organiser les étapes, de payer son écot dans les auberges et d'y installer comme il peut son prisonnier.

Résumons-nous : non, le secret d'Eustache n'est pas ce que l'on a imaginé ! S'il avait eu une certaine gravité sur le moment, en 1669 et encore en 1670, lors de la curieuse visite éclair de Louvois à Pignerol, il a très nettement perdu de son importance vers 1675. La peur qu'il soit révélé en 1680 n'a pas empêché la libération de Lauzun, ni même, chose plus surprenante encore, celle de son valet, qui avait pu lui aussi connaître le secret d'Eustache. On s'est tiré de cette situation embarrassante par une simple pirouette, en faisant croire que les valets de Fouquet avaient été libérés. Le seul signe d'inquiétude, peut-être excessif, vient alors de Louvois qui recommande de maintenir autour des deux anciens valets de Fouquet le silence absolu. Ce n'est donc pas un secret dynastique, lié de près ou de loin à la famille de France. L'affaire Danger se rattache à une entreprise beaucoup moins grave, qu'on a cherché pendant quelque temps à cacher.

Ce point étant acquis, reprenons notre fiche de renseignements concernant Eustache :

1°) C'est un valet, sujet du roi de France, de religion catholique, dont la date de naissance est vraisemblablement 1643 (« Je crois avoir soixante ans », dira-t-il au médecin Fresquière en 1703, un ou deux mois avant sa mort*). Au moment de son arrestation à Calais, le 31 juillet ou le 1er août 1669, il avait donc vingt-six ans ;

2°) On peut tenir son nom d'Eustache Danger pour authentique, ceci pour deux raisons. La première, c'est que Louis XIV a signé l'ordre d'arrestation sous ce nom. Or, le roi de France, qui n'a de comptes à rendre qu'à Dieu, ne s'abaisse pas à commettre un faux. S'il a donné ordre au capitaine de Vauroy

* Selon Audry, commandant des îles de Lérins au XVIIIe siècle, qui avait servi comme cadet dans la compagnie franche de Saint-Mars et monté la garde à la porte du prisonnier, celui-ci avait une cinquantaine d'années quand il se trouvait à l'île Sainte-Marguerite (CHAUDON, *Nouveau Dictionnaire historique portatif*, par une Société de Gens de Lettres, Amsterdam, 1766, t. Ier, p. 252, article « Beaufort »).

de se saisir du « nommé Eustache Danger », c'est que tel était bien le nom de l'individu en question. La seconde raison est que ce nom est resté en blanc sur les minutes des trois lettres de cachet, destinées à Vauroy, à Saint-Mars et au marquis de Piennes. S'il s'était agi d'un nom d'emprunt, on n'aurait évidemment pas pris une telle précaution ;

3°) La correspondance montre que le nom du prisonnier est écrit de façon différente : Eustache Danger (lettres du 19 juillet 1669 et du 15 février 1679), Eustache Dangers (lettre du 13 septembre 1679), Eustache d'Angers (lettre du 8 avril 1680). Louvois le désigne parfois comme « le nommé Eustache » (lettre du 23 décembre 1678, instruction du 20 janvier 1680, lettre du 10 juillet 1680). Ces variantes laissent planer un doute sur le nom exact du prisonnier :

— Soit son prénom est Eustache et son nom, Danger ;

— Soit son patronyme est Eustache, auquel on accole parfois le nom de sa ville d'origine (ou la ville dans laquelle il a travaillé), Angers ;

— Soit son prénom est Eustache, son nom est inconnu et sa ville d'origine est Angers.

Beaucoup de domestiques portaient des noms de province ou de ville. Actuellement, il est impossible de trancher entre ces trois éventualités* ;

4°) Si Eustache Danger a été arrêté, c'est à cause, non pas de quelque forfait qu'il aurait commis, mais de ce qu'il sait, de ce qu'il a vu, de « ce à quoi il a été employé », de « sa vie passée » (ce qui suppose une certaine durée dans l'action). Un valet ne vit pas isolément : il a un maître ou une maîtresse, c'est lui ou elle qui lui a confié cette mission ;

5°) C'est un « misérable », écrit Louvois. Cela veut probablement dire qu'il s'est montré indiscret, qu'il a bavardé. C'est la raison pour laquelle on l'aurait mis à l'ombre ;

6°) Le fait que Louvois ait voulu cacher à ses commis le nom de la personne à arrêter (la lettre de cachet ne fut remplie qu'au dernier moment), joint au fait que les minutes des lettres du 19 juillet 1669 (à Saint-Mars, à d'Estrades et probablement à

* Si l'on adopte la seconde des hypothèses, c'est-à-dire Eustache comme patronyme (comme David pour le sculpteur David d'Angers), signalons l'existence dans les archives de Calais, lieu de son arrestation, d'une famille Eustache, représentée par un certain Jehan Eustache et sa femme Jossine Cléché. Un de leurs enfants, Gaspard Eustache, né le 20 décembre 1643, baptisé le 27 à l'église Notre-Dame de Calais, correspond parfaitement à l'âge de l'homme au masque en 1703 (p. 599 du registre des baptêmes de l'église Notre-Dame de Calais, 1643, Arch. dép. du Pas-de-Calais, état civil, 5 MI 193 R28). C'est une piste, mais resterait à savoir pour quelle raison on l'aurait appelé Eustache d'Angers...

Vauroy) n'aient pas été insérées dans les registres du secrétariat à la Guerre, permet de conclure que, selon toute vraisemblance, Eustache Danger était connu à Saint-Germain-en-Laye et qu'il était le valet d'une personne de la Cour, ou proche de la Cour.

Telles sont les données de base de l'énigme.

Dans quelle affaire notre homme a-t-il donc été impliqué ? L'arrestation d'Eustache à Calais, en juillet 1669, suggère l'idée que son secret pourrait être lié aux relations franco-britanniques du moment. Or, à cette époque, on le sait, se déroulait une négociation entre le roi Charles II et sa sœur Henriette d'Angleterre, Madame, qui aboutira en juin 1670 à la signature du traité secret de Douvres : en échange d'une alliance militaire contre les Provinces-Unies, le roi de France s'engageait à soutenir son cousin dans son projet de se convertir au catholicisme et de ramener progressivement l'Angleterre dans le giron de l'Eglise romaine.

Charles avait un penchant sincère pour le catholicisme et la volonté secrète, mais très réelle, de se convertir, comme le fit son frère Jacques, duc d'York (le futur Jacques II), en 1668. Sensuel et débauché, ayant beaucoup de mal à s'arracher aux plaisirs du monde, le Stuart était taraudé par les questions religieuses et l'idée de faire son salut. Installer le catholicisme en Angleterre était par ailleurs un moyen de pérenniser le système d'absolutisme monarchique à la française qui l'inspirait fortement. En 1662, un catholique irlandais, Richard Bellings, secrétaire particulier de la reine mère Henriette-Marie, avait déjà été envoyé à Rome en négocier les conditions et les étapes. Les discussions avaient achoppé sur plusieurs points (problèmes des prêtres mariés, des synodes nationaux, dévolution des biens ecclésiastiques, place à réserver à l'archevêque de Canterbury...). Charles n'avait pas renoncé.

Mgr Barnes s'était intéressé à cette curieuse affaire, persuadé, à tort d'ailleurs, que son candidat, l'abbé Prignani, y avait été étroitement mêlé. L'entreprise — on l'imagine — était particulièrement délicate à mener dans un pays où la religion anglicane était religion d'Etat. La simple annonce par le roi de son abjuration pouvait lui coûter son trône et déclencher une tornade : une violente agitation au sein de la Chambre des Communes, exploitant le mécontentement public, la révolution dans la rue, sous la conduite des antipapistes fanatiques vomissant l'« Antéchrist », probablement le retour à la République, qui conservait nombre de partisans chez les anciennes Têtes rondes, ivres de vengeance et nostalgiques du « Long Parliament ». La moindre étincelle pouvait allumer un incident, aussi gigantesque que celui qui avait ravagé Londres en 1666. Les lettres en partie chiffrées de Charles II et de Madame insistaient sur les précautions à prendre pour dérober à tous ce « grand secret », ce « grand dessein », cette « grande affaire », y compris à l'ambassadeur français à Londres, Colbert de Croissy, et au nouvel ambassadeur d'Angleterre en France, Ralph Montagu.

Les relations entre la France, l'Angleterre et les Provinces-Unies étaient à cette époque liées à un jeu fort complexe d'amitiés et d'alliances, de méfiances et de rivalités commerciales ou coloniales. En mars 1665, les hostilités avaient éclaté entre les deux grandes puissances maritimes, les Provinces-Unies, dont la flotte de commerce surclassait toutes les autres, et l'Angleterre, qui aspirait à la maîtrise des mers. La France, liée aux Bataves par un traité d'alliance défensive signé en 1662, mais qui entretenait d'assez bons rapports avec Charles II, avait retardé le plus possible son engagement. Finalement, Louis XIV, fidèle à sa parole, avait déclaré la guerre à l'Angleterre en janvier 1666. Mais, comme il l'avait fait assez mollement, il avait obtenu du Stuart la promesse de ne pas agir contre lui pendant un an. Louis XIV entreprit alors la conquête des Pays-Bas espagnols (mai-août 1667). Les Hollandais, inquiets de voir les armées françaises s'approcher de leurs frontières, se hâtèrent de signer avec les Anglais la paix de Bréda (21 juillet 1667). En revendiquant une partie de la succession d'Espagne, Louis XIV semblait menacer l'équilibre européen. Les ennemis d'hier, Angleterre et Provinces-Unies, s'associèrent alors pour proposer et au besoin imposer par la force leur médiation. La Suède se joignit à eux. Telle fut la Triple Alliance, qui devait arrêter les ambitions du roi de France et le pousser à signer la paix d'Aix-la-Chapelle en mai 1668. Louis XIV, outré, en voulait moins à l'Angleterre qu'aux Provinces-Unies, son allié déloyal qui lui avait donné un coup de poignard dans le dos. Il était désireux de se venger de l'offense, tandis que Charles II rêvait déjà de prendre sa revanche sur les Hollandais. Les bases d'une nouvelle entente franco-anglaise étaient donc prêtes. Encore fallait-il apaiser les craintes de part et d'autre et asseoir un bon traité. Ce n'était pas simple.

En la fête liturgique de la conversion de saint Paul, le 25 janvier 1669 *old style*, c'est-à-dire pour la France le 4 février 1669 — car, l'Angleterre n'ayant pas encore adopté le calendrier grégorien, il y avait dix jours de différence entre elle et le reste de l'Europe —, Charles II réunit en son palais de Whitehall, à Londres, une conférence très secrète à laquelle ne furent conviées que quatre personnes, son frère Jacques, duc d'York, le ministre anglican Henry Bennet, comte d'Arlington, le ministre catholique sir Thomas Clifford et le baron Henry Arundell of Wardour, pair du royaume, lui aussi catholique. La question était de savoir comment il annoncerait sa conversion et par quelle voie on rétablirait en Angleterre la liberté religieuse. Après un long échange de vues, les participants arrivèrent à la conclusion que le meilleur moyen était d'obtenir l'appui militaire du roi de France, la maison d'Autriche n'étant pas en état d'apporter son aide[28]. Depuis quelque temps, le ministère anglais, que l'opposition allait surnommer le ministère de la C.A.B.A.L., d'après les initiales de ses principaux membres (Clifford, Arlington, Buckingham, Ashley-Cooper et Lauderdale), menait une politique de restriction des prérogatives du Parlement et de retour à l'absolutisme, qui préparait déjà dans les faits la conversion du roi au catholicisme, mais seuls les deux membres ayant participé à la conférence de Whitehall, Clifford et Arlington, étaient au courant des intentions du Stuart.

Sournois, méfiant, hésitant, louvoyant sans cesse, celui-ci avait auprès de Louis XIV une alliée sûre, à qui il faisait totalement confiance, sa sœur, Henriette d'Angleterre. Dès le 24 décembre 1668 (14 décembre *old style*), il lui avait envoyé un code permettant d'entretenir une correspondance chiffrée au sujet de sa conversion : « Nous devons faire très attention à ce que nous écrivons par la poste, de crainte que cela ne tombe dans des mains qui pourraient entraver notre dessein. C'est pourquoi je dois vous supplier de bien considérer que cette matière tout entière doit rester secrète, faute de quoi nous ne pourrons atteindre le but[29]. »

Vers la mi-mars 1669, Charles envoya en France un des hommes de la conférence de Whitehall, Henry, baron d'Arundell, officiellement dans le but de rendre visite à la reine mère Henriette-Marie, en réalité pour voir le roi. Dans la nuit du 17 mars, il priait un fidèle, Henry Jermyn, comte de Saint-Albans, converti au catholicisme, qui passait pour avoir épousé morganatiquement la reine mère et qu'il avait mis dans la confidence, de rejoindre en France lord Arundell. « Vous verrez par lui, écrit-il à Madame, la raison pour laquelle je désire que vous n'écriviez à personne ici, sauf à moi, sur l'affaire de France[30]. » Charles se défiait particulièrement de l'entreprenant Buckingham, rival d'Arlington dans le ministère. Il ne sait rien, confie-t-il à sa sœur le 1er avril, « à propos des intentions de 360 [*Charles II*] envers 290, 315 [*la religion catholique*], ni la personne que 334 [*Charles II*] envoie à 100 [*Louis XIV*], et vous ne devez pas craindre qu'il prenne mal que 103 [*lord Arundell*] ne lui écrive pas, car je lui ai dit que j'avais interdit à 129 [*lord Arundell*] de le faire, de crainte que les lettres soient interceptées.[31]... »

Lord Arundell débarqua en France dans les premiers jours d'avril, peu après l'arrivée du nouvel ambassadeur Ralph Montagu. Outre le comte de Saint-Albans, un autre proche de la reine mère avait été dans la confidence : l'abbé Walter Montagu, cousin de l'ambassadeur, ancien secrétaire du premier duc de Buckingham, ardent catholique romain, devenu l'aumônier de Henriette-Marie. Accompagné de ce dernier, Arundell commença ses visites secrètes. Il vit Madame, Louis et Lionne, puis Turenne. Il apportait l'offre du roi, son maître, de créer une « ligue offensive et défensive envers et contre tous » — qui ne devait cependant pas gêner la Triple Alliance —, si Louis XIV l'aidait par ses conseils à devenir catholique et s'engageait à lui fournir une aide financière et des troupes*. Mais, pour ne pas indisposer l'opinion anglaise, la France devait cesser toute construction de navires de guerre. Charles II envisageait de placer des catholiques aux offices clés, d'obtenir du Parlement une déclaration d'indulgence garantissant la pleine liberté de conscience aux catholiques, aux puritains et aux protestants non conformistes ou dissidents, quakers, presbytériens ou anabaptistes, et, profitant de l'occasion, de se déclarer catholique, tout ceci avant le déclenchement de guerre commune contre les Provinces-Unies...

Pour intéressantes qu'elles fussent, ces propositions parurent à Louis XIV chimériques et tortueuses. Il ordonna à Lionne de se concerter avec le maréchal de Turenne et de préparer un mémoire de réponse. Lionne se demanda d'abord ce que voulait dire une ligue offensive bornée par le respect de la Triple Alliance. Une autre question, cruciale, était de savoir ce que les Anglais comptaient faire du nouveau traité d'alliance qu'ils venaient de signer le 23 janvier 1669 avec les Provinces-Unies. Turenne parut plus optimiste. La guerre, pour lui, était une affaire de six mois. Les Hollandais, bousculés, surpris, n'auraient pas le temps de fomenter des troubles en Angleterre, de

* La proposition de Charles avait déjà été faite en mai 1668, lors de l'ambassade de Ruvigny, mais on n'y avait pas alors prêté attention.

sorte que l'opposition serait forcée de se soumettre à la déclaration de catholicité du roi.

Arundell restant en France et répondant par des mémoires aux objections des Français, Madame était en bonne position pour servir de trait d'union entre les deux couronnes et maintenir un dialogue harmonieux avec son frère. Si elle ne s'était trouvée enceinte pour la huitième fois, elle se serait certainement rendue en Angleterre afin d'accélérer les discussions. Intelligente, ambitieuse, attachée à jouer un rôle politique de premier plan, « Minette », comme l'appelait affectueusement Charles, coopérait avec Louis XIV et Lionne, qui parfois lui écrivait des brouillons de réponse, mais elle savait garder son indépendance et soutenir les intérêts de son frère avec chaleur quand il le fallait.

Charles, cependant, continuait à être inquiet. A propos d'Ellis Leighton, secrétaire de Buckingham, il lui mandait le 5 mai : « Je trouverai bon que vous écriviez quelques fois à 393 [*Leighton*] en termes généraux, de façon qu'il ne puisse suspecter qu'il y a d'autres négociations que celles qu'il connaît, car par le messager il peut suspecter qu'il y a quelque chose au sujet de l'affaire de 290, 315 [*la religion catholique*], ce qui est une matière qu'il ne doit pas connaître. Vous devez, par conséquent, avoir grand soin de ne dire la moindre chose qui puisse lui faire suspecter quoi que ce soit[32]. »

Il fut contrarié de voir qu'au retour de lord Saint-Albans, vers la mi-mai, chacun s'imagina que celui-ci revenait avec des propositions intéressantes du roi de France. De fait, le comte avait eu, avant son départ, un long entretien avec celui-ci. « Il serait préjudiciable, en ce moment, écrit-il à Madame, que l'on ait la pensée que 360 [*Charles II*] ait d'autre relation avec 126 [*Louis XIV*] que celles concernant 280 [*le traité de commerce*][33]... »

Début juin, Charles promit de commencer la guerre contre les Hollandais dans les huit ou dix mois à venir. C'était un grand pas accompli dans la négociation, qui avait de quoi satisfaire le roi de France. Mais, encore tout à ses craintes, le 16 (6 juin *old style*), il refusait d'initier l'ambassadeur français, Colbert de Croissy : « Il viendra un temps, disait-il à sa chère sœur, où lui et 342 [*Montagu*] pourront avoir part à la matière, mais pour le *grand secret*, s'il n'est pas gardé jusqu'à ce que toutes les choses soient près de commencer, on ne pourra jamais y parvenir et cela détruira tout le travail accompli[34]. » Le lendemain, il insistait encore : « Pour conclure, rappelez-vous combien le secret en cette matière est important, et prenez soin que personne d'autre n'en soit informé jusqu'à ce que je voie ce que 340 [*Arundell*] rapporte à 334 [*Charles II*] en réponse à ses propositions, et à partir de là vous avez mon accord pour que 164 [*Colbert de Croissy*] ou n'importe qui d'autre participe à l'affaire. [...] Le plus vite vous renvoyez 340 [*Arundell*], le plus clairement nous serons capable de juger toute l'affaire[35]... »

Mais Arundell ne revenait pas ! Le 24 juin (4 juillet, date française), Charles, impatient, prêt à de nombreuses concessions, reprenait la plume et mandait à Henriette : « Il sera très difficile pour moi de vous dire quelque chose sur les propositions jusqu'à ce qu'Arundell revienne ici, et s'il fait beaucoup d'objections, qui, ensemble, pourraient ne pas être raisonnables, vous ne devez pas vous en étonner, car ce n'est pas un homme très versé dans les affaires d'Etat, de sorte qu'il peut avoir beaucoup de scrupules, qui n'en seront pas ici [...]. Je vous écrirai demain par l'abbé Prignani, aussi n'ajouterai-je rien[36]... »

A ce moment-là, Arundell était déjà sur le chemin du retour, emportant une aimable lettre de Louis XIV à Charles, datée du 28 juin 1669 :

« Monsieur mon frère,

« J'ai reçu avec une joie singulière la lettre que vous m'avez écrite et il ne se peut rien ajouter aussi au plaisir que j'ai eu d'entendre tout ce que vous m'avez fait dire avec tant de confiance par celui qui me l'a rendue [*Arundell*]. Vous le connaîtrez assez par les réponses qu'il vous porte, et je m'assure que vous avouerez que c'est avec justice que vous me témoignez un désir si obligeant de nous lier par une union plus étroite, puisque je ne souhaite pas moins que vous cette nouvelle étreinte de nos cœurs et de nos intérêts, et qu'au reste il n'y a personne qui estime plus votre amitié et qui en ait une plus solide et plus sincère pour vous que moi[37]. »

A cette lettre signée à Saint-Germain par Louis XIV, un mois jour pour jour avant la lettre de cachet d'Eustache Danger, notons-le, étaient joints trois mémoires en français, qui résumaient en clair l'état des négociations. Ils étaient de la main de l'abbé Montagu qui avait précédemment traduit pour Louis XIV les propositions anglaises. Dans le premier mémoire, le roi de France remerciait son cousin d'Angleterre de lui avoir fait confiance en l'informant de son désir de devenir catholique et l'assurait que le secret serait inviolablement gardé en France tout le temps qu'il le désirerait. Puis il rappelait les premières négociations engagées avec Arundell. Louis avait le sentiment que la restriction de la Triple Alliance faisait de sa proposition un marché de dupes. On reprenait d'une main ce qu'on accordait de l'autre. C'est la raison pour laquelle, dans le deuxième mémoire, il proposait que la déclaration de catholicité n'intervînt pas avant le milieu de la guerre contre la Hollande. Il demandait également des explications claires sur le traité que Charles venait de conclure avec ce pays en janvier 1669. L'arrêt des constructions navales, même provisoire, ne lui plaisait guère non plus. Le troisième mémoire évoquait la possibilité pour le roi de France d'apporter à son cousin d'outre-Manche une gratification de 1 200 000 livres et l'assistance d'une armée de quatre mille hommes, mais la priorité de Louis restait l'attaque des Hollandais avant toute annonce de conversion.

On peut penser que l'arrivée de la lettre du roi de France et des mémoires, peut-être vers le 6 ou le 7 juillet, incita le roi d'Angleterre à demander à Prignani, qui rentrait en France après l'échec de sa mission, de différer son retour afin qu'il puisse emporter sa réponse à Henriette. Combien de jours exactement le moine italien resta-t-il à Londres ? On ne sait. Le 17 juillet, Hugues de Lionne écrivait à Colbert de Croissy qu'il attendait son arrivée « à tout moment ».

Il partit enfin. Outre la réponse de Charles II à Madame, il emportait deux lettres de Colbert de Croissy datées du 4, l'une à Lionne et l'autre au roi, ainsi qu'un billet de Buckingham à Madame, du 6. Le 27 juillet, Lionne, correspondant à nouveau avec Colbert de Croissy, ajoutait : « L'abbé Prignani a fait peu de diligence en son voyage et ne m'a rendu votre dépêche du 4e que plusieurs jours après que j'avais déjà reçu celles du 8e et 11e. Dans l'entretien que j'ai eu avec cet envoyé, je n'ai rien trouvé de plus agréable que ce qu'il a dit à tout le monde aussi bien qu'à moi à votre avantage, ne pouvant s'épuiser à parler de votre capacité, de votre application aux affaires, non plus que de vous louer des bons traitements que vous lui avez faits[38]. »

Les coïncidences de dates sont particulièrement troublantes. L'annonce faite à Saint-Mars de l'arrivée prochaine d'Eustache à Pignerol est du 19 et l'ordre d'arrestation à Vauroy du 28... Supposons qu'Eustache ait été un valet de pied de Henriette d'Angleterre, chargé de transmettre le courrier très secret de sa maîtresse à Charles II, ne serait-ce pas ces trois documents, rédigés en français, qu'il aurait « vus » par inadvertance ou par curiosité ?

Charles se méfiait de la poste ordinaire et remettait ses lettres à des personnes de confiance, prêtres ou gentilshommes se rendant en France. On ne connaît pas les noms des porteurs de Henriette, mais elle n'envoyait pas régulièrement en Angleterre des commensaux de sa maison, car elle était très surveillée par son jaloux, frivole et tyrannique époux, Monsieur, espionnée, persécutée dans sa propre demeure, au Palais-Royal, par l'amant de celui-ci, le chevalier de Lorraine. Dans une lettre à Colbert de Croissy du 13 février 1669, Lionne parlait d'un « homme de la reine d'Angleterre » (Henriette-Marie, réfugiée au château de Colombes) : Madame, dit-il, « fait état de le remettre au même homme de la reine d'Angleterre qui peut-être ne partira pas si tôt[39]... ». Certes, Colbert de Croissy n'était au courant que du traité de commerce, mais les courriers traversant la Manche pouvaient servir à la fois d'émissaires au roi d'Angleterre et à l'ambassadeur de France. Le 16 février, Lionne mandait à Croissy : « J'eus le bien de vous écrire mardi dernier [...]. Vous aurez trouvé insérées dans mes dépêches deux copies dont les originaux ne sont pas encore partis d'ici parce que Madame n'a pu rencontrer d'occasion assez sûre pour les envoyer. Je crois qu'on se résoudra à dépêcher exprès un domestique du comte de Saint-Albans[40]. »

Eustache Danger était peut-être l'un de ces émissaires, soit l'homme de Henriette-Marie, soit le valet du comte de Saint-Albans, soit encore celui de Madame, ce qui expliquerait qu'il ait été connu à la cour de France. Madame vivait fréquemment auprès de Louis XIV, et celui-ci se rendait de temps en temps à Colombes voir sa tante, qui elle-même allait souvent bavarder avec sa fille à la Cour. Tout le monde connaissait tout le monde, et Eustache était au milieu d'eux.

Il est singulier, en tout cas, de constater que le *grand secret*, jusqu'alors partagé en France par six personnes, Louis XIV, Madame, Turenne, le comte de Saint-Albans, l'abbé Montagu et Lionne, fut connu, vers le 13 ou le 14 avril, par deux autres : Le Tellier et son fils, Louvois, le jeune secrétaire d'Etat à la Guerre, qui allaient organiser, trois mois plus tard, l'arrestation de l'homme de Calais[41]...

On peut se demander si un événement étrange ne s'est pas passé en juillet 1669. Toutes les lettres de Charles à Madame postérieures à celle du 4 juillet 1669, dans laquelle il annonçait qu'il allait lui répondre par l'abbé Prignani, ont disparu. Malgré de nombreuses recherches, les historiens ne sont pas parvenus à mettre la main dessus, alors que toutes les précédentes ont été conservées, notamment aux archives du ministère des Affaires étrangères, à Paris, ou à la Lambert Palace Library de Londres. Du 4 juillet 1669 à la signature du traité de Douvres, en juin 1670, cette correspondance devait être abondante, puisqu'on sait que le frère et la sœur s'écrivaient environ deux fois par semaine. D'autre part, Charles, impatient de conclure un accord avec Louis XIV, même au prix de grandes concessions, attendit plus d'un mois avant de répondre. On ne connaît pas la raison de ce curieux retard.

Il semble qu'en juillet un nuage soit passé dans les relations, jusque-là excellentes, entre Louis XIV et Madame. Henriette resta à Saint-Germain jusqu'au 23 juillet, date à laquelle elle se retira à Saint-Cloud, dans l'attente de ses couches. Le 27 août, elle donna naissance à une fille, Anne-Marie, demoiselle de Valois.

Dans une lettre à Buckingham du 24 septembre, elle écrivait de façon assez mystérieuse qu'elle avait informé quelque temps auparavant son frère de « soupçons » pesant sur elle et qu'il en était résulté une certaine froideur de la part de son beau-frère, qui aurait voulu l'écarter de la négociation[42]. Cette froideur, sans en connaître les raisons, l'ambassadeur Montagu l'avait déjà notée. Le 26 juillet (date française), deux jours par conséquent avant la signature par Louis XIV de l'ordre d'arrestation d'Eustache Danger, il écrivait à propos de Madame à son ministre de tutelle, lord Arlington : « Elle est celle que chacun peut aimer le mieux en ce pays, *à l'exception du roi et de Monsieur*, et vous ne pouvez imaginer combien peu tous deux ont recours à ses mérites. Je pense qu'elle a trop d'esprit pour se plaindre, ou pour permettre au roi [*son frère*] d'en être informé, mais je le dis à Votre Seigneurie afin qu'elle saisisse toute occasion qu'il peut avec le roi, incitant Sa Majesté à la soutenir, non seulement comme sa sœur, mais aussi comme une sœur qui le mérite, par l'intérêt véritable qu'elle porte à tout ce qui concerne son honneur ou son intérêt[43]. »

Pour l'historien anglais Cyril Hartmann, on doit attribuer ce refroidissement de courte durée au fait que Henriette aurait pris trop à cœur les intérêts de Charles, ce qui aurait mécontenté Louis XIV[44]. Jacqueline Duchêne, la biographe de Henriette d'Angleterre, pense au contraire que ce mécontentement est d'ordre intime et tient « à la jalousie de Madame envers la Montespan, qui depuis juin attendait un enfant du roi[45] ». Rien n'est prouvé, mais il n'est pas interdit de penser que la volonté d'écarter Madame des négociations soit due à autre chose qu'à des froissements de cœur féminin : à la découverte, par exemple, de l'indiscrétion commise par un de ses serviteurs, mettant le Bourbon dans une position très délicate vis-à-vis de son cousin Charles. Ainsi s'expliquerait l'arrestation d'Eustache à Calais*...

En juin 1670, quelques mois après le décès de la reine mère à Colombes (voulant la soigner de ses faiblesses, cet ignare de Vallot, le médecin ordinaire du roi, lui avait sottement prescrit quelques grains d'opium de trop !...), la Cour entreprit un voyage en Flandre, de Lille à Dunkerque, ce qui permit à Madame, sans trop éveiller les soupçons de son mari, de traverser la Manche avec une suite de deux cents personnes, d'embrasser son frère à Douvres et d'y préparer la signature du traité secret d'alliance, prélude à la guerre de Hollande.

A son retour à Saint-Cloud, Henriette d'Angleterre, de complexion particulièrement délicate, phtisique, se plaignant depuis quelque temps d'un mal de côté, mourut subitement, le 30 juin, à 2 heures du matin, peu après avoir absorbé un verre d'eau de chicorée glacée qui lui causa de violentes douleurs, des diarrhées et des vomissements. Les archiatres s'étaient avérés incapables de soigner son mal, probablement une péritonite foudroyante. Vallot, qui avait déjà tué la mère, s'était contenté d'ordonner un clystère. La version d'une mort naturelle rencontra beaucoup d'incrédulité, notamment en Angleterre, où l'on crut au poison, malgré les conclusions du rapport d'autopsie, établi par des médecins français et anglais en présence de l'ambassadeur Montagu et constatant le délabrement général du corps : intestins gangrenés, emplis comme l'estomac d'humeurs bilieuses, foie brûlé, poumon gauche gravement atteint. La malheureuse elle-même se crut empoisonnée, et l'on parla des mignons de Monsieur, tout particulièrement du chevalier de Lorraine qui, de son exil de Rome, aurait commandité le crime. Il s'ensuivit un net refroidissement dans les relations franco-britanniques, au point que l'on craignit un moment que le traité de Douvres restât lettre morte.

Louis XIV réclama à Monsieur tous les papiers de sa femme, qui ne les lui communiqua pas sur-le-champ, intrigué de trouver tant de lettres chiffrées et cherchant à en deviner le sens. C'est alors, selon certains, que le roi fit détruire toute la correspon-

* Il est possible que Louvois, qui avait annoncé à Saint-Mars l'envoi de Danger à Pignerol dès le 19 juillet, ait attendu après le 23, date du départ de Madame de Saint-Germain pour Saint-Cloud, pour tendre un piège au valet et le faire arrêter à Calais.

dance de sa belle-sœur du 5 juillet 1669 au jour de sa mort. Neuf jours seulement après la disparition si subite et si mystérieuse de Madame, aussitôt après le dépouillement par le roi de la correspondance de sa belle-sœur, Louvois décida de se rendre en grand secret à Pignerol. Sa première lettre à Loyauté, commissaire des guerres de cette place, est du 9 juillet 1670. L'homme que le sieur de Vauroy y avait conduit n'avait jamais été interrogé.

D'aucuns objecteront que si Eustache avait été au courant des négociations secrètes entre la France et l'Angleterre, il aurait été libéré après la guerre de Hollande, en 1678 ou 1679, comme le sera en 1684, lors de la trêve de Ratisbonne, l'espion Dubreuil. Cette objection ne me paraît pas acceptable, car, en l'occurrence, il ne s'agit pas d'un banal secret diplomatique mais d'une affaire beaucoup plus grave, plus profonde, touchant la foi catholique, l'honneur, la vie du roi d'Angleterre. Dans sa réponse du 28 juin, Louis XIV a juré qu'il garderait ce secret ; il a engagé sa parole de gentilhomme. Un tel serment n'est évidemment pas à mettre au même plan que les relations d'intérêts entre deux puissances, où toutes les ruses sont permises (la France, par exemple, n'hésitera pas à donner des subsides à Charles II et à l'opposition whig pour préserver à son avantage l'équilibre des pouvoirs...). Là, ce sont des relations personnelles de roi à roi, une loyale solidarité unissant deux « frères », par-delà leurs divergences, contre un retour possible de la république, et la matière du serment est d'autant plus importante qu'elle touche au domaine de la religion. Dieu est partie prenante. Et pour le roi de France, cela compte beaucoup plus qu'on ne le pense !

Il est étrange de constater que l'importance de l'affaire d'Eustache Danger varie en fonction des relations franco-britanniques. La guerre de Hollande éclata le 22 mars 1672. Impatient de toucher le premier quartier de la pension qui lui avait été promise, Charles ouvrit les hostilités en jetant son escadre de Portsmouth sur un paisible convoi de navires marchands hollandais qui passait au large de l'île de Wight. Un mois auparavant, Saint-Mars avait proposé de mettre Eustache Danger au service de Lauzun : le moment était mal choisi ! L'aventureux gentilhomme n'était-il pas soupçonné d'avoir communiqué aux Hollandais les intentions belliqueuses du roi ? On comprend d'autant mieux le refus de Louis XIV.

Contrairement à ce que pensait Turenne, la guerre ne dura pas six mois. Elle s'étendit à toute l'Europe, impliquant l'Espagne, le Saint Empire et les princes allemands. En 1675, sous l'influence du principal ministre, Thomas Osborn, comte Danby, l'Angleterre avait cessé d'être l'alliée de la France et avait traité séparément avec les Provinces-Unies : Eustache quittait son cachot pour être mis au service de Fouquet. Le secret perdait de son importance*. Quatre ans plus tard, l'Angleterre était en pleine crise interne. Un vaste complot papiste, sorti de la cervelle d'un ecclésiastique illuminé, Titus Oates, fut dénoncé par des fanatiques anglicans et sema la panique. Des milices prirent les armes à tous les carrefours et firent une chasse fiévreuse aux catholiques de Londres. Il y eut des exécutions. Charles II, qui se sentait personnellement menacé, était obligé de suivre l'opinion. Au Parlement, des lords catholiques furent destitués, et le duc d'York, connu comme catholique romain, fut exclu du Conseil privé. De proches amis du roi furent emprisonnés. Il eût été particulièrement dangereux alors de rappeler tout ce que Charles et Minette s'étaient écrit... Le secret reprenait de l'importance. C'est à ce moment que Louvois mandait à Fouquet, à qui le valet s'était sans doute confié : « ...Vous connaissez de quelle conséquence il est que personne n'ait connaissance de ce qu'il sait. » Malgré les relations difficiles qu'il entretenait avec son cousin Charles, Louis continuait de le pensionner généreusement par l'intermédiaire de son domestique de confiance, Chiffinch, et de garder son serment. Il en fut de même après le traité de Nimègue qui rendait totalement caduques les dispositions du traité de Douvres. En 1680, Eustache, qu'on supposait coupable d'avoir parlé à Lauzun des « choses particulières », fut mis au secret le plus absolu, de même que son camarade La Rivière. Louis XIV ne laisserait pas s'ébruiter le *grand secret*. C'était une question d'honneur ! Mais l'année suivante, il eut une nouvelle fois à se plaindre de Charles II, décidément insaisissable et de mauvaise foi. Il craignait fortement un rapprochement avec les Hollandais, l'Espagne et l'Empire. C'est alors qu'il menaça discrètement son cousin de publier les clauses du traité de Douvres où était inscrite son intention de devenir catholique** [46]. C'était le meilleur moyen de faire céder Charles. Le roi d'Angleterre mourut en

* Le roi refusa cependant de le laisser rencontrer Lauzun. Le fait qu'on ait découvert après coup que ce dernier avait averti les Hollandais des clauses secrètes du traité de Douvres pourrait expliquer cette restriction.

** Charles II n'avait montré aux trois ministres écartés de la conférence de Whitehall, Buckingham, Ashley et Lauderdale, qu'un faux traité dans lequel l'article concernant la religion avait été omis. L'original du traité, signé par Arlington, Arundell, Clifford et Bellings pour l'Angleterre, Colbert de Croissy pour la France, avait été remis à Thomas Clifford et soigneusement caché au manoir d'Ugbrooke, dans le Devon.

1685. On sait que ce n'est que sur son lit de mort, à l'insu de ses peuples, qu'il se convertit. Le père Huddleston entra par une porte dérobée, un manteau recouvrant ses vêtements sacerdotaux et une perruque dissimulant sa tonsure. Jacques, duc d'York, monta sur le trône. Converti au catholicisme romain, il dut se prêter à la cérémonie du sacre anglican. Très vite, il eut des démêlés avec le parti protestant qui prit pour champion son neveu le duc de Monmouth, puis le stathouder hollandais, Guillaume III d'Orange, marié à l'une de ses filles, Mary. En 1688, éclata la *Glorious Revolution*, marquant la fin de l'absolutisme des Stuarts. A partir de cette date, les négociations de 1669-1670 n'avaient plus guère d'importance : Louvois cessa de trembler, et Barbezieux, qui succéda à son père en 1691, ne s'intéressa nullement au prisonnier. Tous ces indices, mis bout à bout, donnent indiscutablement à l'hypothèse d'un valet mêlé aux négociations secrètes entre la France et l'Angleterre une solide base et permettent, à défaut de certitude historique, de fonder une conviction.

8

MASQUE ET BERGAMASQUE

Si l'on parle aujourd'hui encore du mystère de l'homme au masque de fer, ce n'est évidemment pas à cause de l'obscur secret du valet Danger ; le siècle sans doute en connut d'autres. C'est parce qu'il a donné naissance à une légende, mieux, à un extraordinaire mythe aux nombreuses ramifications qui a traversé les siècles. Ce mythe mérite d'être étudié pour lui-même : il fait partie de cette « histoire des mentalités » sur laquelle les chercheurs se sont penchés attentivement ces dernières années. Cela consiste à faire l'analyse spectrale d'une rumeur, de ses cheminements, de son amplification progressive, puis de son déchaînement un peu fou à la fin du XVIIIe siècle.

Les premiers bruits naissent à Pignerol dès l'arrivée, pourtant discrète, d'Eustache Danger le 21 août 1669. Les ouvriers qui aménagent le cachot, les officiers, les soldats de la compagnie franche et le personnel de service s'étonnent des étranges précautions prises par le gouverneur qui porte lui-même la nourriture au captif dans sa tour solitaire. Déjà, on se met à supposer que l'inconnu est un haut personnage : « Il n'y a rien de plus vrai que je n'ai jamais parlé de ce prisonnier à qui que ce soit, écrit Saint-Mars à Louvois le 31 août, et, pour marque de cela, bien du monde croit ici que c'est un maréchal de France et d'autres disent un président[1]. »

Saint-Mars a-t-il été aussi discret qu'il le dit ? En tout cas, de telles croyances se comprennent. On n'imaginait pas que le roi de France eût envoyé aux confins du royaume un personnage aussi insignifiant qu'un valet. Le donjon renfermait déjà un détenu de marque. Tout naturellement, on pensa que l'homme qui venait d'arriver était un membre de la haute noblesse d'épée ou de robe, maréchal ou président au Parlement. Les vieux habitants de Pignerol se souvenaient sans doute de Jean-Jacques de Barillon, seigneur de Châtillon-sur-Marne, président au Parlement de Paris, incarcéré par ordre de la régente Anne d'Autriche, et qui était mort le 30 août 1645 chez le major de la place, peu après sa libération[2].

En 1670, les rumeurs repartent bon train, à propos cette fois de Fouquet. A la suite du complot de Valcroissant et de la pendaison du malheureux La Forêt, événements ignorés des habitants de Pignerol, Saint-Mars entreprend d'importants travaux de protection aux fenêtres de son appartement, que l'on aperçoit de la hauteur de Saint-Maurice : c'est la pause de lourdes grilles en saillie, ayant « autant de plein que de jour », auxquelles on ajoute une claie haute et serrée ne laissant voir que le ciel. « Il y a des personnes, écrit Saint-Mars à Louvois le 12 avril 1670, qui sont quelquefois si curieuses de me demander des nouvelles de mon prisonnier ou le sujet pourquoi je fais faire tant de retranchements pour ma sûreté que je suis obligé de leur dire des *contes jaunes* pour me moquer d'eux*[3]. »

Saint-Mars éprouve, à cette occasion, un grand plaisir à duper ses interlocuteurs et à constater que peu de choses suffisent à déchaîner les imaginations. Il retiendra la leçon. Puis tout retombe dans l'oubli. Il faut avoir à l'esprit qu'il n'y eut jamais au donjon de Pignerol aucun homme masqué de velours ou de fer. Le visage d'Eustache, que nous ne connaissons pas, était certainement banal, c'était celui d'un anonyme. Il ne ressemblait ni à Louis XIV, ni à Molière, ni à Beaufort, ni à Vermandois, ni à quelque grand seigneur de la Cour. Sitôt après son arrivée, Louvois accepte sans difficulté qu'il soit soigné et confessé, sans exiger que ses traits soient cachés.

Les années passent. En 1681, Saint-Mars se montre indiscret. A son ami l'abbé d'Estrades, à qui il annonce son départ pour Exilles, il écrit le 25 juin : « J'aurai en garde *deux merles* que j'ai ici, lesquels n'ont point d'autres noms que *messieurs de la tour d'en bas...* » Le simple fait de signaler dans une correspondance privée l'existence des deux mystérieux détenus est en soi une grave entorse à l'impérative consigne du silence donnée par Louvois. Cela traduit le désappointement du geôlier d'avoir été promu à un poste militaire si isolé, une sorte de désert des Tartares au milieu des neiges éternelles !

* A la suite de Roux-Fazillac, tous les historiens du Masque de fer ont pensé que cette lettre s'appliquait à Eustache Danger. L'enchaînement de la correspondance montre que les « retranchements » en question concernaient les fenêtres de Fouquet. Quand Saint-Mars parle à cette époque de « son prisonnier », il désigne Fouquet et non le nouveau venu.

Le mot « merle » sur lequel les historiens ont disserté à tort et à travers laisse deviner un désenchantement plus profond encore. Entendons-nous : cela ne veut pas dire que les deux captifs n'ont plus d'importance aux yeux du roi ou de Louvois. Mais pour Saint-Mars, qui vit constamment avec eux, ce sont des personnages insignifiants, des gens du commun qui lui rappellent trop sa propre origine. L'officier des mousquetaires anobli par Sa Majesté pour service rendu, qui a eu l'honneur et le privilège de recevoir deux missions de confiance, la garde de Nicolas Fouquet, vicomte de Vaux et de Melun, ancien procureur général au parlement de Paris, ancien surintendant des Finances et ministre d'Etat de Sa Majesté, et celle du comte de Lauzun, colonel général des dragons, capitaine de la première compagnie des gardes du corps du roi, lieutenant général des armées du roi, gouverneur du Berry, ne peut qu'être attristé du rôle qu'on lui fait jouer auprès de ces misérables valets. La bassesse de leurs origines semble ternir son propre prestige. Quelle gloire peut-il tirer de garder la cage de ces deux oiseaux si ordinaires ? Dans ses longues soirées d'hiver, en tête à tête avec la « haute et puissante Mme de Saint-Mars », ce devait être un de ses sujets d'amertume.

A cela s'ajoute le fait que ce sont deux enterrés vivants dont nul n'a désormais le droit de parler. Même s'il rend un service insigne au roi en s'occupant d'eux — du moins en est-il convaincu —, plus personne ne pourra dire qu'il est investi d'une haute mission, puisque celle-ci doit rester secrète. Il ressent ce lugubre séjour à Exilles comme une réprimande pour n'avoir pas vérifié les cheminées de Pignerol ! C'est son purgatoire.

Le vieux fort, isolé du village d'Exilles, n'est pas propice aux rumeurs. En dehors de Saint-Mars et du lieutenant La Prade, les seules personnes autorisées à voir les deux captifs sont le docteur Perron, du village de Pragelas, et l'abbé Rignon, de Pignerol. Ce dernier, qui a connu les serviteurs de Fouquet, est donc l'unique habitant de cette ville à savoir qu'ils n'ont pas été libérés, mais il est tenu par le secret de la confession. Saint-Mars, semble-t-il, ne parla jamais d'eux à son ami Jean-François Losa, gouverneur pour le compte du duc de Savoie de la place de Suse et de la basse vallée de la Doire Ripaire. En tout cas, il n'en transparaît rien dans la correspondance que ce dernier échangea avec le gouvernement de Turin, ainsi que l'a constaté Ettore Patria[4].

Tout commence vraiment en 1687 à l'île Sainte-Marguerite. Du 14 au 25 avril de cette année-là, quatre Provençaux, Louis de Thomassin-Mazauges, conseiller au parlement d'Aix, Gabrielle de Séguiran, sa femme, Mme de Pierrerue, sa belle-sœur, et un certain abbé de Mauvans, ami de la famille, font un petit voyage de délassement en mer de Provence jusqu'à Gênes. Le 14, ils s'embarquent sur une légère felouque à Saint-Tropez. Le 18, sur les 5 heures du soir, des vents contraires les obligent à faire relâche en rade de Cannes. Faisant contre mauvaise fortune bon cœur, M. de Mazauges et l'abbé de Mauvans en profitent pour aborder les îles de Lérins qu'ils ont projeté de visiter seulement à leur retour. Les deux hommes se rendent à l'île la plus proche, Sainte-Marguerite, et se présentent à l'entrée du fort. Le capitaine-major du lieu, Pierre de Bussy, seigneur de Dampierre, les reçoit avec grande amabilité. C'est un homme jovial d'une cinquantaine d'années qui, depuis qu'il sert en Provence, a pris certain défaut du pays, défaut redoutable pour un militaire : il est devenu très bavard ! Tout en leur faisant visiter les bâtiments de la citadelle, il se met à leur révéler le plus étrange des secrets : un mystérieux prisonnier que nul ne doit connaître va incessamment arriver dans l'île. On construit spécialement pour lui une prison communiquant directement avec l'appartement du nouveau gouverneur, M. de Saint-Mars.

De ce voyage, l'abbé de Mauvans a laissé une relation sous forme de lettres destinées à Henri de Séguiran, beau-frère du parlementaire aixois. L'une d'elles raconte la courte escale des voyageurs aux îles de Lérins, le 18 avril 1687. Rappelons que, quelques semaines auparavant, Saint-Mars, qui venait d'être nommé gouverneur, s'était rendu seul à Sainte-Marguerite pour y ordonner la construction des nouvelles prisons. Le 26 mars, il était reparti pour Exilles. Voici le texte de l'abbé de Mauvans :

« Le vent ne nous fut pas favorable après le dîner, et cela nous détermina à relâcher aux îles que nous ne voulions voir qu'au retour. Nous abordâmes celle de Sainte-Marguerite sur les cinq heures et M. de Mazauges et moi, étant montés à la forteresse pour avoir le billet de congé pour entrer dans la tour de Saint-Honorat, après l'avoir obtenu du premier capitaine [*Bussy-Dampierre*], nous fîmes un tour de l'île [...]. On va faire de nouvelles fortifications à cette place ; nous en vîmes les apprêts ; on y mettra la main à l'arrivée de M. de Saint-Marc (*sic*) qui était parti de là depuis quelque temps *pour aller escorter ce prisonnier inconnu que l'on conduit avec tant de précautions, et auquel on fait savoir à bonne heure que, lorsqu'il serait ennuyé de la vie, il n'avait qu'à dire son nom, parce qu'on avait ordre de lui donner aussitôt un coup de pistolet dans la tête.* On nous dit qu'il allait disposer un logement pour ce prisonnier qui répondrait à celui de M. le gouverneur *; qu'il n'y aurait que lui qui le vît, qu'il lui donnerait lui-même à manger et qu'il serait presque son unique geôlier et garde.*

« [...] Je viens d'apprendre tout présentement du commissaire des troupes, qui ne fait que d'arriver des îles, que le prisonnier d'Etat y était depuis trois jours et qu'on avait tiré le fanfaron de sa caserne [*le chevalier de Thésut*] pour y mettre cet inconnu jusqu'à ce que sa prison soit bâtie dans toutes les formes. Avant que je ferme ma lettre, je pourrai vous dire d'autres particularités de *la marche de cet homme et des figures sous lesquelles il a paru à Grasse* ; mais il est temps d'aller reprendre notre compagnie et notre route[5]. »

Pour de simples voyageurs de passage dans une forteresse du roi, avouons qu'ils étaient bien renseignés ! Quel étrange spectacle en vérité que cette arrivée du captif et du gouverneur ! Et quel singulier cortège ! Un prisonnier voyageant comme une reine de Saba dans une insolite chaise à porteurs bien calfeutrée au milieu d'une troupe de soldats à distance respectueuse. A Grasse, où l'on avait fait une courte halte, le gouverneur avait dû ouvrir la porte de la chaise pour donner de l'air au prisonnier mal en point. Entre deux sentinelles menaçantes, les curieux avaient alors aperçu, sortant de sa cage, une espèce de grand fantôme, le visage couvert d'un masque d'acier... La fabuleuse légende était née de ce fait divers. Elle allait pendant trois siècles passionner l'opinion.

Bussy-Dampierre a beaucoup parlé, le commissaire des troupes de Cannes aussi, mais l'homme à l'origine de tous ces bruits, c'est indiscutablement Saint-Mars, lors de sa première inspection à l'île de février à mars 1687. Libéré soudainement du carcan d'Exilles, de ses amertumes et frustrations, heureux à l'idée d'aller finir sa carrière en Provence, il a repris, devant une garnison au garde-à-vous, ses « contes jaunes », mieux il les a amplifiés, mettant en place les éléments constitutifs de la légende qui désormais ne varieront plus. Ce prisonnier est d'une telle importance, confie-t-il à ces gens interloqués, qu'il va entreprendre la construction d'une prison spéciale pour lui. Si celui-ci a le malheur de révéler son nom, ajoute-t-il, il a « ordre aussitôt de lui donner un coup de pistolet dans la tête ». Qu'on se le dise ! Chaque jour, il devra lui porter sa nourriture et être

« presque son unique geôlier ». C'était, dira onze ans plus tard Du Junca, qui le tenait encore de Saint-Mars, un « prisonnier dont le nom ne se dit pas... et que M. le Gouverneur nourrira ».

Alors que l'on veut seulement cacher le fait que le valet de Fouquet se trouvait toujours en prison, Saint-Mars cherche à faire croire que lui, l'ancien gardien du surintendant et du comte de Lauzun, détient un homme de très grande importance et de très haut rang. A cette fin, habilement, il opère un léger décalage par rapport aux ordres reçus. Il réactive les consignes de la lettre de Louvois du 19 juillet 1669 en les dramatisant : c'est ainsi qu'il n'a jamais reçu instruction de tuer son prisonnier, mais seulement de le « menacer de le faire mourir s'il parlait d'autre chose que de ses nécessités », ce qui est fort différent. Et de fait, ni Danger, ni La Rivière n'ont été mis à mort en 1680, quand on découvrit le trou clandestin et que l'on soupçonna les valets d'avoir bavardé avec Lauzun. Au moins au début, quand il était encore bien portant, Louvois avait obligé Saint-Mars à porter lui-même la nourriture au prisonnier, à se faire en quelque sorte le valet d'un valet : celui-ci transforme cette sujétion en élément valorisant. Si on a donné de ces sortes de consignes à un noble seigneur tel que lui, suggère-t-il, c'est bien parce que le captif est d'un rang exceptionnel ! Plus on parlait de ce mystère, plus il sentait grandir son propre prestige, plus sa vanité semblait satisfaite !

A l'honneur depuis la seconde moitié du XVIe siècle, le masque n'était pas seulement utilisé comme pièce de déguisement, mais aussi comme écran pour préserver le teint. Les dames de la haute société ne s'en séparaient jamais. On en portait avec un bouton de verre que l'on serrait entre les dents. Au XVIIe, on l'utilisait encore, mais moins souvent. Héroard nous montre le jeune Louis XIII embrassant sa mère « par-dessous le masque ». La Grande Mademoiselle conte dans ses *Mémoires* qu'un jour, alors qu'elle se trouvait en société, Mme de Châtillon, voyant arriver l'abbé Basile Fouquet qu'elle haïssait, en sortit un de son sac. « Permettez-moi de mettre un masque, demanda-t-elle à Monsieur, frère du roi ; j'ai froid au front[6] ! » La délicate maréchale de Clérambault à la peau fragile se promenait constamment avec un loup de velours noir. « Toujours masquée en carrosse, en chaise à pieds par les galeries, écrit Saint-Simon : c'était une ancienne mode qu'elle n'avait pu quitter, même dans le carrosse de Madame. Elle disait que son teint s'élevait en croûtes sitôt que l'air le frappait... Elle était l'unique qui en portât, et quand on la rencontrait et qu'on la saluait, elle ne manquait jamais à l'ôter pour faire la révérence[7]. » La reine de France Marie-Thérèse est représentée dans plusieurs de ses portraits tenant négligemment un masque à domino. Selon Mme de Caylus, lorsque Mme de Maintenon devait se rendre à Versailles chercher les enfants de Louis XIV et de Mme de Montespan pour les ramener secrètement à Paris, elle se couvrait pareillement la face.

Pour les prisonniers, son emploi, quoique rare, n'était pas inconnu. A Venise, les gens arrêtés par ordre du Conseil des Dix étaient conduits masqués à leur cachot[8]. Il est vrai que c'était à Venise, où tout le monde allait en masque au temps du carnaval, « même le doge, les plus vieux sénateurs, les cardinaux et le nonce[9] ». De notre masque de fer, on ne sait rien. Dans sa nouvelle à la main du 4 septembre 1687, Louis Fouquet évoque un « masque d'acier ». Voltaire est le seul à préciser qu'il avait une mentonnière munie de ressorts d'acier, mais on peut penser qu'il en a fait une composition à sa façon : ayant eu écho du « masque de fer » de Provence, il aurait été surpris de n'entendre parler à la Bastille (où il avait été enfermé en 1717) que d'un masque de velours à mentonnière, d'où son insistance sur le ressort d'acier, conciliant ainsi les deux traditions. Ce masque, s'agissait-il d'un banal casque de chevalier dont l'armet abaissé permettait à qui le portait de manger et de boire ? Pourquoi pas. Mais on peut imaginer aussi un engin spécifique « bricolé » par un maréchal-ferrant d'Exilles ou de Turin à la demande du gouverneur.

Plus intéressant est de s'interroger sur les mobiles qui ont conduit à couvrir le visage du prisonnier. On connaît la thèse classique, reprise par Marcel Pagnol : « Que l'on cache ce visage sous le masque et dans une litière aux approches de Paris, qu'on le cache à Lauzun, à Du Junca, au médecin de la Bastille, cela prouve qu'il doit être connu de Paris. Qu'on le cache avec tant de précautions au vieux curé d'Exilles, aux sentinelles, aux soldats de l'escorte, aux paysans provençaux que l'on pourrait rencontrer sur les routes entre Exilles et Sainte-Marguerite, qu'on le cache aux paysans de Palteau, c'est la preuve que ce visage est célèbre. A une époque sans photographies, sans journaux illustrés, sans cinéma et sans télévision, le seul visage reconnaissable partout, c'était celui du roi, que tout le monde avait dans sa poche, sur les pièces de monnaie[10]. » C'est là l'erreur de bon nombre d'historiens. Récusant la thèse d'un personnage illustre, qui après tant d'années serait de toute façon devenu méconnaissable, Pierre-Marie Dijol en était arrivé à l'idée que le masque avait pour but de cacher un « visage caractéristique par lui-même, typique dans sa couleur, par exemple, mais forcément inconnu... ». « Aujourd'hui, écrit-il, nous connaissons les visages de Louis XIV, Fouquet, Molière, mais à l'époque où les *mass media* étaient inexistantes, les portraits extrêmement rares et les voyageurs exceptionnels, qui, entre Briançon et Castellane, connaissait pour l'avoir vu, fût-ce en peinture, Molière, Fouquet, Beaufort ou Colbert ? — Personne ! Mais, par contre, qui était à même de dire : "J'ai vu un maure que des gens d'armes menaient vers Sisteron ?" — Tout le monde[11]. » Dijol, là aussi, se trompait.

Une constatation s'impose : le masque est une initiative personnelle de Saint-Mars. A aucun moment Louvois dans sa correspondance n'a recommandé de se servir d'un tel instrument. Le 27 janvier 1687, il lui donnait carte blanche : « A l'égard de la manière de transférer le prisonnier, le roi se remet à vous de vous servir de la chaise roulante fermée de la manière que vous proposez ou de *toute autre chose que vous jugerez à propos* pourvu que vous puissiez en répondre. » Le port du masque d'acier, rivé la première fois sur le visage d'Eustache, n'a nullement été ordonné par le roi ou son ministre : c'est le geôlier qui en a eu l'idée, ce qui, évidemment, change bien des perspectives.

Fort du blanc-seing ministériel, Saint-Mars s'est cru autorisé à agir comme il l'entendait. Répétons que si, en 1687, le geôlier a dissimulé l'insignifiant visage du valet Eustache, c'est tout simplement parce que, conformément aux ordres reçus, il ne voulait pas que ceux à qui il avait annoncé sa libération — notamment les soldats de la compagnie franche, qui l'avaient maintes fois aperçu en compagnie de Fouquet sur les remparts extérieurs du donjon — pussent le reconnaître, ceci afin de décrédibiliser les propos qu'il avait pu tenir pendant sa période de semi-captivité. Ce n'est pas seulement son visage, mais son existence même qu'il fallait dissimuler.

Revenons un instant en arrière, au voyage des deux merles de Pignerol à Exilles. C'était un voyage très court. Saint-Mars a utilisé, sur instruction ministérielle, une litière, sorte de caisse de carrosse tirée par deux chevaux ou deux mulets et munie de rideaux. On peut imaginer les précautions prises : au moment de faire sortir les prisonniers de la tour d'en bas, les couloirs sont vides, les soldats ont reçu ordre de se tourner. Les deux hommes, peut-être bâillonnés, sont conduits par Saint-Mars et La Prade dans la voiture. Un sac ou une simple cagoule a suffi pour dissimuler leurs traits. Personne ne les a vus. Saint-Mars tire les leçons de cette première expérience pour améliorer les conditions de sécurité, d'où les mesures nouvelles prises pour le second voyage, celui de 1687, beaucoup plus long : c'est ainsi qu'il adopte le système de la chaise couverte de toile cirée (plutôt que la litière « qui peut souvent se rompre », écrivait Saint-Mars). Louvois a cru qu'il s'agissait d'une chaise roulante. Mais, non, c'était une vraie chaise avec des porteurs, un mode de transport réservé à cette époque aux gens de considération, aux personnes de la Cour d'un rang élevé ! Ce n'est que sous la Régence que la chaise à porteurs se démocratise. L'idée est donc bien de suggérer qu'il s'agit d'un prisonnier de rang.

Quant au masque, l'idée lui est venue tout naturellement. Elle s'imposait. Aux étapes, lorsqu'on débriderait les chevaux et que l'on sortirait le prisonnier de sa cage de toile cirée, pour déjeuner ou aller se coucher dans un logement réquisitionné « par ordre du roi », on ne risquerait pas ainsi de le reconnaître. Peut-être a-t-il eu entre les mains une gazette manuscrite datant de quelques mois auparavant : « Paris, 7e décembre 1686. L'on a mis dans la Bastille depuis peu de jours un cavalier et une jeune dame dont on cache les noms *pour des raisons d'importance*. La dame était masquée et le cavalier avait un tapabor [*grand chapeau aux bords rabattus*] qui lui couvrait la tête*[12]. » Si Saint-Mars, par hasard, a puisé dans cette gazette l'idée du masque, c'est peut-être à cause de ces quatre mots : « ...pour des raisons d'importance ». En tout cas, à ce moment-là ou à un autre, il comprit que le masque était l'instrument idéal pour promouvoir dans l'opinion sa propre image qui avait tant souffert de son séjour à Exilles. Le masque n'attirait pas seulement l'attention sur le captif, il mettait en valeur le geôlier. Revanche d'un médiocre, d'un aigri, cantonné dans un métier ingrat, longtemps relégué dans un lieu subalterne !

Mais Saint-Mars va beaucoup plus loin. Il utilise un instrument destiné à frapper fortement les imaginations, un instrument de torture d'un autre âge, un casque d'acier ne servant plus que sur les champs de bataille. C'est dans cette mise en scène dramatique que réside son coup de génie publicitaire. Un

* Il s'agissait d'un certain Jean Beeck, qui se faisait passer pour le résident à Paris de l'Electeur de Brandebourg, du landgrave de Hesse et des villes hanséatiques, et de sa femme. Tous deux facilitaient le transport des effets des « religionnaires » hors du royaume. Ils ne restèrent que quelques jours à la Bastille et furent expulsés à quinze lieues de Paris (Arsenal, Mss. 12 534).

loup de carnaval intrigue un moment, un masque de fer fascine longtemps. A preuve, nous en parlons encore trois siècles après ! Saint-Mars jubile. « Je puis vous assurer, Monseigneur, que personne au monde ne l'a vu, et que la manière dont je l'ai gardé et conduit pendant toute la route fait que chacun cherche à deviner qui peut être mon prisonnier. » Promener par les routes alpines un fantôme bardé de fer et semer des devinettes sur son passage, afin de troubler les badauds, ce n'était pourtant pas ce qui lui était demandé ! Mais qui donc en haut lieu aurait pu lui reprocher son comportement ? Il ne révélait rien, il créait simplement le trouble ! D'ailleurs, avait-il si bonne conscience que cela de son invention ? Jamais, dans toute sa correspondance, il ne souffla mot du fameux masque sur lequel tant de générations de chercheurs et de curieux allaient longuement et vainement disserter. Jamais, lui qui faisait argent de tout, il n'osa en demander le remboursement aux bureaux de la Guerre, alors que la moindre dépense était soigneusement facturée par ses soins, comme le coût de la chaise et les gages des porteurs venus de Turin.

Il faut revenir à ce texte exceptionnel de Louis Fouquet, évêque d'Agde, du 4 septembre 1687, et l'analyser au regard de ce que nous savons maintenant de la mentalité du gouverneur de Sainte-Marguerite. Qu'on me permette de le rappeler pour la bonne compréhension de ce qui suit :

« Monsieur de Cinq-Mars (*sic*) a transporté par ordre du roi un prisonnier d'Etat de Pignerol aux îles de Sainte-Marguerite. Personne ne sait qui il est, il y a défense de dire son nom et ordre de le tuer s'il l'avait prononcé. On en a conduit d'autres à Pignerol et celui-là sans doute de la sorte. Il y eut un homme qui s'y tua. Celui-ci était enfermé dans une chaise à porteurs, ayant un masque d'acier sur le visage, et tout ce qu'on a pu savoir de Cinq-Mars est que ce prisonnier était depuis de longues années à Pignerol et que *tous les gens que l'on croit morts ne le sont pas*. Vous vous souvenez de la Tour de l'oubli dans Procope... »

Tout est fait dans cette relation pour suggérer l'importance du personnage et le secret qui l'entoure : non seulement on ne connaît pas son identité, mais ordre a été donné de le cacher, plus grave encore de l'exécuter sommairement s'il criait son nom aux passants. Que d'autres détenus aient été conduits ainsi à Pignerol fait évidemment penser que l'homme en question était d'une notoriété au moins équivalente à celle de Fouquet ou de Lauzun. Le narrateur en vient aux deux attributs du mystérieux voyageur : la chaise à porteurs, symbole de sa condition sociale, et le masque qui dissimule nécessairement le visage de quelqu'un de connu.

Observons le rôle de Saint-Mars dans ce texte. Il ne se contente pas de laisser les rumeurs naître et courir d'elles-mêmes, il intervient activement, les nourrit directement. C'est lui qui raconte que l'homme masqué était un prisonnier qu'il avait gardé à Pignerol, lui encore qui déclare à la cantonade que « tous les gens que l'on croit morts ne le sont pas ». Par cette phrase mystérieuse, il excite la curiosité en même temps qu'il oriente les recherches vers une personnalité que l'on aurait à dessein fait passer pour morte. Quelle révélation ! Si l'on a été jusqu'à tromper l'opinion sur le décès de cet homme, c'est bien que le secret d'Etat qui l'enveloppe est d'une extrême importance ! Il est probable aussi que l'information concernant le suicide d'un prisonnier (celui de Heurtaut, valet de Lauzun), qui remontait à quinze ans, a eu également Saint-Mars pour source. Cela souligne l'atmosphère de terreur qui régnait dans le donjon... Saint-Mars aime jouer sur ce registre qui est pour lui un moyen de se valoriser. Il prend plaisir à passer pour un gardien implacable*.

La « Tour de l'oubli » de Procope évoque l'ouvrage de cet historien byzantin du VIe siècle, mort à Constantinople vers 562, les *Anecdota*, plus connu sous le nom d'*Histoire secrète*, pamphlet critiquant la tyrannie et la corruption des dirigeants byzantins, que découvrit et publia en 1623 Nicolas Alemanni, érudit italien, bibliothécaire au Vatican. Une édition parut à Paris en 1663. On y parlait non de la « Tour de l'oubli » — sans doute l'auteur fait-il sur ce point une confusion —, mais d'un système d'oubliettes creusées sous le palais de l'impératrice Théodora, cette ancienne prostituée devenue femme de l'empereur Justinien, où elle faisait enfermer ses ennemis de très haut rang.

Saint-Mars est ainsi à l'origine directe d'au moins deux hypothèses. Huit mois après l'arrivée du prisonnier dans l'île, signe que la flambée légendaire ne s'était pas épuisée, il écrivait à Louvois : « Dans toute cette province, l'on dit que le mien [*mon*

---

* Le 6 mai 1673, à Pignerol, parlant à Louvois d'un noble piémontais, le comte de Donane, qui s'était promené autour de l'église Saint-Maurice afin d'observer les fenêtres de Fouquet et qu'il avait retenu deux jours en prison, il écrivait : « Cela donnera de la *terreur* à tous ceux qui pourraient avoir quelques desseins de venir ici s'informer des nouvelles de mes prisonniers. » (François RAVAISSON, *op. cit.*, t. III, p. 157.)

prisonnier] est M. de Beaufort et d'autres disent que c'est le fils de feu Cromwell » (8 janvier 1688). C'est peut-être lui aussi qui véhicula la rumeur de la survie de Nicolas Fouquet dont tout le monde avait appris la mort à Pignerol huit ans plus tôt. Il est vraisemblable que l'auteur des *Nouvelles ecclésiastiques*, Mgr Louis Fouquet, exilé pour cause de jansénisme, s'est demandé si Saint-Mars ne transportait pas ainsi son malheureux frère dont on aurait simulé le décès.

A la fin de cette même lettre du 8 janvier 1688, le gouverneur ajoute une phrase qui a attiré l'attention des historiens : « Voici un petit mémoire de la dépense que j'ai faite pour lui l'année dernière. Je ne le mets pas en détail *pour que personne par qui il passe puisse pénétrer autre chose que ce qu'ils croient.* » De quoi s'agit-il ? Ces expressions mystérieuses font penser que ce sont des dépenses importantes et secrètes, qu'il convient de cacher à tout le monde. Ceux qui défendent la thèse d'un haut personnage ont cru triompher. Voyez, disent-ils, Saint-Mars se méfie des proches collaborateurs du ministre au point de dissimuler les énormes dépenses d'entretien de son prisonnier et tous les à-côtés inavouables : la guitare, les romans, le linge fin, les dentelles [13] ! « Il me semble, écrivait Pagnol, toujours porté à l'exagération, que ces quelques lignes constituent un document irréfutable et aussi important, dans l'affaire qui nous occupe, que le fut la pierre de Rosette pour Champollion [14]. » C'est en réalité l'inverse qu'il fallait comprendre ! Stanislas Brugnon a retrouvé dans les archives l'ordre de remboursement établi par le sieur Renouard sur la base de ce mémoire, pour les « habits, linges et médicaments pour un prisonnier » couvrant l'année 1687. La somme s'élevait à 821 livres 7 sols 9 deniers, ce qui n'a rien d'extraordinaire, ni dans son montant ni dans ses motifs. Les frais que Saint-Mars se faisait rembourser en sus de la pension pour l'« entretainement » des prisonniers variaient, on l'a dit, d'une année à l'autre de 800 à 1 200 livres. Mais la légende commençait à croître et à amuser tellement le gouverneur qu'il ne voulait surtout pas la détruire. Mieux, il aurait aimé mettre Louvois dans son jeu !

Parmi les divers bruits que Saint-Mars faisait circuler à cette époque, il en est un que recueillera Voltaire une soixantaine d'années plus tard, c'est celui de la visite de Louvois à Pignerol qu'il transposera à Sainte-Marguerite : « Le marquis de Louvois alla le voir dans cette île avant la translation et *lui parla debout avec une considération qui tenait du respect.* » Qui d'autre aurait pu fournir une telle information ? Qui, en effet, se souvenait du voyage incognito du ministre à Pignerol en 1670 ? Qui d'autre surtout aurait fait la relation entre cette visite et le prisonnier mystérieux ? Qui d'autre aurait pu dire que Louvois avait pénétré dans le cachot de la tour d'en bas et s'était entretenu debout avec lui ? C'est lui et lui seul qui avait ouvert la double ou la triple porte. Le geôlier, bien entendu, a ajouté un petit couplet sur les prétendus égards qui auraient été rendus au valet Eustache. Le fait, en tout cas, que cette histoire nous revienne par le truchement de la légende confirme que l'un des buts du voyage éclair de Louvois à Pignerol était bien de rencontrer celui-ci, quelque temps après la mort mystérieuse de Henriette d'Angleterre...

Si Saint-Mars se délecte tant de son rôle de manipulateur d'opinion, c'est qu'il y est encouragé par l'esprit méditerranéen, enclin à l'affabulation, qui grossit démesurément la moindre rumeur venant du fort. L'histoire des chants harmonieux s'échappant des prisons donnant sur la mer, celle du plat d'argent et celle du linge couvert d'écritures dont l'abbé Papon et les visiteurs au XVIIIe siècle recueillirent les traditions, avaient un fondement réel. Un des pasteurs protestants, voisin de cellule du Masque, Paul Cardel, fortifiait sa foi et son espérance en chantant des psaumes, un autre, Pierre de Salves, écrivait sur des plats d'étain et ses chemises qu'il jetait par la fenêtre de sa cellule*[15]. Il s'est produit, comme on le voit, un phénomène de cristallisation sur une même personne d'aventures relatives à d'autres**. C'est son ami Jean-Baptiste Boyer d'Argens, littérateur et philosophe, auteur de *Mémoires historiques et secrets concernant les amours des rois de France* (1739), devenu chambellan de Frédéric II, qui communiqua à Voltaire l'anecdote du plat d'argent. Elle avait été racontée à son père, Pierre Jean de Boyer, marquis d'Argens, procureur au parlement de Provence, par Jean de Riouffe, subdélégué de l'intendant de Provence et commissaire des guerres du département d'Antibes, lors du départ du prisonnier pour Paris en 1698.

* Saint-Mars envoya à Barbezieux un échantillon des linges que Salves avait couverts d'écritures.

** Pour l'histoire du pêcheur retenu au fort de Sainte-Marguerite, il est possible qu'une autre histoire, plus récente, soit venue se mêler à celle des pasteurs : en août 1710, M. de La Motte-Guérin avait arrêté le patron d'une barque et ses six matelots cannois, soupçonnés de contrebande de blé. A la sollicitation du maire et des habitants de Cannes, il les avait relâchés un mois plus tard (BnF, Mss., Fr. 8894, f° 56, 67, 211, 294).

Prisonnier du mythe qu'il a lui-même forgé, Saint-Mars semble étonné qu'on ne s'intéresse plus en haut lieu à son « ancien prisonnier ». Quand il est nommé gouverneur de la Bastille, on a vu qu'il sollicite Barbezieux pour l'emmener avec lui. Suit la liste des précautions qu'il envisage de prendre pour le transfèrement. Il y a réfléchi avec un soin extrême, fort de l'expérience de 1687 au cours de laquelle son pensionnaire a failli périr étouffé. La chaise à porteurs avait été nécessaire pour la traversée des Alpes, mais, en plaine, elle deviendrait un handicap, ralentissant la marche. Une litière tirée par des chevaux serait préférable. Le masque d'acier ? Saint-Mars y renonce aussi, non seulement parce que Eustache en a trop souffert, mais parce que, s'approchant de Paris, il n'ose l'exhiber ainsi, au risque de se faire admonester*. Il choisit donc le masque de velours noir muni peut-être d'une mentonnière articulée afin de lui permettre de manger. Là, il n'invente rien. La formule de la litière et du masque souple avait été utilisée quelque trois ans plus tôt. On pouvait lire, en effet, dans la *Gazette d'Amsterdam* du 21 mars 1695, l'information suivante :

« Un lieutenant de galère, accompagné de vingt cavaliers, a conduit à la Bastille un prisonnier masqué qu'il a amené de Provence en litière et qui a été gardé à vue pendant toute la route, ce qui fait croire que c'était *quelque personne de conséquence*, d'autant plus qu'on cache son nom et que ceux qui l'ont conduit disent que c'était un secret pour eux. »

Le personnage en question, Gédéon Philbert, n'était pas un homme de haute naissance, et son secret n'avait rien de renversant : ce fils de banquier protestant de Lyon s'était enfui de France après la révocation de l'édit de Nantes et avait gagné Amsterdam, où vivaient ses deux oncles, également banquiers. Son retour en France et sa présence à Marseille au moment où la flotte croisait en Méditerranée avaient paru suspects. Arrêté dans la cité phocéenne, il fut conduit par ordre du roi à la Bastille. Les précautions prises pour sa translation firent conclure aussitôt que « c'était quelque personne d'importance ». Le mécanisme créateur de la rumeur était le même. Il trouva écho dans les pays protestants, où l'on surveillait d'un œil particulièrement

* Le masque d'acier a dû être utilisé ponctuellement pour le prisonnier tout au long de son séjour à Sainte-Marguerite, lorsqu'il devait être soigné par le « chirurgien », un nommé Rostan, ou confessé par le curé de l'île, l'abbé Giraut. Supprimées par Louvois à Exilles, les confessions et communions pascales avaient été rétablies par Barbezieux à Sainte-Marguerite pour tous les prisonniers catholiques (Barbezieux à Saint-Mars, 25 mars 1695, S.H.D., série A1, vol. 1292, p. 362).

vigilant tout ce qui se passait d'insolite en France. Mais le masque de velours de Philbert n'eut pas le retentissement du masque d'acier*.

En 1759, un gentilhomme d'Avignon, dont le nom ne nous est pas parvenu, entreprit une enquête aux îles de Lérins. Il en communiqua le résultat quatre ans plus tard dans une lettre à Voltaire, qui passait alors pour le grand spécialiste de la question. Son témoignage parut en 1771 dans le *Dictionnaire historique et critique* de Bonnegarde :

« Une dame qui vivait encore en 1759, et qui avait près de cent ans (Mme Cessis de Cannes), femme d'un officier invalide, m'a conté qu'elle obtint de M. de Saint-Mars la permission de *faire sa révérence* au Masque de fer, avant son départ pour Paris. Le Masque était dans l'appartement du commandant prêt à s'embarquer. Il la reçut avec beaucoup de bonté, tira son gant, et lui toucha dans la main. C'était, dit-elle, la peau la plus unie et la plus douce, une main de femme [16]. »

Le témoignage de « Mme Cessis », rapporté par le gentilhomme d'Avignon, présente tous les traits de l'authenticité. Ce que le gentilhomme d'Avignon appelle « l'appartement du commandant » n'était autre que la salle de garde qui communiquait avec le couloir des prisons et qui sert aujourd'hui d'entrée au château. On imagine très bien que le prisonnier s'y soit tenu avant de quitter le bâtiment sous bonne escorte. Cette dame « Cessis » a bien existé ainsi que le prouvent les archives de Cannes. Née Catherine Dissandon, elle avait épousé Jean-Charles Cessy, qui était capitaine du port de Sainte-Marguerite au début du XVIIIe siècle. Elle vécut longtemps à l'île à l'époque du prisonnier. L'un de ses parents par alliance, Dominique Cessy, officier au régiment de Bugey, faisait également partie de la garnison. Après la mort de son mari, elle se retira à Cannes où elle décéda le 4 janvier 1761, « âgée d'environ cent ans ». Elle aurait été ainsi à l'origine de la légende du Masque de fer féminin, dont on parlera en Provence**.

* Au XVIIIe siècle, il y eut encore des prisonniers masqués. En 1719, selon le colonel Fossa, on pouvait constater l'existence au donjon de Vincennes de quatre mystérieux prisonniers masqués dont les noms ne furent pas inscrits sur le registre d'écrou. Le numéro du 2 décembre 1789 des *Annales patriotiques et littéraires de la France* signalait aussi l'arrivée d'un prisonnier masqué à la forteresse prussienne de Spandau...

** En novembre 1895, les journaux *Le Gaulois* et *L'Autorité* publièrent les révélations « d'un homme considérable dans le monde, qui désirait garder l'anonymat » : « Souvent M. Méro, de son vivant maire de Cannes, m'a raconté avoir entendu dire à son père qu'un de ses ancêtres du même nom, docteur à Cannes, avait été appelé à donner des soins au Masque de fer lors de sa captivité à l'île Sainte-Marguerite et qu'il affirmait que le prisonnier était... une femme. » Les archives de Cannes attestent bien l'existence de plusieurs médecins dans la famille Méro : Fran-

L'attitude de Saint-Mars, à travers ce témoignage fort plausible, est intéressante. Mme Cessy a obtenu de lui « la permission de faire sa révérence au Masque de fer ». Voilà bien qui contraste avec la rigidité du geôlier que nous avons connue, quand régnait l'implacable Louvois. C'était alors un officier strict et ferme sur la discipline. Ce n'est pas lui qui aurait autorisé Mme d'Herleville à faire la révérence à ses deux merles avant son départ pour Exilles ! Et pourtant Mme d'Herleville était la femme du gouverneur général de Pignerol ! A Exilles, on n'imagine pas non plus qu'au moment de quitter le fort il ait permis aux notables des environs de rencontrer, ne fût-ce qu'un instant, ce prisonnier qui ne devait « être vu ni connu de personne ». Et voilà qu'en 1698, à Sainte-Marguerite, il s'adoucit ! Et devant qui ? Devant la femme d'un de ses subordonnés ! Son devoir aurait été évidemment d'écarter cette demande incongrue, incompatible avec les consignes reçues. S'il y accède, n'est-ce pas précisément parce qu'elle sert le mythe qu'il s'efforce de forger depuis plus de dix ans ! Autorisée à faire sa révérence au prisonnier mystérieux, Mme Cessy ne peut imaginer un instant qu'elle a devant elle un simple valet. On admirera la mise en scène : comme un grand prince, le malheureux porte des gants (il ne faisait pourtant pas un froid polaire sur la Côte d'Azur en ce dernier jour d'août !).

Le vieux renard quitte ravi son îlot rocheux où il a passé onze ans : il a conforté la légende princière et semé ses « contes jaunes » comme fleurs des champs. Mme Cessy est persuadée qu'il s'agit d'une femme, d'une mystérieuse princesse sans doute, enfermée pour raison d'Etat. Quant au neveu Louis de Formanoir, futur capitaine de la compagnie franche, contemplant les pincettes à épiler du prisonnier, qu'il lui a laissées en héritage, il songe qu'elles ont servi à arracher la barbe du petit-fils de Henri IV ! La Motte-Guérin, lieutenant de roi, qui reprenait le commandement du fort, en était pour sa part convaincu ! En 1719, quand ce dernier s'entretint familièrement avec son nouveau prisonnier, le pamphlétaire La Grange-Chancel, il croyait ne pas mentir en racontant que son prédécesseur « avait de grands égards pour ce prisonnier, qu'il le servait toujours lui-même en vaisselle d'argent et lui fournissait souvent des habits aussi riches qu'il paraissait le désirer[17]... ». Il avait tout simplement été mystifié.

çois, né en 1680, mort en 1755, et Honoré-Joseph, son fils, mort en 1784 à l'âge de quarante-huit ans. Mais aucun d'eux n'a pu connaître le prisonnier, qui avait quitté définitivement l'île en 1698.

Saint-Mars, volontiers hâbleur, a non seulement entretenu son jeune neveu Louis dans les « contes jaunes », mais il a fait de même avec son autre neveu, Joseph de Formanoir, lequel racontera à son propre neveu Guillaume-Louis que le prisonnier était « toujours vêtu de brun, qu'on lui donnait de beaux linges et des livres, que le gouverneur et les officiers restaient devant lui debout et découverts jusqu'à ce qu'il les fît couvrir et asseoir ; qu'ils allaient souvent lui tenir compagnie et manger avec lui* ».

Dans son récit, La Grange-Chancel ajoute une anecdote se situant elle aussi au moment du départ de Sainte-Marguerite : « Plusieurs personnes ont raconté que lorsque Saint-Mars alla prendre possession de la Bastille où il conduisit son prisonnier, on entendit ce dernier, qui portait son masque de fer, dire à son conducteur : — Est-ce que le roi en veut à ma vie ? — Non, *mon Prince*, répondit Saint-Mars, votre vie est en sûreté, vous n'avez qu'à vous laisser conduire. »

J'ai longtemps cru que cette historiette faisait partie du lot des absurdes légendes qui circulèrent au XVIIIe siècle. Je me demande maintenant si elle n'est pas authentique, et si, après ce masque de velours à mentonnière, sa paire de gants, Saint-Mars, traitant comme sa poupée le pauvre Eustache, si doux et si soumis, n'a pas ajouté ce nouveau sketch à son spectacle de marionnettes ?

La chaloupe des îles a franchi le bras de mer qui sépare l'embarcadère de Sainte-Marguerite de la pointe de la Croisette. Le cortège s'enfonce maintenant à l'intérieur des terres. Assurément, ce n'est point à Saint-Mars que nous devons de visiter aujourd'hui le cachot du Masque de fer au château d'If à côté de la cellule de l'abbé Faria. Jamais il n'y mit les pieds, ni seul ni avec son prisonnier. Il y a là une sorte de ratatouille provençale qui doit plus peut-être à Alexandre Dumas qu'à l'imaginatif Bénigne Dauvergne ! Pour passer par la route des gorges du Verdon, il est possible que Saint-Mars ait d'abord repris le mode de transport de 1687 : la chaise à porteurs, plus facile à utiliser en terrain escarpé que la litière tirée par des chevaux.

A Riez, vieille ville provençale connue pour ses souvenirs gallo-romains, on fait une halte. Le gentilhomme d'Avignon,

* Lettre de Guillaume-Louis de Formanoir à Fréron du 19 juin 1768, *L'Année littéraire*, 30 juin 1768, t. IV, p. 353-354. Seul manque le témoignage du troisième neveu de Saint-Mars, Guillaume de Formanoir dit Corbé, père de Guillaume-Louis et lieutenant de la compagnie franche de la Bastille. Il mourut en 1740, laissant des mémoires relatifs à sa carrière au côté de Saint-Mars, mémoires aujourd'hui disparus, mais dans lesquels, semble-t-il, il ne parlait pas — peut-être par prudence — du Masque de fer.

dont j'ai cité le témoignage, a suivi plus de soixante ans plus tard la même route, à la recherche d'indices laissés par le voyageur masqué sur son passage. Il écrit :

« Lorsqu'on le transféra à Paris, on prit une litière. Arène, voiturin de Riez, loua la sienne. Il racontait qu'on lui avait ordonné très expressément de ne point regarder le Masque et de se tourner du côté opposé ; mais, malgré cette défense, il cherchait toujours quelque prétexte pour avoir moyen de l'observer. Ce que cet Arène disait sur sa taille et sur tout le reste, ajoutait-il à l'adresse de Voltaire, était entièrement conforme à ce que vous avez dit dans votre *Siècle de Louis XIV.* »

On ne peut s'empêcher de penser que cette insistance à faire tourner le regard du voiturin ailleurs qu'en direction du prisonnier masqué avait précisément pour objet d'aiguiser sa curiosité et de le persuader de son importance.

Le bref séjour de Saint-Mars en sa terre de Palteau en Bourgogne est, dans la même veine, un petit chef-d'œuvre de mise en scène destiné à intriguer les badauds, même si ce ne sont que des paysans. Songeons que là le nouveau gouverneur de la Bastille est chez lui et qu'il doit plus qu'ailleurs impressionner. Le château de Palteau existe toujours, près de Villeneuve-sur-Yonne. C'est une grande demeure seigneuriale de style Louis XIII, belle et agréable, avec une vaste cour d'honneur et deux ailes d'un seul étage. Au fond, se dresse le bâtiment principal[18].

« En 1698, raconte Guillaume-Louis de Formanoir de Palteau dans sa lettre à Fréron, M. de Saint-Mars passa du gouvernement des îles Sainte-Marguerite à celui de la Bastille. En venant en prendre possession, il séjourna avec son prisonnier à sa terre de Palteau. L'homme au masque arriva dans une litière qui précédait celle de M. de Saint-Mars ; ils étaient accompagnés de plusieurs gens à cheval. Les paysans allèrent au-devant de leur seigneur. M. de Saint-Mars mangea avec son prisonnier qui avait le dos opposé aux croisées de la salle à manger qui donnent sur la cour. Les paysans que j'ai interrogés ne purent voir s'il mangeait avec son masque ; mais ils observèrent très bien que M. de Saint-Mars, qui était à table vis-à-vis de lui, avait *deux pistolets à côté de son assiette.* Ils n'avaient pour les servir qu'un seul valet de chambre qui allait chercher les plats qu'on lui apportait dans l'antichambre, fermant soigneusement sur lui la porte de la salle à manger. Lorsque le prisonnier traversait la cour, il avait toujours son masque noir sur le visage ; les paysans remarquèrent qu'on lui voyait les dents et les lèvres, qu'il était grand et avait les cheveux blancs. M. de Saint-Mars coucha *dans un lit qu'on avait dressé auprès de celui de l'homme au masque.* »

Ainsi, soixante-dix ans après ce mince événement, on s'en souvenait encore aux environs du château de Palteau et de Villeneuve-sur-Yonne. Que dis-je, soixante-dix ans ! Cent soixante-dix ans après, en 1869, Marius Topin recueillait encore dans la région des échos de cette étrange équipée ! Quel metteur en scène de génie que ce Saint-Mars ! La litière du prisonnier qui précédait la sienne était là pour suggérer que le personnage qu'il escortait respectueusement, avec « plusieurs gens à cheval », était de haute naissance*. Et ce repas, apparemment copieux, pris dans la salle à manger en compagnie de l'inconnu, avec ce va-et-vient du valet allant de l'antichambre à leur table ! Le haut et puissant Saint-Mars, seigneur de Dixmont et d'Erimont, grand bailli de Sens, ne pouvait dîner qu'avec un vrai gentilhomme, de bonne naissance assurément. S'il s'était agi d'un misérable valet, se serait-il commis avec lui ? Et ces deux pistolets, sans utilité aucune face à un homme incapable de prendre la fuite ? Ils n'avaient pour seul but que d'accréditer ce qu'il racontait sans cesse : qu'il avait ordre de lui brûler la cervelle s'il se découvrait ou s'il donnait son nom ! Et le lit ! Saint-Mars, raconte Formanoir de Palteau, coucha dans le lit qu'on lui avait dressé auprès de l'inconnu. Cela signifie que le beau lit à baldaquin du château avait été réservé au prisonnier et que le gardien s'était contenté d'une couchette d'appoint. Il est dommage que l'on n'ait pas davantage de détails sur son long voyage vers Paris. Mais c'est un peu la faute de cet obstiné de Barbezieux qui n'avait pas voulu délivrer les sauf-conduits nécessaires pour loger dans les châteaux du roi, comme en 1687, et avait recommandé de s'arrêter dans les auberges ! Sinon, que de garnisons et d'officiers supérieurs n'aurait-il pas impressionnés !

On arrive enfin à la Bastille. On aurait pu imaginer que Saint-Mars, titulaire du maréchalat des gardiens de prison, arrêterait là la comédie. Eh bien, non ! Imperturbablement, il continue son rituel. Il a perdu sa compagnie franche qui est restée aux îles, attachée à la garde des autres prisonniers ; il n'a plus avec lui aucun ancien soldat de Pignerol susceptible de reconnaître en cet homme vieillissant les traits du valet de Fouquet. Seul,

* L'escorte de Saint-Mars se réduisait en réalité à Rosarges, Guillaume de Formanoir de Corbest, dit Corbé, l'abbé Giraut, Rû et quelques valets.

Rosarges sait qui il est, mais on a acheté le silence de ce médiocre par de l'argent et des honneurs. N'a-t-il pas porté la hallebarde du gouverneur pendant le voyage de Paris, n'est-il pas entré à la Bastille, lui, l'humble sergent faisant office de premier lieutenant, avec le titre de major, ce qui en fait le troisième personnage de la forteresse, derrière Du Junca, mais devant son rival Corbest, le propre neveu de Saint-Mars ?

La Bastille dépendant du secrétaire d'Etat à la Maison du roi, Saint-Mars change de ministre de tutelle : c'est Louis de Pontchartrain, ce Pontchartrain à qui Barbezieux déniait le droit de savoir ce qu'avait « fait » l'ancien prisonnier. En réalité, pas plus que Barbezieux il ne semble y prendre intérêt. « Le roi, écrit le nouveau ministre à Saint-Mars le 3 novembre 1698, trouve bon que votre prisonnier de Provence se confesse et communie toutes les fois que vous le jugerez à propos [19]. » « Prisonnier de Provence » : l'expression, inhabituelle, montre que Pontchartrain est peu ou mal informé. En tout cas, il n'impose aucune restriction, ne rappelle même pas les précautions à prendre pour que, sur le chemin de la messe, le mystérieux captif ne soit « ni vu ni connu ». Saint-Mars est outré de pareille indifférence !

Qu'à cela ne tienne ! Il va se servir de l'autorisation de la messe dominicale pour continuer la comédie du masque. Vis-à-vis du personnel de la Bastille, cette mise en scène est encore une manière de se faire valoir, tout en dupant son monde, double plaisir à ne pas bouder. Le lieutenant de roi Du Junca, les officiers, les porte-clés, les sergents d'armes, les valets de la Bastille, abasourdis par l'arrivée théâtrale et fracassante de septembre 1698, sont intrigués, fascinés par ce mystérieux individu, grand diable au visage couvert d'un masque noir, qui, une fois par semaine, sort de sa retraite monacale pour se rendre à la chapelle, escorté par le major Rosarges et le porte-clés Rû. Cette traversée de la cour, de même que le nettoyage complet de sa cellule après son décès laissèrent un souvenir marquant dans la forteresse, et c'est bien ce qu'avait désiré le geôlier en poursuivant son amusement de vieux gamin.

Courtilz de Sandras, entré à la Bastille le 22 avril 1693 et sorti le 2 mars 1699, qui bénéficiait de la « liberté de cour » à partir du 25 juin 1696 [20], a certainement vu le prisonnier quand il se rendait ainsi à l'office. Il a transposé cet événement dans ses *Mémoires de M. d'Artagnan*, parus sitôt sa sortie de prison : se moquant de sa bête noire, le gouverneur Besmaux, prédécesseur de Saint-Mars, il en fait un Arnolphe jaloux qui aurait contraint sa femme, la superbe Marguerite de Peyrolz, à porter un masque pour échapper aux galants : « Il lui acheta un des plus grands masques de Paris, avec une des plus grandes mentonnières, et l'obligea de les porter toujours sur le visage. » Cet instrument « ressemblait comme deux gouttes d'eau à celui d'une vieille ». Quand il fut nommé à la Bastille, il ne voulut point qu'elle aille à la messe « sans son grand masque et sa grande mentonnière ». « Deux soldats de ce château l'accompagnaient même dans ses dévotions, l'un sous prétexte de lui donner la main, l'autre pour prendre garde sans faire semblant de rien que quelqu'un ne lui parlât à traverse, ou qu'on ne lui glissât quelque billet en passant[21]. » Comment à cette lecture ne pas penser au prisonnier ?

Il faut ajouter à ce témoignage la tradition recueillie plus tard par l'avocat-journaliste Linguet, rapportée par Jean-Benjamin de La Borde, ancien valet de chambre de Louis XV : « Le prisonnier portait un masque de velours et non pas de fer, au moins pendant le temps qu'il passa à la Bastille. Le gouverneur lui-même le servait et enlevait son linge. Quand il allait à la messe, il avait la défense de parler et de montrer sa figure ; l'ordre était donné aux invalides de tirer sur lui ; leurs fusils étaient chargés à balle ; aussi avait-il le plus grand soin de se cacher et de se taire. Quand il fut mort on brûla tous les meubles [...]. M. Linguet m'a assuré qu'à la Bastille il y avait encore des hommes qui tenaient ces faits de leurs pères, anciens serviteurs de la maison[22]. » Linguet commet une erreur quand il parle de la compagnie des invalides qui ne sera créée qu'à la fin de 1749 par Louis XV. Mais il y avait une compagnie franche affectée à la garde de la prison, et Saint-Mars aurait pu avoir l'idée de la mettre en alerte. Cela confortait trop bien la légende !

Le masque servait également quand le prisonnier devait rencontrer le médecin de la Bastille. Alliot, titulaire de la charge, ne fut remplacé qu'en septembre 1703 par Fresquière qui rapportera à son gendre Marsolan qu'il ne put jamais examiner le visage de l'inconnu. Il en fut de même pour l'aumônier Honoré Giraut, venu de Provence, qui continuait de confesser le prisonnier.

A mesure qu'il vieillissait, Saint-Mars, matamore décrépit, affabulateur à l'imagination fertile, faisait parade de son importance en débitant d'abracadabrantes fanfaronnades, comme celles qu'il conta à Constantin de Renneville, à peine arrivé à la Bastille : il avait servi en Hollande, s'était querellé avec sept Hollandais, en avait tué quatre et désarmé les trois autres, s'était embarqué pour Lisbonne où il avait remporté le prix dans un tournoi fameux, puis était passé à la cour de Madrid où les plus belles dames l'avaient vu remporter une course de taureaux et l'avaient couvert d'œufs remplis d'eaux de senteurs[23]... Comme il est fréquent chez les vieillards, il ressassait les souvenirs du passé, quand il ne les inventait pas. Le 11 juin 1700, il envoyait encore à Pontchartrain des morceaux de linge sur lesquels Fouquet avait écrit à Pignerol : « Voici un échantillon de quoi se servait feu M. Fouquet pour écrire sur du linge... [*Il*] écrivait sur du linge non apprêté et sur des rubans sans qu'on pût voir aucune lettre que par le feu[24]. » Il radotait...

La seule rumeur dont on ne peut attribuer la paternité à Saint-Mars est celle faisant du prisonnier masqué ce « fripon » de Matthioli. Elle n'avait en effet rien de valorisant. Elle venait d'une confusion entre les deux hommes. J'ai montré que ce bruit courait à Paris et en Europe dès 1687. A l'île Sainte-Marguerite, l'abbé Favre, qui ne confessa jamais l'homme au masque, en était convaincu, de même que Jacques Souchon, soldat de la compagnie franche, qui inhuma le malheureux Italien dans le cimetière du fort, par une nuit d'avril 1694[25]. Mais, là encore, Saint-Mars en sut tirer profit. Ne pouvant enterrer sa « créature » sous le nom de Beaufort ou de Vermandois, c'est ce nom qu'il choisit, confiant à l'oreille de son neveu Joseph de Formanoir qu'il avait fait mettre des « drogues » dans le cercueil pour ronger au plus vite son visage. Sinistre ! Après le masque de fer, celui de velours, « Marchioly » fut le troisième masque d'Eustache Danger, le dernier pied de nez à l'Histoire du vieux mousquetaire...

On doit à John Noone d'avoir mis en évidence le rôle joué par Saint-Mars dans la formation du mythe que j'avais suggéré il y a quelques années. « Le masque de Danger, écrit-il, n'avait pas pour but de cacher qui il était, mais ce qu'il n'était pas. Ce n'était ni un maréchal de France, ni un président au Parlement. Ce n'était ni Richard Cromwell, ni le duc de Beaufort. Ce n'était pas en lui-même un homme d'importance, mais il était nécessaire pour l'image de son geôlier qu'il parût l'être[26]. » A quoi donc servait le masque ? Précisément à cacher le vide, le néant du personnage. Une farce en somme, habilement jouée, qui a dupé et dupe encore son monde. Tout était faux : les égards, l'origine sociale, jusqu'au secret qui avait perdu de sa valeur. « In the mystery of the Iron Mask, conclut Noone, there is finally more irony than iron[27]. » « Dans le mystère du Masque de fer, il y a en définitive *plus d'ironie que de fer* », que l'on pourrait traduire littérairement, pour respecter le jeu de mots anglais, par : « plus de bergamasque que de masque »...

Mais ceci n'est vrai que dans une certaine mesure. La mystification de Saint-Mars permet assurément de mesurer l'abîme qui sépare l'humble réalité, la condition servile du personnage, des égards princiers que le geôlier semble avoir pour lui. Entre la légende et la réalité, la différence est telle que, si nous n'avions pas la correspondance ministérielle et les comptes des prisons, leur logique, leur implacable enchaînement, on pourrait encore douter et se laisser prendre au piège. Indiscutablement, l'un des grands responsables de la légende, c'est bien Saint-Mars, et nous ne parlerions pas de cette affaire s'il ne s'était pas écarté de son « devoir de réserve » d'officier du roi. Ce sont ses « contes jaunes » qui ont, sinon créé, du moins abondamment nourri le mythe.

Il ne faudrait pas pour autant négliger l'affaire de 1669 qui a motivé l'incarcération de cet individu, ni les inquiétudes de Louvois quand il apprit qu'elle avait probablement été éventée. Le secret du Masque de fer ne se réduit pas à celui de maître Cornille dans les *Lettres de mon moulin*, ce vieux et digne meunier, concurrencé par les minotiers modernes, qui faisait croire qu'il transportait sur son âne des sacs de farine, alors que plus personne depuis longtemps ne lui confiait de beaux blés mûrs !

Dans sa communication au second congrès de Pignerol, John Noone est allé plus loin, trop loin à mon avis. Il pense qu'en imposant un masque d'acier au valet mystérieux Saint-Mars s'est comporté comme une personne psychologiquement dérangée. Emmuré dans ses propres fantasmes, dans son désir de considération, étreint par un incoercible besoin d'épater la galerie, sombrant dans une psychose grave, la paranoïa pour tout dire, il aurait fini par être persuadé qu'il gardait quelqu'un de la plus haute importance. Si Bénigne de Saint-Mars, conclut-il, avait reçu à Exilles un traitement psychiatrique moderne, le Masque de fer n'aurait jamais existé [28].

C'est là une thèse plus facile à énoncer qu'à prouver. Il est plus raisonnable d'en rester à l'idée de supercherie, de mystification. Saint-Mars s'est simplement laissé prendre au jeu, ravi de constater que la considération qu'on lui portait était directement proportionnelle au mystère que ce moderne Pygmalion, se délectant lui-même du mythe qu'il avait engendré, distillait à ses interlocuteurs avec une suprême gourmandise.

9

LE MYTHE

Comment expliquer le succès foudroyant de la légende au XVIIIe siècle ? Dès le règne de Louis XIV, l'horreur du masque d'acier posé sur le visage d'un prisonnier d'Etat avait soulevé en Provence une forte émotion. Jouant de la fascination et de la peur, nourrissant des angoisses collectives face au pouvoir absolu et à ses procédés policiers, ce personnage sépulcral rappelait trop les craintes ancestrales pour tomber dans l'oubli. Aussi, comme l'apprenti sorcier, vite dépassé par ses propres créations, Saint-Mars n'orchestra pas longtemps les flots montants de la rumeur. Après une période de gestation, la légende prit son envol, échappant à son contrôle, telle une rhapsodie endiablée. « Tous ceux que l'on croit morts ne le sont pas ! » avait dit en ricanant le vieil argousin. On prit le propos pour argent comptant.

Dès le temps du Grand Roi, on fit le rapprochement entre la disparition en 1683, dans la fleur de son âge, du jeune comte de Vermandois et l'apparition trois ans et demi plus tard du mystérieux voyageur masqué se rendant, sous bonne garde, à l'île Sainte-Marguerite. Ainsi, aux yeux de l'opinion, l'homme au masque d'acier serait un fils de roi, et quel roi ! Louis XIV, qui allait fasciner tout le XVIIIe siècle, dans une singulière figure d'attraction-répulsion. De surcroît, c'était un prince malheureux, victime de la raison d'Etat, enfermé, dit-on, pour avoir donné un simple soufflet à son demi-frère, le Grand Dauphin, héritier légitime de la couronne. Pour satisfaire aux remontrances de ses conseillers offusqués, le monarque avait été contraint de sévir malgré sa tendresse naturelle envers l'enfant. Il lui évita la mort, mais quel tragique destin lui réserva-t-il : l'enfermement de son corps et de son visage ! Le contraste était saisissant entre la beauté, la jeunesse de ce prince, fils de la douce Louise de La Vallière, et la terreur qu'éprouvèrent les badauds provençaux devant cet homme de grande taille, habillé de brun, surgissant de sa chaise à porteurs.

D'autres légendes allaient naître. En 1692, parut à « Cologne, chez Pierre Marteau », adresse fictive de Pierre Elzevier, d'Amsterdam, où s'imprimaient en réalité les pamphlets orangistes contre Louis XIV, un petit opuscule intitulé : *Les Amours d'Anne d'Autriche, épouse de Louis XIII, avec M. Le C. D. R., le véritable père de Louis XIV, où l'on voit au long comment on s'y prit pour donner un héritier à la Couronne, les ressorts qu'on fit jouer pour cela et enfin tout le dénouement de cette comédie.* L'ouvrage anonyme, attribué — à tort — au pamphlétaire Eustache Le Noble (1643-1711), connut une deuxième édition en 1693, puis une troisième en 1696.

L'intrigue était grossièrement cousue. Souffleté par Gaston d'Orléans à qui il venait de proposer pour épouse sa nièce, Parisiatis (Mme de Combalet), Richelieu résolut d'écarter cet insolent de la succession au trône. Le meilleur moyen était de donner un héritier à Anne d'Autriche en ayant recours à un amant d'occasion. Un soir, le jeune C.D.R. (le comte de Rochefort ou de Rivière), que le Cardinal connaissait pour être follement amoureux de la reine, reçut d'une main inconnue un billet l'invitant à se rendre à un endroit indiqué, à s'y laisser bander les yeux et conduire au lieu de ses rêves. Le jeune homme était aventureux. Il accepta et, lorsque le bandeau tomba, il se retrouva dans la chambre d'Anne d'Autriche. On devine la suite... La reine s'abandonna. Neuf mois plus tard Louis XIV voyait le jour. Ainsi, le roi de France n'était pas un prince, mais un usurpateur ! L'auteur promettait une suite qui renvoyait au solitaire de Sainte-Marguerite : « Si cette histoire plaît au public, on ne tardera pas à donner la suite, qui contient la fatale catastrophe du C.D.R. et la fin de ses plaisirs qui lui coûtèrent cher... »

Il aurait été étonnant que l'infatigable échotière qu'était Madame Palatine, seconde épouse de Monsieur, à l'affût des moindres bruits filtrant de dessous les portes, n'eût pas attrapé au vol quelques bribes d'information sur l'homme au masque. Le 10 octobre 1711, elle écrivait à sa chère Sophie de Hanovre : « Je viens d'apprendre quelque chose d'extraordinaire. Un homme est resté de longues années à la Bastille et y est mort masqué. Il avait à ses côtés deux mousquetaires pour le tuer, s'il ôtait son masque. Il a mangé et dormi masqué. Il fallait sans doute que ce fût ainsi, car on l'a d'ailleurs très bien traité, bien logé et on lui a donné tout ce qu'il désirait. Il a communié masqué ; il était très dévot et lisait continuellement. On n'a jamais pu apprendre qui il était. » Douze jours plus tard, elle ajoutait : « Je viens d'apprendre quel était l'homme masqué qui est mort à la Bastille. S'il a porté un masque, ce n'était point par barbarie : c'était un mylord anglais qui avait été mêlé à l'affaire du duc de Berwick contre le roi Guillaume. Il est mort afin que ce roi ne pût jamais apprendre ce qu'il était devenu[1]. »

Les historiens ont expédié d'un haussement d'épaules l'anecdote du milord anglais relatée par la belle-sœur de Louis XIV. Ils ont eu tort. Ce milord anglais était, en réalité, un contrebandier, actif agent jacobite, nommé Hunt, mêlé à une tentative d'assassinat de Guillaume III, arrêté à Calais en janvier 1698 et conduit en grand secret à l'île Sainte-Marguerite, sur ordre du roi contresigné de Colbert de Torcy, secrétaire d'Etat aux Affaires étrangères[2]. Ce fut donc pendant quelques mois l'un des voisins de prison de l'homme au masque. Hunt resta sous la garde de La Motte-Guérin jusque vers l'été de 1707, époque à laquelle vraisemblablement il fut transféré à la Bastille. Il y retrouva Saint-Mars qui n'avait plus que quelques mois à vivre, et dut y mourir lui-même vers le mois de juillet 1709[*].

Reste à savoir si l'information communiquée à la Princesse Palatine était une erreur due à une confusion de personnes, ou un renseignement volontairement donné pour l'égarer. Comme Madame faisait à cette époque un séjour à Marly, il est probable qu'elle y a interrogé Torcy, l'un des rares à la Cour, sinon le seul, à être au courant de l'affaire Hunt, et c'est lui sans doute qui, connaissant trop le goût de la belle-sœur du roi pour les commérages (depuis septembre 1699, il dirigeait la surintendance des Postes, autant dire le cabinet noir !), lui a conté cette histoire authentique pour détourner sa curiosité. La princesse s'est contentée d'embellir le récit : Hunt en effet n'était pas un milord, mais un agent qui en savait trop sur certaine affaire louche dont furent au courant Jacques II et Louis XIV, peut-être un agent double... En 1711, on pouvait encore canaliser la curiosité, neutraliser les rumeurs concernant l'homme masqué dont on ne discourait qu'à mots couverts. Quelques années plus

* Le 25 de ce même mois, en effet, Bernaville, successeur de Saint-Mars, recevait l'autorisation de rendre les vêtements à sa famille (S.H.D., série A1, vol. 2148, et A.E., France, 1164, f° 174).

tard, cela devint impossible. Madame n'en a pas eu l'écho, mais déjà, bien avant l'année 1711, la légende du frère clandestin du roi avait commencé de courir...

On a vu comment une frustration de carrière, celle de Saint-Mars à Exilles, avait été à l'origine de la légende du Masque de fer. Une autre frustration allait conférer à celle-ci toute sa densité, donnant une impérissable consistance au plus extraordinaire canular jamais lancé : celui du frère aîné de Louis XIV. De tous les proches collaborateurs du roi à la fin du XVIIe siècle, François, marquis de Barbezieux, était le plus doué, le plus brillant. Eloquent, avec les manières polies d'un grand seigneur, mais susceptible, dur et emporté, l'homme avait une vive intelligence, une puissance, une rapidité de travail exceptionnelles. Son père d'ailleurs le savait bien, qui lui avait fait obtenir la survivance de sa charge de secrétaire d'Etat à la Guerre, de préférence à ses frères aînés, Courtenvaux et Souvré.

Présomptueux à l'excès, trop sûr de ses dons et de sa supériorité d'esprit, Barbezieux se relâcha vite, devint paresseux, réservant le plus clair de son temps aux beuveries et aux parties fines avec ses amis au point que sa seconde épouse, Marie-Thérèse d'Alègre, se sépara de lui et se retira dans un couvent. Fatigué de tant d'arrogance, irrité de ses frasques en un temps où, avec Mme de Maintenon, il faisait le dévot, Louis XIV finit par le prendre en grippe. A la fin d'octobre 1695, il remit à son oncle, Mgr Le Tellier, archevêque de Reims, un mémoire qui étalait sa fureur : « Je ne veux point le perdre, concluait-il, j'ai de l'amitié pour lui, mais le bien de l'Etat marche chez moi avant toutes choses [3]. »

Le 20 novembre 1700, Barbezieux eut la douleur d'apprendre que le contrôleur général des Finances Michel de Chamillart, médiocre homme d'Etat mais protégé de Mme de Maintenon et incomparable partenaire du roi au billard, lui avait été préféré pour entrer au Conseil d'en haut, l'organe suprême de la monarchie. Après Torcy, promu ministre d'Etat en mars 1699, ce fut pour lui le coup de grâce. Depuis près de soixante ans, son grand-père puis son père avaient eu la part principale au gouvernement, lui-même pendant près de dix ans n'avait pas ménagé sa peine, et il n'avait rien. Il en fut outré, exaspéré, moins contre Chamillart qui, faisant le modeste, cherchait à le consoler, que contre le roi, ce sultan orgueilleux et ingrat, ce bigot égoïste qui le rejetait. « Il se livra avec ses amis à la débauche plus que de coutume, pour dissiper son chagrin, raconte Saint-Simon. Il avait bâti entre Versailles et Vaucresson, au bout du parc de Saint-Cloud, une maison en plein champ, qu'on appela l'Etang, qui, dans la plus triste situation mais à portée de tout, lui avait coûté des millions. Il y allait souvent, et c'était là qu'il tâchait de noyer ses déplaisirs avec ses amis, dans la bonne chère et les autres plaisirs secrets[4]... »

C'est probablement dans cette petite folie de l'Etang, après la disgrâce qui l'avait assommé, qu'il se mit à parler de l'homme au masque dont il avait perdu la tutelle depuis 1698. A la mort de son père, il ne savait sans doute pas grand-chose d'Eustache Danger ni des raisons qui l'avaient conduit en prison. Né en 1668, il n'avait qu'un an au moment de son arrestation à Calais, et vingt-trois quand il prit en main le secrétariat d'Etat à la Guerre. Certes, dès le 18 novembre 1685, date de sa prestation de serment en tant que survivancier de son père, Louvois l'avait associé à des tâches d'intendance fort complexes : le détail et le mouvement des troupes, l'art et la manière d'acheminer les approvisionnements et les munitions, mais, sur la tutelle des prisons, il s'était probablement moins étendu. Après le brutal décès de son ministre de la Guerre, en juillet 1691, Louis XIV n'avait pas dû, non plus, lui faire de grandes confidences. Tout au plus Barbezieux avait-il fini par savoir que le prisonnier gardé depuis vingt ans était un ancien valet de Fouquet, qui avait partagé tous ses secrets : ce sera bientôt la thèse quasi officielle, c'était déjà celle qui figurait dans la lettre de Louvois du 8 avril 1680. Les rumeurs du voyage de 1687 puis de celui de 1698, les bruits de la Bastille lui revinrent aux oreilles. Alors, au milieu de ses belles amies, l'impertinent petit marquis, un peu trop éméché, aigri à jamais, avait débité une ahurissante histoire, inspirée du pamphlet orangiste sur les *Amours d'Anne d'Autriche*. Ce prisonnier mystérieux, bien sûr il en connaissait l'identité ! C'était un terrible secret d'Etat ! Il allait le leur confier sous le sceau de la confidence : Prêtez l'oreille, mesdames, et ne le répétez pas ! Ce grand homme conduit de prison en prison avec d'exceptionnelles précautions, le visage caché pour qu'on ne reconnaisse pas ses traits, eh bien oui, c'était... devinez ? C'était le frère aîné du roi, né des amours adultérines de la reine et du duc de Buckingham ! Chut ! Secret d'Etat !

De tels propos étaient d'une audace inouïe, d'un danger extrême, frisant le crime de lèse-majesté. Mais Barbezieux n'en avait cure ! Louis s'était moqué de lui, il pouvait bien lui rendre la monnaie de sa pièce ! Cet énorme bobard était sa froide vengeance ! Eclats de rires et stupeur au petit château de l'Etang !

Quelle nouvelle ! Ainsi, ce vieillard orgueilleux et cruel, confit en dévotion, priant Dieu matin et soir à la chapelle royale à côté de sa méchante fée, tenait cruellement enfermé dans une chambre de la Bastille un frère clandestin qui, né du vivant de son père, pouvait lui disputer le trône.

Barbezieux ne savoura pas longtemps son plaisir. Au bout de quelques jours, il revint à Versailles, brûlé d'un mal de gorge et d'une fièvre ardente. Il se fit saigner, mais la maladie s'en moqua et le saisit tout entier, ne lui laissant que le temps de faire son testament et de se confesser. Cinq jours plus tard, le 5 janvier 1701, veille de la fête des Rois, dans le bureau de la surintendance où son père avait été frappé d'une mortelle crise d'apoplexie, il expira.

Il avait couché sur son testament sa maîtresse chérie, Geneviève-Antoinette du Bois de Saint-Quentin, dame des Moulins-Neufs, lui laissant de quoi vivre jusqu'à la fin de ses jours. Celle-ci quitta la Cour et se retira à Chartres où elle mourut vers le milieu du XVIIIe siècle. C'est là, dans la capitale de la Beauce, bien avant la parution du *Siècle de Louis XIV*, qu'elle se mit à raconter l'histoire du frère aîné du roi, dont Anne d'Autriche avait accouché secrètement, histoire qu'elle avouait tenir de la bouche même de son amant.

Jean-Benjamin de La Borde, premier valet de chambre de Louis XV, qui publia plus tard à Londres, en 1783, une *Histoire de l'Homme au masque de fer, tirée du Siècle de Louis XIV par Voltaire*, fut l'un de ceux qui recueillirent l'anecdote en passant par Chartres. Mlle de Saint-Quentin était décédée, mais il fut impressionné par la conviction de ceux qui la lui racontèrent et la tint pour authentique. Mlle de Saint-Quentin, dit-il, « ajoutait qu'il y avait une parfaite ressemblance entre les deux frères ; raison pour laquelle le prisonnier portait un masque. [...] Il est assez probable que Barbezieux qui aimait beaucoup les femmes ait découvert ce secret à sa maîtresse, qu'il ne quitta qu'à la mort. [...] Quelques personnes qui ont causé avec Mlle de Saint-Quentin prétendent qu'elle se trompait sur l'auteur de la naissance de cet inconnu. Il est plus naturel, suivant elles, de croire qu'il fut le fruit d'un autre commerce ; et, en fixant la date de cette naissance à 1636 pour connaître le père, il suffirait de savoir quel était alors l'amant favorisé. L'histoire n'en dit rien ; il vaut mieux s'en tenir aux amours incontestables d'Anne d'Autriche et de Buckingham [5] ». L'historien Charpentier, pour rédiger sa « Dissertation historique et critique sur l'Homme au masque de fer », qu'il inséra au tome III de sa *Bastille dévoilée*, se rendit aussi à Chartres et tenta d'obtenir des renseignements écrits des personnes qui avaient bien connu ce témoin hors pair et entendu de sa bouche ces troublantes révélations. Mais la crainte paralysant les plumes, il dut se contenter de recueillir la tradition orale : « La notoriété à cet égard, ajoute-t-il, est telle dans la ville de Chartres qu'elle dispense d'un procès-verbal[6]. » Au début du règne de Louis XV, ces indiscrétions ne filtraient que lentement, n'étaient connues que d'un tout petit nombre, ne se chuchotaient qu'avec une extrême discrétion, par crainte de la maréchaussée.

Incarcéré à la Bastille le 21 mai 1717 pour quelques vers du *Puero regnante*, accusant le Régent d'inceste avec sa fille, la duchesse de Berry, Voltaire n'en sortit que le 14 avril 1718. C'est là, pour la première fois, qu'il entendit parler du prisonnier mystérieux. L'énigme ayant piqué sa curiosité, il se mit à collectionner tous les renseignements qu'il en put recueillir. Par quel canal a-t-il été informé du fatal secret de Mlle de Saint-Quentin ? Nous ne le savons pas avec certitude. Selon Charpentier, qui avait reçu les confidences d'un citoyen de Genève, quelqu'un le lui aurait communiqué par écrit[7]. Ce qui est sûr, c'est que cette version excita fort son imagination. Il y avait de quoi, du reste. Lui, le fils Arouet, détenait un secret capable d'ébranler les colonnes de la monarchie ! Préparant activement son *Siècle de Louis XIV* à Cirey, chez Mme du Châtelet, le 30 octobre 1738, il informait l'un de ses correspondants, l'abbé Du Bos, des sources dont il disposait. « Je suis assez instruit, ajoutait-il, de l'aventure de l'homme au masque de fer, mort à la Bastille. J'ai parlé à des gens qui l'ont servi. » Jean-Baptiste Du Bos (1670-1742) était un personnage très important de la République des lettres. Bachelier en théologie, il avait commencé sa carrière au bureau des Affaires étrangères, dirigé par Torcy, participé aux négociations de la paix d'Utrecht, avant de se faire connaître par des œuvres historiques et littéraires. Elu à l'Académie française en 1720, il avait succédé deux ans plus tard à Dacier aux fonctions de secrétaire perpétuel.

Quand Voltaire se vantait d'avoir parlé à des gens ayant servi le prisonnier, on est sûr qu'il exagérait. Tous ceux qui s'étaient directement occupés de celui-ci avaient depuis longtemps disparu. Il ne put voir ni le major Rosarges, mort le 19 mai 1705, ni le lieutenant de roi Du Junca, décédé le 29 septembre 1706, ni même le porte-clés Antoine Larue, qui avait rendu son dernier souffle le 21 janvier 1713. Le chirurgien Reilhe avait disparu de la circulation. Quant à l'abbé Giraut, il avait quitté l'aumônerie de la Bastille sitôt après le décès de Saint-Mars, en octobre 1708, avec une pension de 400 livres[8]. Mais le souvenir du captif était resté très vivace parmi les officiers de la forteresse. Ses principaux informateurs, il l'avouera, furent le gouverneur de Bernaville et Marsolan, ancien chirurgien du maréchal de Richelieu, gendre du médecin Fresquière, qui avait examiné le prisonnier masqué les dernières semaines de sa vie. Ce n'était pas rien.

En 1738, la réputation de Voltaire commençait à croître grandement — il avait déjà écrit, entre autres, trois tragédies, *Brutus*, *Zaïre*, *La Mort de César*, une *Histoire de Charles XII* et ses fameuses *Lettres anglaises* —, si bien que l'abbé Du Bos, flatté qu'il lui eût écrit, fit éditer et diffuser sa lettre. A son ami le poète Nicolas Claude Thiériot, Voltaire feignit de s'en affliger : « Comment est-ce donc qu'on a imprimé ma lettre à l'abbé Du Bos ? J'en suis très mortifié. Il est dur d'être toujours un homme public ! » (avril 1739). C'était la première fois, en tout cas, qu'un document imprimé parlait spécifiquement du Masque de fer. La réponse de l'abbé, ignorée des historiens de cette énigme, se trouve dans la très sérieuse et très complète édition anglaise de la correspondance de Voltaire de Théodore Besterman. La voici :

« Paris, le 3 décembre 1738. [...] Quant à l'homme masqué, j'entendis dire, lorsqu'il mourut il y a vingt ans, qu'il n'était qu'un domestique de M. Fouquet : si vous avez des preuves de ce fait, vous ferez très bien de l'avancer. Mais si vos preuves ne sont point persuasives, mon sentiment serait que vous ne démasquassiez point cet homme. *Ce que j'ai entendu dire sur son état ne doit pas être confié au papier.* M. Thiériot, à qui j'en ai dit un peu plus que je ne vous en écris, m'a paru de mon sentiment[9]. »

Malgré l'erreur manifeste de date (en 1738, cela faisait trente-cinq ans et non vingt que le prisonnier était mort !), ce texte mérite notre attention. L'abbé confirme, s'il en était besoin, que l'inconnu de la Bastille était bien « un domestique de M. Fouquet ». Indiscutablement, il a puisé cette information à bonne source, peut-être auprès de son ancien patron Torcy qui n'avait pas les mêmes raisons de lui cacher la vérité qu'à la bavarde princesse germanique. Plus intéressante est l'allusion faite à une rumeur beaucoup plus sulfureuse dont on ne parlait qu'à voix basse et qu'on ne pouvait confier au papier. C'était évidemment celle du frère aîné, lâchée par cet inconséquent Barbezieux. Le texte montre que les gens proches du pouvoir étaient inquiets de ce bruit persistant, difficile à démentir. Il s'agissait de faire en sorte qu'il ne se propageât point, ne s'écrivît point. Tel était le sens de la démarche de l'abbé : si vous avez des preuves établissant que l'homme masqué était le valet de Fouquet, n'hésitez surtout pas à les fournir. En revanche, si on vous a parlé d'autre chose, de grâce, abstenez-vous, c'est notre intérêt à tous !...

Il y avait donc en circulation deux versions : celle du valet de Fouquet et celle du frère aîné du roi, considérée comme un redoutable secret, nocif au plus haut degré. Chamillart, successeur de Barbezieux au secrétariat d'Etat à la Guerre, les connaissait toutes deux, cela découle des textes mêmes de Voltaire. Dans la seconde édition du *Siècle de Louis XIV*, celui-ci écrivait en effet :

« M. de Chamillart fut le dernier ministre qui eut cet étrange secret. Le second maréchal de La Feuillade, son gendre, m'a dit qu'à la mort de son beau-père il le conjura à genoux de lui apprendre ce que c'était que cet homme qu'on ne connut jamais que sous le nom de l'homme au masque de fer ; Chamillart lui répondit que c'était le secret de l'Etat, et qu'*il avait fait le serment de ne le révéler jamais.* »

L'année suivante, en 1753, dans son *Supplément au Siècle de Louis XIV*, il ajoutait : « M. de Chamillart disait quelquefois, pour se débarrasser des questions pressantes du dernier maréchal de La Feuillade et de M. de Caumartin, que *c'était un homme qui avait tous les secrets de M. Fouquet.* »

Voltaire, qui préfère la version dangereuse à celle trop banale du valet de Fouquet, n'a pas interrogé directement Chamillart, mais il livre le nom de ses informateurs : Louis d'Aubusson, maréchal de La Feuillade (1673-1725), qui avait épousé en 1701 la fille du ministre, Marie-Thérèse, et son ami le conseiller d'Etat Louis-Urbain Le Fèvre de Caumartin (1653-1720). Nous sommes ramenés sous la Régence. Ce qu'en dit Chamillart (mort en avril 1721) confirme la lettre de l'abbé Du Bos. Il y avait bien un « secret » qui circulait dans les cercles dirigeants. A n'en pas douter ce secret était toujours la galéjade du frère aîné du roi. Chamillart ajoute qu'il a prêté serment de n'en jamais rien dire ! Le fait est assez extraordinaire. Voilà un ragot lancé par Barbezieux décédé depuis vingt ans qui revient comme un boomerang et devient affaire d'Etat ! Colbert de Torcy (décédé en 1745) partagea lui aussi la confidence : interrogé un jour par Mme de La Ferté-Imbaut, son amie intime, il la pria de ne pas lui en parler davantage, ayant juré de ne rien révéler* [10]...

* S'il ne leva peut-être pas la totalité du secret, du moins Torcy parla-t-il de ce mystère à l'une de ses filles. En 1777, en effet, Voltaire, un an avant sa mort, écrivait : « Tous les ambassadeurs s'en informèrent à une fille de M. de Torcy qui leur confirma la vérité. »

Comment comprendre cela ? Je me suis longtemps interrogé sur cet effet d'auto-intoxication, sans en bien saisir l'origine, jusqu'au jour où je tombai sur un passage des *Mémoires du maréchal de Richelieu*, qui en donne à mon avis la clé : « ... Saint-Mars l'ayant conduit à la Bastille, on affecta de dire qu'on avait ordre de tuer ce prisonnier. Saint-Mars faisait aussi entendre que *celui qui aurait le malheur de dévoiler qui il était subirait le même sort.* Cette menace d'assassiner le prisonnier et les curieux du secret fit dès lors une telle impression qu'*on ne parla qu'à mi-mot*, tant que le roi vécut, de ce personnage mystérieux... » En lançant l'histoire du frère clandestin du roi, Barbezieux ne pensait pas à un tel succès. En vigilant gardien du Temple, Saint-Mars par ses terribles menaces lui a donné crédit, et la crainte s'est prolongée, même après la disparition de Louis XIV.

La rumeur fait de la monarchie absolue un colosse aux pieds d'argile. Le fait que celle-ci trouve son assise dans le secret lui interdit, en effet, de communiquer, donc de riposter. Or, plus le pouvoir paraît rigide et paralysé par ses propres principes, plus la rumeur s'enfle, prenant une ampleur qu'elle n'aurait peut-être pas eue face à un vigoureux démenti. Ce qu'il y a de plus piquant, c'est que l'affaire ne s'arrête pas là. Le terrible secret remonta jusqu'à Louis XV, et lui-même, un moment, s'y laissa engluer, comme semble le prouver une note extraite des *Mémoires* de la marquise de La Rochejaquelein dont la mère avait été la dame d'atour de Madame Victoire, fille du Bien-Aimé :

« Ma mère m'a raconté plusieurs fois que Madame Victoire lui avait dit qu'elle avait été si tourmentée d'une vive curiosité pour savoir la vérité sur le Masque de fer qu'elle avait supplié à plusieurs reprises S.M. Louis XV, son père, de lui confier le secret. Il s'y refusa longtemps mais enfin, vaincu par ses instances réitérées, il y consentit à la condition qu'elle ferait le serment de ne jamais le révéler à personne, mais quand il lui eut expliqué la nature du serment qu'il exigeait et qu'elle n'a pas expliquée à ma mère, elle fut tellement effrayée de la crainte de pouvoir manquer à un serment si terrible qu'elle préféra renoncer à savoir ce secret. Quel était donc ce mystère si important au bout de tant d'années* [11]? »

* *Mémoires de la marquise de La Rochejaquelein*, 1772-1857, Paris, Mercure de France, 2002, p. 72. Ceci est à rapprocher d'un passage des *Mémoires* de Mme de Boigne, dans lequel on voit le dauphin Louis-Ferdinand, père de Louis XVI, interroger son père sur le prisonnier masqué : « Mon fils, lui répondit celui-ci, je vous le dirai, si vous voulez, mais vous ferez le serment que j'ai prêté moi-même de ne divulguer ce secret à personne » (*Mémoires de la comtesse de Boigne*, Paris, Perrin, 1909, t. Ier, p. 60).

Jamais le pouvoir royal ne s'était trouvé à ce point pris à son propre piège !

Telles sont, autant qu'on puisse les reconstituer, les origines de la rumeur. Reste à voir brièvement comment elle vint au jour dans les écrits de l'époque*. En 1745, parut anonymement à Amsterdam un petit volume in-12 intitulé *Mémoires secrets pour servir à l'histoire de Perse*. Le récit, présenté sur le mode oriental à la manière de l'irrévérencieuse satire des *Lettres persanes* de Montesquieu (1721), était censé se dérouler en Perse, mais, comme pour toutes ces sortes d'ouvrages à clés qui déjouaient les frontières et la censure royale, sous couvert de peindre les mœurs étonnantes et barbares de ce lointain pays, il s'en prenait vigoureusement à celles de France. S'ils connurent une certaine notoriété, c'était certainement à l'anecdote du Masque de fer qu'ils le devaient. La thèse développée était celle du comte de Vermandois. Ce petit roman contenait bien des erreurs. Il évoquait en particulier une visite du Régent à la Bastille après la mort de Louis XIV, alors que l'homme au masque était décédé depuis vingt ans. Il fut réédité à Amsterdam en 1746, à Berlin en 1759, puis à nouveau à Amsterdam en 1763. Le public, déjà intrigué par la lettre de Voltaire à l'abbé Du Bos, trouva pour la première fois un récit de cette énigme, agrémenté de quelques anecdotes comme celle du plat d'argent [12].

En 1747, parut à La Haye, chez Pierre de Hondt, un ouvrage intitulé : *Le Masque de fer ou les avantures (sic) admirables du père et du fils*. Son auteur était un polygraphe ennuyeux, Charles de Fieux, chevalier de Mouhy, qui servait à l'occasion d'indicateur de police [13]. Son roman n'ayant rien à voir avec notre histoire, je ne m'y étendrai pas. C'est une fiction picaresque, indigeste, d'une plate médiocrité, où il est question du vice-roi de Catalogne, don Pedro de Cristaval, marié secrètement à la sœur du roi de Castille. Ce dernier, mécontent de cette alliance, s'intro-

* Saint-Simon qui rédigeait alors ses volumineux *Mémoires* ne dit rien de l'anecdote du Masque de fer, du moins dans les écrits qui nous sont parvenus. Beau-frère de Lauzun (tous deux avaient épousé une fille du maréchal de Lorges), il était pourtant à la source des renseignements. Dans son *Affaire Foucquet* (Paris, 1956), Georges Mongrédien remarque qu'à propos de la captivité du surintendant, Saint-Simon commet un curieux lapsus, parlant d'un emprisonnement de trente-quatre ans, alors qu'il ne dura seulement (si l'on ose dire) que dix-neuf ans. En revanche, c'est Eustache Danger qui connut une captivité de cette longueur... Etait-ce une erreur doublée d'une coïncidence ou une erreur de personne, Saint-Simon ayant confondu l'emprisonnement de Fouquet avec celui d'Eustache Danger ? Mais, dans ce dernier cas, qui a pu lui donner ce renseignement, Lauzun devant ignorer le maintien du valet en prison après 1680 ?

duisit nuitamment dans la chambre des époux, muni de deux masques à serrures, qu'il appliqua sur leur visage, sans qu'ils aient eu le temps de crier gare. La suite n'était qu'un enchaînement de captivités, d'enlèvements, de séquestrations, de combats de corsaires, aussi éprouvant pour les victimes que pour le lecteur, et dans lequel il serait vain de chercher une quelconque clé.

Cette œuvre échevelée et burlesque ne présente d'intérêt que pour les premières lignes de l'*Avertissement*, dans lesquelles l'auteur insinue que l'affaire présente un fond historique. Et de citer pêle-mêle un prince d'Ecosse, du temps de Cromwell, envoyé « dans les îles de l'Archipel » avec un masque ; un des fils de don Pedro, le cruel roi d'Espagne, qui eut le même sort, sur ordre de son père, parce qu'il l'avait « déshonoré par une action honteuse » ; une trop belle princesse suédoise, enfermée par un mari jaloux le lendemain de ses noces, le visage dans un « masque de fer fait à peu près comme un casque ». Ces exemples, pour être futiles, ne sont pas anodins : le prince écossais fait songer au fils de Cromwell, dont on parlait en Provence en 1688 ; le fils qui a déshonoré son père rappelle Vermandois ; quant à la princesse suédoise, on peut se demander si ce n'est pas une allusion à l'hypothèse d'un Masque de fer féminin, qui courait déjà à cette époque.

Mais l'exemple le plus frappant est celui que cite Mouhy en premier lieu : « Les Turcs, écrit-il, racontent qu'un de leurs empereurs fit enfermer son *frère aîné* dans les Sept Tours pour s'emparer de son trône et que, craignant que la douceur et la majesté répandues sur la physionomie de ce prince ne séduisissent ses gardes et qu'ils n'en prissent compassion, il lui couvrit le visage d'un masque de fer fabriqué et trempé de telle sorte qu'il n'était pas possible au plus habile ouvrier de parvenir à le rompre ni à l'ouvrir. » Sous couvert de turquerie, c'est bien le roi de France qui est visé, le roi qui a fait enfermer à la Bastille — l'équivalent des Sept Tours de Constantinople (mais qui en avait huit) ! — son frère aîné. Mouhy n'ignorait donc rien du « secret » de Barbezieux. Malgré son caractère indigeste, son livre eut onze éditions en Hollande et en France au XVIIIe siècle, quatre au XIXe et une au XXe (en 1983[14]).

Enfin parut Voltaire ! Voltaire, ou plutôt son « masque » littéraire, M. de Francheville, « conseiller aulique de Sa Majesté et membre de l'Académie royale des sciences et belles-lettres de Prusse ». C'est en effet sous ce nom d'emprunt que parut à Berlin en 1751 la première édition du *Siècle de Louis XIV* (en deux volumes in-12), ouvrage fort sérieux, remarquable même, faisant voir de belles qualités d'historien. Les autres éditions seront signées de son nom de plume. Après les médiocres résultats obtenus par la France au traité d'Aix-la-Chapelle (1748), Voltaire vantait avec nostalgie les fastes glorieux d'une époque révolue, sans cacher, avec son pétillement malicieux, la sottise du temps et les ombres du soleil. Dans un chapitre intitulé « Particularités et anecdotes du règne de Louis XIV » il inséra le récit suivant :

« Quelques mois après la mort de ce ministre [*Mazarin*] il arriva un événement qui n'a point d'exemple ; et ce qui est non moins étrange, c'est que tous les historiens l'ont ignoré. On envoya dans le plus grand secret au château de l'île Sainte-Marguerite, dans la mer de Provence, un prisonnier inconnu, d'une taille au-dessus de l'ordinaire, jeune, de la figure la plus belle et la plus noble. Ce prisonnier, dans la route, portait un masque dont la mentonnière avait des ressorts d'acier qui lui laissaient la liberté de manger avec le masque sur le visage. On avait ordre de le tuer s'il se découvrait. Il resta dans l'île jusqu'à ce qu'un officier de confiance nommé Saint-Mars, gouverneur de Pignerol, ayant été fait gouverneur de la Bastille l'an 1690, l'alla prendre à l'île Sainte-Marguerite et le conduisit à la Bastille, toujours masqué. Le marquis de Louvois alla le voir dans cette île avant la translation. Cet inconnu fut mené à la Bastille, où il fut logé aussi bien qu'on peut l'être dans ce château. On ne lui refusait rien de ce qu'il demandait. Son plus grand goût était pour le linge d'une finesse extraordinaire et pour les dentelles. Il jouait de la guitare. On lui faisait la plus grande chère et le gouverneur s'asseyait rarement devant lui. Un vieux médecin de la Bastille qui avait souvent traité cet homme singulier dans ses maladies, a dit qu'il n'avait jamais vu son visage, quoiqu'il eût souvent examiné sa langue et le reste de son corps. Il était admirablement bien fait, disait ce médecin : sa peau était un peu brune ; il intéressait par le seul ton de sa voix, ne se plaignait jamais de son état et ne laissait point entrevoir ce qu'il pouvait être. Cet inconnu mourut en 1703 et fut enterré la nuit à la paroisse Saint-Paul. Ce qui redouble l'étonnement, c'est que, quand on l'envoya dans l'île Sainte-Marguerite, il ne disparut dans l'Europe aucun homme considérable. »

Plus encore que les *Mémoires secrets*, c'est ce texte qui courut toute la France et attira l'attention du public sur l'homme au masque, conférant à ce mystère son incroyable célébrité. Nombreuses sont les erreurs et approximations. A ce moment-là, Voltaire n'a qu'une connaissance assez vague des événements, déformés par une tradition orale déjà longue. Il ignorait les documents authentiques de la Bastille lui permettant de bien cadrer chronologiquement l'événement. Rappelons que c'est seulement en 1769 qu'ils seront publiés par le père Griffet. L'historien s'est surtout fait l'écho des traditions nées autour du captif tant à la Bastille qu'en Provence.

Plus intéressant est de considérer, dans une approche sémiotique, l'intention de l'auteur, ce qu'il veut suggérer par-delà les mots. Voyons la description du héros de l'histoire. Aucun détail n'est laissé au hasard : C'est le portrait du sosie de Louis XIV ! Il n'est pas difficile de trouver les traits correspondants dans les témoignages contemporains. Ainsi, la Grande Mademoiselle écrit dans ses *Mémoires* : « La taille de ce monarque est autant par-dessus celle des autres que sa naissance aussi bien que sa mine. Il a l'air haut, relevé, hardi, fier et agréable, quelque chose de fort doux et de majestueux dans le visage... » Hébert, curé de Versailles : « Il est d'une taille fort haute et très bien proportionnée, il a six pieds de hauteur ou peu s'en faut [...], la jambe bien faite, le visage très majestueux, [...] le poil châtain, [...] la voix un peu faible mais très agréable ; sa démarche ferme et assurée qui, dans les occasions, représente mieux par son air grave et modeste que tous les souverains qui règnent aujourd'hui... » Selon La Grange-Chancel, Louis XIV avait « cinq pieds huit pouces de hauteur », soit 1,84 m, était « fort brun de visage ainsi que des mains » avec « le poil fort noir »*. Il avait le « teint brun », selon Primi Visconti. « Sa physionomie est dominante et guerrière, son port grave et fort majestueux, et sa démarche noble et fière. » L'ambassadeur de la Sérénissime République Sebastiano Foscarini notait de son côté : « Ses manières sont nobles, courtoises, obligeantes [...]. Le timbre infiniment agréable de la voix ajoute du charme à un mode d'élocution exquis. »

Aucun document de l'époque ne nous permet évidemment de rapprocher la description de Voltaire de celle de l'homme au masque. Mais il n'est pas interdit de la croire fondée : Arène, le voiturier de Riez, et les paysans du château de Palteau ont

* Ce n'est qu'au XXe siècle, au vu d'une armure d'apparat offerte à Louis XIV par la République de Venise pour un homme mesurant au maximum 1,62 m, que se développa la fausse opinion d'un roi de petite taille, opinion que certains historiens adoptèrent bien imprudemment, tel Louis HASTIER (« Le *Grand Roi* était-il grand ? », *Vieilles Histoires, Etranges Enigmes*, deuxième série, Paris, 1957).

confirmé que le prisonnier était de grande taille. Sa peau était peut-être « un peu brune », comme le disait Fresquière, et ceci a pu aider à la diffusion de la légende royale, mais on ne voit pas ce qui permet à l'auteur du *Siècle de Louis XIV* — ou plutôt on le voit trop — d'affirmer que sa « figure était belle et noble », puisque celle-ci était cachée ! Quelques détails complémentaires sont donnés pour guider ceux qui n'auraient pas compris : « Il jouait de la guitare. » Comme son père, Louis XIV, qui avait eu pour maître Bernard Jourdan de la Salle, avait pratiqué cet instrument avec talent dans sa jeunesse. Le goût pour le linge fin a pour but de rappeler celui très prononcé de sa mère, Anne d'Autriche. Mazarin ne lui avait-il pas dit un jour en plaisantant que « si elle était damnée, son enfer serait de coucher dans des draps de toile de Hollande [15] » ?

En 1752, dans la réimpression de son *Siècle de Louis XIV*, Voltaire cite l'anecdote du plat d'argent et insiste sur le fait que le prisonnier était forcément un personnage considérable. Dès ce moment-là, il entend avoir la haute main sur tout ce qui se dit de l'énigme. Le Masque de fer, c'est son affaire ! Il connaît la vérité. Il a été « initié » ! En 1753, il réplique aux critiques de La Beaumelle qui l'accuse d'avoir copié les *Mémoires secrets pour servir à l'histoire de Perse*. Il cite ses sources dans son *Supplément au Siècle de Louis XIV*, récuse les deux candidatures qui continuaient de circuler, celles du comte de Vermandois et du duc de Beaufort, et affirme que c'est un personnage de la plus grande importance, dont la destinée a toujours été secrète, manière de dire qu'il a été retiré du monde dès sa naissance. A qui donc songez-vous, M. de Voltaire ? Quel est donc ce captif « si illustre et si ignoré » ? On le harcèle de questions. Il fait alors le modeste (« Je ne suis qu'historien, je ne suis point devin. »). Ah, qu'il aurait aimé tout dire ! On sent qu'il lui démange de révéler son nom, qu'il lui brûle les lèvres, fait trembloter sa plume d'oie. Il aurait voulu que toute la France le sût, par son entremise. Mais c'était à coup sûr un retour à la Bastille, avec la certitude de ne pas en sortir de sitôt.

En 1763, dans la *Suite de l'Essai sur l'Histoire générale*, puis en 1770 dans ses *Questions sur l'Encyclopédie*, il revenait sur le sujet. A cette époque-là, le débat sur le prisonnier de la Bastille commençait à s'animer. Mme du Deffand, Grimm en parlaient dans leur correspondance [16]. Rival de Voltaire, Elie Fréron ne pouvait évidemment laisser à l'apôtre de Ferney le privilège de disserter *urbi et orbi* sur le prisonnier mystérieux sans lui porter la contradiction. Il ouvrit donc à la discussion sa revue, *L'Année littéraire*. Les personnes les plus autorisées vinrent y apporter leur témoignage ou le fruit de leurs cogitations. Le père Griffet y soutint la candidature du comte de Vermandois ; Guillaume-Louis de Formanoir de Palteau y raconta ce qu'il savait du prisonnier et de son bref séjour au château de Palteau en 1698. A son tour, en 1768, le vieux La Grange-Chancel, qui, comme l'on sait, avait été enfermé aux îles de Lérins sous la Régence (d'où il s'était d'ailleurs évadé), reprit la candidature de Beaufort, fondant sa conviction sur ce que lui avait confié le successeur de Saint-Mars au Fort Royal, Charles de La Motte-Guérin, mort en 1741, à l'âge de cent un ans[17].

On a vu que Louis XV avait été mis au courant de la rumeur maléfique et qu'il avait fini par croire — lui, le roi de France ! — à l'ânerie du serment. Après le battage fait autour du prisonnier, à la suite de la parution du *Siècle de Louis XIV*, il avait voulu en avoir le cœur net, diligentant une discrète enquête. Mais les recherches n'allèrent pas très loin. Tous ceux qui avaient connu quelques bribes de vérité, comme Chamillart ou Torcy, étaient morts. L'histoire du valet de Fouquet était oubliée depuis longtemps. C'est alors que l'on tomba sur Matthioli, incarcéré à Pignerol sous le gouvernement de Saint-Mars, et tout naturellement l'agent du duc de Mantoue remplaça Eustache Danger comme la solution alternative sérieuse. Dès 1749, Muratori avait inséré l'histoire de son enlèvement dans ses *Annali d'Italia*, publiées à Milan. A la marquise de Pompadour, qui le suppliait de lui avouer la vérité, le Bien-Aimé ne put refuser ce petit cadeau. Il lui avoua alors que « c'était le ministre d'un prince italien » ! Il était sorti d'un piège pour tomber dans un autre ! Décidément, le terrain était miné !

L'auteur de *Candide*, qui était loin d'être défavorable à Louis XIV, avait présenté le masque comme une solution humaine... Le Grand Roi s'était contenté de faire enfermer son frère pour cause d'exceptionnelle raison d'Etat. Aussi Voltaire, qui raffolait de romanesque et d'insolite, ne voyait dans cette histoire qu'un rébus mélodramatique, aimable charade pour lettrés, jeu de société qu'il convenait de résoudre. Lui-même se présentait comme un grand détective, chargé de percer les mystères de l'Histoire.

D'autres allaient trouver dans l'affaire une signification révolutionnaire, une arme pour combattre l'absolutisme. Le port d'un masque d'acier soulevait la compassion chez les âmes sensibles, et Dieu sait si elles l'étaient au XVIIIe siècle ! C'était un acte monstrueux, déshumanisant, renvoyant aux époques les plus sombres, aux temps féodaux ou barbares (ce qui était la même chose pour les gens éclairés). Pain bénit des « philosophes », l'anecdote du Masque de fer était à la fois proche, sur le plan historique, et lointaine, sur le plan des mœurs, soulignant le décalage entre la sensibilité nouvelle et les pratiques d'une brutalité inouïe de la période antérieure. Elle poussait à assimiler la monarchie absolue à la tyrannie seigneuriale ou au despotisme oriental. Pensez donc ! En un siècle réputé pour son sens de la mesure, son goût de la clarté et de l'ordre, où les Lettres et les Arts avaient brillé d'un éclat incomparable, on avait imposé à un malheureux cet horrible instrument de torture ! A lui seul, l'homme casqué synthétisait tous les maux de l'univers carcéral, la dureté, l'inhumanité des détentions sans fin, l'atteinte à la dignité de la personne humaine. C'était l'icône de la victime innocente par excellence, puisque son seul crime était sa naissance, l'archétype de tous ces anonymes qui avaient souffert dans les geôles ombreuses du Roi-Soleil et à qui on avait volé leur identité et leur visage, « le prisonnier anonyme, ancêtre du soldat inconnu », comme dit Mme Monique Cottret[18].

Mais il n'était pas seulement le maudit, le ténébreux, qui allait tant plaire aux romantiques ! C'était le prince caché qui, par sa haute naissance, remettait en cause la légitimité de Louis XIV et de sa descendance. La menace était grave. Aussi la censure veillait-elle. Le garde des Sceaux et le bureau de la Librairie n'étaient point trop mécontents d'entendre les discussions s'égarer sur le duc de Beaufort ou le duc de Monmouth, voire sur le comte de Vermandois. Ces divagations permettaient de détourner le public de la thèse la plus compromettante.

Après 1770 tout changea. Violemment contestée par les parlements, la monarchie connaissait sa plus grave crise politique depuis la Fronde. Les fondements du pouvoir royal semblaient vaciller devant les droits affirmés de la Nation. Le conflit menaçait de tourner à la révolution. Ce fut, comme le dit Michel Antoine, « une tentative de subversion totale de la monarchie ». Les foudres de la censure ne faisaient plus peur à personne, et l'essai de remise en ordre du chancelier Maupeou ne parvint pas à brider l'opinion. Un nouvel espace public s'était constitué, indépendant de la Cour et des salons mondains. Ce fut l'époque où Voltaire craqua. En 1771, quand on réimprima les *Questions sur l'Encyclopédie*, l'éditeur — ou plus vraisemblablement

Voltaire — trouva bon d'y ajouter une *Addition*, qui donnait enfin toutes les explications voulues :

« Le Masque de fer était sans doute un frère, et un frère aîné de Louis XIV, dont la mère avait ce goût pour le linge fin sur lequel M. de Voltaire appuie. Ce fut en lisant les Mémoires de ce temps, qui rapportent cette anecdote au sujet de la reine, que, me rappelant ce même goût du Masque de fer, je ne doutai plus qu'il ne fût son fils, ce dont toutes les autres circonstances m'avaient déjà persuadé. »

Après avoir tenu en haleine son public pendant vingt ans, Voltaire révélait enfin sa théorie. Des propos de Mlle de Saint-Quentin, il écartait ce qui lui paraissait le plus douteux, la paternité du duc de Buckingham, peut-être sous l'influence des *Mémoires* de Mme de Motteville, dame d'honneur d'Anne d'Autriche, parus en 1722, qui replaçaient dans son contexte historique la très brève aventure du ministre anglais. D'autres n'eurent pas le même souci.

Le 14 juillet 1789, la Bastille, symbole du despotisme et de l'arbitraire, tomba. La populace se précipita dans la forteresse libérée, visita un à un les cachots, « affreux repaires de crapauds, de lézards, de rats monstrueux et d'araignées », comme l'écrira Louis Blanc, à la recherche de ces innocentes victimes du despotisme royal. Les entrailles de pierre de ce monstre allaient enfin parler ! La déception fut grande, hélas ! La plupart des chambres étaient vides. On ne trouva que sept détenus : quatre faussaires, deux fous et un fils de famille criminel, incarcéré à la demande des siens. Pour se venger, la foule jeta pêle-mêle dans les fossés tous les papiers et les archives. Un gros registre d'écrou — 280 pages in-folio renfermées dans un portefeuille en maroquin fermé à clé — échappa à la curée et aux feux de joie. Il fut porté en triomphe à l'Hôtel de Ville. Enfin, on allait connaître le fameux secret ! On l'ouvrit. Mais, ô stupeur ! on constata que le folio 120 correspondant à l'année 1698, date d'entrée du prisonnier, avait été soigneusement détaché tandis qu'avaient été mutilés les feuillets comprenant la fin de l'année 1703 et les suivantes. Une fois encore, dit-on, la tyrannie jetait un voile pudique sur la scélératesse de ses crimes et ses ténèbres séculaires, anéantissant méthodiquement ce qui aurait pu éclairer le mystère ! On connut par la suite la raison de cette innocente soustraction : c'étaient Malesherbes et Amelot, chargés par Louis XVI de reconstituer le dossier du prisonnier, qui s'étaient fait communiquer la pièce le 19 septembre 1775[19].

Sous la Révolution, on n'avait pas oublié l'émouvante figure du comte de Vermandois évoquée par les *Mémoires secrets pour servir à l'histoire de Perse.* Au moment de la chute de la forteresse du faubourg Saint-Antoine, un journaliste anonyme publia un *Recueil fidèle de plusieurs manuscrits trouvés à la Bastille, dont l'un concerne spécialement l'Homme au masque de fer...* Dans les trente-deux pages de ce follicule, l'histoire du comte de Vermandois y occupait une bonne place. On y citait le texte d'un manuscrit découvert dans « le mur de la troisième chambre de la tour de la Bertrandière (*sic*) ». Le document commençait ainsi : « Je suis Louis de Bourbon, comte de Vermandois, nommé grand amiral de France. Une étourderie m'a fait renfermer au château de Pignerol, puis aux îles Sainte-Marguerite, et enfin à la Bastille, où je finirai probablement le cours de ma triste vie... » Un autre follicule, paru peu après, reprenait cette histoire pour âmes sensibles sous le titre : *Histoire du fils d'un roi, prisonnier à la Bastille, trouvée sous les débris de cette forteresse.* Il rencontra un certain succès et fut même édité en allemand à Neuwied, près de Coblence, l'année suivante. Contrairement aux *Mémoires de Perse*, qui avaient souligné la peine de Louis XIV à s'incliner devant la raison d'Etat, ces brochures présentaient celui-ci comme un père dénaturé et cruel*.

Mais d'autres théories allaient entrer en concurrence. Le numéro du 13 août 1789 des *Loisirs d'un patriote français*, petite feuille vite disparue (sans doute parce que, en cette année-là, les patriotes n'avaient plus guère de loisirs !), publiait un autre document qui invalidait la thèse Vermandois : « Voici le fait qui, à la vérité, n'est appuyé que sur une simple carte qu'un homme curieux de voir la Bastille prit au hasard avec plusieurs papiers ; mais cette carte, donnant l'entière solution des difficultés que jusqu'ici l'on n'a pu résoudre, devient une pièce de conviction. La carte contient le n° 64389000 (chiffre inintelligible) et la note

* Notons qu'en 1786 Louis XVI, ému par les bruits selon lesquels on n'aurait enterré à Arras qu'une bûche, avait ordonné de faire ouvrir le tombeau du comte de Vermandois. L'exhumation eut lieu le 16 décembre. Le sieur Arrachart, chirurgien major de l'hôpital militaire d'Arras, attesta l'existence d'un corps « entier dans toutes ses parties et bien conformé, de la taille de cinq pieds deux pouces, mesure prise latéralement et à l'endroit des talons, et de cinq pieds cinq pouces, mesure prise en devant et les talons allongés ; la bouche était béante et garnie de dents, les yeux fermés, le visage bien fait et rempli, et qui paraissait être d'un jeune homme, la tête un peu inclinée à droite et les bras étendus le long et à côté du corps ; la peau qui le recouvrait dans tous les endroits était noire, desséchée comme une momie et cautérisée par l'effet de la chaux, résistante et dure comme un fort parchemin... ».

suivante : *Fouquet arrivant des isles Sainte-Marguerite avec un masque de fer.* Ensuite X...X...X... Et, au-dessous, *Kersadion.* » Cette nouvelle reparut chez Maradan, sous le titre : *L'Homme au masque de fer dévoilé, d'après une note trouvée dans les papiers de la Bastille.* Confirmant cette identification, Brissot de Warville, le futur chef girondin, était parvenu, dit-on, à déchiffrer, gravés sur les verrous et les serrures de la troisième de la Bertaudière, quelques vers de *L'Ode aux nymphes de Vaux* de Jean de La Fontaine. Il avait de bons yeux ! Un certain Grangé, imprimeur, rue de la Parcheminerie, faisait un lucratif commerce de ces brochures.

Sensationnelle fut la découverte le 22 juillet 1789 du squelette du Masque de fer — mais, oui, rien de moins ! — dans un cachot de la Bastille : il était là, dans une pièce que l'on n'avait pas ouverte depuis trois quarts de siècle, « les chaînes au cou, aux pieds et aux mains », dans l'attente de ses « libérateurs », comme le montre une gravure vendue chez Vin, à *L'Etoile d'Or.* Une autre gravure de l'époque dégageait un symbolisme plus fort encore : c'était une allégorie du prisonnier, couvert d'une armure, couronnant de lauriers une femme représentant la Liberté, devant un Louis XVI enchaîné. Commentaire : « L'homme au masque de fer délivré de ses fers salue la République ! » Ainsi, la Révolution avait vengé le Masque de fer ! Personnage désormais quasi mythique, le prisonnier de M. de Saint-Mars était considéré plus que jamais comme l'archétype du martyr, victime du régime carcéral, tandis qu'au même moment paradait Latude, le héros qui avait échappé à l'enfer des geôles de l'Ancien Régime.

C'est à une nouvelle version que s'arrêta Dorat-Cubières, « citoyen et soldat », dans une brochure intitulée *Voyage à la Bastille fait le 16 juillet 1789 et adressé à Madame de G... de Bagnols.* Il s'agissait cette fois d'un frère jumeau — enfin ! —, né le soir du 5 septembre 1638, pendant le souper du roi. L'idée était géniale, promise à un grand avenir, et l'on doit regretter que Voltaire ne lui ait pas prêté vie. Que de jolis couplets nous aurait-il donnés sur le tragique embarras des médecins-accoucheurs, sur la panique de la reine, la perplexité cruelle du roi et de Richelieu, sur la loi salique qui n'avait pas prévu le cas d'une double naissance !...

A la même époque parurent les *Mémoires du maréchal de Richelieu,* ouvrage apocryphe dû à la plume de son ancien secrétaire, l'abbé Jean-Louis Giraud, dit Soulavie, prêtre défroqué, marié, résident de la République à Genève en 1793-1794, polygraphe verbeux, compilateur laborieux, mais qui n'est pas le faussaire patenté que l'on s'est plu à décrire. Ses travaux historiques ont été récemment réévalués [20]. Outre une édition des *Mémoires de Saint-Simon*, on lui doit de remarquables *Mémoires historiques et politiques du règne de Louis XVI*, en six volumes, publiés en 1801. Ceci pour dire qu'il n'est pas l'auteur de la *Relation de la naissance et de l'éducation du prince infortuné soustrait par les cardinaux de Richelieu et Mazarin à la société et enfermé par ordre de Louis XIV*, citée dans les *Mémoires*. Peut-être l'avait-il trouvée dans les papiers du maréchal dont les opinions sur le prisonnier masqué ont varié. Selon Paul Lacroix, elle serait due à la plume facétieuse de M. de La Borde, ancien valet de chambre de Louis XV, qui avait déjà commis une mystification historique avec la *Lettre de Marion de Lorme aux auteurs du Journal de Paris*, faisant accroire que la célèbre courtisane était morte le 5 janvier 1741 à l'âge de cent trente-quatre ans et dix mois !

Si l'on suit cette relation, l'enfant indésirable serait né le 5 septembre 1638, huit heures et demie après le futur Louis XIV, pendant le souper du roi. Alors que le premier accouchement s'était fait en présence de toute la Cour, comme l'exigeait l'étiquette, le second se passa clandestinement. Les seules personnes immédiatement mises au courant furent l'évêque de Meaux, le chancelier Séguier, le médecin Honorat, la sage-femme, dame Perronnette, et un gentilhomme dévoué qu'une seconde version de la relation appelle Saint-Mars, ou plutôt, n'y regardant pas de trop près, Cinq-Mars. Tous firent par écrit le serment de se taire. Le bambin fut d'abord confié à dame Perronnette qui l'éleva comme le bâtard de quelque grand seigneur. Puis Cinq-Mars reçut ordre de Mazarin de lui donner, dans sa maison de Bourgogne, une éducation digne de son rang. A vingt et un ans, « beau comme les amours », le fils d'Anne d'Autriche découvrit le secret de sa naissance en trouvant dans la cassette de son précepteur diverses lettres de la reine, de Richelieu et de Mazarin. Aussitôt avertis, Louis XIV et le cardinal Mazarin décidèrent de mettre le jeune homme en prison... Un haletant feuilleton, à la Ponson du Terrail, ou un joli scénario de film que l'on pourrait agrémenter de quelques amours campagnardes de jeunesse à la sauce bourguignonne et force cavalcades de mousquetaires [21] !

Dernière version royale, enfin, celle de M. de Saint-Mihiel, auteur en 1791 du *Véritable Homme dit au masque de fer, ouvrage dans lequel on fait connaître sur preuves incontestables à qui ce célèbre infortuné doit le jour, quand et où il naquit.* L'auteur avait été frappé par un petit fait signalé par Voltaire dans ses *Questions sur l'Encyclopédie* : peu de jours avant sa mort, le prisonnier masqué avait dit à son médecin « qu'il croyait avoir environ soixante ans ». Mort en 1703, l'inconnu avait dû naître vers 1643. Il ne pouvait être ni un frère aîné de Louis XIV, ni un frère jumeau, né le 5 septembre 1638. C'était donc un frère cadet, et le père ne pouvait être que le cardinal Mazarin, dont l'aventure avec la reine était de notoriété publique...

Sous la Révolution également, le théâtre s'empara pour la première fois du sujet. Un artiste dramatique, Jean-François Mussot, dit Arnould, fit représenter le 7 janvier 1790 à l'Ambigu-Comique sa pantomime en quatre actes, *L'Homme au masque de fer ou le Souterrain*, où l'on voyait le comte de Vermandois disputer au Grand Dauphin le cœur d'une jeune et jolie marquise. L'audace du fils de La Vallière lui valut d'être conduit à la Bastille un masque sur le visage. Là, il entra en contact avec son voisin du dessous, ou plutôt sa voisine, car c'était de la marquise qu'il s'agissait ! Ils se retrouvèrent, s'embrassèrent amoureusement. O doux moments ! Mais, vite, il fallut fuir ! Elle lui montra une cache dans le mur, s'ouvrant par un bouton, dans laquelle étaient dissimulés deux pistolets et un poignard... Vermandois trucida le méchant gouverneur, s'évada grâce à la complicité des soldats, entraîna sa belle dans une forêt, vécut chez de braves paysans et avec ses partisans combattit victorieusement les troupes royales. Et tout finit dans la félicité et l'amour.

Au théâtre de Molière, le 24 septembre 1791, c'était un drame beaucoup plus cruel qui était représenté, celui du député Jérôme Le Grand, auteur en 1782 d'une injouable *Zarine, reine des Scythes*. Il avait pour titre : *Louis XIV et le Masque de fer, ou les Princes jumeaux*. Dans cette tragédie en cinq actes et en vers, étaient particulièrement visés Louvois et le gouverneur de la Bastille, tortionnaires et meurtriers, sans oublier Louis XIV, insensible et orgueilleux despote isolé au milieu de ses courtisans.

Rapidement, on se mit à rêver. L'homme au masque avait peut-être eu une descendance ? C'était tentant, sinon bien raisonnable. La légende royale permettait alors de remettre en cause la légitimité des Bourbons et de préparer l'avènement d'une nouvelle dynastie. C'est ainsi qu'au début de la Révolu tion la théorie du Masque de fer féminin souleva un vif intérêt chez les partisans du duc d'Orléans (le futur Philippe-Egalité). Se fondant sur une pièce trouvée à la Bastille — encore une ! —, ils soutenaient qu'en 1638 Anne d'Autriche, après vingt-trois ans de stérilité, avait mis au monde une fille et non un fils. Dans la crainte de ne plus avoir d'autre enfant, Louis XIII se résigna à éloigner cette malheureuse, qui finit ses jours à la Bastille sous le masque de velours, et à lui substituer un héritier mâle, né en même temps d'un couple inconnu : ce fut Louis XIV. Mais, en 1640, la reine accoucha encore, cette fois d'un garçon, Philippe, parfaitement légitime, chef de la maison d'Orléans. Conclusion : Louis XIV était un bâtard et bâtarde était toute sa descendance, tandis que les héritiers de Monsieur avaient seuls droit au trône. Une brochure en ce sens circula dans les provinces, lors de la prise de la Bastille. La rapidité des événements l'empêcha de remonter jusqu'à Paris[22].

Dans les milieux royalistes déçus du comte de Provence, on ne fut pas en reste pour trouver une autre descendance au frère jumeau de Louis XIV. Le chansonnier Béranger évoque dans ses souvenirs une curieuse conversation qu'il eut sous le Directoire avec un chevalier de la Carterie, royaliste d'un âge avancé :

« Un jour que nous étions en discussion, le chevalier de la Carterie se mit à parler de *nos maîtres légitimes* ; fatigué d'entendre ce mot :

« — Eh ! lui dis-je, apprenez-moi donc ce que sont ces gens-là ?

« — De qui parlez-vous, mon jeune ami ? répondit gravement le chevalier.

« — Mais de votre Louis XVIII, du comte d'Artois, de ses fils...

« — Peuh ! Il s'agit bien de ces personnages-là, ce ne sont que des usurpateurs, et ils ne l'ignorent pas.

« — Eclairez-moi, je vous prie, je n'y puis rien comprendre.

« — Je le conçois. Ecoutez-moi, et vous verrez dans quelle erreur vos royalistes vous ont fait tomber. Anne d'Autriche eut un fils, avec Louis XIV et avant le duc d'Orléans (il fut emprisonné et connu sous le nom de Masque de fer). Ce sont ses descendants qui ont été frustrés et ont droit au trône.

« — Quel est l'heureux mortel qui jouit aujourd'hui d'un tel honneur ?

« — C'est un homme âgé d'à peu près trente ans qui porte le

nom de Vernon et habite un château en Bretagne où beaucoup de ses sujets fidèles se font un devoir de le visiter.

« — Quand compte-t-il faire valoir ses droits ?

« — Attendez, attendez ! Un homme a déjà paru qui semble prédestiné à lui rendre le trône.

« — Serait-ce Bonaparte ?

« — Justement. »

Selon cette théorie, l'enfant, le futur Masque de fer, etait bien de Louis XIII, mais Anne, suspecte à son mari, considéra que le roi pourrait mettre en doute sa paternité. Aussi accepta-t-elle de le faire disparaître, sous la promesse de relations conjugales plus régulières. L'enfant fut élevé en Normandie, contracta un mariage avec une jeune fille de la noblesse du pays, en eut un fils, avant de disparaître dans les prisons du roi[23]...

Sous l'Empire, l'aventure prit une coloration bonapartiste : le gouverneur du Masque de fer aux îles Sainte-Marguerite ne s'appelait pas Saint-Mars mais Bonpart. Ce Bonpart avait une fille jeune et jolie comme il se doit, dont s'éprit le prisonnier. Louis XIV, averti de cette idylle derrière les barreaux, ne vit pas grand inconvénient à laisser son frère jumeau, privé du trône pour raison d'Etat, « chercher dans l'amour un adoucissement à ses malheurs ». On maria donc ces pauvres enfants — l'acte figurerait même sur le registre d'une paroisse de Marseille —, et les petits Masques de fer qui naquirent de cette union légitime furent discrètement acheminés en Corse, « où la différence de langage, le hasard ou l'intention avaient transformé leur nom de Bonpart en Buonaparte et Bonaparte, ce qui au fond présente le même sens ».

Napoléon devenait ainsi l'authentique descendant des rois de France ! Cette fable, d'une grandiose extravagance, se racontait déjà à l'époque consulaire. Un manifeste chouan de nivôse an IX y faisait allusion, mettant en garde ceux qui pensaient qu'il allait rendre le trône aux Bourbons.

A la date du 12 juillet 1812, le *Mémorial de Sainte-Hélène* rapporte une conversation avec l'illustre exilé sur la question : l'Empereur avoua en avoir entendu parler. Il ajouta que « la crédulité des hommes est telle, leur amour du merveilleux si fort qu'il n'eût pas été difficile d'établir quelque chose de la sorte pour la multitude et qu'on n'eût manqué de trouver certaines personnes dans le Sénat pour le sanctionner, et probablement ceux-là mêmes qui plus tard se sont empressés de le dégrader, sitôt qu'ils l'ont vu dans l'adversité ».

Ce joli conte avait un fondement historique. Un sieur de

Bompar, en effet, avait commandé l'expédition chargée de reprendre aux Austro-Serbes l'île Sainte-Marguerite en 1747. Les ennemis ayant capitulé le 26 mai 1747, il assura pendant quelque temps l'intérim du gouvernement des îles, tandis que le commandant Audry, qui avait baissé pavillon l'année précédente, était condamné à dix ans d'emprisonnement.

Quelques années plus tard, un certain abbé de Valois, prêtre de Marseille, fondait ses revendications au trône de France sur une prétendue parenté en ligne directe avec le Masque de fer. Selon cette nouvelle théorie, qui s'appuyait sur la relation publiée par l'abbé Soulavie, Anne d'Autriche aurait accouché de jumeaux, le futur Louis XIV et Louis duc d'Anjou, né aussitôt après lui et pouvant être, par conséquent, considéré légalement comme l'aîné. Suivait un petit roman dans lequel on voyait Mgr Louis, interné à Pignerol, tomber amoureux de la fille de Saint-Mars, Marthe, et l'épouser. De leur union naquit à Toulon, en 1696, un enfant, prénommé Louis, qui devint un chef corsaire sous le nom de « grand amiral de Valois ». En 1763, Louis XV fit reléguer son vaisseau au château d'If et pendre l'équipage (de là le nom de l'îlot des Pendus, près du château d'If), mais il n'osa porter la main sur son cousin qui fut incarcéré. Sa femme vint le rejoindre. Là encore, il y eut une double naissance, comme en 1638. L'aîné des jumeaux, Jean-Baptiste Michel Félix de Valois, fut envoyé à Pierrevert, dans les Basses-Alpes, d'où sortit la souche de l'abbé Félix Devalois, né à Manosque le 18 janvier 1860 et qu'un jugement du tribunal civil de Forcalquier du 13 avril 1889 autorisa à écrire son nom en deux mots « de Valois ».

Ce prêtre illuminé, qui prétendait avoir été « couronné roi de France dans le ciel, le 15 juillet 1884 », rassembla un petit cercle de partisans convaincus. Ses droits étaient défendus par divers tracts, brochures ou périodiques, notamment *Le Masque de fer, revue historique et politique* (20 juillet 1911-25 février 1912) de François Fénié.

Ce dernier organe avait ses bureaux dans un petit immeuble à façade ocre, au numéro 44 de la rue des Bons-Enfants, à Marseille. On y défendait le catholicisme ultramontain, la Contre-Révolution, dans la lignée de Joseph de Maistre, le drapeau blanc, l'union du trône et de l'autel. Au bureau du journal, on vendait des albums, des cartes postales, des portraits de Mgr Henri-Félix de Valois, au profil bourbonien. Mais la Grande Guerre emporta ces pauvres chimères. Celui que ses partisans appelaient le « Roi-Prêtre » mourut le 15 décembre 1924, sans avoir pu retrouver le trône de ses ancêtres[24]...

Passé la grande Révolution, la littérature n'oublia pas le Masque. Le romantisme s'empara de la figure de ce prince imaginaire et de son triste destin. Il servit de prétexte à Vigny pour exprimer le désespoir métaphysique. Dans un long poème, *La Prison,* paru en 1821, le frère du Grand Roi contait son infortune et ses rêves brisés à un vieux moine, appelé à son lit de mort, et menaçait les cieux de ses imprécations. Le succès populaire et facile du *Sosie de Louis XIV* d'Arnould et Fournier en 1831 incita Victor Hugo à écrire une pièce en vers : *Les Jumeaux*, qu'il laissa inachevée en août 1839.

Mais le personnage triompha surtout dans le genre romanesque : le polygraphe Regnault-Warin lui consacre en 1804 quatre volumes. Sous la Restauration, parut l'ouvrage en deux volumes de la prolixe Elisabeth Guénard, baronne Brossin de Méré, *Captivité de l'Homme au masque de fer ou les Illustres Jumeaux*, auquel succéda le *Pignerol, histoire du temps de Louis XIV*, du bibliophile Jacob (1836).

Cependant, nul mieux qu'Alexandre Dumas, en quelques chapitres bondissants de verve et de panache du *Vicomte de Bragelonne*, n'a su créer une atmosphère plus romanesque autour du prisonnier. Formidable fiction d'un conteur de génie, promise à une longue postérité ! Comment ne pas garder en mémoire ses scènes palpitantes. Le livre rajeunit le mythe, lui assura avec sa prodigieuse popularité un déferlement de curiosité. Ses successeurs, feuilletonistes et romanciers, cherchèrent à l'imiter, avec plus ou moins de bonheur, que ce soit Camille Leynadier, Fortuné du Boisgobey, Edmond Ladoucette, Paul Féval fils ou Arthur Bernède, sans oublier aujourd'hui Jean-Paul Desprat ou Juliette Benzoni. La littérature populaire n'en a sans doute pas fini avec les chevauchées fantastiques, les envolées de capes et le cliquetis d'épées autour du carrosse grillagé du beau jeune homme, noble, élégant, aux goûts raffinés, aimant le linge le plus fin et gémissant sous son « masque de douleur ». Au Fort Royal de l'île Sainte-Marguerite, les touristes cherchent avidement les traces du frère jumeau de Louis XIV. En 1859, déjà, M. de Laroche-Hénon racontait, dans sa *Notice sur les îles de Lérins*, que, pour satisfaire le culte du souvenir des promeneurs, quelque gardien roublard avait installé une vieille porte hors de ses gonds dont on pouvait découper au canif quelques petits morceaux. La provision de planches vermoulues à usage des curieux était régulièrement renouvelée ! Et les Anglais, toujours prompts à se moquer des reliques, étaient les premiers à emporter en souvenir des fragments de la « porte du Masque de fer[25] » !

Continuant sur sa lancée, le mythe se déploya dans tous les genres. Après le théâtre, la poésie, le roman — y compris érotique (*Le Masque de fer ou l'Amour prisonnier*, de Renée Dunan, 1929) —, voici qu'il investit la bande dessinée : au feuilleton de Paul Gordeaux et J. Grange, paru en 1954 dans *France-Soir*, succéda quelques années plus tard la série de Cothias et de Marc-Renier, qui se décline en six volumes, dans le cycle des « Sept vies de l'Epervier » : *Le Temps des comédiens*, *Qui vengera Barrabas ?*, *Blanches Colombes*, *Paire de Roy*, *Le Secret de Mazarin*, *Le Roi des comédiens*, où, autour d'une bonne base documentaire, se mêlent tous les ingrédients du mélodrame moderne : aventures bondissantes, ténèbres, poisons, érotisme et démonologie...

Il faudrait un long chapitre pour analyser l'abondante filmographie, où l'imagination, toujours avide d'exagération, le dispute à l'invraisemblance. Le premier, celui de Ferdinand Zecca et Lucien Nonguet, date de 1902. C'était une production Pathé. En 1929, à la frontière du muet et du parlant, après quatre ou cinq productions médiocres ensevelies dans l'oubli des cinémathèques, sortit aux Etats-Unis l'un des meilleurs, *The Man in the Iron Mask* d'Allan Dwan. Douglas Fairbanks y jouait le rôle de d'Artagnan. Une scène vaut le détour : Anne d'Autriche vient d'accoucher du futur Louis XIV en présence de la Cour. Tout le monde s'est retiré, hormis les suivantes de la reine. Et soudain, du lit à colonnes, d'où tombent tentures et bonnes-grâces, une main pathétique s'agite, appelle au secours : l'accouchement n'est pas terminé ! Le septième art permet bien des fantaisies ingénieuses, nous livre de jolies trouvailles comme des détails burlesques, des raccourcis simplificateurs comme d'incroyables audaces ; ainsi celle de Randall Wallace faisant de d'Artagnan (Gabriel Byrne) le père des jumeaux !

Il est étonnant du reste de voir combien la plasticité du mythe se joue des règles historiques. « Plus j'y réfléchis, plus je crois reconnaître dans l'homme au masque de fer, sans esprit de système ni entêtement de ma part, J.-B. Poquelin de Molière. » Molière sous le masque célèbre, voilà pour le moins de l'inattendu et de l'original ! Et ce n'était pas un canular. L'auteur de cette étonnante profession de foi, Anatole Loquin, douanier, musicologue et moliériste à la fois, exposa pour la première fois sa théorie en 1883, sous le pseudonyme d'Ubalde, dans une brochure intitulée : *Le Secret du Masque de fer, étude sur les dernières années de J.-B. Poquelin de Molière**. On sait, d'après le précieux registre du comédien Lagrange, retraçant au jour le jour la vie de la compagnie, que le célèbre auteur comique fut pris d'une crise d'étouffement à la fin de la quatrième représentation du *Malade imaginaire* — ah ! que le public avait ri quand il avait eu de grotesques convulsions en prononçant le fameux « Juro »[26] ! — et qu'il mourut dans la soirée du vendredi 17 février 1673, en son domicile parisien. L'acte de décès fut transcrit sur les registres de Saint-Eustache[27].

Le débat n'est-il pas clos ? Pas du tout ! s'exclame notre moliériste, tout ceci ne fut qu'un simulacre. Pour se venger du *Tartuffe*, les ennemis du comédien, les dévots, les bigots, les cagots, avaient réussi à convaincre le roi que Molière en épousant Armande Béjart vivait incestueusement avec sa propre fille, un crime horrible puni par les flammes du bûcher. Afin d'éviter le scandale et cette mort atroce, le roi, trompé par de fausses allégations (Armande n'était pas la fille de Madeleine Béjart, ancienne maîtresse de Molière, mais sa sœur cadette), se résigna à signer une lettre de cachet. Au sortir du théâtre du Palais-Royal, Jean-Baptiste, au lieu de regagner son appartement, fut enlevé, bâillonné, ligoté et illico jeté dans un carrosse. Et fouette cocher ! Direction Pignerol ! Il entra de nuit dans la prison et vécut tout le reste de son existence dans le secret le plus complet. Le grand homme vêtu de sombre, à la peau un peu brune, qui avait un goût prononcé pour le beau linge, qui jouait de la guitare et charmait au seul son de sa voix, mais oui, c'était lui, Molière, l'immortel génie vaincu par la cabale de ses ennemis ! Que diable allait-il faire dans cette galère ? Si l'on cachait son visage, c'était évidemment qu'il était partout connu, y compris en province, où il avait longtemps joué ses farces et ses comédies. A toute chose malheur est bon, dira-t-on : l'air des prisons lui fut favorable, puisqu'il le guérit miraculeusement de la tuberculose qui le minait et le prolongea jusqu'en 1703, à l'âge de quatre-vingt-un ans...

L'amusante et fantaisiste théorie d'Anatole Loquin attira quelques sourires incrédules et beaucoup de sarcasmes[28]. Cela n'empêcha pas son auteur de défendre bec et ongles ses idées et

* Ses supérieurs de l'administration des douanes se plaignaient de la fantaisie de ce personnage et le notaient sévèrement : « Est un artiste et fait de la douane en artiste », ou encore : « Est une non-valeur pour l'Administration », Michel Boyé, « Un douanier musicologue, Anatole Loquin (1834-1903) », *Les Cahiers d'histoire des douanes françaises*, n° 7, mars 1989, p. 43.

de faire paraître libelle sur libelle[29]. En 1900 vint encore un gros livre, exténuant de verbosité, *Un Secret d'Etat sous Louis XIV. Le prisonnier masqué de la Bastille, son histoire authentique*, publié cette fois sous son véritable nom. Le cher homme demeura vingt ans ainsi tourmenté par son idée fixe, accumulant livres et articles, rompant en visière les moliéristes hérétiques et ferraillant contre tous ceux qui osaient rire de ses inébranlables convictions.

Voici encore un exemple de ces fantaisies en marge de l'Histoire. On sait, depuis le registre de Du Junca, que l'inconnu mourut à la Bastille le 19 novembre 1703. Rien de mieux établi, c'est la base même de la recherche historique. Que nenni ! répondait un habitant de Cannes en 1978, le comte Michel de Lacour, il n'y est jamais allé. Il s'est évadé de l'île Sainte-Marguerite au moment de sa translation et s'est caché dans la vieille tour, dont lui-même était propriétaire au Suquet... Un squelette, des restes de tissu de velours, un charmant soulier d'époque, un livre de prières datant de 1675 et une canne à pommeau d'argent l'attestaient. Le crâne, expertisé, à ce qu'il prétendait, par le laboratoire d'anthropologie du Musée de l'Homme, se révéla être jumeau de celui de Louis XIV, dont les mensurations sont connues par la fameuse cire d'Antoine Benoist, au château de Versailles. Fascinante preuve, valant bien l'ADN de Louis XVII ! Et malheur aux incrédules qui déploraient que les ossements, les objets funéraires et le rapport d'expertise aient disparu !

Rien n'y fait. La légende royale a la vie dure ! Sitôt qu'un progrès est accompli dans la voie austère de la vérité et que l'on s'imagine avoir émondé les mauvaises branches, on voit refleurir le merveilleux, dont semblent ne pouvoir se passer ni l'âme populaire ni la fantaisie des écrivains. Marcel Pagnol nous ramène lui aussi à la plus populaire des hypothèses : les recherches ont établi que le mystérieux prisonnier s'appelait Eustache Danger (ou Dauger, selon l'orthographe la plus répandue), soit ! Mais cet Eustache était tout bonnement le frère jumeau du Roi-Soleil ! Et le célèbre romancier de se lancer dans un implacable réquisitoire contre Louis XIV, cet horrible despote qui aurait ainsi suggéré l'assassinat ou l'empoisonnement de Fouquet, Louvois, Barbezieux et beaucoup d'autres. « Je suis persuadé, écrit-il, que, s'il était né dans une portée de quatre jumeaux, nous aurions eu trois Masques de fer, et qu'il eût considéré ce triple crime comme un sacrifice aux intérêts de l'Etat, sacrifice héroïque et digne d'un grand roi[30]. » Comment réécrire l'Histoire en tricotant avec de grosses ficelles ? Lisez Pagnol ! Ainsi, la révocation de l'édit de Nantes serait due au père de La Chaize, avertissant le roi qu'il répondrait devant Dieu de la captivité de son frère s'il ne faisait pas un geste en faveur de la vraie religion [31] ! Caïn aurait dont monnayé son pardon du meurtre d'Abel sur le dos des huguenots !

Pour prouver une seconde naissance le 5 septembre 1638 à la cour de France, Pagnol croit triompher parce qu'il a « découvert » que Louis XIII avait ordonné de faire chanter un *Te Deum* pour la naissance de son fils. Et c'est pendant cette opportune prière, permettant de désencombrer la chambre de la reine, que serait né le second enfant, l'indésirable... Belle trouvaille, en vérité ! Et le poète-historien, naïvement, de se rengorger : « Ce ne sont pas de grandes découvertes ; mais si l'on ne retrouvait qu'un bras à la Vénus de Milo, on pourrait peut-être compléter toute la statue [32]. »

Pour mieux faire tomber son héros dans la gueule du loup, je veux dire le donjon de Pignerol, il le jette dans le rang des conspirateurs. Le frère jumeau du roi devient donc le complice de Roux de Marcilly, prend le pseudonyme de Martin et la condition de valet. Mais, en réalité, son nom est Jacques de la Cloche. Mais oui ! Le pseudo-bâtard anglais, ce trouble jeune homme à la recherche de ses racines et de sa véritable identité, se serait trompé de père : il aurait pris Charles II pour Louis XIII ! Et comme on n'est plus à un changement de nom près, Louis XIV lui aurait donné, après son arrestation en août 1669, celui du malheureux Cavoye, qui maudissait son frère derrière les barreaux de Saint-Lazare : Dauger.

Comme l'auteur du *Château de ma mère* — qui aime aussi en bâtir en Espagne ! — a bien du mal à étayer ses hypothèses, il s'attache surtout à démontrer que Danger — pardon Dauger — n'est pas un véritable domestique, car ces satanés petits mots : « Ce n'est qu'un valet », qui avaient bien ennuyé Duvivier pour son chevalier picard, agacent prodigieusement Pagnol. Comment, en effet, faire entrer un Fils de France dans la livrée d'un laquais ! On imagine mal, en effet, le jumeau, portrait vivant de la Majesté solaire de Versailles, faisant le ménage à Pignerol, portant les plats avec ce rustaud de La Rivière, graissant les bottes de M. Fouquet pour sa promenade, peignant sa perruque ou recevant les lourds paniers de linge des mains usées des lavandières, de retour des bords de la Chisone. Pagnol, comme ses prédécesseurs, est contraint à des contorsions pour écarter le document gênant. Louvois, explique-t-il, n'a donné cette précision qu'à seule fin d'égarer les historiens. Quand Saint-Mars suggère de le mettre au service de Lauzun, ce n'est encore qu'une mise en scène, « dictée par Louvois, afin de confirmer que Dauger n'est qu'un valet et d'enrichir le dossier de la thèse officielle[33] ». Et quand le prisonnier de la tour pénètre pour la première fois dans l'appartement de Fouquet, en 1675, c'est pour devenir « un compagnon, peut-être un secrétaire[34] ». L'examen des comptes et des dépenses du prisonnier — dont il n'a d'ailleurs qu'une connaissance partielle — prouverait que le nommé Eustache fut traité comme un fils de roi. Et Pagnol de nager dans les milliards d'anciens francs qu'auraient coûtés l'entretien du prisonnier et la construction de sa luxueuse prison provençale, qu'il compare à une chambre d'un hôtel de la Croisette, avec « une belle cheminée à grand manteau, comme on en voit dans les salons de villas de la Côte d'Azur[35] ». Fermez le ban !

Entre la légende et la recherche historique, la faille n'a cessé de grandir. La vérité n'a pas l'attrait du roman, assurément. Si l'on s'en tient à la rigueur des documents, aux déductions logiques des faits, il nous faut dire adieu au mythe du « prince infortuné » persécuté par son royal frère pour d'impérieuses raisons d'Etat et masqué à cause d'une « ressemblance trop frappante ». Mais les légendes sont coriaces ! Elles plient rarement devant les évidences de la réalité ! Indépendamment du valet mystérieux, pauvre hère au destin malheureux, on continuera de broder sur ce prisonnier redouté à la noble figure et à la voix caressante qu'il était interdit de voir et d'entendre. « Est-il rien de plus décevant qu'une énigme dont le mot est trouvé ? se demandait ironiquement G. Lenotre. Un puzzle, quand tous ses fragments sont en place, n'est plus qu'une assez vulgaire image dont personne ne s'amuse : l'intérêt dans ce genre de casse-tête n'est pas d'y réussir, mais d'y travailler, et les vrais joueurs retardent autant qu'ils le peuvent l'achèvement qui met fin à leur plaisir[36]. » A ce puzzle il ne manque plus qu'une ou deux pièces, pouvant servir de preuves absolues ! Aurait-on ces preuves en main, les étalerait-on au grand jour qu'elles ne pourraient détruire le mythe. Un simple domestique, coupable d'indiscrétion, qui avait lu des documents qu'il n'aurait pas dû voir ? Un valet qui tenait en main l'honneur et le destin d'un roi étranger ? Ce n'était donc que cela ! Quel dommage, cela aurait pu être tellement mieux. Alors, on brouille le jeu et l'on recommence. Le masque est tombé ! La lumière faite ! Qu'importe !

On ne tardera pas à trouver un visage nouveau sur lequel on pourra river, non sans satisfaction, la mentonnière d'acier et les écrous du masque métallique... L'imagination, heureusement, ne se laisse pas enchaîner par la logique et le bon sens. Les énigmes peuvent être résolues, les légendes, elles, sont immortelles.

POSTFACE

Encore Beaufort !

L'histoire du Masque de fer ne cesse de passionner. En témoigne l'abondance des études publiées depuis la première édition de notre ouvrage (janvier 2003). Dans un bouillonnement constant d'imagination, les hypothèses succèdent les unes aux autres.

Dans sa trilogie consacrée aux mousquetaires (1999-2003), le romancier Hubert Monteilhet identifie une nouvelle fois le célèbre prisonnier à François de Vendôme, duc de Beaufort, petit-fils de Henri IV[1]. Il s'agit, on le sait, d'une vieille, très vieille rumeur, puisque Saint-Mars s'en faisait lui-même l'écho dans une lettre à Louvois du 8 janvier 1688 : « Dans toute cette province, l'on dit que le mien (*mon prisonnier*) est M. de Beaufort... »

L'hypothèse avait été émise en 1768 par le poète et dramaturge La Grange-Chancel dans *L'Année littéraire*, puis reprise en 1958 par Isabelle de Broglie dans sa biographie du duc. Elle fut développée deux ans plus tard dans *Les Cahiers de l'Histoire* par Dominique Labarre de Raillicourt[2]. Les romanciers s'en sont emparés, à commencer par Juliette Benzoni dans sa trilogie intitulée *Secrets d'Etat* (1997-1998) : *La Chambre de la reine*, *Le Roi des Halles*, *Le Prisonnier masqué*). Pour justifier un tel emprisonnement, on a fait valoir que l'ancien « roi des Halles », Grand Maître et surintendant général de la Navigation et du Commerce de France, était devenu un personnage encombrant, particulièrement pour Colbert qui avait hérité du département de la Marine. Se serait ajoutée une autre raison : Beaufort serait le véritable géniteur de Louis XIV ! Anne d'Autriche, dans un moment d'égarement ou de passion, lui aurait ouvert sa couche. Le Roi-Soleil serait donc un souverain illégitime. Avec ce personnage turbulent, incarcéré à Pignerol, on étouffait un dangereux secret d'Etat. Dans sa fiction romanesque, Hubert Monteilhet adopte, bien sûr, ce point de vue.

Loin de nous l'idée de vouloir brider les romanciers. L'excellent Jean d'Aillon a fait lui aussi un plaisant Masque de fer autour de la thèse de Mme Mast (Dauger de Cavoye, demi-frère de Louis XIV) [3]. En revanche, si l'on parle Histoire, la recherche logique de la vérité s'impose. Or, plus aucun historien sérieux ne soutient aujourd'hui une telle identification, même si des doutes demeurent sur les circonstances de la disparition du duc au siège de Candie le 24 ou le 25 juin 1669 [4]. La chronologie ne correspond pas. Louis XIV et la Cour n'apprirent sa fin tragique qu'au tout début du mois d'août 1669. La duchesse de Mercœur, mère de Beaufort, n'en fit part à Louvois que le 31 juillet [5]. Celui-ci n'aurait donc pas pu dès le 19 juillet avertir Saint-Mars de l'arrivée de ce nouveau prisonnier. Ce n'est pas lui qui est concerné par la lettre de cachet que le roi signa le 28 juillet, ordonnant au capitaine de Vauroy l'arrestation d'Eustache Danger (Pourquoi, du reste, aurait-il fallu une « lettre d'arrestation » ? S'il s'était agi de Beaufort, il ne serait pas rentré libre en France...). Il est inimaginable de penser qu'en si peu de temps le malheureux duc ait été enlevé en Crète, conduit par bateau jusqu'à Marseille, escorté par la route jusqu'à Calais, puis de là à nouveau expédié vers le sud-est, au donjon de Pignerol, où il aurait été enfermé sous le nom d'Eustache Danger et traité comme un valet au tarif de cinquante livres par mois [6]... Quant à vouloir faire entrer ultérieurement le prisonnier, vers 1671, comme le pensait Dominique Labarre de Raillicourt, évidemment gêné par les dates, c'est une impossibilité que nous interdit désormais la reconstitution que nous avons faite du registre d'écrou de Pignerol à partir des comptes des prisons.

D'Artagnan sous le masque de fer

Beaufort, père de Louis XIV ? Que nenni ! C'était Tréville ! Oui, le comte de Tréville, le célèbre capitaine, ennemi de Richelieu, le patron des trois mousquetaires ! Et c'est pour avoir connu ce terrible secret (« *the most dangerous secret in France* »), qui rendait illégitime le Roi-Soleil, que d'Artagnan, laissé pour mort sous les murs de Maëstricht le 25 juin 1673, aurait été soigné, enlevé et enfermé à Pignerol sous le masque d'acier... Ah ! si le cher Dumas y avait pensé, que d'épisodes palpitants aurait-il ajoutés à son *Vicomte de Bragelonne* !

Cette thèse ahurissante a été soutenue en 2008 par un Anglais, Roger Macdonald, historien, journaliste et producteur de télévision. Son livre, *The Man in the Iron Mask*, contrairement à ceux d'Hubert Monteilhet ou de Jean d'Aillon, se présente comme un ouvrage sérieux, très documenté[7]. L'auteur connaît l'histoire de l'homme masqué à la perfection, tout comme celle du véritable d'Artagnan. Son récit ne manque ni de précisions ni de charme. Cela s'arrête là.

La nouvelle conjecture est habilement cousue dans les interstices de l'Histoire, sans vraiment convaincre. Louis XIII, homosexuel, était incapable de faire un enfant à sa femme, Anne d'Autriche. Or, la nécessité s'imposait de donner un dauphin à la France. C'est ici qu'intervient Armand Jean du Peyré, comte de Troisvilles ou Tréville. En raison de ses fonctions d'officier des mousquetaires, affecté à la garde du Louvre, il parvient à séduire la reine. D'où, neuf mois plus tard, le 5 septembre 1638, la naissance « miraculeuse » du futur Louis XIV. D'Artagnan, au courant de ce terrible secret et qui, au fil des ans, avait pris quelque liberté avec le roi, devient l'homme à abattre. Louvois s'en charge et le fait conduire à la Bastille puis, de là, quelques mois plus tard, à Pignerol. Le prisonnier, que le chevalier de Saint-Martin va escorter en avril 1674 sur la route des Alpes et à qui, dès son arrivée, on donne un bréviaire, n'était pas le moine jacobin, comme on le croit ordinairement, mais d'Artagnan en personne, l'ancien supérieur de M. de Saint-Mars ! Est-il besoin de réfuter l'aimable fiction de Roger Macdonald qui fait mourir sur un grabat de la Bastille le capitaine des mousquetaires à l'âge de quatre-vingt-dix ans ? Le héros de Maëstricht ne méritait pas cela ! N'en déplaise à l'auteur, sa candidature fait seulement sourire !

Fouquet, de nouveau

Dans son étude fouillée sur « Le grand secret du Masque de fer » parue en 2006 dans un numéro hors série de la revue *Top Secret*[8], un chercheur, Claude Dabos, s'est plu à amalgamer plusieurs hypothèses et plusieurs mystères de l'Histoire. « Une énigme peut en cacher une autre ! », nous avertit-il. Pour lui,

Eustache Danger serait bien Nabo, le petit page noir de la reine, cher à Pierre-Marie Dijol, et ce jeune Africain serait bien le père de la petite Marie-Anne dont on dut annoncer la mort « par extrême nécessité ». Mais il n'est pas le Masque de fer !

L'auteur appuie son raisonnement sur une « lettre de la plus haute importance », celle de Louvois à Saint-Mars du 12 mars 1680, exhumée du dossier K 120A des Archives nationales : « L'intention du Roy n'est point que vous payiez à M. Foucquet les gages de celuy de ses valets qui est mort[9]. » Or, dans une lettre postérieure (celle du 8 avril) de la même année, le ministre parle de La Rivière comme de quelqu'un encore en vie. Claude Dabos en tire la conclusion qu'Eustache était le valet en question, décédé probablement entre septembre 1679 et mars 1680.

Qui donc serait l'homme au Masque ? Tout simplement Nicolas Fouquet. Comme le surintendant serait mort fort vieux s'il avait fini ses jours à la Bastille en 1703 (88 ans), l'auteur pense qu'il décéda à l'île Sainte-Marguerite en 1693 (c'était déjà l'opinion de Stanislas Brugnon) et que l'homme masqué de velours envoyé à la Bastille était l'ancien agent du duc de Mantoue, Matthioli, enterré sous le nom de « Marchioli », tout simplement... Un amalgame d'hypothèses, comme je l'ai dit.

Exposée pour la première fois en 1789 dans un opuscule révolutionnaire sans valeur historique, la thèse Fouquet est comme un fantôme aux contours incertains qui revient périodiquement : Paul Lacroix, Pierre-Jacques Arrèse, Jean Markale, plus récemment l'Italien Mauro Maria Perrot l'ont soutenue avec un bonheur inégal. Elle est presque devenue banale. Mais Claude Dabos y ajoute un piment supplémentaire. Le surintendant aurait reçu un « secret extraordinaire » du peintre Nicolas Poussin : l'existence du trésor de Rennes-le-Château, près de Carcassonne, un trésor inépuisable provenant du butin du Temple de Salomon pillé par Titus en l'an 70 et rapportés par les Wisigoths dans la région de Carcassonne après le sac de Rome ! Ce sont les vestiges de ce trésor qu'aurait utilisés à la fin du XIXe siècle le curé du village, l'abbé Béranger Saunière.

Ceci permettrait de comprendre pourquoi Fouquet a disposé à partir de 1656 de « ressources presque illimitées », jusqu'à ce que Louis XIV y mette fin. Nous sommes entraînés, on l'aura compris, dans la partie la plus hasardeuse de l'étude : Rennes-le-Château, l'abbé Saunière, la compagnie du Saint-Sacrement, le prieuré de Sion, le message crypté de Poussin dans sa fameuse toile des *Bergers d'Arcadie*... C'est *L'Enigme sacrée* et le *Da Vinci Code* qui nous sont ici resservis en plat réchauffé !

Faut-il rouvrir le dossier Fouquet ? Ne revenons pas sur le page noir de la reine et la mauresse de Moret. Laissons de côté aussi les aspects fantasmatiques de l'« or maudit de Rennes », fumeuse plaisanterie qui traîne à n'en plus finir dans les livres et revues ésotériques, mais ne repose sur rien, comme l'ont montré les enquêtes très documentées de René Descadeillas et Jean-Jacques Bédu sur l'affaire Saunière, qui se résume à un trafic de messes auquel Rome a mis fin par la suspension du curé en question [10].

La lettre de Louvois relative aux gages du domestique mort n'est pas vraiment un « scoop », comme le prétend l'auteur. Elle avait déjà été vue en son temps par Stanislas Brugnon et n'avait pas provoqué de sa part d'émoi particulier. Elle vise en effet Champagne, valet de Fouquet mort en 1674, dont on n'avait toujours pas réglé les gages. Louis XIV a estimé – et on le comprend – qu'ils ne devaient pas revenir à son maître. Quant à Eustache Danger, prisonnier d'Etat placé à partir de 1675 au service de l'ancien surintendant, il est évident qu'il ne percevait pas de salaire. C'eût été un comble, alors qu'on lui faisait la grâce d'atténuer sa condition pénitentiaire ! Il ne faudrait pas confondre les prisons du XVIIe siècle avec celles d'aujourd'hui, où les détenus ont le droit d'amasser un petit pécule en rémunération des travaux qu'ils effectuent.

La théorie de Claude Dabos faisant de Fouquet l'homme au masque de fer se heurte à de nombreuses autres objections. D'abord les documents eux-mêmes. L'auteur est obligé de considérer qu'au moins trois lettres de la correspondance ministérielle sont des faux, qui ont été déposés dans les archives du ministère afin d'égarer les futurs chercheurs ! La dépêche de Louvois à Saint-Mars du 8 avril 1680 : « Le roi a appris par la lettre que vous m'avez écrite le 23 du mois passé *la mort de M. Fouquet...* » ; celle du même jour du ministre au comte de Vaux, fils du défunt : « J'ai parlé au roi de la permission que madame votre mère demande de pouvoir retirer de Pignerol *le corps de M. Fouquet*. Vous la pouvez assurer qu'elle ne trouvera pas de difficulté et que Sa Majesté a donné des ordres pour cela. » ; celle enfin de Louvois à Saint-Mars datée du lendemain et l'autorisant à « remettre aux gens de Mme Fouquet *le corps de feu monsieur son mari* pour le faire transporter où bon lui semblera ». Cela fait beaucoup. On ne fait pas de bonne histoire en négligeant des documents ou en leur faisant dire le contraire de ce qu'ils disent.

Rappelons que des pièces comptables conservées dans les Mélanges Colbert de la Bibliothèque nationale de France attestent le remboursement des honoraires des médecins et chirurgiens « qui ont traité ledit sieur Fouquet pendant l'année 1680 et pendant la maladie dont il est mort » (320 livres), celui des remèdes fournis (237 livres) et des frais de funérailles (165 livres), toutes sommes dont Saint-Mars avait fait l'avance. Les comptes des prisons montrent de même que la pension mensuelle de 500 livres allouée pour l'entretien de l'ancien surintendant disparaît à partir de 1680. Toujours selon les ordonnances de comptant, c'est bien l'un des deux prisonniers de la tour d'en bas, le survivant d'Exilles qui, après un séjour de onze années à l'île Sainte-Marguerite, fut conduit à la Bastille en septembre 1698 et y mourut en novembre 1703. Or, cet individu, la correspondance ministérielle le prouve, s'appelait Eustache Danger et était un simple valet. On ne peut sortir de ces certitudes. Non, il n'y a pas de sursis pour la thèse Fouquet !

Le page noir de M. de Beaufort

L'universitaire Michel Vergé-Franceschi, professeur à l'université François-Rabelais de Tours et grand spécialiste de la marine de l'Ancien Régime, part de ces constatations. Mais qui se cache derrière le visage d'Eustache Danger ?

Dans sa biographie de Colbert, parue en 2003, il avait d'abord proposé une nouvelle candidature, une histoire corse, passablement assaisonnée d'obscurités [11]. Qu'on en juge ! Le 5 mai 1669, Louis XIV, accompagné de son ministre Colbert, arrive à Marseille, où il est accueilli par la communauté corse de la ville et le premier échevin, Jean-Baptiste Franceschi. Au cours des réceptions, le valet du comte de Grignan, lieutenant général au gouvernement de Provence, Eustache Auger, alias Augeri, empêche un autre Corse nommé Giafferi, du village de Talasani, espion impérial et provénitien, d'empoisonner Colbert ou le roi. Giafferi, « cet homme vêtu de noir qui était venu rôder dans son grand manteau de conspirateur, autour du ministre, les poches remplies de fioles et de poudres », disparaît quelque temps plus tard, peut-être supprimé par un autre Corse, Marchetti, capitaine d'une compagnie franche de Suisses, habituellement en garnison à Dunkerque, mais qui serait venu à Marseille avant de s'embarquer sur les navires français en partance pour Candie. Tous ces événements, en effet, se seraient déroulés au moment où le duc de Beaufort, les ducs de Navailles et de Vivonne s'apprêtaient à conduire cette entreprise militaire, de concert avec les Vénitiens, contre les Turcs occupant la Crète. Vivonne appareilla de Toulon le 21 mai avec les galères, et Beaufort le 5 juin avec le reste de la flotte[12]. Colbert, secrétaire d'Etat à la Marine, qui détestait le Grand Maître de la Navigation, ne pouvait que se réjouir de sa disparition. D'où la question de l'auteur : « Beaufort a-t-il été assassiné sur ordre de Colbert et du roi par le dénommé Marchetti, Corse venu de Dunkerque, présent à Candie le 25 juin, qui aurait aussi supprimé son compatriote empoisonneur Giafferi à Marseille peu auparavant ? »

Arrêté à Dunkerque en juillet 1669, le futur homme au masque de fer ne saurait être le nommé Auger, car les Grignan avaient toujours leur domestique en 1671. Ce serait donc Marchetti, ramené de Candie à Marseille, puis de Marseille à Dunkerque, et de là accompagné militairement à Pignerol. Les preuves ne manquent pas, souligne Michel Vergé-Franceschi : à en croire le chirurgien de la Bastille, la peau de l'inconnu masqué était « un peu brune », « comme tous les Méditerranéens », remarque-t-il. « Il intéressait par le seul son de sa voix », « comme tous les Corses ? » se demande-t-il. Il était vêtu de brun, « comme les bergers de cette île » !... Arrêté sous le nom du valet des Grignan, Auger, le Masque corse retrouva à sa mort, en 1703, son patronyme ou presque. Quand on voulut l'enterrer au cimetière Saint-Paul, on essaya de déchiffrer son passeport génois « à demi effacé par le temps » : mais au lieu de Marchetti, on lut Marchiali.

Cependant une objection vient à l'esprit : comment expliquer le masque ? Michel Vergé-Franceschi, qui n'est pas à court d'arguments, suppose qu'à force de faire des préparations chimiques dangereuses, même en prison, l'homme se serait brûlé le visage, d'où cette prothèse d'acier, servant charitablement à dissimuler des chairs tuméfiées, horribles à voir. L'auteur résume ainsi son hypothèse faite d'une succession époustouflante de meurtres supposés, dont les motivations – c'est le moins qu'on puisse dire – n'apparaissent pas clairement : « l'assassinat programmé de Colbert par Giafferi, le meurtre de Giafferi par Marchetti, l'élimination de Beaufort par Marchetti, le nom d'Auger donné à Marchetti à Pignerol... »

On aurait aimé lire quelques pièces d'archives étayant cette construction audacieuse. Il n'y en a guère, sinon une vague référence dans la correspondance de Louvois à un capitaine Marchetti en garnison à Dunkerque, dont on ne sait strictement rien, pas même s'il se rendit à Marseille puis à Candie... Le nom d'Auger, serviteur des Grignan, est certes mentionné dans la correspondance de Mme de Sévigné, mais sans guère de précisions. Quant à Giafferi, s'il est cité par le biographe de Colbert, c'est parce que le fameux pamphlet des *Mémoires secrets pour servir à l'Histoire de Perse*, le premier ouvrage imprimé à parler du prisonnier masqué (1745), le citerait en francisant son nom, Giafer. Jusque-là, tous pensaient que Giafer était le pseudonyme du comte de Vermandois, de même que Cha-Abbas celui de Louis XIV. Eh bien, non ! Pour Michel Vergé-Franceschi, il n'en est rien. L'ouvrage aurait été rédigé par Antoine Pecquet, premier commis des Affaires étrangères, très au courant de l'affaire, qui n'aurait pas hésité à révéler la vérité sous une clé persane, à la mode du temps. Giafer serait à identifier avec Zannenito Giafferi, qualifié d'*alfiere* – c'est-à-dire de porte-drapeau —, dont on perd la trace en Corse après son testament du 5 juin 1665. Cela suffit à l'historien pour écrire que « c'est vraisemblablement cet *alfiere* corse que l'on retrouve à Marseille en 1669 prêt à assassiner Colbert ou le roi ». Pourquoi ? Mystère. Mais Giafferi n'est pas le Masque de fer : c'est son ennemi du même village, Marchetti, alias Marchialy.

Reprenant le dossier en 2009 dans un gros ouvrage de près de 500 pages, aussi riche en notes et en appareil critique que pauvre en preuves supplémentaires, le professeur Vergé-Franceschi modifie sa thèse : Marchetti tombe aux oubliettes et Giafer revient sur le devant de la scène[13]. Ce serait bien lui le Masque de fer, comme le révélaient les *Mémoires secrets*. Cette fois, l'auteur ne l'identifie plus avec le Corse Giafferi, mais avec un domestique noir du duc de Beaufort, qui aurait été témoin du meurtre de son maître lors du siège de Candie. Un meurtre par strangulation perpétré, nous assure-t-il, par un de ses adjoints, le comte de Kéroualze, pour servir les intérêts de Colbert et de l'Angleterre. Ce subalterne évidemment en savait trop. Au lieu de l'assassiner froidement, comme son maître, on l'enferma en prison pendant trente-quatre ans, afin d'étouffer son secret. Ce domestique, troublant Ganymède algérien de quatorze ou quinze ans, né à Bougie en Algérie (d'où l'auteur tient-il cela ?), serait un homosexuel. Ah bon ! Pour justifier la thèse du masque médical, l'historien, cette fois, s'appuie non plus sur d'hypothétiques expériences de chimie, mais sur un passage des *Mémoires secrets*, où il est question de tortionnaires qui, en cours de route, auraient tailladé le visage du valet du prisonnier : « Un seul domestique, qui était du secret, fut transféré avec le prince ; mais étant mort en chemin, *les chefs de l'escorte lui défigurèrent le visage à coups de poignard.* » L'homme aurait même été grièvement blessé aux jambes, ce qui expliquerait son transport en chaise à porteurs puis en litière.

En dehors de l'homosexualité et du handicap moteur, qui sont les deux grandes nouveautés, on retrouve à peu de choses près les digressions de Pierre-Marie Dijol sur les deux « merles de la tour d'en bas » – deux merles donc deux Noirs –, Eustache et La Rivière, ce dernier plus noir que l'autre.

Notons une erreur flagrante : le voyage de Louis XIV et de Colbert à Marseille en 1669, auquel l'auteur attache une si grande importance. Il suffit de consulter la *Gazette* pour s'apercevoir que, durant toute cette année, le roi n'a pas quitté l'Ile-de-France, sauf pour un séjour à Chambord du 19 septembre au 17 octobre, à l'époque des grandes chasses. Son unique visite à Marseille remonte à neuf ans plus tôt, du 2 au 8 mars 1660[14].

On ne s'étendra pas davantage sur cet entassement d'hypothèses fantaisistes et de conjectures improbables dans lequel on se perd : je rappellerai seulement que Paul Fould, qui a découvert le manuscrit des *Mémoires secrets* en clair (Giaffer est bien Vermandois et Cha-Abbas Louis XIV), l'attribue sans l'ombre d'un doute non au commis Pecquet, mais à un petit philosophe du XVIIIe siècle, François Vincent Toussaint, qui n'avait évidemment pas accès aux archives des Affaires étrangères.

A chaque époque son Masque de fer, pourrait-on dire. Celui de Voltaire et des Lumières était une dénonciation de l'arbitraire et de la légitimité dynastique, celui fabriqué par Michel Vergé-Franceschi est la victime parfaite de la société postmoderne : « Nain, Noir, Maure, écrit-il. Synthèse des opprimés, synthèse des exploités. Symbole de la maltraitance, interpellation de nos valeurs actuelles : à bas le racisme ; à bas l'exclusion des handicapés ! (...) Enfermer un adolescent pour homosexualité ! Scandale ! A bas les discriminations sexuelle ou raciale ! » Fort belle indignation, mais où est l'Histoire dans tout cela ?

Les énigmes peuvent être résolues, les légendes, elles, sont immortelles, avais-je conclu dans la première édition de ce livre. Je ne pensais pas si bien dire. La ronde des hypothèses fantasmatiques a repris. D'Artagnan, Fouquet, Beaufort, à nouveau le page noir, le trésor de Rennes-le-Château et du malheureux abbé Saunière et *tutti quanti*... Eternels recommencements ! « Les hommes ne croient à la vérité que quand elle est faite sur le modèle qu'ils imaginent, disait Jean Giraudoux dans son roman *La Menteuse* ; tant pis si elle est faite après, si elle est postérieure aux événements ! » Que souhaiter aux futurs chercheurs, qui ne manqueront certainement pas dans les années à venir de rouvrir le dossier, sinon un peu moins d'imagination et davantage de rigueur ?

NOTES

1. LES DOCUMENTS

1. Colonel WILLETTE, *L'Evasion du maréchal Bazaine de l'île Sainte-Marguerite par son compagnon de captivité*, textes inédits présentés par André CASTELOT, Paris, Perrin, 1973, p. 66.

2. Abbé Jean-Pierre PAPON, *Voyage en Provence*, introduction et notes de Louise GODARD de DONVILLE, Paris, La Découverte, 1984, p. 216-218.

3. *Revue universelle des Arts*, 1855, p. 467.

4. *Le Messager de la Haute-Marne*, 2 décembre 1855.

5. Paul PELTIER, « L'Homme au masque de fer », *La Vie illustrée*, 14 mars 1902, p. 382. Les fouilles de la rue Beautreillis furent l'occasion de nombreux articles de presse : Henri DUVERNOIS, « L'éternelle énigme. Le tombeau du Masque de fer. Au jardin mystérieux, 17 rue Beautreillis. L'ancien cimetière Saint-Paul », *La Presse*, 24 janvier 1902 ; « La disparition d'un charnier historique », *La Libre Parole*, 2 avril 1902 ; F. PONSARD, « Le mystère de la rue Beautreillis », *Le Figaro*, 18 avril 1902 ; Frantz FUNCK-BRENTANO, « L'éternelle énigme. A propos des fouilles de la rue Beautreillis », *Revue Bleue*, 18 et 25 octobre 1902 ; articles de A. CALLET dans *La Cité, Bulletin de la Société historique et archéologique du VIe arrondissement,* n° 2, avril-juillet 1902, n° 3, juillet-octobre 1902, etc.

6. Arsenal, Mss., vol. 5133, f° 37 v°. Afin de faciliter la lecture des documents cités nous en avons modernisé l'orthographe.

7. *Mémoires de Messire J.-B. de La Fontaine*, éd. de 1699, p. 436.

8. Madame GUYON, *Récits de captivité*, présentation de Marie-Louise GONDAL, Grenoble, Jérôme Million, 1992, p. 169.

9. Né à Moulins en 1698, mort à Bruxelles en 1771, exilé après l'expulsion de France des jésuites, le père Griffet a écrit des ouvrages théologiques (notamment l'*Insuffisance de la religion naturelle*, en 1770) et surtout historiques (on lui doit, en particulier, un très intéressant *Recueil de lettres pour servir à l'histoire militaire du règne de Louis XIV*, 1761-1764, et une remarquable *Histoire de Louis XIII*, 1758).

10. Lettre à Fréron, *L'Année littéraire*, t. XXXII, p. 189.

11. François RAVAISSON, *Archives de la Bastille*, Paris, t. X, p. 229.

12. *Ibid.*, t. X, p. 338, et Frantz FUNCK-BRENTANO, *Les Lettres de cachet à Paris, étude suivie d'une liste des prisonniers de la Bastille (1659-1789)*, Paris, Imprimerie nationale, 1903, p. 123.

13. François RAVAISSON, *op. cit.*, t. X, p. 420-428, et Frantz FUNCK-BRENTANO, *op. cit.*, p. 127.

14. François RAVAISSON, *op. cit.*, t. X, p. 452, 465.

15. Arsenal, Mss., vol. 5134, f° 80 v°.
16. Arsenal, Mss., vol. 12 672.
17. Arsenal, Mss., vol. 12 609.
18. Arsenal, Mss., vol. 12 541.
19. Constantin de Renneville, *L'Inquisition française ou Histoire de la Bastille*, 1724, t. Ier, p. 76.
20. *Ibid.*, p. 43.
21. *Ibid.*, p. 96.
22. Constantin de Renneville, *op. cit.*, t. II, p. 37-38.

2. DE PIGNEROL À EXILLES

1. Stanislas Brugnon, *Reconstitution du registre d'écrou des prisonniers de l'île Sainte-Marguerite à compter du 30 avril 1687 jusqu'au 19 mars de l'année 1704*, 1992, document dactylographié, Arsenal, fol. Z 2753.
2. Jean-Christian Petitfils, « Le Prigioni di M. de Saint-Mars nel maschio di Pinerolo », *Bollettino della Società storica pinerolese*, Pinerolo, 1991-1992, n° 1-2, p. 26-31.
3. Théodore Iung, *La Vérité sur le Masque de fer*, Paris, 1872, p. 219.
4. Pierre Bonvallet, « Quelques remarques à propos de Saint-Mars le cadet », *Pinerolo, la Maschera di ferro e il suo Tempo*, actes du deuxième congrès international d'études, Pinerolo, 1992, p. 116-121.
5. BnF, Mss., Mélanges Colbert, vol. 305, f° 447 et 448, vol. 306, f° 178 v°, vol. 307, f° 263 v° ; Fr. 22 732, f° 11 et 87.
6. BnF, Mss., Mélanges Colbert, vol. 307, f° 277.
7. S.H.D., série A1, vol. 486, p. 620.
8. S.H.D., série A1, vol. 474, p. 29, et A.N., K 120A, f° 181.
9. La Chenaye-Desbois et Badier, *Dictionnaire de la noblesse*, Paris, Schlesinger et fils, 1863-1876, t. VI, p. 727-730.
10. A.N., K 120A, f° 184.
11. Extrait d'une longue lettre de Dubreuil figurant au S.H.D. (série A1, vol. 516, p. 215).
12. Louvois à Saint-Mars, 18 avril 1674, A.N., K 120A, f° 155.
13. Primi Visconti, *Mémoires sur la Cour de Louis XIV*, Paris, éd. Lemoine, p. 42.
14. S.H.D., série A1, vol. 301, p. 133.
15. A.N., K 120A, f° 194.
16. Louvois à Saint-Mars, 13 janvier 1677, A. N., K 120A, f° 199.
17. Louvois à Saint-Mars, 21 février 1677, A. N., K 120A, f° 203.
18. Jean-Christian Petitfils, *Lauzun ou l'insolente séduction*, Paris, Perrin, 1987, p. 236 et suiv.
19. S.H.D., série A1, vol. 654, p. 205.
20. S.H.D., série A1, vol. 654 bis, p. 232.
21. A.N., K 120A, f° 374-376.
22. Sur Exilles et ses différents forts voir Ettore et Luca Patria, *Castelli e fortezze della Valle di Susa*, Cahier Museomontagna, Turin, 1983, et Luca Patria, *Il Forte di Exilles. Dal Castello dei Delfini alle Fortezze Sabaude*, Pro Loco di Exilles, 1991.
23. Lettre de Colbert de Croissy à Le Bret, intendant de Provence, 22 juin 1685, BnF, Mss., Fr. 8826, f° 75.

24. Ettore PATRIA, « Un Governatore nelle Alpi : Benigno di Saint-Mars tra Pinerolo ed Exilles », *Pinerolo, La Maschera di ferro e il suo Tempo*, actes du deuxième congrès international d'études, *op. cit.*, p. 125-127.
25. Giovanni VISENTIN, « Sébastien Le Prestre-Vauban a Pinerolo », *Bollettino della Società storica pinerolese*, Pinerolo, 1995, n° 1-2, p. 72.
26. BnF, Mss., Clairambault, vol. 589, f° 362-363.
27. S.H.D., série A1, vol. 672, p. 524.
28. Louvois à Herleville, 13 juillet 1681, S.H.D., série A1, vol. 656, p. 170.
29. Ettore PATRIA, « Benigno de Saint-Mars, geôlier du Masque de fer », *Il y a trois siècles, le Masque de fer...*, actes du colloque sur la célèbre énigme, OMAC, Ville de Cannes, 1989, p. 145-151.
30. Ettore PATRIA, « Un Governatore nelle Alpi : Benigno di Saint-Mars tra Pinerolo ed Exilles », *Pinerolo, la Maschera di ferro e il suo Tempo,* actes du deuxième congrès international d'études, *op. cit.*, p. 127.
31. S.H.D., série A1, vol. 675, p. 36.
32. *Ibid.*, vol. 686, p. 216.
33. 31 mars 1682, S.H.D., série A1, vol. 675, p. 698.
34. S.H.D., série A1, vol. 693, p. 25.
35. Louvois à Saint-Mars, 5 janvier 1685. S.H.D., série A1, vol. 741, p. 107.
36. *Ibid.*, p. 575.
37. S.H.D., série A1, vol. 745, p. 127.
38. S.H.D., série A1, vol. 747, p. 89.
39. S.H.D., série A1, vol. 769, p. 107.
40. Louvois à Saint-Mars, 3 novembre 1686, S.H.D., série A1, vol. 770, p. 23.
41. Acte du 15 mai 1686, signé au donjon du fort d'Exilles « en présence de messire Georges Fantin, docteur en théologie, chanoine célébrant de la prévôté d'Oulx, et de noble Jean de La Prade, écuyer et mousquetaire à cheval de la première compagnie de la garde du roi et lieutenant de la compagnie de Mgr de Saint-Mars, témoins requis ». Document aimablement communiqué par M. Ettore Patria.

3. D'EXILLES À LA BASTILLE

1. Louvois au commis de la poste de Grenoble, 8 janvier 1687, (Théodore Iung, *op. cit.*, p. 405).
2. Louvois à Saint-Mars, 8 janvier 1687, S.H.D., série A1, vol. 779, p. 114.
3. Louvois à Saint-Mars, 13 janvier 1687, *Ibid.*, p. 231.
4. Stanislas BRUGNON, *op. cit.*, p. 7-9. Videl décéda à Exilles en mars 1694.
5. Domenico CARUTTI, *Storia della città di Pinerolo*, Pignerol, 1893, p. 460.
6. Joseph DELORT, *L'Homme au masque de fer*, Paris, 1838, p. 282.
7. S.H.D., série A1, vol. 779, p. 506.
8. Il n'y avait pas de lieutenant de roi avant la nomination, le 27 février 1689, de Charles de La Motte-Guérin, ancien capitaine au régiment de La Ferté, devenu régiment de la Sarre, puis au régiment d'infanterie du Roy (S.H.D., série A1, vol. 934, p. 62).
9. S.H.D., série A1, vol. 781, p. 235.

10. Joseph Delort, *op. cit.*, p. 283-284.
11. Stanislas Brugnon, *op. cit.*, p. 1-3.
12. Archives départementales des Bouches-du-Rhône, série C, registre 2185, f°111-112.
13. Lettres de l'abbé de Mauvans, publiées par L.-G. Pélissier, « Relation d'un voyage en felouque de Saint-Tropez à Gênes en 1687 », *Revue des Etudes historiques,* 1907, p. 224 et suiv.
14. *Ibid.*
15. S.H.D., série A1, vol. 753, pp. 1083 et 1085.
16. Lettre de Losa du 8 avril 1687 annonçant que « ledit seigneur voulait leur faire révérence avant de se rendre à son gouvernement des îles », Ettore Patria, « Benigno de Saint-Mars, geôlier du Masque de fer », *Il y a trois siècles le Masque de fer..., op. cit.*, p. 149.
17. Archives de Briançon, série EE 156, n° 83. Voir également série CC 207. Fernand Carlhian-Ribois, « Séjour du Masque de fer à Briançon », *Il y a trois siècles le Masque de fer..., op. cit.*, p. 140.
18. Roux-Fazillac, *Recherches historiques et critiques sur l'Homme au masque de fer*, Paris, an IX (1800), p. 116.
19. S.H.D., série A1, vol. 783, p. 156.
20. Louvois à Saint-Mars, 17 août 1687, S.H.D., série A1, vol. 783, p. 308.
21. A.E., correspondance France, vol. 1000, f° 513.
22. Saint-Mars à Louvois, 8 janvier 1688, Monmerqué, *Vieille France et jeune France*, 1834, t. Ier, p. 297 ; Champollion-Figeac, *Documents historiques inédits*, Paris, 1847, t. III, p. 645.
23. Jean-Jacques Antier, *Les Grandes Heures des îles de Lérins*, Paris, Perrin, 1975, p. 248-249.
24. S.H.D., série A1, vol. 1034, p. 246.
25. Louvois à Saint-Mars, 19 février 1690, S.H.D., série A1, vol. 913, p. 93.
26. BnF, Mss., Fr. 8915, f° 347 et suiv. (Un plan des prisons figure dans ce manuscrit, mais il est sensiblement erroné.)
27. S.H.D., série A1, vol. 683, pp. 127 et 132.
28. A.E., France, vol. 965, f° 160.
29. Arsenal, Mss., vol. 10 438, dossier 27, f° 28 ; A.N., série O1 31, f° 173 ; S.H.D., série A1, vol. 785, p. 394.
30. S.H.D., série A1, vol. 1132, p. 192.
31. S.H.D., série A1, vol. 759, p. 505.
32. Claude-Frédéric Lévy, *Capitalisme et pouvoir au siècle des Lumières*, t. Ier, *Des origines à 1715*, Paris, La Haye, Mouton, 1969, p. 58-62.
33. A. N., O1 39, f° 184 v° ; S.H.D., série A1, vol. 1344, p. 194, et A.E., France, vol. 1182, f° 274 et vol. 1183, f°122 v°.
34. Barbezieux à Saint-Mars, 5 mai 1692, S.H.D., série A1, vol. 1123, p. 73.
35. S.H.D., série A1, vol. 1132, p.195.
36. S.H.D., série A1, vol. 1195, p. 292.
37. S.H.D., série A1, vol. 1197, p. 341.
38. Barbezieux à Saint-Mars, 11 janvier 1694, S.H.D., série A1, vol. 1242, p. 128.
39. Domenico Carutti, *op. cit.*, p. 444-471.

40. Tessé à Barbezieux, 10 février 1694, S.H.D., série A1, vol. 1272, p. 94.
41. S.H.D., série A1, vol. 1242-II, p. 257.
42. S.H.D., série A1, vol. 1253, p. 350.
43. S.H.D., série A1, vol. 1253, p. 349.
44. Barbezieux à La Prade, 20 mars 1694, S.H.D., série A1, vol. 1243, p. 200.
45. Barbezieux à Saint-Mars, 20 mars 1694, S.H.D., série A1, vol. 1243, p. 201.
46. S.H.D., série A1, vol. 1272, p. 125.
47. Ce point a été bien mis en relief par Bernard CAIRE, « Un faux témoignage révélateur », *En Seine et Loing, revue des amis de Moret et de sa région*, septembre 2001, nouvelle série vol. 4, n° 161, p. 112.
48. MONMERQUÉ, *op. cit.*, p. 297. CHAMPOLLION-FIGEAC, *op. cit.*, p. 646. Comme pour la lettre de Saint-Mars à Louvois du 8 janvier 1688, Loiseleur a vu l'original dans la collection de M. Mauge du Bois des Entes (*Revue contemporaine*, 15 décembre 1869).
49. *Gazette de La Haye, de Rotterdam, journal historique* de J.T. Dubreuil, « Avec privilège de Nos Seigneurs les Etats de Hollande et de West-Frise », 6 et 9 octobre 1698, LXXX et LXXXI.

4. MATTHIOLI

1. *Mémoire de M. le baron de Breteuil, envoyé extraordinaire auprès de S.M. le duc de Mantoue, sur ce qui s'est passé pendant son emploi*, BnF, Mss., Fr. 7120, extrait cité par Evelyne LEVER dans sa présentation des *Mémoires* du baron de Breteuil, Paris, François Bourin, 1992, p. 156.
2. Nicolas-Simon ARNAULD de POMPONNE, *Mémoires*, Paris, éd. J. Madival, Huet, 1868, t. Ier, p. 110.
3. Lettre de Matthioli à Louis XIV, 14 décembre 1677 (Joseph DELORT, *op. cit.*, p. 80).
4. On écrit aussi Mattioli. J'adopte l'orthographe de Matthioli, qu'il utilisait lui-même (voir un fac-similé de sa signature dans l'*Intermédiaire des chercheurs et des curieux*, 20 février 1903, p. 244). La meilleure relation de l'affaire se trouve dans Carlo CONTESSA, *Per la Storia di un episodo della politica italiana di Luigi XIV al tempo della pace di Nimega. Le negoziazioni diplomatiche per l'occupazione di Cazale (1677-1682)*, Alessandria, 1897 ; les principales pièces diplomatiques ont été publiées dans le *Recueil des Instructions données aux ambassadeurs de France depuis le traité de Westphalie jusqu'à la Révolution française, Savoie-Sardaigne et Mantoue*, Paris, F. Alcan, 1899.
5. Joseph DELORT, *op. cit*, p. 101.
6. Lettre de Pomponne à M. de Pinchesne, chargé d'affaires à Venise, du 30 décembre 1678 (Joseph DELORT, *op. cit.*, p. 169).
7. Lettre de Pinchesne à Pomponne, 18 février 1679 (Joseph DELORT, *op. cit.*, p. 187).
8. Lettre de Pinchesne à Pomponne, 25 février 1679 (Joseph DELORT, *op. cit.*, p. 191).
9. A.E., Savoie, vol. 68.
10. 19 avril 1679, BnF, Mss., Clairambault, vol. 586, Papiers d'Estrades.
11. A.N., K 120A, f° 268.

12. BnF, Mss., Clairambault, vol. 586, f° 131 v°.
13. *Ibid.*, f° 164.
14. Catinat à Louvois, 6 mai 1679 (Joseph DELORT, *op. cit.*, p. 215).
15. Joseph DELORT, *op. cit.*, p. 232-233.
16. Saint-Mars à Louvois, 24 février 1680 (Joseph DELORT, *op. cit.*, p. 106).
17. Saint-Mars à Louvois, 26 octobre 1680, S.H.D., série A1, vol. 645, p. 309.
18. Joseph DELORT, *op. cit.*, p. 263.
19. *Ibid.*, p. 266.
20. *Journal encyclopédique*, 15 août 1770, p. 132-133. Voir également le *Journal de Paris* du 22 décembre 1779, les *Œuvres philosophiques et littéraires* de SENAC de MEILHAN, Hambourg, 1795, t. II, p. 324-378, ainsi que le mémoire du baron de CHAMBRIER, ancien ministre de Prusse à Turin, lu à l'Académie des Sciences et Belles-Lettres de Berlin le 26 novembre 1795 et publié dans les *Mémoires de l'Académie de Berlin pour les années 1794 et 1795*, p. 157-163.
21. Mme CAMPAN, *Mémoires sur la vie privée de Marie-Antoinette*, Paris, 1822, t. Ier, p. 106.
22. Louis DUTENS, *Correspondance interceptée*, Paris, 1788, pp. 30 et suiv., et *Mémoires d'un Voyageur qui se repose*, Paris, 1806, t. II, pp. 204 et suiv.
23. A.N., Dossier RETH, M 747, numéros 3, 26, 68.
24. ROUX-FAZILLAC, *op. cit.* L'ouvrage de RETH parut deux ans plus tard sous le titre : *Véritable Clé de l'histoire de l'homme au masque de fer* (1802).
25. Marius TOPIN, *L'Homme au masque de fer*, Paris, Dentu et Didier, 1869, p. 352-353.
26. Jules LOISELEUR, *Trois Enigmes historiques. La Saint-Barthélemy, l'affaire des Poisons et Mme de Montespan, le Masque de fer devant la critique moderne*, Paris, 1883, p. 225-332.
27. Frantz FUNCK-BRENTANO, *Légendes et archives de la Bastille*, Paris, Hachette, éd. 1901, p. 119.
28. Frantz FUNCK-BRENTANO, *Légendes et archives de la Bastille*, Paris, Hachette, 1898 ; *Le Masque de fer*, Paris, Flammarion, 1933. On lui doit également sur le sujet plusieurs études dans des revues savantes : « L'Homme au masque de velours noir dit le Masque de fer », *Revue historique*, t. 56, 1894, p. 253-303 ; « Nouveaux documents sur la Bastille », *Revue Bleue*, 26 mars 1896, p. 400-405 ; « L'éternelle énigme », *Revue Bleue*, 26 mars, 18 et 25 octobre 1902. Il avait même écrit le scénario d'un film, qui, hélas !, ne vit jamais le jour.
29. Lettre de l'abbé d'Estrades à Louis XIV, 18 décembre 1677 (Joseph DELORT, *op. cit.*, p. 90).
30. Théodore IUNG, *op. cit.*, p. 87.
31. Maurice DUVIVIER, *Le Masque de fer*, Paris, Armand Colin, 1932, p. 101.
32. Marcel LACHIVER, *Les Années de misère. La famine au temps du Grand Roi, 1680-1720*, Paris, Fayard, 1991.
33. CHARPENTIER, *La Bastille dévoilée*, livraison I, p. 18-19.
34. François RAVAISSON, *op. cit.*, t. X, p. 16. Frantz FUNCK-BRENTANO, *Les Lettres de cachet...*, *op. cit.*, p. 111.
35. Arsenal, Mss., vol. 12 540. RAVAISSON, *op. cit.*, t. XI, p. 8.
36. François RAVAISSON, *op. cit.*, t. XI, p. 143.

37. S.H.D., série A1, vol. 1245, p. 139.
38. S.H.D., série A1, vol. 1292, p. 362.
39. L.-G. PÉLISSIER, *op. cit.*
40. La *Gazette de Leyde*, créée par Lafond en 1680, sous le nom de *Nouvelles extraordinaires de divers endroits*, publia une *Histoire abrégée de l'Europe pour le mois d'août 1687, où l'on voit tout ce qui se passe de considérable dans les Etats, dans les armes, dans la nature, dans les arts et dans les sciences* (Leyde, chez Claude Jordan, 1687, t. III, article « MANTOUE », p. 135-138).
41. Critiquant le livre de Pierre-Jacques ARRÈSE (*Le Masque de fer. L'énigme enfin résolue*, Paris, Robert Laffont, 1969), qui voyait, à la suite du bibliophile Jacob, Fouquet sous le Masque de velours, Georges Mongrédien se rallia définitivement à la thèse Danger, qu'il appelait Dauger, comme tous ses prédécesseurs (Georges MONGRÉDIEN, « Mais, non ! Fouquet n'était pas le Masque de fer ! », *Les Nouvelles littéraires*, 26 février 1970). Voir également son intervention au premier congrès de Pignerol : « Le problème du Masque de fer », *Pinerolo, la Maschera di ferro e il suo Tempo*, actes du premier congrès de Pignerol, Pinerolo, L'Artistica Savigliano, 1976, p. 211-220.
42. Georges MONGRÉDIEN, *Le Masque de fer*, Paris, Hachette, 1952, p. 230.
43. Sainte-Geneviève, Réserve, Mss., vol. 1 477, f° 396 v°. A noter que, dans une autre version de ces *Nouvelles ecclésiastiques*, le passage en question fait défaut (BnF, Mss., Fr. 23 498, f° 219).
44. P. 150.
45. Stanislas BRUGNON, *op. cit.*, p. 27-38.
46. Selon un historien soviétique, Y.-B. TATARINOV, il y aurait, non pas deux, mais trois Masques de fer, Fouquet inaugurant la série à Pignerol. TATARINOV, « Le secret du Masque de fer », *Annuaire d'Etudes françaises*, Moscou, 1979, p. 149-163, et, du même, « Une réponse nouvelle à une énigme de l'Histoire de France », *Voprosy istorii*, Moscou, 1979, n° 10, p. 112-123. Trois Masques de fer ! Alors que nous avons déjà bien du mal avec un seul, trop, c'est trop !
47. S.H.D., série A1, vol. 1430, 1er mars 1698. Pour les dépenses de la compagnie franche, voir BnF, Mss., Fr. 8853, f° 372, Fr. 8854, f° 172, Fr. 8855, f° 7 et 204, et P.O. 2772, dossier 61656, pièce 22.

5. EUSTACHE DANGER

1. A.N., K 120A, f° 67.
2. Archives municipales de Dunkerque, série 35, renouvellement du Magistrat, n° 4 (1646-1695).
3. BnF, Mss., Fr. 22 735.
4. *Ibid.*, Fr. 22 650.
5. BnF, Mss., Clairambault, vol. 581, f° 107.
6. S.H.D., série A1, vol. 203, p. 165.
7. S.H.D., série A1, vol. 234, p. 271.
8. A.N., K 120A, f° 338, et S.H.D., série A1, vol. 234, f° 272.
9. S.H.D., série A1, vol. 234-I, p. 274.
10. Marcel PAGNOL, *Le Secret du Masque de fer*, Paris, éditions de Provence, 1973, p. 128-130.
11. BnF, Mss., Mélanges Colbert, vol. 282, f° 276 v°.

12. ROUX-FAZILLAC, *op. cit.*, p. 105. L'original de ce document a disparu dans les incendies de la Commune.
13. A.N., K 120A, f° 68.
14. TALLEMANT des RÉAUX, *Le manuscrit 673, édition critique*, présentation Vincenette MAIGRE, Paris, 1994, p. 185-186.
15. Louvois à Saint-Mars, 25 septembre 1669, A.N., K 120A, f° 69, et S.H.D., série A1, vol. 235, p. 205.
16. Louvois à Saint-Mars, 26 mars 1670, A.N., K 120A, f° 79, et S.H.D., série A1, vol. 246-III, p. 147.
17. François RAVAISSON, *op. cit.*, t. III, p. 84-85.
18. *Ibid.*, p. 94-95.
19. *Lettres du marquis de Saint-Maurice, op. cit.*, t. Ier, p. 464. Camille ROUSSET, *Histoire de Louvois, op. cit.*, t. Ier, p. 203-204.
20. S.H.D., série A1, vol. 218, p. 90.
21. Paul SONNINO, *Louis XIV and the Origins of the Dutch War,* Cambridge University Press, 1988, p. 153.
22. Saint-Mars à Louvois, 27 janvier 1672, François RAVAISSON, *op. cit.*, t. III, p. 113.
23. S.H.D., série A1, vol. 259, p. 67.
24. Louvois à Saint-Mars, 14 février 1667, A.N., K 120A, f° 50.
25. A.N., K 120A, f° 167.
26. S.H.D., série A1, vol. 421, p. 540.
27. A.N., K 120A, f° 168.
28. Joseph DELORT, *Histoire de la détention des philosophes et des gens de lettres à la Bastille et à Vincennes, précédée de celles de Fouquet, de Pellisson et de Lauzun*, Paris, 1829, t. Ier, p. 270.
29. Louvois à Saint-Mars, 26 décembre 1677, Joseph Delort, *op. cit.*, p. 272.
30. S.H.D., série A1, vol. 581, p. 419. Bernard CAIRE, « Le secret d'Eustache Danger », *Pinerolo, La Maschera di ferro e il suo Tempo, op. cit.*, 1992, p. 178-181, 195-196.
31. S.H.D., série A1, vol. 581, p. 418.
32. S.H.D., série A1, vol. 617, p. 513.
33. *Ibid.*, S.H.D., série A1, p. 517.
34. S.H.D., série A1, vol. 618, p. 265, et A.N., K 120A, f° 257.
35. S.H.D., série A1, vol. 618, p. 314.
36. Louvois à Saint-Mars, 28 mars 1678 (Joseph DELORT, *Histoire de la détention des philosophes, op. cit.*, t. Ier, p. 292).
37. TALLEMANT des RÉAUX, *op. cit.*, p. 186.
38. Joseph DELORT, *Histoire de la détention des philosophes, op. cit.*, t. Ier, p. 197-198.
39. Louvois à Saint-Mars, 13 septembre 1679, A.N., K 120A, f° 277.
40. Louvois à Saint-Mars, 14 octobre 1679, François RAVAISSON, *op. cit.*, t. III, p. 212-213.
41. TALLEMANT des RÉAUX, *op. cit.*, p. 187.
42. *Mémoires de M. L.C.D.R. contenant ce qui s'est passé de plus particulier sous le ministère du cardinal de Richelieu et du cardinal Mazarin, avec plusieurs particularités remarquables du règne de Louis le Grand*, 4e éd., Henry van Bulderen, La Haye, 1691, p. 225.
43. TALLEMANT des RÉAUX, *op. cit.*, p. 186.
44. S.H.D., série A1, vol. 639, p. 162.

45. S.H.D., série A1, vol. 640, p. 3, et A.N., K 120A, f° 302.
46. Saint-Pouange à Saint-Mars, 16 mai 1680, A.N., K 120A, f° 307.
47. Louvois à Saint-Mars, 29 mai 1680, A.N., K 120A, f° 308.
48. A.N., K 120A, f° 312.
49. *Ibid.*, f° 313. La minute sans cette dernière phrase est au S.H.D., série A1, vol. 643, p. 184.
50. Maurice Duvivier, *op. cit.*, p. 260-276 ; Marcel Pagnol, *op. cit.*, p. 205-224.
51. Maurice Duvivier, *op. cit.*, p. 276.

6. LES HYPOTHÈSES

1. Jules Lair, *Nicolas Fouquet, procureur général, surintendant des Finances, ministre d'Etat de Louis XIV*, Paris, 1890, t. II, p. 454.
2. Andrew Lang, *The Valet's Tragedy*, 1903, traduit en français par Teodor de Wyzewa sous le titre : *Les Mystères de l'Histoire*, Paris, Perrin, 1907, p. 1-65 ; Emile Laloy, *Enigmes du Grand Siècle, le Masque de fer, Jacques Stuart de la Cloche, l'abbé Prignani, Roux de Marcilly*, Paris, Le Soudier, 1913, p. 209-293 ; Aimé-Daniel Rabinel, *La Tragique Aventure de Roux de Marcilly*, Toulouse, Privat, 1969.
3. Olivier Lefèvre d'Ormesson, *Journal*, Paris, éd. A. Chéruel, 1861, t. II, p. 567.
4. A.E., Angleterre, vol. 95, f° 96.
5. *Ibid.*, vol. 95, f° 24.
6. Edith F. Carey, *The Channel Islands*, ill. de Henry Wimbush, Londres, A. et C. Black, 1904.
7. Mgr Arthur S. Barnes, *The Man of the Mask, a study in the by-ways of history*, Londres, 1908.
8. Emile Laloy, *La Révolte de Messine. L'expédition de Sicile et la politique française en Italie (1674-1678)*, Paris, Klincksieck, 1930, t. II, p. 155.
9. Primi Visconti, *op. cit.*, p. 54-55. Son décès se situe vraisemblablement à la fin de 1678.
10. Maurice Duvivier, *op. cit.*, p. 121.
11. François Ravaisson, *op. cit.*, t. VI, p. 375.
12. Portrait découvert par Adrien Huguet, *Un grand maréchal des logis de la Maison du roi : le Marquis de Cavoye, 1640-1716*, Paris, E. Champion, 1920.
13. Rupert Furneaux, *The Man of the Mask*, Londres, 1954.
14. Harry Thompson, journaliste et producteur à la B.B.C., reprit en 1987 la même théorie, sans d'ailleurs citer le nom de Mme Mast : *The Man in the Iron Mask, an Historical Detective Investigation*, Londres, George Weidenfeld and Nicolson Ltd, 1987 ; Harry Thompson, « La théorie d'Eustache Dauger de Cavoye », *Il y a trois siècles le Masque de fer...*, *op. cit.*, p. 123-131.
15. John Noone, *The Man behind the Iron Mask*, New York, Alan Sutton, St. Martin's Press, éd. de 1994, p. 229.
16. Maurice Duvivier, *op. cit.*, p. 193.
17. *Ibid.*, p. 216-217.
18. Georges Mongrédien, « Le problème du Masque de fer », *XVIIe siècle*, n° 17-18, 1953, p. 56-58. Voir le fac-similé de la lettre entre les pages 48 et 49 du livre d'André Chéron et Germaine de Sarret de Coussergues, *Une*

seigneurie en Bas-Languedoc, Coussergues et les Sarret, préface de Maurice CHAUVET, Bruxelles, Hayez, 1963.
19. Harry THOMPSON, « La théorie d'Eustache Dauger de Cavoye », *Il y a trois siècles le Masque de fer...*, *op. cit.*, p. 126.
20. 17 août 1678, A.N., O1 22, f° 156.
21. Pierre-Marie DIJOL, *Nabo ou le Masque de fer*, Paris, France-Empire, 1978.
22. SAINT-SIMON, *op. cit.*, t. Ier, p. 446-447.
23. VOLTAIRE, *Le Siècle de Louis XIV*, chapitre XXVIII.
24. *Mémoires*, MLLE de MONTPENSIER, Paris, éd. Chéruel, 1859, t. IV, p. 13-14.
25. Jean-Etienne RIGA, *Le Masque de fer. Une ombre au règne du Roi-Soleil*, Marabout, 1996, p. 167.
26. Archives de la Moselle, GG 69, Saint-Jean de la Citadelle.
27. Bernard CAIRE, « Un faux témoignage révélateur », *En Seine et Loing, Revue des amis de Moret et de sa région*, septembre 2001, nouvelle série, vol. 4, n° 161, p. 112.
28. Charlotte-Elisabeth de BAVIÈRE, *Correspondance*, Paris, Charpentier, 1857, t. II, p. 165.

7. DU DANGER DU SECRET AU SECRET DE DANGER

1. Marcel PAGNOL, *op. cit.*, p. 34.
2. François RAVAISSON, *op. cit.*, t. VII, p. 119.
3. Seignelay à Saint-Mars, 18 avril 1689, A.N., O1 33, f° 410 v°.
4. Louvois à Saint-Mars, 19 avril 1689, S.H.D., série A1, vol. 846, p. 104.
5. Louvois à Saint-Mars, 24 mai 1689, S.H.D., série A1, vol. 849, p. 64.
6. François RAVAISSON, *op. cit.*, t. X, p. 12-16.
7. Barbezieux à La Prade, 20 mars 1694, déjà citée.
8. Arvède BARINE, « Un geôlier au XVIIe siècle », *Revue de Paris*, 1er juillet 1905, p. 26.
9. Frantz FUNCK-BRENTANO, *Légendes et Archives de la Bastille*, p. 28.
10. Théodore IUNG, *op. cit.*, Paris, 1973, p. 23-24.
11. Constantin de RENNEVILLE, *op. cit.*, t. Ier, p. 32.
12. Mme de STAAL-DELAUNAY, *op. cit.*, p. 161.
13. Arsenal, Mss. 12 602.
14. Hippolyte MONIN, *L'Etat de Paris en 1789, études et documents sur l'Ancien Régime*, Paris, D. Jouast, 1889, p. 379.
15. Christian LAZZÉRI et Dominique REYNIE (sous la direction de), *Le Pouvoir de la raison d'Etat*, Paris, 1992, p. 152.
16. S.H.D., série A1, vol. 1123, p. 303.
17. *Ibid.*, pp. 15, 60, 527 et 528.
18. Auguste, duc de LA FORCE, *Lauzun, un courtisan du Grand Roi*, Paris, Hachette, 1919, p. 125.
19. Mlle de MONTPENSIER, *op. cit.*, t. IV, p. 458-459.
20. S.H.D., série A1, vol. 1392-I, p. 171.
21. A.N., O1 41, f° 150.
22. Pour l'interdiction faite à un secrétaire d'Etat de connaître l'identité de prisonniers autres que ceux relevant de son département, voir les démêlés de La Motte-Guérin à la fin du règne de Louis XIV et sous la Régence :

BnF, Mss., Fr. 8 878, f° 451, 543 ; Fr. 8905, f° 647, 663, 683, 693 ; Fr. 8906, f° 264, 265. En 1704, Saint-Mars se fera réprimander pour avoir envoyé à Torcy quelques renseignements sur un prisonnier, au lieu de les adresser à Jérôme de Pontchartrain, ministre de la Maison du roi : « Il faut que vous n'y ayez pas fait réflexion, car vous savez que la police de la Bastille est de mon département et que, pour cette raison, je dois prendre connaissance de tous les incidents qui peuvent y arriver... » (A.N., O1 365, f° 238 v°).

23. S.H.D., série A1, vol. 1430, p. 1.

24. S.H.D., série A1, vol. 1431, p. 126.

25. S.H.D., série A1, vol. 1432, p. 129.

26. BnF, Mss., Clairambault, vol. 698, f° 1617.

27. S.H.D., série A1, vol. 1432, p. 56.

28. J.S. Clarke, *Vie de Jacques II, d'après les mémoires écrits de sa main*, t. Ier, p. 214-216.

29. Mgr. Barnes, *op. cit.*, p. 325.

30. 7/17 mars 1669. Mgr Barnes, *op. cit.*, p. 328.

31. 22 mars/1er avril 1669. Mgr Barnes, *op. cit.*, p. 332.

32. 25 avril/4 mai 1669. Mgr Barnes, *op. cit.*, p. 334.

33. 6/16 mai 1669. Mgr Barnes, *op. cit.*, p. 334.

34. Lettre du 6/16 juin 1669. Mgr Barnes, *op. cit.*, p. 337, et C.-H. Hartmann, *Charles II and Madame*, Londres, 1934, p. 255.

35. Lettre du 7/17 juin 1669. Mgr Barnes, *op. cit.*, p. 338, et C.-H. Hartmann, *op. cit.*, p. 258.

36. Mgr. Barnes, *op. cit.*, p. 340.

37. L'original et ses annexes se trouvent dans les *Clifford Papers*, rachetés en 1987 par la British Library (add. Ms. 65 138-65 141). Une copie de la lettre de Louis XIV se trouve à la BnF, Mss., N.A.F. 4799, f° 206-207. *Œuvres de Louis XIV*, Paris, éd. Grouvelle, 1806, t. V, p. 446.

38. A.E., Mss., Angleterre, vol. 96.

39. A.E., Angleterre, vol. 93, f° 240.

40. Emile Laloy, *op. cit.*, p. 9. Des domestiques servaient parfois d'émissaires secrets entre la France et l'Angleterre. En 1673, par exemple, Colbert de Croissy utilisait les services de son propre valet, La Rivière (qui n'a rien à voir avec le valet de Fouquet à Pignerol), pour porter des plis confidentiels à Saint-Germain (BnF, Mss., Mélanges Colbert, vol. 291, f° 155 et 155 v°).

41. Que le jeune Louvois ait été mis dans la confidence, alors que Colbert, le contrôleur général, n'y était pas encore, est pour Paul Sonnino une « remarquable démonstration de confiance » (*op. cit.*, p. 61). A la fin de juillet, Colbert de Croissy, à Londres, n'était toujours au courant de rien, comme le montrent ses rapports à Lionne (C.-H. Hartmann, *op. cit.*, p. 258-259).

42. C.-H. Hartmann, *The King, my Brother*, Londres, 1954, p. 282.

43. Ralph Montagu à Lord Arlington, 16/26 juillet 1669. C.-H. Hartmann, *op. cit.*, p. 267.

44. *Ibid.*, p. 281.

45. Jacqueline Duchêne, *Henriette d'Angleterre, duchesse d'Orléans*, Paris, Fayard, 1995, p. 342.

46. Ernest Lavisse, *Louis XIV*, éd. René et Suzanne Pillorget, Paris, R. Laffont, 1989, p. 678.

8. MASQUE ET BERGAMASQUE

1. ROUX-FAZILLAC, *Recherches historiques et critiques sur l'Homme au masque de fer*, Paris, 1800, p. 105.
2. Ugo MARINO, *I Prigionieri di Pinerolo*, Pinerolo, 1979, p. 49-81.
3. ROUX-FAZILLAC, *op. cit.*, p. 105.
4. Ettore PATRIA, « Benigno de Saint-Mars, geôlier du Masque de fer », *Il y a trois siècles le Masque de fer...*, *op. cit.*, p. 149-150.
5. La correspondance de l'abbé de Mauvans est conservée au département des manuscrits de la bibliothèque de Nîmes (Miscellanées, n° 212-217) ; L.-G. PÉLISSIER, *op. cit.*
6. Mlle de MONTPENSIER, *op. cit.*, t. III, p. 225.
7. SAINT-SIMON, *op. cit.*, t. II, 1983, p. 187, et t. VIII, 1988, p. 552.
8. Marius TOPIN, *op. cit.*, p. 360.
9. Lettre de l'abbé d'Estrades à Louis XIV du 18 décembre 1677 (Joseph DELORT, *L'Homme au masque de fer*, *op. cit.*, p. 88).
10. Marcel PAGNOL, *op. cit.*, p. 271.
11. Pierre-Marie DIJOL, « L'hypothèse inattendue du page noir : Nabo », *Pinerolo, la Maschera di ferro e il suo Tempo*, *op. cit.*, 1976, p. 274-275.
12. BnF, Mss., Fr. 10 265, f° 193 v°.
13. Marcel PAGNOL, *op. cit.*, p. 234-235.
14. *Ibid.*, p. 294.
15. Saint-Mars à Barbezieux, 4 juin 1692, S.H.D., série A1, vol. 911, p. 15.
16. M. de BONNEGARDE, *Dictionnaire historique et critique ou recherches sur la vie, le caractère, les mœurs et les opinions de plusieurs hommes célèbres*, Lyon, 1761, t. III, p. 383-387. Ce témoignage, que nous avons publié pour la première fois dans les actes du premier congrès de Pignerol, était passé inaperçu de tous les historiens qui s'étaient occupés de l'énigme.
17. Lettre de La Grange-Chancel à Fréron, *L'Année littéraire*, 1768, t. XXXII, p. 89.
18. J.-L. DAUPHIN, « Un château en Jovinien : Palteau et le Masque de fer », *L'Echo de Joigny*, 1977, n° 2, p. 21-28.
19. G. DEPPING, *Correspondance administrative*, t. II, p. 752.
20. Jean LOMBARD, *Courtilz de Sandras et la crise du roman à la fin du Grand Siècle*, Paris, P.U.F., 1980, p. 128.
21. *Mémoires de M. d'Artagnan, capitaine-lieutenant de la première compagnie des mousquetaires du roi, contenant quantité de choses particulières et secrètes qui se sont passées sous le règne de Louis le Grand*, Paris, éd. Jean de Bonnot, 1965, t. III, pp. 101, 104-105 et 192.
22. Jean-Benjamin de LA BORDE, *Histoire de l'Homme au masque de fer tirée du* Siècle de Louis XIV *par Voltaire*, Londres, 1789 (copie manuscrite de 1911 conservée à la BnF, p. 5-6).
23. Constantin de RENNEVILLE, *op. cit.*, t. Ier, p. 34.
24. François RAVAISSON, *op. cit.*, t. X, p. 246.
25. Abbé Jean-Pierre PAPON, *op. cit.*, p. 218 ; Louis DUTENS, *op. cit.*, p. 34 ; DHUMEZ, *Autour du Masque de fer : Claude Souchon*, paru dans *L'Eclaireur du Soir* des 25 et 26 décembre 1932.
26. John NOONE, *op. cit.*, p. 271.
27. *Ibid.*, p. 275.

28. John NOONE, « The Mask of Steel. An interpretation of the mystery of the Man in the Iron Mask », *Pinerolo, la Maschera di ferro e il suo Tempo, op. cit.*, 1992, p. 260.

9. LE MYTHE

1. L'original de ces lettres en allemand figure dans l'ouvrage d'Edouard BODEMANN, *Aus den Briefen der Herzogin Elisabeth-Charlotte von Orléans an die Kurfürstin Sophie von Hannover*, Hanovre, 1891, t. II, p. 288-293 ; traduction française dans G. DEPPING, « La Princesse Palatine d'après sa dernière correspondance publiée en Allemagne », *Revue Bleue*, 18 juillet 1896, p. 71.
2. T.B. MACAULAY, *Histoire d'Angleterre depuis l'avènement de Jacques II (1685) jusqu'à la mort de Guillaume III (1702)*, Paris, R. Laffont, 1989, t. II, p. 767. S.H.D., série A1, vol. 1615, 15 octobre 1700.
3. Abbé Joseph GILLET, *Charles-Maurice Le Tellier, archevêque de Reims*, Paris, Hachette, 1881, p. 365-366.
4. SAINT-SIMON, *op. cit.*, t. Ier, p. 799.
5. Hormis l'ouvrage de LA BORDE (*op. cit.*, p. 7 et suiv.), les anecdotes concernant Mlle de Saint-Quentin ont été rapportées par l'auteur anonyme du *Journal des Gens du Monde*, t. IV, p. 284-295 (identifié parfois avec Louis de la Roche du Maine, marquis de Luchet), ainsi que par CHARPENTIER, *op. cit.*, t. III, p. 139 et suiv.
6. CHARPENTIER, *op. cit.*, t. III, p. 284.
7. *Ibid.*, p. 145.
8. A.N., O1 52, f° 140.
9. *Les Œuvres complètes de Voltaire*, t. 89, fév.-déc. 1738, vol. 5, lettres, par Th. BESTERMAN, The Voltaire Foundation, Oxford, 1969, p. 390.
10. *Histoire de la Bastille, avec un appendice contenant entre autres choses une discussion sur le prisonnier au masque de fer*, traduit de l'anglais, Paris, 1798.
11. *Mémoires de la marquise de La Rochejaquelein*, 1772-1857, Paris, Mercure de France, 2002, p. 72.
12. Paul Fould, qui a découvert un manuscrit de l'ouvrage en clair, l'attribue à un petit philosophe, François Vincent Toussaint. Le manuscrit conservé à la BnF (Mss., Fr. 13 781) a été publié par lui sous le titre : *Anecdotes curieuses de la Cour de France sous le règne de Louis XV*, Paris, 1908.
13. Paul d'ESTRÉE, « Un journaliste policier, le chevalier de Mouhy », *Revue d'histoire littéraire*, 1898, p. 195 et suiv. ; Frantz FUNCK-BRENTANO, *Figaro et ses devanciers*, avec la coll. de Paul d'ESTRÉE, Paris, Hachette, 1909 ; Arlette FARGE, *Dire et mal dire. L'opinion publique au XVIIIe siècle*, Paris, Seuil, 1992.
14. Charles de Fieux, chevalier de MOUHY, *Le Masque de fer ou les Aventures admirables du père et du fils : romance tirée de l'espagnol*, préface d'Annie Rivara, Paris, Desjonquères, 1983.
15. Louis-Pierre ANQUETIL, *op. cit.*, t. Ier, p. 102.
16. Marquise DU DEFFAND, *Lettres*, Paris, 1824, t. Ier, p. 272, 19 juillet 1768 ; GRIMM, *Correspondance*, t. VIII, p. 122.
17. Lettre à Fréron, *L'Année littéraire*, 1768, t. XXXII, p. 189.
18. Monique COTTRET, *La Bastille à prendre*, Paris, PUF, 1986, p. 139-140.

19. Catalogue de vente du Crédit municipal de Paris, *Importants manuscrits et documents historiques principalement relatifs à la Bastille*, 28 mars 1985, n° 44.
20. Arnaud de MAUREPAS, « Les méthodes documentaires d'un historien méconnu, l'abbé Soulavie », *Revue d'Histoire moderne et contemporaine*, oct.-déc. 1991, p. 626-648.
21. Roger DERMÉE, « Le *testament* de Saint-Mars », *Cahiers de l'Histoire*, n° 2, 1960, p. 100-110.
22. LAS CASES, *Mémorial de Sainte-Hélène*, Paris, éd. L. Brombled, 1895, t. Ier, p. 813-815.
23. P.J. de BÉRANGER, *Ma Biographie*, Paris, Perrotin, 1857, p. 48.
24. Raoul de WARREN et A. de LESTRANGE, *Les Prétendants au trône de France*, Paris, L'Herne, 1990, p. 280-281.
25. M. de LAROCHE-HÉNON, *Notice sur les îles de Lérins*, Draguignan, 1859, p. 12-13.
26. Pierre BONVALLET, *Molière de tous les jours*, Paris, Le Pré aux Clercs, 1985, p. 278.
27. Madeleine JURGENS et Elisabeth MAXFIELD-MILLER, *Cent Ans de recherches sur Molière, sur sa famille et sur les comédiens de sa troupe*, Paris, 1963, p. 552.
28. Article de Georges Monval sous le pseudonyme de DU MONCEAU dans *Le Moliériste* de février 1883, n° 47, p. 347. Voir dans le même numéro une lettre ironique de Jules Loiseleur.
29. *L'Homme au masque de fer, c'est... Molière. Opinion émise par Ubalde et présentée de nouveau par un bouquineur*, 1893 ; *Lettre à M. Ubalde sur la mort de Molière par Ch. Sandrin*, Bordeaux, 1899.
30. Marcel PAGNOL, *op. cit.*, p. 110. Une première édition de son ouvrage était parue en 1965 aux mêmes éditions.
31. *Ibid.*, p. 298.
32. *Ibid.*, p. 345.
33. *Ibid.*, p. 194.
34. *Ibid.*, p. 198.
35. *Ibid.*, p. 240 et 276.
36. G. LENOTRE, *La Petite Histoire, Dossiers de police*, Paris, Grasset, 1935, p. 43.

POSTFACE

1. Hubert MONTEILHET, *De Plume et d'épée, roman Louis XIII*, Paris, De Fallois, 1999 ; *Les Cavaliers de Belle-Ile*, Paris, De Fallois, 2001 ; *Au royaume des ombres*, De Fallois, 2003.
2. Isabelle de BROGLIE, *Le Duc de Beaufort, roi des Halles ou roi de France*, Paris, Fasquelle, 1958 ; Dominique LABARRE de RAILLICOURT, « L'homme au masque de fer », *Les Cahiers de l'Histoire*, n° 2, 1960.
3. Jean d'AILLON, *Le Dernier Secret de Richelieu*, Paris, Ed. du Masque, 1998.
4. Une relation de l'époque parle d'une disparition le 24 juin (BnF, Mss., Fr. 7651, f° 223) série, vol.
5. S.H.D., série A1 vol. 234, p. 187.
6. L'armée navale ne quitta Candie que le 31 août à la pointe du jour (BnF, Mss., Fr. 14165, f°94).

7. Roger MACDONALD, *The Man in the Iron Mask. The True Story of the Most Famous Prisoner in History and the Four Musketeers*, Constable, Londres, 2005.
8. Claude DABOS, « Le grand secret du Masque de fer », *Top Secret*, Hors série n° 3, 2006.
9. A.N., K 120, série A, f°299 et S.H.D., A1 vol. 639, p. 184.
10. René DESCADEILLAS, « Mythologie du trésor de Rennes. Histoire véritable de l'abbé Saunière, curé de Rennes-le-Château », *Mémoires de la Société des Arts et des Sciences de Carcassonne, 1971-1972*, 4e série, t. 4, 2e partie, 1974 ; Jean-Jacques BÉDU, *Rennes-le-Château, autopsie d'un mythe*, Loubatières, 1990-2003.
11. Michel VERGÉ-FRANCESCHI, *Colbert, la politique du bon sens*, Paris, Payot, 2003, p. 243-276.
12. BnF, Mss., Fr. 7651, f°223.
13. Michel VERGÉ-FRANCESCHI, *Le Masque de fer*, Paris, Fayard, 2009.
14. Voir à ce sujet l'excellent travail de Christophe LEVENTAL, *Louis XIV, chronographie d'un règne*, t. I, Paris, Infolio 2009, p. 186-187 et 282-293.

ANNEXES

I. LES HYPOTHÈSES

On trouvera ci-après la liste de toutes les hypothèses émises en vue d'identifier l'homme au masque de fer. Sauf pour les premières, la date de leur apparition retenue est celle à laquelle elles ont été présentées dans un ouvrage imprimé, et non celle à laquelle elles ont pu circuler préalablement dans l'opinion.

1. Le duc de Beaufort
Bruit rapporté par Saint-Mars (1688), repris par La Grange-Chancel en 1768.
2. Henry Cromwell
Bruit rapporté par Saint-Mars (1688).
3. Une femme
Rumeur venant de l'île Sainte-Marguerite, probablement née du témoignage de Mme Cessy (fin XVIIe siècle).
4. M. le C.D.R. (le comte de Rochefort ou de Rivière), vrai père de Louis XIV
Thèse d'un pamphlet hollandais anonyme, *Les Amours d'Anne d'Autriche, épouse de Louis XIII, avec M. L.C.D.R., le véritable père de Louis XIV, où l'on voit au long comment on s'y prit pour donner un héritier à la Couronne, les ressorts qu'on fit jouer pour cela et enfin tout le dénouement de cette comédie* (1692).
5. Un frère aîné de Louis XIV, fils d'un amant d'Anne d'Autriche (Buckingham ?)
Rumeur lancée probablement en 1701 par Barbezieux et sa maîtresse, Mlle de Saint-Quentin, reprise par Voltaire et de nombreux écrivains aux XVIIIe et XIXe siècles : Carra, Charpentier, Dufey, Michelet, Louvet...
6. Un milord anglais compromis dans le complot du duc de Berwick
Information donnée à Madame Palatine (1711). Il s'agissait en réalité d'un nommé Hunt, impliqué dans la tentative d'assassinat de Guillaume III d'Angleterre menée en 1696 par un gentilhomme écossais, sir George Barclay.
7. Un prisonnier enfermé pour avoir écrit à l'âge de douze ans deux vers contre les Jésuites
Explication donnée à Constantin de Renneville par le porte-clés Rû

et le chirurgien Reilhe et reproduite dans son *Inquisition française ou Histoire de la Bastille* (1719).

8. Le comte de Vermandois

Thèse des *Mémoires secrets pour servir à l'histoire de Perse* (1745) qui avait déjà cours du temps de Louis XIV et à laquelle se rallia plus ou moins le père Griffet.

9. Le duc de Monmouth

Thèse de Germain-François Poullain de Saintfoix (1768). Le duc de Monmouth, fils de Charles II d'Angleterre et de Lucy Walters, a été exécuté le 15 juillet 1685 à la suite d'une révolte armée contre son oncle Jacques II. Ses partisans soutenaient qu'un sosie avait eu le courage de mourir à sa place.

10. Le comte Ercole Antonio Matthioli

Thèse exposée pour la première fois par le baron de Heiss (1770) et reprise par de nombreux historiens jusqu'à nos jours, notamment : Reth, Roux-Fazillac, J. Delort, G.A. Ellis, Chéruel, Henri Martin, Camille Rousset, Sainte-Beuve, Marius Topin, Frantz Funck-Brentano, Paul de Saint-Victor, Maurice Boutry, Léon Bouyer, Arvède Barine, G. de Raulin, Henri-Robert...

11. Un frère jumeau de Louis XIV

La plus populaire des thèses sur le Masque de fer, exposée pour la première fois par Dorat-Cubières (1789) et les *Mémoires du maréchal de Richelieu* (dus à l'abbé Soulavie), et reprise par Las Cases, Alexandre Dumas, Lecointe, Surville, Victor Hugo, etc.

12. Une fille de Louis XIII et d'Anne d'Autriche

Thèse orléaniste soutenue au début de la Révolution.

13. Nicolas Fouquet, ancien surintendant des Finances

Thèse soutenue par différentes brochures révolutionnaires (1789), puis reprise par Paul Lacroix, Charles Barthélemy, Pierre-Jacques Arrèse et Mauro Maria Perrot.

14. Un frère cadet de Louis XIV, fils de Mazarin

Thèse de M. de Saint-Mihiel (1790).

15. Le patriarche arménien Avedick

Thèse du chevalier de Taulès (1790).

16. Don Juan de Gonzague, frère naturel de Charles IV de Mantoue

Thèse du comte de Valori (1820).

17. Louis XIV lui-même, son frère jumeau, Alexandre, ayant pris sa place sur le trône

Thèse soutenue par le baron de Gleichen dans ses *Mémoires* (1847).

18. Un espion obscur arrêté par Catinat en 1681

Thèse de Jules Loiseleur (1867). Il s'agissait en fait de Catinat lui-même qui s'était fait passer pour un prisonnier du nom de Guibert, ingénieur niçois, afin de demeurer incognito dans le donjon de Pignerol en attendant la fin des négociations sur Casal.

19. Le chevalier Louis de Rohan

Thèse soutenue en 1869 par le *Journal de Mâcon.*

20. Louis Oldendorff, alias le chevalier de Kiffenbach ou des Harmoises

Thèse de Théodore Iung (1872). Oldendorff, enfermé à la Bastille en 1673, fut en réalité libéré en avril 1679, conduit à Dunkerque et expédié en Hollande avec un petit pécule de 50 livres (A.E., France, vol. 949, f° 166v).

21. Le comte Sébastien de Kéroualze, enseigne du duc de Beaufort

Thèse de François Ravaisson (1879). Kéroualze est mort sur son vaisseau *Le Monarque* en 1671.

22. Molière

Thèse d'Anatole Loquin (1883) et de Marcel Diamant-Berger (1971).

23. Le valet Eustache Danger (ou Dauger)

Thèse soutenue pour la première fois par Jules Lair (1890) et reprise par de nombreux historiens.

24. Un homme coupable d'un crime monstrueux

Thèse émise par Fernand Bournon (1893).

25. Le lieutenant général de Bulonde

Thèse de MM. Burgaud et Bazeries (1893). Le lieutenant général Vivien Labbé de Bulonde a été condamné aux arrêts de forteresse pour avoir levé précipitamment le siège de Coni en juillet 1691. Libéré de Pignerol au bout de quelques mois, il mourut en 1709.

26. Le moine jacobin

Thèse de Domenico Carutti (1893).

27. Un fils de Christine de Suède et de son amant Monaldeschi

Thèse présentée par Maurice Boutry (1899) comme remontant au XVIIIe siècle.

28. Un fils de Louis XIV et de Henriette d'Angleterre

Thèse présentée par Maurice Boutry (1899) comme remontant au XVIIIe siècle.

29. Un fils de Henriette d'Angleterre et du comte de Guiche

Thèse présentée par Maurice Boutry (1899) comme remontant au XVIIIe siècle.

30. Un fils adultérin de Marie-Louise d'Orléans, première femme de Charles II d'Espagne

Thèse présentée par Maurice Boutry (1899) comme remontant au XVIIIe siècle.

31. Un fils naturel de Marie-Anne de Neubourg, seconde femme de Charles II d'Espagne

Thèse présentée par Maurice Boutry (1899) comme remontant au XVIIIe siècle.

32. Un fils de la reine Marie-Thérèse d'Autriche et de son page noir

Thèse présentée par Maurice Boutry (1899) comme remontant au XVIIIe siècle.

33. Marin Cullié

Thèse citée par G. Lenotre dans son recueil d'articles *De Belzébuth à Louis XVII*, sans autre référence (vers 1900).

35. Martin, valet du conspirateur Roux de Marcilly

Thèse d'Andrew Lang (1903).

36. Jacques Stuart de la Cloche

Thèse de miss Edith F. Carey (1904).

37. L'abbé Giuseppe Prignani

Thèse de Mgr A.S. Barnes (1908).

38. Jacques Bretel de Grémonville, diplomate et chevalier de Malte

Thèse du Dr. Franz Scheichl (1914).

39. M. de la Pommerie, fils naturel du duc de Candale et père de Louis XIV

Thèse de Luc de Saint-Ours (1925).

40. Le chevalier Eustache d'Oger de Cavoye

Thèse de Maurice Duvivier (1932).

41. Un malade atteint d'un cancroïde de la face

Thèse signalée par Franz Funck-Brentano (1933).

42. Eustache d'Oger de Cavoye, fils de Louis XIII et de Marie de Sérignan

Thèse de Rupert Furneaux (1954).

43. Le duc de Beaufort, père de Louis XIV

Thèse d'Isabelle de Broglie (1958) et de Dominique Labarre de Raillicourt (1960).

44. Eustache d'Oger de Cavoye, demi-frère de Louis XIV

Thèse de Mme Mast (1974) et de Harry Thompson (1987).

45. Le fils d'un sieur Daugers, maître d'hôtel du roi, neveu du chanoine Daugé

Thèse d'Emile Laloy (1931).

46. Danger, complice de Lauzun lorsqu'il se cacha sous le lit de Mme de Montespan

Thèse d'Alberto Pittavino dans le *Giornale del Pinerolese* (nov. 1931, mars 1932).

47. Marc de Jarrige de la Morelhie

Thèse de Pierre Vernadeau (1934). Viguier de Saint-Yrieix, Marc de Jarrige de la Morelhie aurait été arrêté en 1679 et conduit à Pignerol parce qu'il avait découvert dans les papiers de son oncle, Pardoux Gondinet, médecin de la reine Anne d'Autriche, le procès-verbal d'autopsie de Louis XIII, duquel il ressortait que le roi était inapte à procréer. En réalité, La Morelhie mourut à Saint-Yrieix le 14 décembre 1680.

48. Eustache d'Oger de Cavoye, complice du comte de Guiche

Thèse de Lazare de Gérin-Ricard (1956).

49. Eustache Danger, valet de Colbert ayant cherché à empoisonner son maître

Thèse que nous avions développée en 1960 et 1970 et à laquelle nous avons renoncé.

50. Le page noir de la reine Marie-Thérèse

Thèse de Pierre-Marie Dijol (1974) et Bernard Caire.

51. Henri, duc de Guise

Thèse de Camille Bartoli (1978) sur la base d'arguments ésotériques.

52. Claude Imbert, secrétaire-valet du cardinal de Retz

Hypothèse de Paul Sonnino, prise à titre de modèle de recherche et à laquelle l'auteur renonce immédiatement après (1992).

53. Le capitaine corse Marchetti

Thèse de Michel Vergé-Franceschi (2003).

54. D'Artagnan

Thèse de Roger Macdonald (2008).

55. Giaffer, page noir du duc de Beaufort

Thèse de Michel Vergé-Franceschi (2009).

II. LE REGISTRE D'ÉCROU DE M. DE SAINT-MARS

On trouvera ci-après un essai de reconstitution du registre d'écrou des prisons de Pignerol, Exilles et Sainte-Marguerite du temps de M. de Saint-Mars, ainsi que la liste des prisonniers se trouvant à la Bastille lors de son arrivée en 1698.

A PIGNEROL

Nicolas FOUQUET
Date d'entrée : 16 janvier 1665.
Motif de l'incarcération : ancien surintendant des Finances et ministre d'Etat, accusé de péculat et de crime de lèse-majesté, condamné le 20 décembre 1664 par la Chambre de justice au bannissement à perpétuité hors du royaume. Arrêt transformé par décision du roi en emprisonnement à vie.
Sortie ou décès : mort à Pignerol le 23 mars 1680.
Observations : emprisonné, d'août 1665 à août 1666, au fort de Pérouse (*Perosa Argentina*, à dix-huit kilomètres de Pignerol), par suite de la destruction accidentelle d'une partie du donjon de Pignerol.

Eustache DANGER (ou d'ANGERS ou DANGERS)
Date d'entrée : 21 août 1669.
Motif de l'incarcération : non connu. La lettre de cachet signée du roi et contresignée de Le Tellier, datée du 28 juillet 1669, porte la formule habituelle « étant mal satisfait de la conduite du nommé... ».
Sortie ou décès : mort à la Bastille le 19 novembre 1703. Enterré au cimetière Saint-Paul le lendemain sous un nom d'emprunt « Marchioly » (sans mention de prénom).
Observations : transféré au fort d'Exilles en octobre 1681, puis à l'île Sainte-Marguerite le 30 avril 1687, sous un masque d'acier, et enfin à la Bastille le 18 septembre 1698, sous un masque de velours noir.

André MARMET de VALCROISSANT
Date d'entrée : novembre 1669.
Motif de l'incarcération : s'étant fait embaucher comme domestique sous le nom de Honneste, tenta d'entrer en contact avec Fouquet en vue de le faire évader. Extradé de Savoie.
Sortie ou décès : condamné à cinq ans de galères le 9 mai 1670 par le Conseil souverain de Pignerol. Quitta le donjon peu après.

LAFORÊT ou LA FORÊT
Date d'entrée : novembre 1669.
Motif de l'incarcération : ancien valet de Fouquet à Saint-Mandé. Se fit embaucher dans la compagnie franche de M. de Saint-Mars afin, de concert avec André Marmet de Valcroissant, d'entrer en contact avec Fouquet en vue de son évasion. Extradé de Savoie.
Sortie ou décès : condamné par un conseil de guerre à la pendaison. Sentence exécutée en décembre.

Antonin NOMPAR de CAUMONT, comte de LAUZUN
Date d'entrée : 12 décembre 1671.
Motif de l'incarcération : injures envers Mme de Montespan et peut-être intelligence avec les Hollandais. Ordre d'incarcération du 25 novembre 1671.
Date de sortie ou de décès : sorti sur un ordre du roi du 12 avril 1681.

HEURTAUT
Date d'entrée : août 1672.
Motif de l'incarcération : tentative de faire évader Lauzun.
Date de sortie ou de décès : se suicida à Pignerol en septembre 1672.
Observations : ancien valet de chambre de Lauzun, chargé par Mlle de La Motte-Argencourt de se rendre à Pignerol.

PLASSOT
Date d'entrée : août 1672.
Motif de l'incarcération : tentative de faire évader Lauzun.
Date de sortie ou de décès : libéré en juillet 1673.
Observations : cousin de Heurtaut. Extradé de Turin.

Mme CARRIÈRE
Date d'entrée : août 1672.
Motif de l'incarcération : tentative de faire évader Lauzun.
Date de sortie ou de décès : libérée en octobre 1672, après avoir accouché d'une fille en prison.
Observations : habitante de Pignerol avec qui Heurtaut était entré en contact.

LOGGIER
Date d'entrée : septembre 1672.
Motif de l'incarcération : tentative de faire évader Lauzun.
Date de sortie ou de décès : libération en décembre 1672.

MATHONNET
Date d'entrée : septembre 1672.
Motif de l'incarcération : tentative de faire évader Lauzun.
Date de sortie ou de décès : ordre de libération du 20 décembre 1672, avec ordre de se défaire de sa charge.
Observations : major de la citadelle de Pignerol, complice de Heurtaut, Plassot, Loggier et de la dame Carrière.

Bernardino BUTTICARI
Date d'entrée : 25 janvier 1673.

Motif de l'incarcération : espionnage.
Date de sortie ou de décès : libéré sur ordre du roi du 11 août 1675.
Observations : notable de Pignerol. Procureur du duc de Savoie pour la province de Pignerol, incarcéré à nouveau vers 1679 et libéré avant la fin de 1680.

Le comte de DONANE
Date d'entrée : mai 1673.
Motif de l'incarcération : soupçonné d'espionnage.
Date de sortie ou de décès : libéré en mai 1673, deux jours après son incarcération.
Observations : la seule faute du comte de Donane, piémontais de nationalité, était de s'être promené sur la butte de l'église Saint-Maurice, en regardant un peu trop attentivement en direction des fenêtres des prisons.

CASTANIERI, dit SAINT-GEORGES, dit SAINT-PIERRE
Date d'entrée : 28 novembre 1673.
Motif de l'incarcération : aventurier mythomane se disant possesseur de secrets importants concernant le roi de France.
Date de sortie ou de décès : libéré le 31 décembre 1673, par ordre royal du 13.
Observations : livré à la France par le duc de Savoie.

Le moine jacobin LAPIERRE
Date d'entrée : mars 1674.
Motif de l'incarcération : accusé d'avoir « abusé des gens considérables » (probablement Mme d'Armagnac et la princesse de Wurtemberg).
Date de sortie ou de décès : mort à Pignerol en décembre 1693.
Observations : devint fou en prison. Resta à Pignerol après le départ de Saint-Mars pour Exilles. Fut mis successivement avec Dubreuil et Matthioli.

Le comte du BREUIL (ou DUBREUIL)
Date d'entrée : juin 1676.
Motif de l'incarcération : espionnage. Ordre d'arrestation du 25 février 1676.
Date de sortie ou de décès : libéré probablement sur ordre du roi vers le mois de juin 1684.
Observations : appartiendrait à la famille des Du Breuil de Damas. Transféré de Pierre-Encize à Pignerol. Resta à Pignerol après le départ de Saint-Mars pour Exilles. Après sa libération, a été de nouveau arrêté et conduit à Pierre-Encize en juin 1696 et y est mort en 1711.

LAFLEUR
Date d'entrée : novembre 1678.
Motif de l'incarcération : Non connu.
Date de sortie ou de décès : libéré avant la fin de 1680.
Observations : était peut-être un soldat de la garnison de Pignerol.

Le comte Ercole Antonio Maria MATTHIOLI
Date d'entrée : 2 mai 1679.
Motif de l'incarcération : trahison.
Date de sortie ou de décès : mort le 28 avril 1694 à l'île Sainte-Marguerite, sitôt après son arrivée.
Observations : ancien secrétaire d'Etat du duc Charles III de Mantoue, agent secret du duc Charles IV chargé de négocier la remise à la France de la place de Casal. Resta à Pignerol après le départ de Saint-Mars pour Exilles. Faisait partie des prisonniers conduits à Sainte-Marguerite en avril 1694.

ROUSSEAU, valet de MATTHIOLI
Date d'entrée : 4 mai 1679.
Motif de l'incarcération : complicité avec son maître.
Date de sortie ou de décès : mort à l'île Sainte-Marguerite en novembre 1699.
Observations : transféré à l'île Sainte-Marguerite en avril 1694, enfermé dans la « prison voûtée » après la mort de son maître, Matthioli.

LA RIVIÈRE
Date d'entrée : avril 1680.
Motif de l'incarcération : a appris « la plupart des choses importantes dont M. Fouquet avait connaissance ».
Date de sortie ou de décès : mort à Exilles en janvier 1687.
Observations : ancien valet de Saint-Mars, mis au service de Fouquet, enfermé après la mort de ce dernier puis transféré au fort d'Exilles avec Eustache Danger en octobre 1681.

A EXILLES

VIDEL
Date d'entrée : septembre 1676.
Motif de l'incarcération : non connu. Videl était protestant.
Observations : se trouvait à Exilles, sous la garde du sieur Du Prat de la Bastie, lieutenant de roi.
Date de sortie ou de décès : mort à Exilles en mars 1694.

A L'ILE SAINTE-MARGUERITE

Le chevalier Benoît de THÉSUT
Date d'entrée : septembre 1685.
Motif de l'incarcération : prisonnier de famille. Lettre de cachet du 29 août 1685, contresignée de Colbert de Croissy.
Date de sortie ou de décès : s'évada de l'île Sainte-Marguerite en novembre 1693.
Observations : se trouvait à l'île Sainte-Marguerite lorsque M. de Saint-Mars y arriva.

SAINT-ANDRÉ de VILLENEUVE
Date d'entrée : 31 mai 1688.
Motif de l'incarcération : prisonnier de famille. Ordre du roi du 5 mai 1688.
Date de sortie ou de décès : libéré en janvier 1692 « à la supplication de sa mère », sur ordre du roi du 15 janvier, contresigné de Colbert de Croissy.
Observations : garde-marine, cassé le 16 mars 1682, fils d'un trésorier de la Marine, conduit à Sainte-Marguerite par le sieur Basile, garde du roi servant auprès de Le Bret, intendant de Provence.

Paul CARDEL, sieur du NOYER
Date d'entrée : 10 mai 1690.
Motif de l'incarcération : pasteur protestant, fils d'un avocat de Rouen, pensionnaire à Harlem, revenu en France après la révocation de l'édit de Nantes. Conduit de la Bastille à Sainte-Marguerite par le sieur Auzillon, sur un ordre du roi du 18 avril 1690, contresigné de Colbert de Seignelay.
Date de sortie ou de décès : mort à l'île Sainte-Marguerite le 23 mai 1694.
Observations : chantait continuellement des psaumes en prison.

Pierre de SALVES
Date d'entrée : 7 avril 1690.
Motif de l'incarcération : pasteur protestant de l'église d'Ardenbourg, revenu en France après la révocation de l'édit de Nantes. Conduit de Vincennes à Sainte-Marguerite par le sieur Auzillon fils, au vu d'un ordre du roi du 15 janvier 1690, contresigné de Colbert de Seignelay.
Date de sortie ou de décès : mort à Sainte-Marguerite peu avant le 3 juillet 1703.
Observations : se faisait également appeler Selves ou Valsec. Ecrivait sur sa vaisselle d'étain.

Gabriel MATHURIN
Date d'entrée : 18 mai 1690.
Motif de l'incarcération : pasteur protestant, natif d'Uzès, revenu en France après la révocation de l'édit de Nantes. Arrivé de Vincennes sous la conduite du sieur Auzillon, sur ordre du roi du 20 avril 1690, contresigné de Colbert de Seignelay.
Date de sortie ou de décès : libéré le 31 juillet 1714, rejoignit sa famille en Irlande où il mourut.
Observations : se faisait également appeler Molan ou Lestang.

Mathieu de MALZAC
Date d'entrée : juin 1692.
Motif de l'incarcération : pasteur protestant, né à Uzès en 1657, pensionnaire à Rotterdam, revenu en France après la révocation de l'édit de Nantes. Prisonnier au vu d'un ordre du roi du 9 mai 1692, contresigné de Phélypeaux, conduit de Vincennes par le sieur Auzillon.

Date de sortie ou de décès : mort à l'île Sainte-Marguerite le 15 février 1715, à l'âge de soixante-huit ans.
Observations : malade de la petite vérole en septembre 1692.

Jean-Philippe de LANGUEDOÜE, chevalier de VILLENEUVE
Date d'entrée : mars 1694.
Motif de l'incarcération : prisonnier de famille. Fils d'un écuyer du roi. Lettre de cachet du 15 février 1694.
Date de sortie ou de décès : libéré en septembre 1696, sur un ordre du roi du 6, contresigné de Phélypeaux, avec ordre de se rendre à l'abbaye de Longuay.

Jean BRETON ou LE BRETON
Date d'entrée : mai 1694.
Motif de l'incarcération : marchand soupçonné d'espionnage. Incarcéré dans les prisons de la ville de Pignerol par ordre de Louvois à Herleville du 7 novembre 1682, transféré dans le donjon, sous les ordres du major de Villebois, puis en mai 1694 à l'île Sainte-Marguerite.
Date de sortie ou de décès : mort à l'île Sainte-Marguerite le 18 août 1700.
Observations : un ordre de libération signé en avril ou mai 1683 n'a pas été délivré.

Jean HERSE
Date d'entrée : mai 1694.
Motif de l'incarcération : jeune garçon, apprenti tailleur, qui avait déclaré vouloir tuer le roi pour de l'argent. Incarcéré d'abord à la Bastille puis transféré au donjon de Pignerol sur un ordre de Louvois en date du 17 août 1687.
Date de sortie ou de décès : aurait été conduit en septembre 1698 de l'île Sainte-Marguerite à Pierre-Encize par M. de Saint-Mars.
Observations : était âgé de quinze ans au moment de son arrestation.

Elisée GIRAUT ou GÉRAUT
Date d'entrée : juillet 1694.
Motif de l'incarcération : pasteur protestant natif de Bergerac, revenu en France après la révocation de l'édit de Nantes.
Date de sortie ou de décès : mort à l'île Sainte-Marguerite vers la fin de 1702.

Jean GARDIEN-GIVRY dit DUCHESNE
Date d'entrée : juillet 1694.
Motif de l'incarcération : pasteur protestant natif de Vervins, revenu en France après la révocation de l'édit de Nantes.
Date de sortie ou de décès : mort à l'île Sainte-Marguerite à une date inconnue. Etait encore vivant en 1713.
Observations : enfermé à la Bastille en mai 1692 puis à Vincennes.

Guy D'ESTANCE dit MONTBÉLIARD
Date d'entrée : mai 1695.

Motif de l'incarcération : fils de famille, incarcéré à la demande de ses parents (« scélérat de profession, capable des plus grands crimes ») sur ordre du roi du 24 avril 1695.
Date de sortie ou de décès : s'évada de l'île Sainte-Marguerite à la fin de 1696.
Observations : individu très violent. En octobre 1696, il tua un soldat de la garnison nommé Lapierre.

HUNT
Date d'entrée : mars 1698.
Motif de l'incarcération : non connu. Ordre du roi du 16 janvier 1698, contresigné de Colbert de Torcy, de l'arrêter à Calais.
Date de sortie ou de décès : transféré de l'île Sainte-Marguerite à la Bastille vers l'été de 1707, y serait mort en juillet 1709.
Observations : c'est le « mylord anglais » compromis dans la conspiration du duc de Berwick contre Guillaume III d'Orange, dont parle en 1711 Madame Palatine, le confondant avec l'homme au masque.

À LA BASTILLE

A la Bastille, où il arriva le 18 septembre 1698 avec son « ancien prisonnier », Bénigne de Saint-Mars trouva quinze prisonniers :

— le père de Ham, jacobin irlandais (entré en février 1686, mort le 3 décembre 1720), pour discours violent contre le roi ;

— l'abbé Jean-Baptiste Dubois de Medreville, prieur de Fontenay-en-Brie (entré en août 1687, mort le 28 février 1700), prisonnier de famille ;

— le chevalier Guillaume d'Harouys de la Seilleraye, trésorier général des Etats de Bretagne (entré en décembre 1687, mort le 10 novembre 1699), pour banqueroute ;

— Mercat (entré le 29 mars 1689, sorti le 21 avril 1699), protestant ;

— Jean Cardel (entré le 4 août 1690, mort le 13 juin 1715), accusé de « mauvais discours » contre le roi ;

— Gatien Courtilz de Sandras, sieur du Verger (entré le 22 avril 1692, libéré le 2 mars 1699), pour libelles antifrançais ;

— Jonas Lamas, garçon boulanger protestant voulant tuer le roi (entré le 17 octobre 1692, transféré à Bicêtre le 20 novembre 1714) ;

— Isaac Armet-Davisotte de la Motte, ci-devant cadet dans le régiment de Dampierre (entré le 28 février 1695, transféré à Charenton le 7 septembre 1749), pour complicité de meurtre ;

— Vandenburg, agent double hollandais (entré le 13 octobre 1695, libéré le 14 décembre 1715) ;

— François Davant (entré le 5 septembre 1696, sorti le 23 septembre 1700), pour quiétisme ;

— Louis de Rivière, marchand de dentelles à Paris (entré le 18 mars 1698, sorti le 19 janvier 1700), espion protestant ;

— le chevalier de Monchevreuil, lieutenant de vaisseau (entré le 14 avril 1698, sorti le 8 mai 1699), prisonnier de famille ;

— P.H. Rousseau, huissier de la Chambre du roi (entré le 14 avril 1698, sorti le 31 décembre 1698), pour critique de l'administration de la Marine ;

— Jean Cottereau, fleuriste du roi (entré le 16 mai 1698, sorti le 12 septembre 1715), protestant, pour discours contre le roi et libelles contre Mme de Maintenon ;

— Jeanne-Marie Bouvier, veuve de Jacques Guyon, sieur de Champoulet et du Chesnoy (entrée le 4 juin 1698, sortie le 24 mars 1703), pour quiétisme.

III. CHRONOLOGIE

1626

Naissance de Bénigne Dauvergne de Saint-Mars.

1631

30 mai : Traité de Cherasco par lequel le duc de Savoie cède Pignerol à la France.

1638

5 septembre : Naissance de Louis XIV.

1640

13 décembre : Naissance de Ercole Antonio Matthioli.

1643

14 mai : Mort de Louis XIII.

1659

7 novembre : Traité des Pyrénées mettant fin à la guerre entre la France et l'Espagne.

1660

9 août : Mariage de Louis XIV et de Marie-Thérèse d'Autriche.

1661

9 mars : Mort du cardinal Mazarin.

31 mars : Mariage de Philippe d'Orléans et de Henriette Anne d'Angleterre.

5 septembre : Arrestation à Nantes de Nicolas Fouquet, surintendant des Finances, par d'Artagnan.

1664

16 novembre : Naissance de Marie-Anne de France, fille de Louis XIV et de Marie-Thérèse.

20 décembre : Condamnation de Fouquet par la Chambre de justice au bannissement perpétuel et à la confiscation de ses biens. Louis XIV commue la sentence en emprisonnement perpétuel et donne ordre à d'Artagnan de le conduire au donjon de Pignerol dont Bénigne de Saint-Mars est nommé commandant.

26 décembre : Mort de Marie-Anne de France, dite la « Petite Madame ».

1665

16 janvier : Arrivée de Fouquet à Pignerol.
9 février : Installation à Pignerol de la compagnie franche.
Août : Mort de Charles III, duc de Mantoue. Avènement de Charles IV.

1666

20 janvier : Mort d'Anne d'Autriche.

1667

15 mars : Gabriel Nicolas de La Reynie devient lieutenant général de police.
Mai : Début de la guerre de Dévolution.
Juin : Mme de Montespan devient la maîtresse de Louis XIV.
2 octobre : Naissance de Louis de Bourbon, comte de Vermandois, fils de Louis XIV et de Mlle de La Vallière.

1668

Janvier : Incarcération d'Eustache d'Oger de Cavoye à la prison de Saint-Lazare à Paris.
11 avril : Arrivée de Jacques de la Cloche au Collège Saint-André-du-Quirinal de Rome.
2 mai : Traité d'Aix-la-Chapelle. Fin de la guerre de Dévolution.
Septembre : arrestation puis bannissement de M. de Montespan.

1669

23 janvier : Signature d'un traité d'alliance entre l'Angleterre et les Provinces-Unies.
4 février : Conférence secrète de Charles II à Whitehall pour préparer l'Angleterre à sa conversion au catholicisme.
Mars : Naissance du premier enfant de Louis XIV et de Mme de Montespan.
8 mars : Arrivée à Londres de l'abbé Prignani.
12 mai : Arrestation en Suisse de Paul Roux de Marcilly.
22 juin : Exécution à Paris de Roux de Marcilly.
25 juin : Disparition de François de Vendôme, duc de Beaufort, au siège de Candie.
28 juin : Réponse de Louis XIV à Charles II au sujet de son offre d'alliance et de son intention secrète de se convertir.
17-18 juillet : Arrivée en France de l'abbé Prignani.
19 juillet : Saint-Mars est prié par Louvois de faire accommoder un cachot pour le nommé Eustache Danger.
28 juillet : Ordres d'arrestation et d'incarcération d'Eustache Danger.
21 août : Arrivée d'Eustache Danger à Pignerol.
10 septembre : Décès à Colombes de Henriette de France, reine d'Angleterre.
Septembre : Mort à Rome de Jacques de la Cloche.
Décembre : Pendaison de La Forêt, ancien valet de Fouquet.

1670

12 juin : Traité secret de Douvres.

30 juin : Mort à Saint-Cloud de Henriette Anne d'Angleterre, duchesse d'Orléans.

Août : Voyage de Louvois, Vauban et Nallot à Pignerol.

1671

1er septembre : Mort de Hugues de Lionne, secrétaire d'Etat aux Affaires étrangères, remplacé par Simon Arnauld, marquis de Pomponne.

25 novembre : Arrestation à Saint-Germain du comte de Lauzun.

12 décembre : Arrivée de Lauzun à Pignerol.

1672

6 avril : Début de la guerre de Hollande.

1673

17 février : Mort de Molière à Paris.

25 juin : Mort de d'Artagnan au siège de Maëstricht.

1674

7 avril : Incarcération à Pignerol du moine jacobin Lapierre.

8 septembre : Mort de Champagne, valet de Fouquet.

27 novembre : Exécution devant la Bastille du chevalier de Rohan et de ses complices pour conspiration contre le roi.

1675

30 janvier : Autorisation de mettre Eustache Danger au service de Fouquet.

1676

Mai : Incarcération de Dubreuil (ou Du Breuil) à Pignerol.

1678

Août-septembre : Signature de la paix de Nimègue avec les Provinces-Unies, l'Espagne.

8 décembre : Entrevue de Louis XIV et du comte Matthioli à Versailles. Signature du traité secret prévoyant l'occupation de Casal par une garnison française.

23 décembre : première lettre de Louvois à Fouquet.

1679

5 février : Traité de paix entre la France et l'empereur.

7 avril : Institution de la Chambre de l'Arsenal, chargée du juger les crimes d'empoisonnement (dite « Chambre ardente »).

2 mai : Arrestation et incarcération de Matthioli au donjon de Pignerol.

1680

23 mars : mort de Fouquet à Pignerol.

8 avril : Ordre de Louvois de renfermer les deux valets de Fouquet, Eustache Danger et La Rivière.

Septembre : Décès d'Alexandre de Vauroy, sergent-major de la citadelle de Dunkerque.

1681

2 février : Donation par la Grande Mademoiselle au duc du Maine de sa principauté de Dombes.

28 mars : Inhumation du corps de Nicolas Fouquet dans la crypte du couvent des Dames de la Visitation Sainte-Marie, rue Saint-Antoine à Paris.

12 avril : Ordre à M. de Maupertuis, sous-lieutenant de la première compagnie des mousquetaires du roi, de conduire Lauzun à Bourbon-les-Bains (Bourbon-l'Archambault).

30 avril : Décision du roi de nommer Saint-Mars gouverneur de la citadelle de Pignerol.

28 mai : Décision du roi d'accorder à Saint-Mars le gouvernement du château d'Exilles.

30 septembre : Occupation de Casal et de Strasbourg.

Octobre : Arrivée de Saint-Mars à Exilles avec les deux prisonniers de la tour d'en bas.

1682

16 février : Commission nommant Villebois, lieutenant de Saint-Mars, major de la citadelle de Pignerol.

8 avril : Fermeture à Paris de la Chambre ardente chargée de juger les affaires d'empoisonnement.

7 novembre : Ordre d'arrestation de Jean Le Breton.

5 décembre : Jean Le Breton transféré des prisons de la ville au donjon de Pignerol.

1683

Mai : Décès de l'abbé Antoine Rignon, confesseur des prisonniers de Pignerol et d'Exilles.

30 juillet : Mort de Marie-Thérèse d'Autriche, reine de France, épouse de Louis XIV.

6 septembre : Mort de Jean-Baptiste Colbert à Paris, à l'âge de soixante-trois ans.

Octobre (?) : Mariage secret de Louis XIV et de Mme de Maintenon.

18 novembre : Mort du comte de Vermandois, fils naturel de Louis XIV et de Mlle de La Vallière.

11 décembre : Déclaration de guerre de l'Espagne à la France.

1684

11 février : Alliot exerce la charge de médecin de la Bastille.

13 juin : Ordre de libération du comte du Breuil (ou Dubreuil) (date probable).

15 août : Trêve de Ratisbonne entre la France et l'Espagne.

1685

16 février : Jacques II succède à son frère Charles II comme roi d'Angleterre.

Septembre : Incarcération au fort de l'île Sainte-Marguerite du chevalier Benoît de Thésut, aux frais du sieur de Thésut-Ragny, conseiller au parlement de Dijon, son père.

17 octobre : Edit de Fontainebleau portant révocation de l'édit de Nantes.

30 octobre : Décès de Michel Le Tellier, chancelier de France, à l'âge de quatre-vingt-trois ans.

18 novembre : Barbezieux prête serment de la survivance de la charge de secrétaire d'Etat.

1686

5 juin : Nomination du sieur Rostan comme chirurgien du fort de l'île Sainte-Marguerite.

1687

4 ou 5 janvier : Mort de La Rivière à Exilles.

10 janvier : Saint-Mars est nommé capitaine-gouverneur des îles de Lérins.

3 mars : Barbezieux exerce pour la première fois, avec son père, Louvois, les fonctions de secrétaire d'Etat.

30 avril : Arrivée à Sainte-Marguerite de Saint-Mars et d'Eustache Danger.

22 août : Ordre au sieur de Villebois, major de la citadelle de Pignerol et commandant du donjon, de recevoir le nommé Jean Herse.

4 septembre : Nouvelle à la main relatant le transfert à l'île Sainte-Marguerite d'un prisonnier le visage couvert d'un masque d'acier.

1688

8 janvier : Eustache Danger est mis dans l'une des deux prisons voûtées du fort de Sainte-Marguerite.

31 mai : Arrivée à l'île Sainte-Marguerite de Saint-André de Villeneuve, prisonnier entretenu aux dépens de ses parents.

Novembre-décembre : « Glorious Revolution » en Angleterre.

26 novembre : Déclaration de guerre aux Provinces-Unies.

1689

27 février : Nomination de Charles de La Motte-Guérin comme lieutenant de roi des îles Sainte-Marguerite.

10 mai : Arrivée de Paul Cardel, ministre de la R.P.R., à l'île Sainte-Marguerite, conduit par Auzillon fils.

25 juin : Louis XIV déclare la guerre à l'Angleterre.

1690

7 avril : Arrivée de Pierre de Salves, ministre de la R.P.R., à l'île Sainte-Marguerite, conduit par Auzillon fils.

Mai : Arrivée de Gabriel Mathurin, dit Lestang, ministre de la R.P.R., à l'île Sainte-Marguerite.

1691

16 juillet : Mort de Louvois. Son fils Barbezieux lui succède au secrétariat d'Etat à la Guerre.

1692

Parution « à Cologne, chez Pierre Marteau » du pamphlet orangiste *Les Amours d'Anne d'Autriche, épouse de Louis XIII, avec M. L.C.D.R...*

20 avril : Mort du major de Villebois.

18 mai : La Prade succède à Villebois à Pignerol.

Mai-juin : Arrivée de Mathieu Malzac, ministre de la R.P.R., à l'île Sainte-Marguerite.

1693

25 septembre-3 octobre : Bombardement de Pignerol.

4 octobre : Victoire de Catinat à La Marsaille, près de Pignerol, sur les troupes du duc de Savoie et du prince Eugène.

1694

Avril-mai : Translation des quatre prisonniers d'Etat du donjon de Pignerol à l'île Sainte-Marguerite (Matthioli, son valet Rousseau, Le Breton et Herse).

Juillet : Arrivée de Gardien-Givry et d'Elisée Giraut, ministres de la R.P.R., à l'île Sainte-Marguerite.

1695

Octobre : « Louise Marie-Thérèse, mauresse », reçoit le voile au couvent des bénédictines de Moret.

1696

29 juin : Traité secret entre Louis XIV et le duc de Savoie Victor-Amédée II prévoyant la restitution de Pignerol à la Savoie.

10 septembre : Publication de la paix entre la France et la Savoie, stipulant la restitution de Pignerol au duc Victor-Amédée II de Savoie.

19 septembre : Début de la démolition du donjon et des fortifications de Pignerol, en vertu de l'accord de paix.

1697

21 septembre : Signature de la paix de Ryswick entre la France, l'Angleterre, les Provinces-Unies et l'Espagne.

31 octobre : Paix entre la France, l'empereur et l'Empire.

18 décembre : Décès de François de Monlezun, marquis de Besmaux, gouverneur de la Bastille.

1698

1er avril : L'Anglais Hunt arrive à Sainte-Marguerite, conduit par le sieur de La Pommeraye, exempt de la Prévôté de l'hôtel.

8 mai : Saint-Mars accepte le gouvernement de la Bastille.

1er septembre : Départ de M. de Saint-Mars pour la Bastille, dont il est nommé gouverneur, avec son « ancien prisonnier ».

18 septembre, 3 heures de l'après-midi : Arrivée de M. de Saint-Mars à la Bastille avec un prisonnier portant un masque de velours noir.

9 octobre : Le marquis de Saumery est fait officiellement gouverneur des îles Sainte-Marguerite.

6 et 9 octobre : La *Gazette d'Amsterdam* annonce l'arrivée de M. de Saint-Mars à la Bastille avec un prisonnier et indique qu'il en a fait mettre un autre à Pierre-Encize.

1699

Décembre : Mort à l'île Sainte-Marguerite de Rousseau, valet de Matthioli.

1700

18 août : Mort à l'île Sainte-Marguerite de Le Breton.

1701

5 janvier : Mort de Barbezieux. Michel de Chamillart cumule les fonctions de contrôleur général des Finances et de secrétaire d'Etat à la Guerre.

1702

16 mai : Arrivée de Constantin de Renneville à la Bastille.

Décembre : Mort d'Elisée Giraut à l'île Sainte-Marguerite.

1703

19 septembre : A la suite de la démission d'Alliot, Fresquière lui succède comme médecin de la Bastille.

19 novembre : Mort de l'homme au masque de velours noir à la Bastille.

20 novembre, 4 heures de l'après-midi : Enterrement de l'homme au masque de velours noir au cimetière Saint-Paul.

23 novembre : Mort du marquis André Antonin Dauvergne, sieur de Saint-Mars, grand bailli et gouverneur de Sens, sous-lieutenant au régiment des gendarmes d'Anjou, fils cadet de Saint-Mars, blessé le 15 à la bataille de Spire.

1705

19 mai : Mort de Jacques Rosarges, aide-major de la Bastille, à l'âge de cinquante-deux ans.

1706

29 septembre : Mort d'Etienne Du Junca, lieutenant de roi à la Bastille.

1708

26 septembre : Mort de Saint-Mars à la Bastille, à l'âge de quatre-vingt-deux ans « ou environ ».

1709

3 juillet : Mort de Pierre de Salves à Sainte-Marguerite.

1711

Mai : Mort du comte du Breuil (ou Dubreuil) au château de Pierre-Encize.

10 et 22 octobre : Lettres de Madame sur le prisonnier masqué.

1713

Mort de Jean Gardien-Givry à l'île Sainte-Marguerite.

21 janvier : Mort d'Antoine Larue, dit Rû, porte-clés de la Bastille.

1714

31 juillet 1714 : Ordre de libération de Mathurin (Lestang), prisonnier aux îles Sainte-Marguerite avec injonction de sortir du royaume.

1715

1er septembre : Mort de Louis XIV à Versailles.

Décembre : Mort de La Prade, major de la citadelle de Besançon.

1717

16 mai : Entrée de Voltaire à la Bastille.

1720

Emprisonnement de La Grange-Chancel à l'île Sainte-Marguerite.

1721

14 avril : Mort de Michel de Chamillart.

1722

26 mars : Evasion de La Grange-Chancel de l'île Sainte-Marguerite.

1723

19 novembre : Mort d'Antonin Nompar de Caumont, duc de Lauzun, à l'âge de quatre-vingt-dix ans et quatre mois.

1724

22 mars : Mort de Louis de Formanoir, lieutenant commandant la compagnie franche des îles Sainte-Marguerite.

1725

15 février : Mort de Mathieu Malzac, ministre de la R.P.R., à l'île Sainte-Marguerite.

1740

Mort de Guillaume de Formanoir de Corbest.

1741

Mort de Charles de La Motte-Guérin, ancien lieutenant de roi à l'île Sainte-Marguerite, à l'âge de cent un ans.

1745

Première édition des *Mémoires secrets pour servir à l'histoire de Perse*.

1746

2 septembre : Mort de Jean-Baptiste Colbert de Torcy, ancien secrétaire d'Etat aux Affaires étrangères.

1747

Publication à La Haye chez Pierre de Hondt du roman du chevalier de Mouhy, *Le Masque de fer ou les avantures* (*sic*) *admirables du père et du fils.*

1751

Parution de la première édition du *Siècle de Louis XIV* par M. de Francheville (Voltaire).

1764

30 mars : Enterrement à Saint-Eustache de Jean Marsolan, maître chirurgien, gendre de Fresquière.

1770

15 août : Lettre du baron de Heiss du 28 juin au *Journal encyclopédique*, identifiant Matthioli au Masque de fer.

1778

2 février : Visite de l'abbé Papon à l'île Sainte-Marguerite.
30 mai : Mort de Voltaire.

1782

9 novembre : Mort de Claude Souchon, officier de la compagnie des îles Sainte-Marguerite, à l'âge de quatre-vingt-deux ans.

BIBLIOGRAPHIE

I. Sources imprimées
(Mémoires, lettres, documents, premiers témoignages)

Anonyme (attribué à Simon Nicolas Henri Linguet), *Remarques historiques sur la Bastille*, Londres, 1783, p. 88-97, réimp. en 1784 et 1789.

Béranger (Pierre-Jean de), *Souvenirs biographiques d'un chansonnier*, Paris, 1854.

Breteuil (baron de), *Mémoires*, éd. établie par E. Lever, Paris, François Bourin, 1992.

Caylus (Marthe de Mursay, comtesse de), *Souvenirs*, éd. B. Noël, Paris, Mercure de France, 1965.

Challes (Robert), *Mémoires*, éd. A. Augustin-Thierry, Paris, 1931.

Condé (Louis II de Bourbon, prince de, dit le Grand) et le duc d'Enghien, *Lettres inédites à Marie-Louise de Gonzague, reine de Pologne*, éd. E. Magne, Paris, 1920.

Cosnac (Daniel de), *Mémoires*, éd. Jules de Cosnac, Société de l'Histoire de France, Paris, 1852, 2 vol.

Depping (Georges Bernard), *Correspondances administratives sous le règne de Louis XIV*, Coll. de documents inédits sur l'histoire de France, Paris, 1850-1855, 4 vol.

Funck-Brentano (Frantz), *Archives de la Bastille*, t. IX du *Catalogue des manuscrits de la bibliothèque de l'Arsenal*, Paris, 1892-1894.

Guyon (Mme), *Récits de captivité*, Grenoble, Jérôme Millon, 1992.

La Fare (Charles Auguste, marquis de), *Mémoires et Réflexions sur les événements du règne de Louis XIV*, éd. Michaud et Poujoulat, Paris, 1839, série 3, vol. VIII.

Louis XIV, *Œuvres de Louis XIV*, éd. Grouvelle, Paris, 1806, 6 vol.

Montpensier (Anne Marie Louise d'Orléans, duchesse de), *Mémoires*, éd. Chéruel, Paris, 1856-1859, 4 vol.

Ravaisson (François), *Archives de la Bastille*, Paris, 1866-1884, 16 vol.

Saint-Maurice (Thomas François Chabod, marquis de), *Lettres sur la cour de Louis XIV, 1667-1673*, éd. Jean Lemoine, Paris, 1910, 2 vol.

Saint-Simon (Louis de Rouvroy, duc de), *Mémoires*, éd. A. et J. de

Boislile et Lecestre, Paris, 1879-1930, 43 vol., éd. Coirault, Paris, 1983-1988, 8 vol.

Sévigné (Marie de Rabutin-Chantal, marquise de), *Correspondance*, éd. R. Duchêne, Paris, 1972-1978, 3 vol.

II. Principaux ouvrages, études, articles traitant du Masque de fer (classés par date de parution)

Constantin de Renneville, *L'Inquisition françoise ou Histoire de la Bastille*, Amsterdam, Leyde, 1719, t. Ier.

Anonyme, *Mémoires secrets pour servir à l'histoire de Perse*, Amsterdam, 1745, rééd. 1746, 1759 (Berlin), 1763 (Amsterdam).

Anonyme, *Bibliothèque raisonnée des ouvrages des savants de l'Europe pour les mois d'avril, mai et juin 1745*, Amsterdam, 1745, 2e partie, p. 348-359.

Anonyme, « Lettre de M. de W... à M. de G... », *Journal des savants*, Amsterdam, juillet 1745, p. 348-359.

Bibliothèque française ou Histoire littéraire de la France, Amsterdam, 1746, t. XLII, 2e partie, p. 362-366.

Voltaire, *Le Siècle de Louis XIV*, 1re éd. sous le nom de M. de Francheville, parue à Berlin en 1751, 2e éd. 1752.

Lenglet Dufresnoy (abbé Nicolas), *Plan de l'Histoire générale et particulière de la monarchie française, où l'on trouve l'histoire des rois, celle des maisons illustres, des fiefs, des charges et grands hommes*, 1753, t. III, p. 268-269.

Voltaire, *Supplément au Siècle de Louis XIV*, 1753.

La Beaumelle (Laurent Angliviel de), *Réponse au Supplément au Siècle de Louis XIV*, 1754, p. 48.

Marchand (Prosper), article « Masque de fer », *Dictionnaire historique* (du même), 1758-1759, t. Ier, p. 139-154.

La Beaumelle (Laurent Angliviel de), *Lettre de M. de La Beaumelle à M. de Voltaire*, 1763.

Voltaire, *Suite de l'Essai de l'Histoire générale*, 1763.

—, « Note sur le Masque de fer », *Encyclopédie ou Dictionnaire raisonné des sciences, des arts*, 1765, t. VIII, p. 226.

Chaudon (père de), articles « Beaufort » et « Masque de fer », *Nouveau dictionnaire historique portatif*, Amsterdam, 1766, t. Ier, p. 251-252, t. III, p. 113-114 (rééd. avec compléments en 1766 et 1769).

Fréron (Elie-Catherine), « Lettre sur le Masque de fer », *L'Année littéraire*, 1768, t. IV, p. 73-85.

Formanoir de Palteau (Guillaume Louis), « Lettre du 19 juin 1768 », *L'Année littéraire*, t. IV, p. 351-354.

Poullain de Saintfoix, « Lettre à Fréron », *L'Année littéraire*, 1768, t. VI, p. 128-133.

POULLAIN DE SAINTFOIX, *Lettre de M. de Saintfoix au sujet de l'Homme au masque de fer*, Amsterdam, 1768.

LA GRANGE-CHANCEL (Joseph de Chancel, dit), « Lettre à Fréron », *L'Année littéraire*, 1768, t. XXXII, p. 189 et suiv.

GRIFFET (R.P. Henri), *Traité des différentes sortes de preuves qui servent à établir la vérité en Histoire*, Liège, 1769.

POULLAIN DE SAINTFOIX, *Réponse de M. de Saintfoix au R. P. Griffet et recueil de tout ce qui a été écrit sur le prisonnier masqué*, Londres, 1770.

HEISS (baron de), « Lettre au sujet du Masque de fer », *Journal encyclopédique*, 15 août 1770, t. VI, p. 132-135.

VOLTAIRE, *Questions sur l'Encyclopédie*, 1770.

BONNEGARDE, article « Masque de fer », *Dictionnaire historique et critique* (du même), 1771, t. III, p. 383-387.

PAPON (abbé Jean-Pierre), *Voyage littéraire de Provence*, Paris, 1780.

PROYARD (abbé), *Vie du dauphin, père de Louis XVI*, Paris, 1782, p. 165-169.

LA BORDE (Jean-Benjamin de), *Histoire de l'Homme au masque de fer tirée du* Siècle de Louis XIV *par Voltaire*, Londres, 1783.

Anonyme, « Note sur le Masque de fer », *Journal des gens du monde*, 1783, t. IV, p. 282-295.

BOUCHE (Charles François), *Essai sur l'histoire de Provence, suivi d'une notice des Provençaux célèbres*, Marseille, 1785.

DUTENS (Louis), *Correspondances interceptées*, Paris, 1788, p. 12-30.

ANQUETIL (Louis Pierre), *Galerie de l'ancienne Cour*, Paris, 1788, p. 270-277.

—, *Louis XIV, sa Cour et le Régent*, Paris, Moutard, 1789, t. Ier.

Anonyme, *L'Homme au masque de fer dévoilé, d'après une note trouvée dans les papiers de la Bastille*, 1789.

Anonyme, *Recueil fidèle de plusieurs manuscrits trouvés à la Bastille dont l'un concerne spécialement l'Homme au masque de fer*, Paris, 1789, 32 p.

Anonyme, *Histoire du fils d'un roi, prisonnier à la Bastille, trouvée sur les débris de cette forteresse*, Paris, 1789, 16 p.

CARRA (Jean-Louis), *Mémoires historiques et authentiques sur la Bastille*, Paris, 1789, t. Ier, p. 315 et suiv.

ANQUETIL (Louis Pierre), *Louis XIV, sa Cour et le Régent*, Paris, 1789, t. Ier, p. 241-243.

CUBIÈRES (Michel de), *Voyage à la Bastille fait le 16 juillet 1789 et adressé à Mme de G... à Bagnols*, Paris, 1789.

CHARPENTIER (avec la collaboration de Manuel), *La Bastille dévoilée ou Recueil des pièces authentiques pour servir à son histoire*, Paris, 1789-1790, t. III, 9e livraison, p. 1-80.

FAUR, *Vie privée du maréchal de Richelieu*, 1791, t. Ier, p. 88-92.

SAINT-MIHIEL (M. de), *Le Véritable Homme dit au masque de fer, ouvrage dans lequel on fait connaître sur preuves incontestables à qui ce célèbre infortuné doit le jour, quand et où il naquit*, Strasbourg, 1791.

RICHELIEU (Maréchal de), *Mémoires*, rédigés par Jean-Louis GIRAUD, abbé SOULAVIE, 1792, t. VI, p. 1-52.

CHAMBRIER (M. d'OLORÈS, baron de), « Mémoire sur le Masque de fer lu à l'académie de Berlin le 26 novembre 1795 », *Mémoires de l'Académie royale des Sciences et Belles-Lettres depuis l'avènement de Frédéric-Guillaume II au trône*, 1795.

SÉNAC DE MEILHAN, « Lettre sur le Masque de fer », *Mélanges philosophiques et littéraires*, Hambourg, 1795, t. II, p. 324-378.

CRAWFURD (Quentin), *Histoire de la Bastille, avec un appendice contenant entre autres choses une discussion sur le prisonnier au masque de fer*, Paris, 1798, p. 270-378.

ROUX-FAZILLAC (Pierre), *Recherches historiques et critiques sur l'Homme au masque de fer, d'où résultent des notions certaines sur ce prisonnier, ouvrage rédigé sur des matériaux authentiques*, Paris, an IX (1800).

RETH (alias le baron de Servières), *Véritable Clef de l'histoire de l'Homme au masque de fer*, 10 nivôse an XI (31 décembre 1802), 11 p.

DUTENS (Louis), *Mémoires d'un voyageur qui se repose*, 1804, p. 204-210.

WEISS (C.), « Le Masque de fer », *Biographie universelle ancienne et moderne* de Michaud, Paris, 1820, t. 27, p. 393-397.

TAULÈS (chevalier de), *L'Homme au masque de fer, mémoire historique où l'on réfute les différentes opinions relatives à ce personnage mystérieux et où l'on démontre que ce prisonnier fut une victime des Jésuites*, Paris, 1825.

DELORT (Joseph), *L'Homme au masque de fer, histoire complète de ce prisonnier jusqu'à aujourd'hui inconnue, et des causes secrètes de sa longue captivité*, Paris, 1825.

ELLIS (George Agar), *The History of the State Prisoner Commonly Called the Iron Mask, extracted from documents in the French archives*, Londres, 1826, trad. fr. 1830.

DELORT (Joseph), *Histoire de la détention des philosophes et des gens de lettres à la Bastille et à Vincennes, précédée de celles de Fouquet, de Pellisson et de Lauzun*, Paris, 1829, t. Ier.

DUFEY DE L'YONNE, *La Bastille. Mémoires pour servir à l'histoire secrète du gouvernement français depuis le* XIVe *siècle jusqu'en 1789*, Paris, 1833.

MÉRIMÉE (Prosper), *Note d'un voyage dans le Midi de la France*, Paris, Fournier, 1835.

GARCIN (E.), *Dictionnaire historique et topographique de la Provence ancienne et moderne*, 1835, t. II, p. 66-67.

JACOB (Paul LACROIX, dit le bibliophile), *L'Homme au masque de fer*, Paris, Victor Magen, 1837.

JOIGNEAUX (Pierre), *Histoire générale de la Bastille*, Paris, 1838.

MAQUET (Auguste), *Histoire de la Bastille*, 1844, t. V, p. 185-188.

LARDIER (Alexandre), *Histoire de l'île Sainte-Marguerite*, Marseille, 1845.

DUMAS (Alexandre), *Louis XIV et son siècle*, Paris, 1845, t. II, p. 506.

LECOINTE (Paul), *Les Mensonges politiques ou Révélation des mystères du Masque de fer et de Louis XVII*, Paris, 1847.

GLEICHEN (Charles-Henri, baron de), *Souvenirs*, Paris, 1848.

MALLET DU PAN (Jacques), *Mémoires et Correspondance*, Paris, 1851, t. II, p. 480-482.

FAVRE (L.), *Trois Époques de l'histoire de France ou Nouveaux Récits historiques racontés à la jeunesse*, Paris, 1852.

LHUILLIER, « Le Masque de fer », *Le Messager de la Haute-Marne*, 2 et 12 décembre 1855.

LAROCHE-HÉRON (M. de), *Notice sur les îles de Lérins*, Draguignan, 1859.

ALLIEZ (abbé), *Les Iles de Lérins, Cannes et les rivages environnants*, Paris, Marseille, Draguignan, 1860.

BARTHÉLEMY (Charles), *Erreurs et Mensonges historiques*, Paris, 1863.

LOUVET (L.), « Masque de fer », *Nouvelle Biographie*, Paris, Didot, 1865, t. 34.

SARDOU (A.-L.), *Notice historique sur Cannes et les îles de Lérins, suivie d'Une Dissertation sur le Masque de fer*, Cannes, 1867.

BELLECOMBE (A. de), « La légende du Masque de fer », *L'Investigateur, journal de l'Institut historique*, t. VIII, 1868, p. 161-172.

NICOLE (P.), « Le Masque de fer », *Journal de Mâcon*, 16 octobre 1869.

TOPIN (Marius), *L'Homme au masque de fer*, Paris, 1869, 418 p.

LANGERON (Edouard), *L'Homme au masque de fer*, La Rochelle, 1870, 31 p.

IUNG (Théodore), *La Vérité sur le Masque de fer (les empoisonneurs), d'après les documents inédits des archives de la Guerre et autres dépôts publics*, Paris, 1872, 457 p.

FOISSAC (Dr. P.), *La Chance ou la destinée*, Paris, 1876, p. 158-194.

UBALDE (*alias* Anatole Loquin), *Le Secret du Masque de fer, étude sur les dernières années de Jean-Baptiste Poquelin de Molière (1664-1703)*, Bordeaux et Orléans, 1883, 32 p.

LOISELEUR (Jules), *Trois énigmes historiques. La Saint-Barthélemy, l'affaire des Poisons et Mme de Montespan, le Masque de fer devant la critique moderne*, Paris, Plon, 1883, p. 225-332.

SURVILLE (M. de), *Le Masque de fer a-t-il été fatal au trône de France, ou Les Misères d'une dynastie de 1703 à 1883*, Paris, 1884.

PITTAVINO (Alberto), *Storia di Pinerolo e del suo circondario narrata al popolo*, Pinerolo, 1886.

REMY (G.), *Histoire de la Bastille et de la rue Saint-Antoine avant 1789*, Paris, 1887.

MONTAUDON (H.), « La vérité sur le Masque de fer ou recherches sur l'identité du personnage désigné sous ce titre », *Revue de la Société d'études historiques*, septembre-décembre 1888.

SANDRIN (Ch.), *alias* Anatole Loquin, *Lettre à M. Ubalde sur la mort de Molière*, Bordeaux, 1889.

LAIR (Jules), *Nicolas Fouquet, procureur général, surintendant des*

Finances, ministre d'Etat de Louis XIV, avec un appendice au t. II : « Histoire du Masque de fer », Paris, 1890, 2 vol., t. II.

Anonyme (Anatole LOQUIN), *L'Homme au masque de fer, c'est... Molière. Opinion émise par Ubalde et présentée de nouveau par un bouquineur*, 1893.

BOURNON (Fernand), *La Bastille*, collection de *l'Histoire générale de Paris*, Paris, 1893.

CARUTTI DI CANTOGNO (baron Domenico), *Storia della città di Pinerolo*, Pinerolo, 1893, p. 427-479.

BURGAUD (Emile) et BAZERIES (Etienne), *Le Masque de fer. Révélation de la correspondance chiffrée de Louis XIV*, Paris, 1893.

CARUTTI DI CANTOGNO (baron Domenico), *La Crocita valdese del 1488 e la Maschera di ferro con alcune appendici alla storia di Pinerolo*, Pinerolo, 1894.

BERTRAND (Pierre), « Le Masque de fer », *Revue encyclopédique*, 1er avril 1894.

FUNCK-BRENTANO (Frantz), « L'Homme au masque de velours noir dit le Masque de fer », *Revue historique*, t. 56, nov.-déc. 1894, p. 253-303.

—, « Nouveaux documents sur la Bastille », *Revue Bleue*, 26 mars 1896, p. 400-405.

—, *Légendes et archives de la Bastille*, Paris, 1898.

BOUTRY (Maurice), « Une mystification diplomatique. La trahison du comte Matthioli (L'Homme au masque de fer) », *Revue des Etudes historiques*, Paris, 1899, p. 167-177, et tiré à part.

LOQUIN (Anatole), *Un secret d'Etat sous Louis XIV : le prisonnier masqué de la Bastille, son histoire authentique*, Paris, 1900.

HOPKINS (Tighe), *The Man in the Iron Mask*, Leipzig, 1901.

DUVERNOIS (Henri), « L'éternelle énigme. Le tombeau du Masque de fer. Au jardin mystérieux, 17 rue Beautreillis. L'ancien cimetière Saint-Paul », *La Presse*, 24 janvier 1902.

PELTIER (Paul), « L'Homme au masque de fer », *La Vie illustrée*, 14 mars 1902, p. 382.

FUNCK-BRENTANO (Frantz), « L'éternelle énigme », *Revue Bleue*, 26 mars, 18 et 25 octobre 1902.

BOUYER (Léon), « Le Masque de fer », *Revue de Saintonge et d'Aunis*, 1er avril 1902.

PONSARD (F.), « Le mystère de la rue Beautreillis », *Le Figaro*, 18 avril 1902.

LE PIPPRE (Commandant), *Dernier Mot sur le Masque de fer*, 1903, 40 p.

LANG (Andrew), *The Valet's Tragedy and Other Studies...*, Londres, 1903, éd. fr. : *Les Mystères de l'Histoire*, Paris, 1907.

LA VILLE d'AVRAY (H. de), « Encore le Masque de fer », 1903, *Cannes Artiste, revue musicale, artistique, littéraire*, 15 mars 1903.

BOYEN d'AGEN, *Le Masque de fer de l'île Sainte-Marguerite à la Bastille*, Paris, 1904.

BRÖCKING (Dr. W.), « Zur Vorschung über die eiserne Maske », *Historische Vierteljahrschrift*, 1904, 3e cahier.

BRÖCKING (Dr. W.), *Das Rätsel der eiserne Maske und seine Lösung. Zweite, völlig neu bearbeitete Auflage* ?, Leipzig, Reclams Universal-bibliothek, 1906.

PÉLISSIER (L.-G.), « Relation d'un voyage en felouque de Saint-Tropez à Gênes en 1687 », *Revue des Etudes historiques*, 1907, p. 224 et suiv.

BARNES (Mgr Arthur Stapylton), *The Man of the Mask, a study in the by-ways of History*, Londres, Smith, Elder and C°, 1908.

VAN GENNEP (Arnold), « Le Masque de fer, une solution nouvelle », *Mercure de France*, 16 janvier 1909, p. 232-243.

LA BURTHE (Jean), *Un problème historique. La Question de l'Homme au masque de fer*, Poitiers, 1909.

MATTE (Louis), *Crimes et Procès politiques sous Louis XIV, le procès Fouquet, la conspiration du chevalier de Rohan, le Masque de fer*, Paris, 1910.

MONTORGUEIL (Georges), « La sempiternelle énigme », *L'Eclair*, 15 décembre 1910.

CORRÈZE (baron de), « Le Masque de fer », *Diex el Volt, revue du surnaturel au XXe siècle*, janvier-février 1910.

La Voix de Marie (23 juillet 1910), *Le Droit au trône, revue mensuelle illustrée* (25 juin 1911), *L'Echo du merveilleux* (1er décembre 1910-1er juillet 1911), *Le Masque de fer, revue historique et politique* (20 juillet 1911-25 février 1912), *La Maison de France* (16 mai 1912), *La Maison de France et le Masque de fer* (23 mars-décembre 1912), *Le Lys de France* (1913), organes défendant la cause de Mgr Félix de Valois, dit Henry duc d'Anjou, prétendu descendant du Masque de fer.

BURY (R. de), « La question du Masque de fer », *Le Mercure de France*, 1er janvier 1911.

LENOTRE (Théodore Gosselin, *alias* G.), « Le Masque de fer », *Le Temps*, 1er février 1911.

CABANÈS (Dr. A.), « L'énigme du masque de fer », *Aesculape*, janvier 1911, p. 22-24, reproduit sous le titre : « L'énigme du masque de velours noir », dans *Légendes et Curiosités de l'Histoire*, Paris, Albin Michel, s.d., p. 221-233, puis dans *Les Secrets de l'Histoire*, Paris, Flammarion, 1938, p. 5-13.

LANG (Andrew), « The Man in the Iron Mask », *The Athenaeum Journal*, 9 mars 1912.

LALOY (Emile), *Enigmes du Grand Siècle : le Masque de fer, Jacques Stuart de la Cloche, l'abbé Prignani, Roux de Marsilly*, Paris, 1912, 2e éd. 1913.

SCHEICHL (Dr. Franz), *Der Maltesenritter und Generalleutnant Jokob Bretel von Gremonville*, 1914.

RAULIN (G. de), *L'Ile Sainte-Marguerite*, 1919, 62 p.

DHUMEZ, « Le Masque de fer », *Le Petit Niçois*, 1er, 8, 17 et 22 octobre 1924.

HENRI-ROBERT, « Le Masque de fer », *Les Grands Procès de l'Histoire*, Paris, t. IV, 1925.
GIRARD (Albert), *Le Vrai Masque de fer*, juillet 1925.
SAINT-GEOURS (Luc de), *M. de La Pommerie, Masque de fer*, juillet 1925.
PITTAVINO (Alberto), *La Maschera di ferro ed i prigionieri della cittadella*, Pinerolo, 1927.
RIGHI (F. Pascucci), *Monsignor Righi e la Maschera di ferro*, Bologne, 1929.
LALOY (Emile), « Révélations historiques : Qui était le Masque de fer ? », *Mercure de France*, Paris, 15 août 1931, 15 août 1932 et 15 mars 1933, tirés à part.
DUVIVIER (Maurice), *Le Masque de fer*, Paris, 1932.
DHUMEZ, « Autour du Masque de fer. Claude Souchon », *L'Eclaireur du Soir*, 25 et 26 décembre 1932.
FUNCK-BRENTANO (Frantz), *Le Masque de fer*, Paris, Flammarion, 1933, 125 p.
VERNADEAU (Pierre), *Le Médecin de la Reyne*, Paris, Denoël, 1934, 91 p.
TENANT DE LA TOUR (Geoffroy), *Une étrange aventure : Le Masque de fer à... Saint-Yrieix ?*, Paris, 1934, 19 p.
LENOTRE (Théodore Gosselin, *alias* G.), *Dossiers de police*, Paris, Grasset, 1935.
BARBERY (Bernard), *L'Enigme du Masque de fer*, Paris, 1935.
ADAM (Antoine), « Un document inédit au dossier du Masque de fer », *Revue d'Histoire de la philosophie et d'histoire générale des civilisations*, 15 octobre 1938.
TREICH (Léon), « Le Masque de fer », *Enigmes historiques*, éd. De Fontenelle, 1946, p. 49-64.
LENOTRE (Théodore Gosselin, *alias* G.), « Un arrière-petit-fils du Masque de fer », *De Belzébuth à Louis XVII*, Paris, Grasset, 1950, p. 51-60.
MONGRÉDIEN (Georges), *Le Masque de fer*, Paris, Hachette, 1952.
—, « Le problème du Masque de fer. Deux documents inédits », XVIIe *siècle*, 1953, n° 17-18, p. 55-58.
FURNEAUX (Rupert), *The Man behind the Mask, the Real Story of the « Ancient Prisoner »*, Londres, 1954.
NANTEUIL (Jacques), « Note inédite sur le Masque de fer », *Miroir de l'Histoire*, 1954, n° 9, p. 7-10.
LESLIE (Shane), « The Man in the Iron Mask », *Month*, Londres, 1955, t. 199, n° 1053, p. 302-307.
GÉRIN-RICARD (Lazare de), *Le Masque de fer. La solution de l'énigme*, Marseille, 1956.
MONGRÉDIEN (Georges), « Le Masque de fer était-il un frère de Louis XIV ? », *Miroir de l'Histoire*, n° 115, 1956, p. 608-612.
BONMARIAGE (Sylvain), « Un nouveau Masque de fer », *Aux Carrefours de l'Histoire*, n° 9, mai 1958, p. 828 et suiv.

BROGLIE (Isabelle de), *Le Duc de Beaufort, roi des Halles ou roi de France ?*, Paris, Fasquelle, 1958.

LABARRE DE RAILLICOURT (Dominique), « L'Homme au masque de fer », *Les Cahiers de l'Histoire*, n° 2, 1960.

DAVIN (Emmanuel), « Napoléon descend-il du Masque de fer ? », *Le Fureteur*, 1963, n° 4, p. 125-128.

LORGERIL (Hervé de), *Trois Enlèvements politiques : le Masque de fer, le duc d'Enghien, le colonel Argoud*, La Ferté-Bernard, 1963.

MARINO (Ugo), *Storia di Pinerolo*, Pinerolo, 1963.

PITTAVINO (Arnaldo), *Storia di Pinerolo e del Pinerolese*, 2 vol., Milan, 1963-1966.

DECAUX (Alain), *Les Grandes Enigmes du passé*, Paris, 1964.

PAGNOL (Marcel), *Le Masque de fer*, éd. de Provence, 1965 ; 2e éd. *Le Secret du Masque de fer*, éd. de Provence, 1973.

—, « Le Masque de fer, valet de Fouquet », *Miroir de l'Histoire*, septembre 1966, n° 201, p. 25-32.

TOULORGE (colonel), « Le Masque de fer a-t-il existé ? », *Annales de la Société des Lettres, Sciences et Arts des Alpes-Maritimes*, 1968-1969, t. 60, p. 46-53.

ARRÈSE (Pierre-Jacques), *Le Masque de fer, l'énigme enfin résolue*, Paris, R. Laffont, 1969.

MONGRÉDIEN (Georges), « Mais non ! Fouquet n'était pas le Masque de fer », *Les Nouvelles littéraires*, 26 février 1970.

RAPHÉLIS (Jean), « Le Masque de fer », *Annales de la Société scientifique et littéraire de Cannes*, Cannes, 1970, t. XXI, p. 29-54.

PETITFILS (Jean-Christian), *L'Homme au masque de fer, le plus mystérieux des prisonniers de l'Histoire*, Paris, Perrin, 1970.

CARLHIAN-RIBOIS (Fernand), « L'Homme au masque de fer est-il passé à Briançon ? », *Les Cahiers de l'Alpe*, 1971, n° 54, p. 151-153.

DIAMANT-BERGER (Marcel), *L'Homme au masque de fer*, Paris, 1971, 244 p.

MAST (Marie-Madeleine), *Le Masque de fer. Une solution révolutionnaire*, Paris, Tchou, 1974.

PETITFILS (Jean-Christian), *La Vie quotidienne à la Bastille du Moyen Age à la Révolution*, Paris, Hachette, 1975.

ANTIER (Jean-Jacques), *Les Grandes Heures des îles de Lérins*, Paris, Perrin, 1975.

Collectif, *Pinerolo, la Maschera di ferro e il suo tempo.* Atti del Convegno internazionale di studio, 28-29 settembre 1974, organizzato dalla Pro Loco Pinerolo, 1976, 378 p. (contributions de G. Amoretti, F. Carminati, C.G. Borgna, U. Marino, A.F. Parisi, E. Patria, G. Mongrédien, P.J. Arrèse, J.C. Petitfils, P.M. Dijol, G. Dolei, P. Damilano, G. Visentin, P. Bruno).

J.-L. DAUPHIN, « Un château en Jovinien : Palteau et le Masque de fer », *L'Echo de Joigny*, 1977, n° 2, p. 21-28.

BARTOLI (Camille), *J'ai découvert l'inconcevable secret du Masque de fer*, Nice, Alain Lefeuvre, 1978.

DIJOL (Pierre-Marie), *Nabo ou le Masque de fer*, Paris, France-Empire, 1978.

MARINO (Ugo), *I Prigionieri di Pinerolo*, Ed. Alzani, Pro Loco Pinerolo, 1979.

TATARINOV (Y.-B.), « Le secret du Masque de fer », *Annuaire d'Etudes françaises*, Moscou, 1979, p. 149-163.

—, « Une réponse nouvelle à une énigme de l'Histoire de France », *Voprosy istorii*, Moscou, 1979, n° 10, p. 112-123.

RABY, G. MONGRÉDIEN, B. FERTEL, « Cavoye et le Masque de fer », *L'Intermédiaire des chercheurs et des curieux*, octobre 1979, p. 940-952, avril 1980, p. 372-375.

LANCASSIN (F.), « Le Masque de fer ou inventaire successoral pour une légende défunte », *Passagers clandestins*, 1, 10/18, 1979, n° 1319.

PERROT (Mauro Maria), « La Maschera di ferro », *Il Delfino*, n° 59, anno XI, Turin, 1981.

AMBELAIN (Robert), *La Chapelle des damnés. La véritable affaire des Poisons, 1650-1703*, Paris, 1983.

ROLANDO (T.), *Cronistoria di Pinerolo e del suo territorio*, Pinerolo, 1985.

COTTRET (Monique), *La Bastille à prendre. Histoire et mythe de la forteresse royale*, Paris, PUF, 1986.

PERROT (Mauro Maria), « La Maschera di ferro », *Bollettino della Società storica pinerolese*, anno III, n° 2, déc. 1986.

PERROT (Mauro Maria), « Pinerolo e gli studi sulla Maschera di ferro », *Bollettino della Società storica pinerolese*, anno IV, n° 2, Pinerolo, 1987.

THOMPSON (Harry), *The Man in the Iron Mask*, Londres, 1987.

PATRIA (Luca), « Giù la maschera Monsieur de Saint-Mars ! », *La Valsusa*, n° 37, 1er octobre 1987, p. 20-21.

NOONE (John), *The Man behind the Iron Mask*, Gloucester, Alan Sutton, 1988, 2e éd. 1994.

PETITFILS (Jean-Christian), « Il était le Masque de fer...La fin d'une énigme », *Historama*, n° 55, sept. 1988, p. 38-46.

CAIRE (Bernard), « Il était le Masque de fer... Dernières découvertes », *Historama*, n° 55, sept. 1988, p. 47-50.

Collectif : *Il y a trois siècles, le Masque de fer...*, Actes du colloque international sur la célèbre énigme, 12-13 septembre 1987, Cannes, 1989 (contributions de Stanislas Brugnon, Bernard Caire, Pierre-Marie Dijol, John Noone, Harry Thompson, Fernand Carlhian-Ribois, Ettore Patria, Mauro Perrot, Monique Cottret, Dominique Labarre de Raillicourt).

MARKALE (Jean), *La Bastille et l'énigme du Masque de fer*, Paris, Pygmalion/Gérard Watelet, 1989.

BRUGNON (Stanislas), *Reconstitution du registre d'écrou des prisonniers de l'île Sainte-Marguerite à compter du 30 avril 1687 et jusqu'au 19 mars de l'année 1704*, 1992, document dactylographié.

ROCHON (R.), « La tour d'en bas, prigione della Maschera di ferro ? », *L'eco del Chisone*, 18 avril 1991, n° 16, p. 3.

LE BOSSÉ (Michel-Vital), *Le Masque de fer, c'est la faute à Voltaire*, Condé-sur-Noireau, 1991, 143 p.

LUIZET (Jean), *Ce Masque de fer qui n'était qu'en velours*, Paris-Carnac, 1991.

Collectif : *Pinerolo, la Maschera di ferro e il suo Tempo*, Atti del secondo convegno internazionale di studio, Pinerolo, 13-14-15 settembre 1991, Pro Loco Pinerolo (avec des contributions notamment de G. Visentin, G. Amoretti, F. Carminati, M. Perrot, P. Bonvallet, E. Patria, P.-M. Dijol, B. Caire, J.-C. Petitfils, J. Noone, R. Rochon), Pinerolo, Arti Grafiche Alzani, 1992.

PETITFILS (Jean-Christian), « Le Prigioni di M. de Saint-Mars nel maschio di Pinerolo », *Bollettino della Società storica pinerolese*, Pinerolo, 1991-1992, n° 1-2, p. 26-31.

MARTIN (Ronald), « On the Trail of the Iron Mask : The State of the Question », *Proceedings of the Annual Meeting of the Western Society for French History*, vol. 19, Norman Ravitch, Univ. California, Riveside, 1992, p. 89-98.

SONNINO (Paul), « On the Trail of the Iron Mask : The Candidacy of Claude Imbert », *Proceedings of the Annual Meeting of the Western Society for French History*, vol. 19, Norman Ravitch, Univ. California, Riveside, 1992, p. 99-108.

PETITFILS (Jean-Christian), « Le Masque de fer enfin démasqué », *Historia*, n° 552, décembre 1992, p. 69-76.

LUJÁN (Néstor), *El Enigma de la Màscara de Hierro*, Barcelone, Planeta, 1994.

CAIRE (Bernard), « Pourquoi le masque de fer était-il de fer ? », *L'Intermédiaire des chercheurs et des curieux*, juin 1995, n° 654, col. 640-642.

PETITFILS (Jean-Christian), « L'identité du Masque de fer confirmée à Voltaire », *Historia*, avril 1996, n° 592, p. 74-77.

RIGA (Jean-Etienne), *Le Masque de fer, une ombre au règne du Roi-Soleil*, Marabout, Alleur, 1996.

VISENTIN (Giovanni), *Pinerolo tra cronaca e storia*, Pinerolo, 1974, 2e éd. Pinerolo, 1996.

CERALDINI (F.), *La Maschera di ferro*, Cavagnolo, 1996.

BARTOLI (Camille), *Henri de... L'Homme au masque de fer. Sa vie et son secret*, Ed. TAC-Motifs, 1997.

IMBERT de BOURDEAUX (Guillaume), *Recueil de lettres secrètes*, année 1783, présenté par Paule Adamy, Droz, Genève, 1997.

CAIRE (Bernard), « Di nuovo sull'enigma della Maschera di ferro », *Bollettino della Società storica pinerolese*, anno XIV, n° 1-2, Pinerolo, 1997.

DUFRESNE (Danielle et Claude), *Le Mystère du Masque de fer*, Paris, Tallandier, 1998.

PETITFILS (Jean-Christian), *Fouquet*, Paris, Perrin, 1998.

PERROT (Mauro Maria), *La Maschera di ferro*, Pinerolo, éd. Alzani, 1998, 142 p.

Petitfils (Jean-Christian), « Rumeur et secret d'Etat. La légende du Masque de fer », *L'Histoire*, n° 236, octobre 1999, p. 88-92.

Macdonald (Roger), *The Man in the Iron Mask. The True Story of the Most Famous Prisoner in History and the Four Musketeers*, Constable, Londres, 2005.

Vergé-Franceschi (Michel), *Colbert, la politique du bon sens*, Paris, Payot, 2003.

Dabos (Claude), « Le grand secret du Masque de fer », *Top Secret*, hors-série n° 3, 2006.

Vergé-Franceschi (Michel), *Le Masque de fer*, Paris, Fayard, 2009.

III. Divers

Azéma (Xavier), *Un prélat janséniste, Louis Fouquet, évêque et comte d'Agde (1656-1702)*, Paris, J. Vrin, 1963.

Barine (Arvède), *alias* Mme Vincent, « Un geôlier au xviie siècle », *Revue de Paris*, 1er juillet 1905.

Bluche (sous la direction de François), *Dictionnaire du Grand Siècle*, Paris, Fayard, 1990.

Caffaro (Pietro), *Notizie e documenti della Chiesa Pinerolese*, Pinerolo, 1900, t. V.

Corvisier (André), *Louvois*, Paris, Fayard, 1983.

Farge (Arlette), *La Justice du roi, la vie judiciaire dans l'ancienne France*, Paris, Albin Michel, 1988.

Funck-Brentano (Frantz), *Les Lettres de cachet à Paris, étude suivie d'une liste des prisonniers de la Bastille (1659-1789)*, coll. *de l'Histoire générale de Paris*, Paris, Imprimerie nationale, 1903.

Hartmann (Cyril Hugues), *Charles II and Madame*, Londres, 1937.

Hutton (Ronald), « The Making of the Secret Treaty of Dover, 1668-1670 », *The Historical Journal*, t. XXIX, n° 2, 1986, p. 297-328.

Lavisse (Ernest), *Louis XIV*, éd. René et Suzanne Pillorget, Paris, R. Laffont, 1989.

Mongrédien (Georges), *L'Affaire Foucquet*, Paris, Hachette, 1956.

Mousnier (Roland), *Les Institutions de la France de la monarchie absolue*, 2 vol., Paris, PUF, 1974-1980, 2 vol.

Paroletti, *Sur la mort du surintendant Fouquet. Notices recueillies à Pignerol*, Pinerolo, 1812.

Patria (Luca), *Il Forte di Exilles*, Borgone di Susa, 1975.

Petitfils (Jean-Christian), *Lauzun ou l'insolente séduction*, Paris, Perrin, 1987.

Petitfils (Jean-Christian), *Louis XIV*, Paris, Perrin, 1995.

Pillorget (René et Suzanne), *France baroque, France classique*, Paris, R. Laffont, 1995, 2 vol.

Rabinel (Aimé-Daniel), *La Tragique Aventure de Roux de Marcilly*, préface d'André Chamson, Toulouse, Privat, 1969.

ROUSSET (Camille), *Histoire de Louvois et de son administration politique et militaire*, Paris, 1861-1863, 4 vol.
SONNINO (Paul), *Louis XIV and the Origins of the Dutch War*, Cambridge Univ. Press, 1988.
TELLIER (Luc-Normand), *Face aux Colbert, les Le Tellier, Vauban, Turgot... et l'avènement du libéralisme*, Presses de l'Université du Québec, 1987.
VAILLÉ (Eugène), *Histoire générale des Postes françaises jusqu'à la Révolution*, t. IV, *Louvois, surintendant général des Postes*, Paris, PUF, 1951.
VISENTIN (Giovanni), « Sébastien Le Prestre-Vauban a Pinerolo », *Bollettino della Società storica pinerolese*, anno XII, n° 1-2, Pinerolo, 1995.
VISENTIN, « Epître à Son Excellence la marquise d'Herleville », *Bollettino della Società storica pinerolese*, anno XIII, n° 1-2, Pinerolo, 1996.
WARREN (Raoul de), *Les Prétendants au trône de France*, Paris, L'Herne, rééd. 1990.
WILLETTE (Colonel), *L'Evasion du maréchal Bazaine de l'île Sainte-Marguerite, par son compagnon de captivité*, textes inédits présentés par André Castelot, Paris, Perrin, 1973.

IV. ROMANS
(par ordre chronologique)

MOUHY (Charles de Fieux, chevalier de), *Le Masque de fer ou Les Aventures admirables du père et du fils*, La Haye, 1746.
REGNAULT-WARIN (J.-B.), *L'Homme au masque de fer*, Paris, an XII (1804), 4 vol.
GUÉNARD (Mme Brossin, baronne de Méré), *L'Homme au masque de fer ou Les Illustres Jumeaux*, Paris, 1821.
JACOB (Paul Lacroix, dit le bibliophile), *Pignerol, histoire du temps de Louis XIV, 1680*, Bruxelles, 1836, 2 vol., Paris, 1842, rééd. sous le titre : *L'Homme au masque de fer, 1680*, Genève, éd. de Crémille, 1970.
DUMAS (Alexandre), *Le Vicomte de Bragelonne*, Paris, 1848-1850.
LETOURNEUR (L.), *Histoire de l'Homme au masque de fer*, Nancy, 1849.
LEYNADIER (Camille), *Le Masque de fer*, Paris, 1857.
MEYNAUD (Commandant Joachim), *Une promenade à Sainte-Marguerite ou le Masque de fer dévoilé*, Nancy, 1858, réédité en 1869 sous le titre : *Le Masque de fer, journal de sa captivité à Sainte-Marguerite publié avec des documents inédits*, Paris, 486 p.
ROBVILLE (M. de), *L'Homme au masque de fer ou Les Deux Jumeaux*, Paris, 1865.
FÉRÉ (Octave), *alias* Charles Octave Mogeta, *L'Homme au masque de fer*, Paris, 1876.
KOENIG (E.A.), *L'Homme au masque de fer ou Le Somnambule*, Paris, 1878.

POLI (Oscar de), *Le Masque de fer*, Paris, 1888.
PITOU (Ange), *Le Masque de fer*, 1905.
LADOUCETTE (Edmond), *Le Masque de fer*, Paris, 1910.
DU BOISGOBEY (Fortuné), *Les Deux Merles de M. de Saint-Mars*, Paris, 1878, 2 vol.
FÉVAL Fils (Paul) et LASSEZ (Michel), *D'Artagnan et Cyrano réconciliés. L'Évasion du Masque de fer*, Paris, Fayard, 1928.
DUNAN (Renée), *Le Masque de fer ou L'Amour prisonnier*, Paris, 1929.
BERNÈDE (Arthur), *L'Homme au masque de fer*, Paris, 1930.
KERLECQ (Jean), *Les Amours du Masque de fer*, Paris, 1927, rééd. sous le titre : *La Maîtresse du Masque de fer*, 1931.
MASINI (Clément de), *La Plus Dramatique Enigme du* XVIIIe *siècle, l'Homme au masque de fer*, éd. du Scorpion, 1964.
CYRILLE, *Masques de fer*, Paris, Alsatia, 1966.
DESPRAT (Jean-Paul), *Le Secret des Bourbons (novembre 1703-avril 1704)*, Paris, Balland, 1991.
DUFREIGNE (Jean-Pierre), *Le Dernier Amour d'Aramis*, Paris, Grasset, 1993.
BENZONI (Juliette), *Secret d'Etat*, t. III, *Le Prisonnier masqué*, Paris, Plon, 1998.
AILLON (Jean d'), *Le Dernier Secret de Richelieu*, Paris, éd. du Masque, 1998.
MONTEILHET (Hubert), *De Plume et d'épée, roman Louis XIII*, Paris, De Fallois, 1999.
MONTEILHET (Hubert), *Les Cavaliers de Belle-Ile*, Paris, De Fallois, 2001.
MONTEILHET (Hubert), *Au royaume des ombres*, De Fallois, 2003.
AILLON (Jean d'), *Le Captif au masque de fer et autres enquêtes du brigand Trois-Sueurs*, Paris, Lattès, 2007.

V. ŒUVRES DE POÉSIE
(par ordre chronologique)

VIGNY (Alfred de), *La Prison* (1821), dans *Poèmes antiques et modernes*.
QUINET (Benoît), *Derniers moments de l'Homme au masque de fer*, poème dramatique, Bruxelles, 1837.
UN VILLENEUVOIS, *L'Histoire du Masque de fer racontée par lui-même*, Avignon, 1900.
LECONTE (Sébastien-Charles), *Le Masque de fer*, Paris, Mercure de France, 1911, 191 p.

VI. PIÈCES DE THÉÂTRE

ARNOULD, *L'Homme au masque de fer ou Le Souterrain*, pantomime en quatre actes, jouée au théâtre de l'Ambigu le 7 janvier 1790, 1790.

LE GRAND (Jérôme), *Louis XIV et le Masque de fer ou Les Princes jumeaux*, tragédie en cinq actes et en vers, jouée pour la première fois au théâtre Molière le 24 septembre 1791, Paris, 1791.

ARNOULD et FOURNIER, *L'Homme au masque de fer*, drame en cinq actes, joué au théâtre royal de l'Odéon le 3 août 1831, 1831.

HUGO (Victor), *Les Jumeaux* (août 1839), drame inachevé, Paris, 1884.

DUMAS (Alexandre), *Le Prisonnier de la Bastille. Fin des mousquetaires*, drame en cinq actes et neuf tableaux, représenté pour la première fois au Théâtre national du Cirque le 22 mars 1861, Paris, 1861.

MAUREVERT (Georges), *Le Masque de fer*, fantaisie en un acte, Paris, 1884.

VILLIA, *L'Homme au masque de fer*, drame en trois actes, précédé d'une étude historique d'après les travaux les plus récents, Paris, 1909.

ROSTAND (Maurice), *Le Masque de fer*, pièce en quatre actes et en vers, jouée à Paris pour la première fois au théâtre Cora Lapercerie le 1er octobre 1923, *La Petite Illustration*, n° 104, 27 octobre 1923.

RICHTER (Charles de), *Le Masque de fer*, comédie en un acte, Toulon, 17 février 1955.

VII. BANDES DESSINÉES

GORDEAUX (Paul) et GRANGE (J.), *Le Masque de fer*, Genève, Minerva, 1970.

COTHIAS, MARC-RENIER, *Le Masque de fer*, « Cycle des sept vies de l'Épervier », t. Ier, *Le Temps des comédiens*, t. II, *Qui vengera Barrabas ?*, t. III, *Blanches colombes*, t. IV, *Paires de roy*, t. V, *Le Secret de Mazarin*, t. VI, *Le Roi des comédiens*, Glénat, 1990-2001.

BROCHARD (Pierre) et HEMPAY (Guy), *Le Masque de fer* suivi de *Fouquet et d'Artagnan*, Paris, éditions du Triomphe, 1998.

BROCHARD (Pierre) et HEMPAY (Guy), *Le Masque de fer ; Fouquet et d'Artagnan*, Paris, éd. du Triomphe, 2006.

FILMOGRAPHIE

1902, France : *Le Siècle de Louis XIV*, de Ferdinand Zecca et Lucien Nonguet. Scénario : Z. Rollini. Production : Pathé Films. Distribution : Denizot (Louis XIV), Moreau (Le Masque de fer), Camille Bert (Mazarin).

1904, France : *Le Règne de Louis XIV*, de Lorant-Heilbronn, Pathé.

1908, France : *Fouquet, l'Homme au masque de fer*, d'Albert Cappellani. Scénario : Jean-Joseph Renaud, avec Alexandre, Yvonne Mirval, S.C.A.G.L.-Pathé.

1909, Italie : *La Maschera di ferro*, d'Oreste Mentasti.

1910, Italie : *La Maschera di ferro*, de Giovanni Pastrone (*alias* Piero Fosco), Italia-Films.

1922, Allemagne : *Der Mann mit eisernen Mask*, de Max Glass. Scénario : Paul O'Montis, R. Saklikower. Production : Hans Hofmann, Terra-Films Berlin. Distribution : Wladimir Galdarow (Louis XIV/ Bertrand), Albert Basserman (Mazarin).

1924, France : *L'Homme au masque de fer. Légende dramatique d'après l'œuvre d'Alexandre Dumas.*

1928, Angleterre : *The Man in the Iron Mask*, de George J. Banfield. Production : British Filmcraft. Distribution : G. H. Mulcaster (Louis XIV/le Masque de fer), Gabrielle Morton (Louise de La Vallière), Annesley Hely (Fouquet).

1929, Etats-Unis : *The Iron Mask*, d'Allan Dwan. Scénario : Elton Thomas (*alias* Douglas Fairbanks). Production : Elton Corp. United Artists. Distribution : Douglas Fairbanks (D'Artagnan), William Bakewell (Louis XIV et le Masque de fer), Nigel de Brulier (Richelieu), Belle Bennett (Anne d'Autriche), Marguerite de la Motte (Constance Bonacieux).

1938, Etats-Unis : *The Face behind the Mask/ The Masked Prisoner*, de Jacques Tourneur et Milton Lowell Gunzburg. MGM, série « A Historical Mystery », avec George Sorel (Matthioli), Lyons Wickland (Le Masque de fer), Mary Howard ((Louise de La Vallière), Edward Keane (Fouquet), Leonard Penn (Louis XIV).

1939, Etats-Unis : *The Man in the Iron Mask*, de James Whale et George Bruce, United Artists, avec Louis Hayward (Louis XIV/Philippe de Gascogne), Joan Bennett (Marie-Thérèse), Warren William (d'Artagnan), Joseph Schildkraut (Fouquet), Miles Mander (Colbert), Albert Dekker (Louis XIII), Doris Kenyon (Anne d'Autriche).

1943, Mexique : *El Hombre de la máscara de hierro*, de Marco Aurelio Galindo, avec Jose Gibriàn (Louis XIV/Philippe de Gascogne), Gloria Lynch (Marie-Thérèse), Alejandro Cojo (Fouquet), Alejandro Ciangherotti (d'Artagnan), Francisco Jambrila (Athos), Jose Elias Moreno (Porthos), Roberto Cafiedo (Aramis), Virginia Zuri (Anne d'Autriche), Cimesa Film.

1948, Etats-Unis : *The Lady in the Iron Mask*, de Ralph Murphy. Scénario : Jack Pollexin et Aubrey Wisber, avec Louis Hayward (d'Artagnan), Patricia Medina (princesses Anne et Louise), Steve Brodie (Athos), Alan Halz Jr (Porthos), Judd Holdren (Aramis), 20th Century Fox.

1954, Italie : *Il Prigionero del Re. La Maschera di ferro*. Scénario : Richard Pottier, Giorgio Rivalta, avec Pierre Cressoy (Louis XIV/ Henri), Andrée Debar (Elisabeth), Armando Francioli (Roland), Venturini Film.

1954, France-Italie : *Le Vicomte de Bragelonne/ Il Visconte di Bragelonne*. Scénario : Fernando Cerchio, avec Georges Marchal (Raoul de Bragelonne), Dawn Addams (Hélène de Winter), Jacques Dumesnil (d'Artagnan), Jean Tissier (Planchet), André Falcon (Louis XIV/Le Masque de fer), C.F.P.C. (Paris)-Orso Film (Rome).

1961, Italie : *La Vendetta della maschera di ferro/La vengeance du Masque de fer*, de Francesco de Feo. Scénario : Silvio Amadio, Ruggero Jacobbi, Francesco de Feo, avec Michel Lemoine (André), Wandisa Guida (Christine), Mido Film (Rome).

1962, France-Italie : *Le Masque de fer/ L'Uomo della maschera di ferro*, de Henri Decoin. Scénario : Cécil Saint-Laurent, Colette Menard, avec Jean Marais (d'Artagnan), Jean-François Poron (Louis XIV/ Henri), Claudine Auger (Isabelle de Saint-Mars), Salerno (Mazarin), Noël Roquevert (Saint-Mars), Germaine Montero (Anne d'Autriche).

1968, Grande-Bretagne : *The Man in the Iron Mask*, de Hugh David, feuilleton télévisé en neuf épisodes.

1968/1969, France, Italie, Allemagne : *D'Artagnan*, Quatrième partie : *Le Masque de fer*, de Claude Barma, avec Dominique Paturel (d'Artagnan), François Chaumette (Athos), Adriano Amedeo Migliano (Aramis), Rolf Arndt (Porthos), Daniel Leroy (Louis XIV/Philippe), Roberto Bisacco (Charles II), Pascal Mazzoti (Baisemeaux), feuilleton télévisé.

1976, Grande-Bretagne : *The Man in the Iron Mask*, de Mike Newell, avec Richard Chamberlain (Louis XIV/Philippe), Patrick McGoohan (Fouquet), Louis Jourdan (d'Artagnan), télévisé.

1977, Etats-Unis : *The Fifth Musketeer/The Secret behind the Iron Mask*, de Ken Annakin, avec Beau Bridges (Louis XIV/Philippe), Cornel Wilde (d'Artagnan), Lloyd Bridges (Aramis), José Ferrer (Athos).

1998, Etats-Unis : *The Man in the Iron Mask*. Scénario et réalisation : Randall Wallace, avec Gabriel Byrne (d'Artagnan), Gérard Depardieu (Porthos), Jeremy Irons (Aramis), John Malkovich (Athos), Leonardo DiCaprio (Louis XIV/Philippe), Anne Parillaud (Anne d'Autriche), Judith Godrèche (Christine).

INDEX

A

B

C

D

E

F

G

H

I

J

K

L

M

P

Q

R

S

T

U

V

W

Y

Z

TABLE

Cet ouvrage a été imprimé en France
par CPI Bussière
à Saint-Amand-Montrond (Cher)
en février 2012

Composé par Nord Compo à Villeneuve-d'Ascq

N° d'édition : 2715/02. – N° d'impression : 120790/1.
Dépôt légal : mars 2011.